船舶及海洋工程材料与技术丛书

船用钛合金无损检测技术

Non-destructive Testing Technology of Marine Titanium Alloys

中国船舶集团有限公司第七二五研究所
王伏喜　王海登　孙鹏远　编著

国防工业出版社

·北京·

内 容 简 介

本书介绍了船用钛合金无损检测技术的构成和应用现状，系统阐述了超声、射线、渗透、涡流、泄漏等常用检测方法在钛合金原材料、焊接接头和装备中的应用特点，并针对超大厚度钛合金焊接、复杂结构焊接、异形换热管等特殊制件的检测需求，概述了工业CT、相控阵超声、阵列涡流等新技术的优势和解决方案。全书重点论述了船用钛合金无损检测的技术特点，并结合重点工程项目，介绍了典型钛合金构件检测的科研成果与应用案例。

本书可为从事船舶及海洋工程用钛合金无损检测工作的科研、工艺开发和技能人员提供参考，也可作为相关领域设计、制造工程技术人员和高等院校相关专业师生的参考资料。

图书在版编目(CIP)数据

船用钛合金无损检测技术/王伏喜,王海登,孙鹏远编著.—北京:国防工业出版社,2022.8
（船舶及海洋工程材料与技术丛书）
ISBN 978-7-118-12575-7

Ⅰ.①船… Ⅱ.①王… ②王… ③孙… Ⅲ.①船用材料—钛合金—无损检验—研究 Ⅳ.①U668.2

中国版本图书馆CIP数据核字(2022)第142563号

※

国防工業出版社出版发行

（北京市海淀区紫竹院南路23号　邮政编码100048）
雅迪云印（天津）科技有限公司印刷
新华书店经售

＊

开本 710×1000　1/16　印张 29¾　字数 550千字
2022年8月第1版第1次印刷　印数 1—2000册　定价 258.00元

（本书如有印装错误,我社负责调换）

国防书店：(010)88540777　　书店传真：(010)88540776
发行业务：(010)88540717　　发行传真：(010)88540762

船舶及海洋工程材料与技术丛书
编 委 会

名誉主任委员
刘艳江

主任委员
王其红

副主任委员
刘丕人　廖志谦

委　员（按姓氏笔画排序）

马玉璞	王　月	王　君	王伏喜	王任甫	王国玉	王建辉
王洪仁	王晶晶	方大庆	叶章基	付洪田	包淑娟	许立坤
孙　磊	孙明先	李　龙	李士凯	李文军	杨学东	吴　亮
吴智信	余　巍	宋富长	张欣耀	张俊旭	陈派明	陈继志
林新志	孟祥军	胡伟民	钟玉平	郝雨林	姜建伟	徐　健
高灵清	郭万涛	常　海	蔺存国			

总序
FOREWORD

　　海洋在世界政治、经济和军事竞争中具有特殊的战略地位,因此海洋管控和开发受到各国的高度重视。船舶及海洋工程装备是资源开发、海洋研究、生态保护和海防建设必要的条件和保障。在海洋强国战略指引下,我国船舶及海洋工程行业迎来难得的发展机遇,高技术船舶、深海工程、油气开发、海洋牧场、智慧海洋等一系列重大工程得以实施,在基础研究、材料研制和工程应用等方面,大批新材料、新技术实现突破,为推动海洋开发奠定了物质基础。

　　中国船舶集团有限公司第七二五研究所(以下简称"七二五所")是我国专业从事船舶材料研制和工程应用研究的科研单位。七二五所建所60年来,承担了一系列国家级重大科研任务,在船舶及海洋工程材料基础和前沿技术研究、新材料研制、工程应用研究方面取得了令人瞩目的成就。这些成就支撑了"蛟龙"号、"深海勇士"号、"奋斗者"号载人潜水器等大国重器的研制,以及港珠澳大桥、东海大桥、"深海"一号、海上风电等重点工程的建设,为我国船舶及海洋工程的材料技术体系建立和技术创新打下了坚实基础。

　　"船舶及海洋工程材料与技术丛书"是对七二五所几十年科研成果的总结、凝练和升华,同时吸纳了国内外研究新进展,集中展示了我国船舶及海洋工程领域主要材料技术积累和创新成果。丛书各分册基于船舶及海洋工程对材料性能的要求及海洋环境特点,系统阐述了船舶及海洋工程材料的设计思路、材料体系、配套工艺、评价技术、工程应用和发展趋势。丛书共17个分册,分别为《低合金结构钢应用性能》《耐蚀不锈钢及其铸锻造技术》《船体钢冷热加工技术》《船用铝合金》《钛及钛合金铸造技术》《船舶及海洋工程用钛合金焊接技术》《船用钛合金无损检测技术》《结构阻尼复合材料技术》《水声高分子功能材料》《海洋仿生防污材料》《船舶及海洋工程设施功能涂料》《防腐蚀涂料技术及工程应用》《船舶电化学保护技术》《大型工程结构的腐蚀防护技术》《海洋环境腐蚀试验技术》《金属材料的表征与测试技术》《装备金属构件失效模式及案例分析》。

丛书的内容系统、全面，涵盖了船体结构钢、船用铝合金、钛合金、高分子材料、树脂基复合材料、海洋仿生防污材料、船舶特种功能涂料、海洋腐蚀防护技术、海洋环境试验技术、材料测试评价和失效分析技术。丛书内容既包括船舶及海洋工程涉及的主要金属结构材料、非金属结构材料、特种功能材料和结构功能一体化材料，也包括极具船舶及海洋工程领域特色的防腐防污、环境试验、测试评价等技术。丛书既包含本行业广泛应用的传统材料与技术，也纳入了海洋仿生等前沿材料与颠覆性技术。

丛书凝聚了我国船舶及海洋工程材料领域百余位专家学者的智慧和成果，集中呈现了该领域材料研究、工艺方法、检测评价、工程应用的技术体系和发展趋势，具有原创性、权威性、系统性和实用性等特点，具有较高的学术水平和参考价值。本丛书可供船舶及海洋工程装备设计、材料研制和生产领域科技人员参考使用，也可作为高等院校材料专业本科生和研究生参考书。丛书的出版将促进我国材料领域学术技术交流，推动船舶及海洋工程装备技术发展，也将为海洋强国战略的推进实施发挥重要作用。

王其红，中国船舶集团有限公司第七二五研究所所长，研究员。

前言
PREFACE

无损检测技术是在现代科技基础上产生和发展起来的检测技术,它是依靠先进的技术和仪器设备,在不破坏、不改变被检测对象的形状、结构和性能的情况下,为了解被检测对象(产品及各种结构材料)的质量、状态、性能及内部结构进行的各种检测和评价。无损检测技术已成为保证产品完整性和可靠性的重要手段,是产品质量控制的重要环节。

钛及钛合金密度小、强度高、无磁、耐腐蚀,特别是耐海水和海洋大气腐蚀,是优异的轻型结构材料,被称为"海洋金属",在船舶及海洋工程中有广泛的应用前景。目前,钛合金管系、结构件、换热器、承压铸件等已在船舶及海洋工程领域获得应用,对提高船舶及海洋工程装备的持久耐用性、安全性、可靠性及技术水平具有十分重要的意义。钛合金不仅是制造先进高性能船舶及海洋工程装备的关键材料,也逐渐广泛应用于石油、化工、医疗等行业,被誉为"战略金属"。

无损检测技术是船舶及海洋工程建设中考核装备制造质量的关键工艺技术,而先进制造技术又不断提出新的检测需求,二者相互促进和发展。由于钛的物理特性有别于钢,无损检测方法的选择和检测工艺的优化有自身的特殊性,在船舶及海洋工程用钛合金材料、制造技术的发展过程中,经过验证、研究和优化,形成了特色鲜明的船用钛合金无损检测技术。

随着钛合金材料在船舶及海洋工程中应用范围的不断扩大,先进焊接技术和超大型装备的研制又不断对无损检测技术提出新的要求。虽然常规检测方法仍是主流,但为了更好地满足新的检测需求,相控阵超声、数字射线和工业CT等新技术也发挥了重要作用,在某些特殊构件检测中,甚至有取代常规检测方法的趋势。

本书以船用钛合金和无损检测方法为主线,在概述无损检测原理的基础上,结合船用钛合金材料、制造技术和工程应用实例,系统介绍了各种检测方法在钛合金原材料、焊接件、铸件和设备检测中的应用。针对典型钛合金材料和构件阐述的无损检测方案,体现了我国船用钛合金无损检测领域的技术特色,为船用钛合金装备设计、建造提供技术支撑。

全书共分为8章,王伏喜、王海登、孙鹏远负责全书的统稿工作,汪汀研究员对全书的编写进行了指导并负责全书审核。第1章概述,介绍了船用钛合金材料体系、焊接方法和典型装备,并概述了船用钛合金无损检测的发展与现状,由雷小伟、孙奇、刘志颖、王海登撰写。第2章船用钛合金射线检测,结合钛合金射线检测特点,介绍了焊接接头和铸件的射线检测工艺,以及数字射线成像检测技术,由王伏喜、王海登、张彦飞、倪伸伸撰写。第3章船用钛合金超声检测,详细分析了钛合金声学特性,论述了钛合金原材料和焊接接头的超声检测方法,重点介绍了特殊构件的检测方案,并介绍了相控阵超声、超声导波等新技术,由王海登、王伏喜、边传新撰写。第4章船用钛合金涡流检测,结合钛合金涡流检测经验,列举了钛合金异形管、换热器管板胀接区等涡流检测案例,并详细介绍了阵列涡流的应用,由孙鹏远、王海登和李斌编写。第5章船用钛合金渗透检测,围绕渗透检测的原理与特点,详细介绍了在钛合金原材料、焊接接头、铸件和装备检测中的应用,由王伏喜、王海登、张智柏和鄂楠撰写。第6章船用钛合金泄漏检测,介绍了泄漏检测的原理、方法和分类,详细列举了氦质谱检漏方法在钛合金管壳式换热器、板式换热器等产品中的应用案例,由孙鹏远、荀华宝撰写。第7章船用钛合金无损检测标准,根据国内外钛合金标准现状,详细对比、分析了各种检测方法常用标准的技术特点,由王海登、王伏喜撰写。第8章展望,总结了船用钛合金无损检测技术的发展趋势,由王伏喜、王海登撰写。

在本书的相关技术研究工作中,胡伟民研究员、余巍研究员等提供了大量试验素材和宝贵意见。孟祥军研究员、张海峰研究员、赵怀越高级工程师对本书进行了审阅,并提出修改意见。本书参考和引用了我国无损检测领域有关专家和学者著作中的一些资料和图片,在此一并表示感谢。

鉴于本书编者的水平有限,书中难免有疏漏之处,敬请读者批评指正。

作　者
2022年1月

目 录
CONTENTS

第1章 概述

1.1 船用钛合金材料 ··· 1
    1.1.1 钛合金基础知识 ··· 1
    1.1.2 船用钛合金的规格和力学性能 ······································ 5
1.2 船用钛合金焊接方法 ··· 6
    1.2.1 钛合金焊接冶金特点 ··· 6
    1.2.2 钛合金常用焊接方法 ··· 7
    1.2.3 钛合金焊接缺陷 ·· 13
1.3 船用钛合金装备 ·· 17
    1.3.1 结构类装备 ··· 17
    1.3.2 设备类装备 ··· 19
    1.3.3 管道及其附件 ·· 20
    1.3.4 铸件 ··· 20
1.4 船用钛合金无损检测技术 ··· 21
    1.4.1 船用钛合金无损检测技术的发展历程 ···························· 21
    1.4.2 船用钛合金无损检测技术的应用现状 ···························· 23

参考文献 ··· 26

第2章 船用钛合金射线检测

2.1 射线检测基础知识 ·· 27
    2.1.1 射线检测原理 ·· 27
    2.1.2 射线检测设备和器材 ·· 33

2.2 钛合金射线检测特点 ………………………………………… 43
2.2.1 钛合金射线检测射线源的要求 ……………………… 43
2.2.2 X射线在钛合金中的衰减特性 ………………………… 45
2.2.3 散射线特点与控制方法 ………………………………… 47
2.3 钛合金焊接射线检测 …………………………………………… 51
2.3.1 焊接常见缺陷 …………………………………………… 51
2.3.2 对接接头检测工艺 ……………………………………… 53
2.3.3 其他类型接头检测工艺 ………………………………… 60
2.3.4 底片评定与质量分级 …………………………………… 67
2.4 钛合金铸件射线检测 …………………………………………… 74
2.4.1 铸件常见缺陷 …………………………………………… 74
2.4.2 铸件检测工艺 …………………………………………… 77
2.4.3 底片评定与质量分级 …………………………………… 78
2.5 数字射线成像检测技术 ………………………………………… 81
2.5.1 数字射线检测基础 ……………………………………… 82
2.5.2 基于图像增强器的数字成像检测技术 ………………… 84
2.5.3 CR技术 …………………………………………………… 87
2.5.4 DR技术 …………………………………………………… 93
2.5.5 CT技术 …………………………………………………… 97

参考文献 …………………………………………………………………… 100

第3章 船用钛合金超声检测

3.1 超声检测原理与设备器材 ……………………………………… 102
3.1.1 超声检测物理基础 ……………………………………… 102
3.1.2 超声检测声场特性 ……………………………………… 106
3.1.3 超声检测原理与特点 …………………………………… 110
3.1.4 超声检测设备 …………………………………………… 110
3.1.5 超声换能器 ……………………………………………… 115
3.1.6 设备和探头的综合性能 ………………………………… 117
3.1.7 超声检测器材 …………………………………………… 118
3.2 钛合金超声检测特点 …………………………………………… 121
3.2.1 钛合金材料声学性能 …………………………………… 121
3.2.2 杂波信号特征与处理方法 ……………………………… 123

3.2.3　检测灵敏度影响因素 ……………………………………… 132
3.3　钛合金原材料超声检测 ……………………………………………… 134
　　　3.3.1　板材超声检测 ……………………………………………… 134
　　　3.3.2　棒材超声检测 ……………………………………………… 142
　　　3.3.3　管材超声检测 ……………………………………………… 152
　　　3.3.4　锻件超声检测 ……………………………………………… 165
3.4　钛合金焊接接头超声检测 …………………………………………… 172
　　　3.4.1　焊接接头检测基本要求 …………………………………… 173
　　　3.4.2　常规厚度对接接头检测 …………………………………… 180
　　　3.4.3　超大厚度对接接头检测 …………………………………… 189
　　　3.4.4　复杂焊接结构检测 ………………………………………… 196
　　　3.4.5　其他类型焊接接头检测 …………………………………… 204
　　　3.4.6　焊接缺陷辅助定量方法 …………………………………… 212
3.5　超声检测新技术 ……………………………………………………… 220
　　　3.5.1　相控阵超声检测 …………………………………………… 220
　　　3.5.2　衍射时差法超声检测 ……………………………………… 235
　　　3.5.3　其他超声检测新技术 ……………………………………… 241
参考文献 …………………………………………………………………… 249

第4章　船用钛合金涡流检测

4.1　涡流检测基础知识 …………………………………………………… 252
　　　4.1.1　金属的电导率与磁导率 …………………………………… 252
　　　4.1.2　电磁感应 …………………………………………………… 255
　　　4.1.3　涡流及趋肤效应 …………………………………………… 256
　　　4.1.4　涡流检测的基本原理 ……………………………………… 258
4.2　涡流检测设备与器材 ………………………………………………… 266
　　　4.2.1　涡流检测仪 ………………………………………………… 266
　　　4.2.2　检测线圈 …………………………………………………… 270
　　　4.2.3　标准试样与对比试样 ……………………………………… 275
　　　4.2.4　辅助装置 …………………………………………………… 278
4.3　钛合金管材涡流检测 ………………………………………………… 279
　　　4.3.1　直管涡流检测 ……………………………………………… 279
　　　4.3.2　波浪管涡流检测 …………………………………………… 286

  4.3.3 在制换热器传热管涡流检测 …………………………… 292
 4.4 钛合金棒材及管道元件涡流检测 ………………………………… 304
  4.4.1 棒材涡流检测 …………………………………………… 304
  4.4.2 管道元件涡流检测 ……………………………………… 306
 4.5 阵列涡流检测技术在钛合金产品中的应用 ……………………… 311
  4.5.1 阵列涡流检测 …………………………………………… 311
  4.5.2 板材阵列涡流检测 ……………………………………… 316
  4.5.3 焊缝阵列涡流检测 ……………………………………… 320
  4.5.4 阵列涡流检测的其他应用 ……………………………… 325
 参考文献 ……………………………………………………………… 328

第 5 章 船用钛合金渗透检测

 5.1 渗透检测概述 ………………………………………………………… 329
  5.1.1 渗透检测物理基础 ……………………………………… 329
  5.1.2 渗透检测材料与设备 …………………………………… 334
 5.2 渗透检测质量影响因素 ……………………………………………… 342
  5.2.1 缺陷检出能力 …………………………………………… 342
  5.2.2 缺陷检出影响因素 ……………………………………… 343
  5.2.3 渗透检测的质量控制 …………………………………… 346
 5.3 渗透检测在钛合金产品中的应用 …………………………………… 347
  5.3.1 原材料渗透检测 ………………………………………… 347
  5.3.2 零部件渗透检测 ………………………………………… 353
  5.3.3 铸件渗透检测 …………………………………………… 355
  5.3.4 焊接件渗透检测 ………………………………………… 357
 5.4 渗透检测安全与环保要求 …………………………………………… 361
  5.4.1 渗透检测安全防护 ……………………………………… 361
  5.4.2 渗透检测环保要求 ……………………………………… 362
 参考文献 ……………………………………………………………… 365

第 6 章 船用钛合金泄漏检测

 6.1 泄漏检测基础知识 …………………………………………………… 366
  6.1.1 漏率 ……………………………………………………… 366

6.1.2	理想气体状态方程	369
6.1.3	气体的运动	369
6.1.4	真空技术	375

6.2 泄漏检测方法的分类及选择 378
    6.2.1 泄漏检测方法的分类 378
    6.2.2 船用钛合金泄漏检测的特点 387
    6.2.3 泄漏检测方法的选择 387

6.3 泄漏检测设备与器材 389
    6.3.1 氦质谱检漏设备与器材 389
    6.3.2 其他泄漏检测设备与器材 392
    6.3.3 检漏系统调试 393

6.4 氦质谱检漏在钛合金产品中的应用 395
    6.4.1 氦质谱检漏的基本程序 395
    6.4.2 管壳式换热器检漏 403
    6.4.3 印制板式换热器检漏 407
    6.4.4 零部件检漏 413

6.5 其他泄漏检测方法的应用 417

参考文献 419

第7章 船用钛合金无损检测标准

7.1 船用钛合金无损检测标准概述 420

7.2 船用钛合金原材料无损检测标准 422
    7.2.1 常用标准的应用情况 422
    7.2.2 棒材、锻件超声检测标准 424
    7.2.3 管材超声检测标准 430
    7.2.4 管材涡流检测标准 433

7.3 船用钛合金焊接接头无损检测标准 436
    7.3.1 射线检测标准 436
    7.3.2 超声检测标准 442

7.4 船用钛合金铸件射线检测标准 450
    7.4.1 关键技术的对比 451
    7.4.2 质量分级的对比 453

7.5 小结 457

参考文献 ……………………………………………………………… 457

第 8 章　展望

参考文献 ……………………………………………………………… 461

第 1 章

概述

船用钛合金无损检测是在不损坏检测对象的前提下,利用声、光、电、磁等与物质的相互作用,检查其结构、性质或状态,并对结果进行分析和评价的一门专用技术。船用钛合金无损检测紧密围绕"船用钛合金"这一核心对象,检测方法涵盖射线、超声、渗透、涡流、泄漏和新技术等十余种,应用对象包括原材料、焊接件、铸件和装备。

船用钛合金材料和加工方法的进步是推动船用钛合金无损检测技术发展的重要动力,检测人员只有充分了解材料特性、加工方法和船用结构特点才能根据检测目的选择适用的检测方法,制定最优化的检测工艺,提高检测过程的有效性和检测结果的可靠性。

1.1 船用钛合金材料

1.1.1 钛合金基础知识

钛(Titanium)是英国矿物学家和化学家威廉·格雷戈尔(William Gregor)于1791年首先从钛铁矿中发现的,钛在地壳中的储量非常丰富,仅次于铁、铝、镁,居第4位。由于钛的化学活性强,很难从矿石中提炼出纯钛,直到1910年,才首次提炼出纯度达99.9%的金属钛。1940年,卢森堡化学家克劳尔(W. J. Kroll)用镁还原法制得了海绵钛,从此奠定了钛的工业生产方法和应用的基础,这也是目前普遍采用的海绵钛制备技术——克劳尔(Kroll)法。1948年,美国杜邦公司率先开始采用克劳尔法商业化生产金属钛,从而加快了钛走向工业化的生产与应用[1]。

目前,世界上具有完整钛产业链的国家主要有美国、俄罗斯、日本和中国,全球的海绵钛年产量为200000~250000t,钛加工材的年产量约为150000t。随着我国经济的快速发展,近15年来,我国钛科技及工业取得了长足的进步和发展,已经成为全球4个主要钛工业国家中非常重要的力量,海绵钛产能及产量、钛加工材产量均占据世界第一的位置。我国主要钛合金生产加工企业,已装备了具有世界先进水平的熔炼和加工生产线,具备了生产高品质钛合金加工材的能力和技术,可基本满足我国钛材装备制造的原材料需求[2]。

由于钛具有密度低、比强度高、耐腐蚀性强、透声系数高、无磁性、低温性能和生物相容性好等特点,在石油、化工、制盐、航空、航天、电力、船舶、冶金、医疗、海洋工程等行业得到了广泛应用。

1. 钛合金的物理、化学性质

钛为轻质耐腐蚀金属,其物理性质与钢存在明显的差别,主要物理性质见表1-1。

表1-1 钛的主要物理性质

物理性质			数值
原子量			47.00
克原子体积/(cm^3/g/原子)			10.7
低温 α-Ti		晶格类型	密排六方
		晶格参数/Å	$a=3.282(20℃),c=4.6831,c/a=1.5873$
		密度/(g/cm^3)	4.505(20℃)
高温 β-Ti		晶格类型	体心立方
		晶格参数/Å	$a=3.282(20℃),a=3.3132(900℃±5℃)$
		密度/(g/cm^3)	4.32(20℃)
α/β 相转变时的体积变化			5.5%
导热系数/(K/cm·s·℃)			0.36
电阻系数/(Ω·cm)			$47.8×10^{-6}$
电阻温度系数/(1/℃)			$3.97×10^{-3}$
弹性模量/GPa			115
剪切模量/GPa			44
泊松比			0.32~0.34

钛的物理性质与无损检测方法密切相关:钛的原子序数和密度决定了射线的衰减系数,与射线检测射线源能量的选择有直接关系;钛的透声性决定了超声检测方法的适用性,且声速取决于密度、弹性模量、剪切模量和泊松比;钛的导电性决定了涡流检测方法的适用性,且电导率对涡流检测参数的选择有重要影响;钛的无磁

特性决定了磁性检测方法的不适用性,较低的磁化率难以通过强磁场磁化实施磁粉检测或漏磁检测。除此之外,钛的导热性、导电性直接决定了红外检测、电位法检测等其他检测方法的检测效果。

钛在化学元素周期表中属ⅣB族元素,其原子序数为22,钛原子的电子结构分布为$1s^22s^22p^63s^23p^63d^24s^2$,原子外层电子数目决定了元素的化学性质。常温下,钛的化学活性较小,仅能与氧、氟、氢氟酸等几种物质发生反应。但是,在较高温度下,钛可与多种单质和化合物发生反应,特别是与氧、氮、氢等元素的亲和力很大,不仅在熔化状态,即使在400℃以上的高温固态下,也极易被空气、水分、油脂等污染。

钛的化学性质对无损检测的实施提出了严格的要求。例如,在进行超声检测和渗透检测时,耦合剂、渗透剂、清洗剂和显像剂等需与钛合金工件直接接触材料的氟、氯元素含量有明确的限制,避免对钛合金造成腐蚀。在进行真空电子束焊接、真空扩散焊接等清洁度要求较高的高温工序前,也要将前一检测工序残留的材料清除干净。在役高温钛合金设备的检测,甚至要采用一些非接触式检测方法。

2. 钛合金的显微组织

钛合金的基本组织是由密排六方的低温α相和体心立方的高温β相构成的。除少数稳定β型钛合金之外,体心立方的高温β相一般都无法保留到室温,冷却过程中会发生β相向α相的多晶转变,以片状形态从原始β晶界析出。片状组织由片状α与片状α之间的残余β相构成,由于其与母相之间存在着一定的结晶学位向关系,称为β转变组织。片状组织在α+β两相区承受足够大塑性变形后再结晶球化得到等轴组织。按晶内α相的形状变化,α+β型钛合金的典型组织形貌大致分为4种,如图1-1所示。

钛合金的最终性能是由显微组织的形态决定的,不同的组织对应不同的力学性能,而微观组织形态主要取决于合金的化学成分、变形工艺和热处理制度。不同的锻造工艺和热处理制度会使钛合金中α相和β相的比例、形态和相界面产生较大的差别。

钛合金显微组织的差别会影响材料的声学性能,从而决定超声检测的信号特征。超声检测的散射杂波与钛合金显微组织有复杂的关系,α相和β相的形态、尺寸、比例和方向都会导致散射杂波的变化。这一特性也是造成钛合金构件与钢制构件超声检测存在差别的最重要原因。

3. 钛合金的化学成分

表1-2所列为参考《钛及钛合金牌号和化学成分》(GB/T 3620.1—2016)的相关规定,列出了几种典型船舶及海洋工程用钛合金牌号的化学成分。

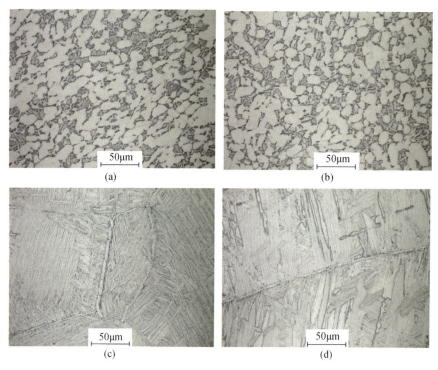

图 1 – 1 钛合金 4 种典型组织形貌

(a)等轴组织;(b)双态组织;(c)网篮组织;(d)魏氏组织。

表 1 – 2 几种典型船舶及海洋工程用钛合金牌号及化学成分 （单位:%（质量分数））

合金牌号		TA2	TA5	TA22	TA31	TC4
主要成分	Ti	基	基	基	基	基
	Al	—	3.3～4.7	2.5～3.5	5.5～6.5	5.5～6.5
	V	—	—	—	—	3.5～4.5
	Sn	—	—	—	—	—
	Pd	—	—	—	—	—
	Mo	—	—	0.5～1.5	0.6～1.5	—
	Ni	—	—	0.3～1.0	—	—
	Zr	—	—	0.8～2.0	1.5～2.5	—
	Nb	—	—	—	2.5～3.5	—
	B	—	0.005	—	—	—
	Fe	—	—	—	—	—
	Si	—	—	≤0.15	≤0.15	—

续表

合金牌号		TA2	TA5	TA22	TA31	TC4
杂质元分 (≤)	Fe	0.30	0.30	0.20	0.25	0.30
	C	0.10	0.08	0.10	0.10	0.08
	N	0.05	0.04	0.05	0.05	0.05
	H	0.015	0.015	0.015	0.015	0.015
	O	0.25	0.15	0.15	0.15	0.20

不同牌号钛合金的成分差异不仅决定了其性能,对无损检测也有直接或间接的影响。例如,对于射线检测,合金成分的差异会导致射线衰减系数的变化,含原子序数较高的元素成分比例较大时,射线的衰减系数也会相对较大,从而造成相同透照规范下不同牌号钛合金的底片黑度差异。同时,化学成分的差异也会导致钛合金的电导率、磁导率等物理特性发生一定的变化,变化较大时,对某些依赖于这些物理特性的电磁检测方法有一定的影响。

1.1.2 船用钛合金的规格和力学性能

我国船用钛合金的研究与应用始于20世纪60年代,经过半个多世纪的努力,船用钛合金的研究及应用水平有了很大提高。从强度级别看,我国船用钛合金已形成比较完整的体系,完成了屈服强度由320MPa到1150MPa范围的覆盖,能满足水面船舶、水下潜器、海洋工程装置等对不同强度级别材料的需求。

按屈服强度等级,将钛合金划分为低强钛合金(屈服强度在490MPa以下)、中强钛合金(屈服强度为500~790MPa)、高强钛合金(屈服强度大于800MPa)。低强和中强钛合金大多是低合金化的α型或近α型钛合金,其塑性好,易成形,焊接性能优良。高强钛合金一般为α+β型和亚稳(近)β型钛合金,其强度高,断裂韧性好,但相对低、中强钛合金而言,其塑性较低,冷加工成形与焊接工艺性能较差。

由于不同强度的钛合金在加工、制造过程中所产生的常见缺陷是不同的,因此对船用钛合金实施无损检测时,要结合其强度等级优化检测工艺。对于低强和中强钛合金,在焊接过程中要重点关注由于焊接工艺不佳或操作不当导致的气孔、未熔合等缺陷;而对于高强钛合金,除了要关注上述缺陷,还要特别注意裂纹,在进行渗透检测、射线检测时都要进行工艺优化,以保证裂纹检出率。

目前,我国已能批量生产各种规格板材、管材、锻件、环材、丝材、铸件等多种形式的船用钛合金产品。

表1-3所列为参考船用钛及钛合金材料标准和规范,摘录并整理出的国内船舶、海洋工程常用钛合金原材料规格。实际上,不同牌号的钛合金对应的材料规格是

不同的,但钛合金原材料无损检测更关注整体的规格范围,故本部分未根据牌号细分。

表1-3 船舶及海洋工程用钛合金原材料规格

原材料种类	材料规格/mm			
板材	厚度	宽度	长度	
	0.5~5.0	400~1000	1000~4000	
	5.0~90.0	400~3000	1000~6000	
无缝管材	外径	壁厚	长度	
			壁厚≤2.0	壁厚>2.0
	6~15	0.5~1.0	500~4000	—
	15~80	0.75~6.0	500~9000	500~9000
	80~115	2.5~8.0	500~6000	
	115~220	3.0~9.0	500~3000	
棒材	直径		长度	
	6~230		1000~4000	
饼材	外径	内径	截面高度	环材壁厚
	80~1200	—	30~260	
环材	外径	内径	截面高度	环材壁厚
	500~2200	120~1700	40~450	30~300

材料规格与无损检测的关系主要体现在检测方法的选择上。对于板材超声检测,板材厚度决定了是采用板波法还是纵波直射法;对于无缝管材,不同的管径和壁厚对超声检测和涡流检测的适用性不同,管径和壁厚较小时,超声检测和涡流检测均可采用,但管径较大时,宜采用超声检测;对于棒材超声检测,直径较小时需采用水浸超声;对于饼材和环材,厚度较大时,超声检测的杂波干扰可能较为严重,需优化检测工艺。

1.2 船用钛合金焊接方法

1.2.1 钛合金焊接冶金特点

钛合金焊接冶金特性与传统黑色金属和有色金属有较大差别,主要体现在以下方面。

(1)钛的化学活性大,不仅在熔化状态,即使在400℃以上的高温固态下,也极易被空气、水分、油脂等污染,吸收氧、氮、氢、碳等杂质,使焊接接头的塑性和韧性显著降低,并易引起气孔。因此,焊接时对熔池、已凝固焊缝及温度超过400℃的热影响区都要加以妥善保护。

(2)钛的熔化温度高、热容量大、电阻系数大、热导率比铝、铁等金属低得多,使其焊接熔池具有较大的尺寸、更高的温度,热影响区在高温下的停留时间较长,容易引起焊接接头的过热,使晶粒变得比较粗大,接头的塑性明显降低。因此,熔化焊时,一般选用小电流、高焊速的焊接规范,尽量保证焊接接头(特别是热影响区金属)既不会过热,又不产生淬硬组织。

(3)由于氢气在焊接热循环过程中溶解度变化引起 β 相过饱和析出,并伴随着体积膨胀引起较大内应力的作用而导致冷裂纹。为了防止冷裂纹的产生,需要控制焊接接头区域的氢含量。

(4)钛的纵向弹性模量比不锈钢小(约为不锈钢的50%),在同样的结构状态和焊接应力条件下,钛合金的焊接变形量比不锈钢约大1倍,故焊接时宜采用垫板、压板等刚性工装将焊件固定、压紧,以减少焊接变形量。此外,若选用导热性好的材料制作压紧工装,还可起到加强焊缝冷却的作用。

(5)焊缝有形成气孔的倾向。气孔是钛合金焊接中最常见和最易产生的缺陷,它占整个钛合金焊接缺陷的70%以上。焊接过程中需采用各种预防措施,阻止和预防气孔的产生。

(6)对于含较多 β 相的 α+β 型钛合金,在焊后快速冷却条件下,除了由 β 相转变成 α 相(焊缝金属中产生的马氏体组织),还可能形成脆硬的超显微介稳相——ω 相,使接头的脆性急剧增大,塑性明显下降。为防止这种介稳组织的产生,可采用焊前预热、调整焊接规范等措施,设法降低焊缝金属的冷却速度,避免在焊接接头中形成 α 型介稳组织(钛马氏体)。

(7)钛合金焊接过程中要严防污染物。所谓的污染物是指各种水汽、锈蚀、油类、有机物、尘埃、金属等,这些污染物会给焊接质量带来严重的影响。为了保证钛合金焊接质量,要严防焊接过程污染物的侵入。

1.2.2 钛合金常用焊接方法

钛合金焊接热源与传统金属焊接热源基本一致,可分为电弧热、化学热、电阻热、摩擦热、高能束热等多种。根据焊接过程热源不同,也产生了多种焊接方法,见表1-4。

表1-4 常用焊接热源及对应的焊接方法

焊接热源	特点	焊接方法
电弧热	利用气体介质强烈持久的放电过程所产生的电弧热为焊接热源,电弧热是目前焊接中应用最广泛的热源	电弧焊,如钨极惰性气体保护焊、熔化极气体保护焊、等离子弧焊等

续表

焊接热源	特点	焊接方法
摩擦热	利用高速机械摩擦所产生的热量为焊接热源	搅拌摩擦焊、惯性摩擦焊
电子束	利用高速电子束轰击工件表面所产生的热为焊接热源	电子束焊
激光束	利用聚焦的高能量激光束为焊接热源	激光焊
化学热	利用可燃气体的火焰或化学反应所产生的热为焊接热源	钎焊、气焊、铝热焊
电阻热	利用电流通过导体所产生的电阻热为焊接热源	电阻焊、高频焊、电渣焊

由于钛合金焊接时,受焊接热循环的作用,对于焊接接头温度高于400℃的区域,必须实施惰性气体氛围保护(或在真空中进行),因此并不是所有焊接方法都适合钛合金。

图1-2所示为目前常见的钛合金焊接方法。

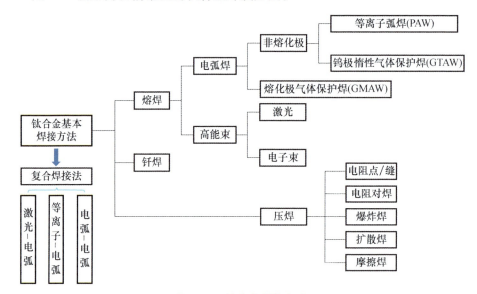

图1-2　钛合金焊接方法

对于钛合金焊接,要想获得高质量的焊接接头,首要解决的问题是焊接保护。要实现高品质的焊接保护,应采用真空焊接(局部或整体)和惰性气体氛围焊接(局部或整体)。下面将结合不同热源和焊接保护机理,介绍最常用的船用钛合金焊接方法和各自的焊接特点。

1. 钛合金钨极惰性气体保护焊

钨极惰性气体保护焊(gas tungsten arc welding,GTAW)是使用纯钨或活化钨

(如钍钨、铈钨、锆钨、镧钨等)作为非熔化电极,采用惰性气体(如氩气、氦气等)作为保护气体的电弧焊方法。惰性气体具有不与其他物质产生化学反应的性质,GTAW 利用这一性质,以惰性气体完全覆盖电弧和熔化金属,使电弧不受周围空气的影响及保护熔化金属不与空气中的氧、氮等发生反应。

GTAW 焊接原理示意图如图 1-3 所示。钨极被夹持在电极夹上,从焊枪喷嘴中伸出一定长度。在伸出的钨极端部与焊件之间产生电弧,对焊件进行加热。与此同时,惰性气体进入枪体,从钨极的周围通过喷嘴喷向焊接区,以保护钨极、电弧、填充焊丝端头及熔池,使其免受大气的侵害。可以从电弧的前方把填充金属以手动或自动的方式,按一定的速度向电弧中送进,也可不添加填充金属。填充金属熔化后进入熔池,与母材熔化在一起冷却凝固形成焊缝。

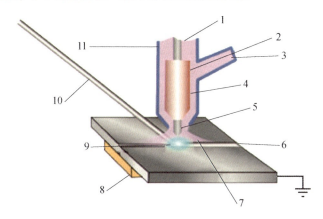

图 1-3 GTAW 焊接原理示意图

1—焊枪;2—电源输入;3—保护气输入;4—钨极夹;5—钨极;6—焊道;
7—保护气;8—衬垫(可选);9—电弧;10—焊丝;11—焊接方向。

GTAW 是钛合金焊接使用最广泛的焊接方法,这主要是因为其焊接质量稳定,操作简便,成本不高,且焊缝美观、平滑、均匀。钛合金 GTAW 可以满足钛合金各种厚度、各种接头形式,以及各种焊接位置和自动化的焊接要求。

但是钛合金 GTAW 也存在以下一些问题。

(1)焊接成形不佳。由于焊接能量较低,钛合金热熔较大,而且钛合金液体金属表面张力较大,容易引起焊接成形不佳、咬边等焊接缺陷。

(2)因为氩气没有脱氧或去氢作用,所以焊前对焊件的除油、去锈、去水等准备工作要求严格,否则易产生气孔,影响焊缝质量。

(3)电流过大或者钨极烧损时,会造成夹钨风险。

钛合金 GTAW 焊缝平滑、均匀对无损检测是有利的,尤其在进行表面检测时能降低实施的难度,如渗透检测的渗透剂清除、缺陷观察都较为方便,甚至在无须特殊处理的条件下就能直接采用阵列涡流检测。但焊接成形不佳不利于检测,咬边等缺陷会影响射线检测和超声检测,一般要求对表面修复后再实施检测。

2. 钛合金等离子弧焊

等离子弧焊(plasma arc welding,PAW)又称为等离子焊,是利用等离子弧作焊接热源的焊接方法。等离子弧焊接原理示意图如图1-4所示,除了等离子弧电源,还有一个先导弧电源,此外,焊枪结构也比较复杂。

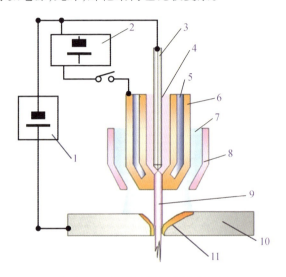

图1-4 等离子弧焊原理示意图

1—主电源;2—先导弧电源;3—钨极;4—先导弧;5—冷却水;6—水冷喷嘴;
7—枪气;8—喷嘴;9—等离子电弧;10—工件;11—熔池。

等离子弧是电弧的一种特殊形式,它具有温度高、能流密度高、化学活性高和可控性好等特点。该焊接方法非常适合钛合金自动焊(机动焊)焊接,焊接效率高,单道可焊透厚度为8~12mm的钛合金,且不用开V形坡口,大大节约了焊材使用量,同时,单面焊双面成形效果好,焊接质量稳定,因此,钛合金等离子焊应用广泛。

PAW与TIG的不同点体现在:①TIG的钨极属于外伸型结构,而PAW的钨极属于内缩型结构,因此相比PAW的压缩电弧,TIG电弧属于自由电弧;②TIG只有枪气,而PAW除枪气之外还需要离子气;离子气不但可维持先导弧,焊接时,还可控制电弧的强度;③PAW相比TIG焊枪多采用压缩腔来对电弧进行压缩;④PAW相比TIG焊枪结构更复杂;⑤PAW电弧相对于TIG电弧更加集中,指向性更好,穿透能力更强。上述原因造成PAW焊接缺陷与GTAW也有所不同。

3. 钛合金熔化极气体保护焊

熔化极气体保护焊(gas metal arc welding,GMAW),是采用自动送丝系统,同时外加气体作为电弧介质和保护气体,在金属焊丝和母材之间形成电弧作为热源的电弧焊方法。当采用惰性气体时称为熔化极惰性气体保护焊(metal inert gas welding, MIG),当采用活性气体时称为熔化极活性气体保护焊(metal active gas welding, MAG)。由于钛及钛合金高温易氧化特性,其不适合采用活性气体,仅能采用MIG焊接。

熔化极气体保护焊的焊接原理示意图如图1-5所示,焊接时,焊丝作为电弧的一个极,从焊枪喷嘴中喷出的气体对电弧及焊接区进行保护,焊丝熔化金属从焊丝端部脱落过渡到熔池,并与母材熔化金属共同形成焊缝。

图1-5 熔化极气体保护焊原理示意图

1—母材;2—熔滴;3—焊丝;4—保护气体;5—开关;
6—枪体;7—导电嘴;8—电弧;9—熔池。

钛合金MIG焊接过程受到影响的因素较多,最主要的焊接缺陷是成形不良和气孔,这是因为MIG焊接时,保护气会受到焊枪运动、焊接姿态调整及电弧变化等多种因素影响,保护气很容易受到干扰,造成保护不良,而卷入气体形成飞溅和气孔,同时由于焊速较快,焊缝成形也往往得不到保证,形成咬边、焊缝凸凹、未焊透等缺陷。

由于钛合金MIG焊接容易出现成形不良,且飞溅较多,在无损检测前,通常需要进行修磨处理,同时考虑到气孔的出现概率较大,在可实施的条件下,可优先选择射线检测。

4. 钛合金电子束焊

电子束焊(electron beam welding,EBN)是通过极高密度的电子束束流,在高速运动状态下轰击待焊金属,直接将动能转化为热能,从而使金属加热、熔化甚至气化,最终形成焊缝实现焊接。

钛合金电子束焊与电弧焊一样,也是一个熔化焊接过程,差别在于电子束焊接是用一个经过强聚焦的,在加速电压20~200kV下加速到光速的0.3~0.7倍的电子束轰击被焊接头来完成的。当高速电子碰撞工件时,其动能即刻转变为热能,使焊接接缝熔化,随后的冷却使熔化金属陆续形成所要求的焊缝,焊接过程示意图如图1-6所示。

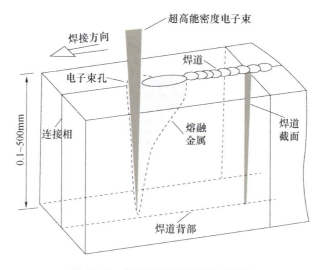

图1-6 电子束焊焊接过程示意图

由于钛合金焊接需要防止高温氧化,而电子束焊接通常在真空舱中进行,因此,钛合金的电子束焊接工艺性良好。

电子束焊接会出现冷隔、钉尖等较为特殊的缺陷,这种类型缺陷的无损检测难度较大,要结合工件结构特点采用合适的检测工艺,部分缺陷的定量表征仍然存在很大的难度。

5. 钛合金激光焊

激光焊(laser beam welding,LBW)利用激光光束作为焊接热源实现焊接,其能量转换过程为电能-光能-热能。根据激光的输出功率和工件的熔深情况,激光焊可分为热传导焊和深熔焊。热传导焊采用较低功率密度的激光辐射加热金属表面,通过热传导作用向金属内部扩散,金属熔化后形成特定的熔池实现焊接,如图1-7(a)所示。深熔焊采用高功率密度的激光辐射加热金属,使金属气化,并排挤熔融金属,形成小孔;同时,在小孔内部和金属上方形成的较密的等离子体能吸收激光束能量,传递到小孔深处,获得较大的熔深,如图 1-7(b)所示。

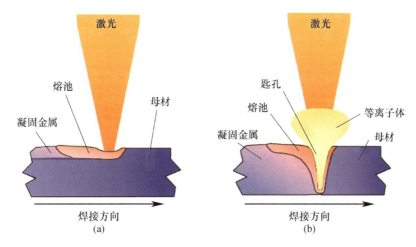

图 1-7　激光焊原理示意图
(a)激光热传导焊;(b)激光深熔焊。

激光热传导焊一般适用于薄壁结构和微型结构的精密焊接,激光深熔焊适用于一般金属的快速焊接。

激光焊非常适合钛合金材料,在焊接钛合金时具有焊缝质量高、接头性能可靠性好、焊缝深宽比大、焊接变形小、易于实现自动化焊接等优点。目前,激光焊主要用于焊接中等厚度以下的钛合金构件,内部缺陷的检测主要采用射线检测,缺陷检出率优于超声检测。

1.2.3　钛合金焊接缺陷

1. 钛合金常见焊接缺陷

1)钛合金焊缝氧化及脆化

钛及其合金焊接接头的氧化和脆化主要是因氧、氮、氢和碳等杂质元素在钛中的溶解所致。当温度达到 250℃ 开始吸氢,并形成 TiH_2 低强度相;400℃ 开始吸氧,形成钛的氧化物;540℃ 发生剧烈的氧化,且开始吸氮,形成 TiN 相。这些气体的溶入和反应,使得材料发生氧化,随着氧化时间的持续,进一步发生严重氧化和脆化。

这些反应所生成的化合物都会使钛的性能变差。其中,钛的氧化物和氮化物均使强度提高而塑性显著降低,对钛的强化作用以氮为最强、氧次之;氢的溶入,主要使焊缝金属的塑性和韧性降低。焊接过程中,处于高温状态的母材、熔化状态的熔池与熔滴更容易被上述气体杂质污染,使接头性能恶化。

钛合金焊接时,焊缝金属表面氧化膜的颜色的不同,反映出了焊缝受氧化程度不同,从而导致焊接接头性能的差异。按照《钛及钛合金熔化焊接指南》(AWS G2.4/G2.4M:2014)的规定,钛合金在完成焊接后有如图1-8所示的钛合金焊接氧化颜色色谱。

表1-5列出了钛合金焊接表面颜色与焊接质量的对应关系及校正措施。

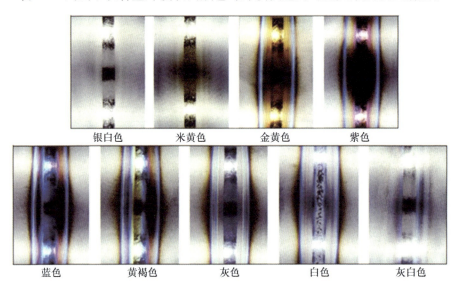

图1-8 钛合金焊接氧化颜色色谱

表1-5 钛合金焊接表面颜色与焊接质量的对应关系及校正措施

表面颜色	焊接质量	校正措施
银色	保护良好	无须返修
米黄色或金黄色	轻度污染,可接受	去除表层氧化后,重新焊接
紫色	中度污染,不可接受	去除焊道,重新焊接
浅蓝色到深蓝色	重度污染,不可接受	去除焊道
黄褐色到白色	非常重度污染,不可接受	去除焊道及邻近母材

由于无损检测主要用于检测宏观缺陷,因此钛合金焊缝的氧化和脆化并不属于无损检测的范畴,即使氧化和脆化非常严重,在未产生宏观缺陷的情况下,无损检测也是合格的。在焊接过程中,焊接人员必须要留意焊接表面颜色并判断焊缝氧化和脆化情况,在进行焊接工艺评定时,要将无损检测与理化检测相结合,综合评定。

2)钛合金焊缝气孔

气孔是钛合金焊接最常见的缺陷,其主要影响是降低焊接接头的疲劳强度。

氢是钛合金焊缝形成气孔的主要气体。气孔是由氢在高温钛中的溶解度随温度变化引起的。

一般情况下,气孔位于焊缝的两个部位:焊缝中部和熔合线附近。钛合金焊缝气孔往往分布在熔合线附近,这是氢气孔的一个特点,因为熔池中部温度比边缘温度高,中部的氢易向熔池边缘扩散,所以熔合线附近因氢过饱和而生成气孔。在焊接热输入较小时,气孔则位于中部。

由于气孔的球形界面对超声波的反射有发散作用,会造成检测灵敏度降低,因此,气孔的检测主要利用射线检测。在薄板焊缝中,射线检测能检出亚毫米级的气孔,但要注意的是,随着厚度的增大,射线线质变硬,能检出的最小气孔的直径也在不断变大。

3)钛合金焊接裂纹

由于钛及其合金中的S、P、C等杂质含量低,低熔点共晶少,结晶温度区间小,因此不容易产生热裂纹。

当焊缝金属的氧、氮含量较高时,使焊缝变脆,容易产生冷裂纹。钛及其合金也容易产生延迟裂纹。其开裂发生时间可以延迟几小时、几天,甚至几个月。这主要受焊接接头中氢的扩散和集聚时间的影响。氢引起延迟裂纹的原因有:①氢含量的提高容易产生γ相(TiH_2)网状组织,使材料变脆;②γ相(TiH_2)引起体积膨胀,产生应力;③氢向高应力区扩散集聚,引起裂纹。同时,钛的弹性模量小、变形量大、应力大,也使裂纹产生的概率变大。

钛合金焊接裂纹的检测可采用渗透、超声、射线等多种方法,但裂纹的检出取决于自身形态、取向、检测工艺的适用性等多种因素。同时,延迟裂纹对检测时机也提出了要求。

4)钛合金焊接其他缺陷

由于钛合金表面张力较大,在焊接时又宜采用较小焊接规范,因此,在电弧焊中易形成根部未焊透、层间未熔合、咬边等缺陷,而且也会伴随焊接成形不佳等焊接问题。

2. 钛合金常用焊接方法的缺陷特征

实际上,各种钛合金焊接方法所产生的缺陷类型是存在一定的差别的,而不同性质的缺陷适用的检测方法也是不同的。检测人员要了解钛合金各种焊接方法的缺陷特征,掌握各类焊接缺陷的检出特性,以便针对不同的检测对象优化检测工艺。

表1-6列出了钛合金常见焊接缺陷及检测方法适用性。由于飞溅、成形不

佳、焊接氧化等属于外观检查或理化检测的范围,本部分不再介绍这类缺陷。

表1-6 钛合金常见焊接缺陷及检测方法适用性

缺陷	图示	缺陷产生风险		检测方法适用性		
		焊接方法	风险高低	超声	射线	渗透
气孔	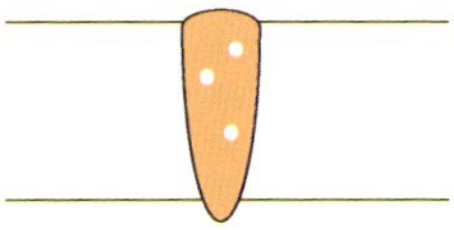	GTAW	中	中	高	—
		PAW	中			
		GMAW	中			
		电子束焊	高			
		激光焊	高			
夹钨	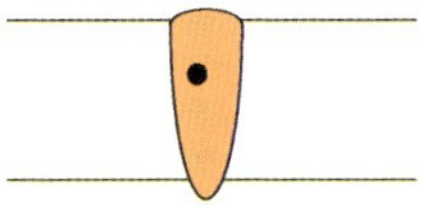	GTAW	中	低	高	—
未焊透	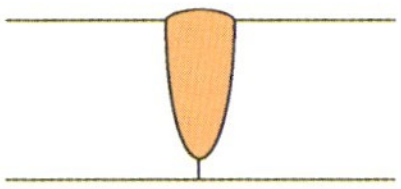	PAW	中	高	高	高
		激光焊				
未熔合或未焊透	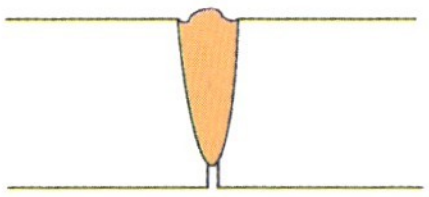	GMAW	高	高	中	高①
焊偏/未焊透	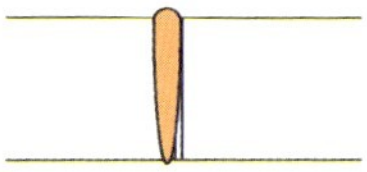	电子束	中	高	高	高
裂纹	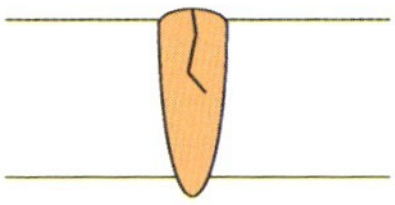	PAW	低	高	中	高
		电子束焊	中			
		激光焊	低			
冷隔	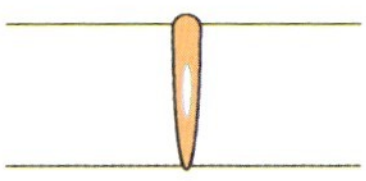	电子束焊	中	高	高	—
钉尖	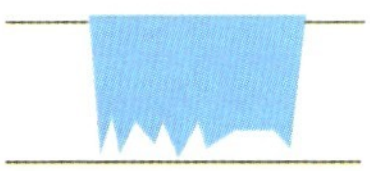	电子束焊	厚板风险高	低	中	—

① 缺陷位于焊接接头根部时。

各种钛合金焊接方法所产生的缺陷性质和检测方法的适用性并不是绝对的。例如,对于钛合金GTAW焊接,焊接厚度较大时,也容易产生坡口未熔合缺陷;对于无损检测方法的适用性,还要结合缺陷的特征,如裂纹位于焊缝表面时,渗透检测的效果最好,但位于焊缝内部时,渗透检测就不再适用,对于钉尖缺陷,同样如此。因此,选择检测方法和制定检测工艺时,在了解焊接方法的前提下,还要熟悉具体的焊接对象及其实际缺陷特征。

1.3 船用钛合金装备

船舶及海洋工程用装备由于其工作条件的特殊性和复杂性,对钛合金材料有特别的要求,在性能上不仅要具备足够的结构强度、刚度及塑性、韧性,而且还要求具有一定的功能特性(如耐腐蚀性、透声性、无磁性等),对装备的焊接接头也有相应的技术要求。

目前,船用钛合金不仅应用于船舶动力系统、主循环水系统、副循环水系统、海水冷却系统、喷淋系统、声呐系统、通海管路系统、雷达通信系统、武备系统及特种结构等,还应用于海洋工程耐压壳体、海水管路、海水冷却、冷凝设备等。其以焊接工艺为必要加工手段制造的设备和设施,按照机械构造特点,大致分为结构、设备、管材及其附件和铸件四大类。

船用钛合金装备集中了材料制备、结构成形等各种钛合金工业制造技术,在整个制造过程中,无损检测方法和检测工艺要有一定的灵活性,以适应不同类型的检测对象、不同加工工艺的检测需求。对不同类型的钛合金装备进行无损检测时,应综合考虑装备用途、运行环境、结构特点和检测条件等因素,并结合对装备质量的技术要求,选择无损检测方法,制定无损检测方案。

本节根据船用钛合金装备的分类,分别介绍几种典型装备的特点、无损检测方法的适用性等,供检测人员参考。旨在通过对这些不同类型船用钛合金装备结构特点、技术质量要求的了解,使无损检测技术人员在整体上把握船用钛合金装备质量控制与无损检测方法应用的基本原则,在能合理选择检测方法的前提下,兼具灵活性和创新性,以适应新型船舶及海洋工程用钛合金装备制造中的新材料、新工艺的检测需求。

1.3.1 结构类装备

钛合金结构类装备通常是指以焊接为主要加工手段将原材料、零件连接成一体的实体结构,主要用作人员或设备的载体。结构类装备大多为上层建筑结构、双曲回转结构、方形箱体结构、复杂框架结构,其主要特点是体大壁薄、构造复杂,焊接变形控制难度大。

图1-9(a)所示为"雪龙"号考察船健身房和多功能活动室通过钛合金板材与T型材、L型材焊接而成,整体结构尺寸大,焊接接头数量多,用于承载船员和相关

设施。

图 1-9(b)所示为"深海勇士"号载人潜水器,其框架结构由平行段框架、艉段框架、辅助框架、压载水舱、底部支架、设备连接件和连接螺栓等组成,结构基本单元为组焊式 H 型材;既为载人舱、浮力块及其他设备提供安装基座,又在母船搭载、坐沉海底和起吊回收等过程中承载整个潜水装置的重量。

图 1-9(c)所示为大型钛合金海洋浮标,通过钛合金曲面成形,T 型材、L 型材焊接等重要工序制造而成,主要由浮力舱、桅杆筒、气象传感器平台三部分组成。

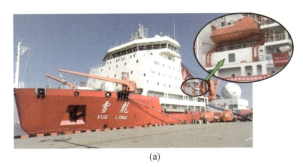

(a)

(b)

(c)

图 1-9 典型钛合金结构件

(a)"雪龙"号考察船健身房和多功能活动室;(b)"深海勇士"号载人潜水器;(c)大型钛合金海洋浮标。

基于钛合金结构类装备的体大壁薄、构造复杂的结构特点考虑,对其实施无损检测的基本原则包括:①由于焊接接头数量较多,接头形式复杂,射线检测和超声检测的实施难度较大,因此通常以渗透检测作为主要检测方法;②对接接头通常要按比例进行射线检测,但要根据制造流程选择合适的检测时机,保证检测空间的可达性;③结构中,大量的薄壁角接接头适用于相控阵超声检测,可发挥其技术优势,对工况恶劣且质量要求较高的结构件,可考虑采用相控阵超声补充检测。

1.3.2 设备类装备

钛合金设备类装备主要为热交换器、耐压壳体等,其特点是能够承受较大的内部压力或者外部压力,焊接厚度较大,对焊缝的内部质量要求高,设备本体安全可靠,尽量做到免维修且与船体同寿命。

图 1-10(a)所示为钛合金换热器,其由管箱、管板、换热管、壳程筒体等组成,运行过程中要承受一定的压力和温度。

图 1-10(b)所示为钛合金潜水器载人舱,其由球壳本体、观察窗、接插件盘、出入舱口座等组成,要承受极大的压力。我国突破了载人潜水器球壳制造关键技术,成功研制出"深海勇士"号、"奋斗者"号载人潜水器,成为少数几个具备全海深探测能力的国家之一。

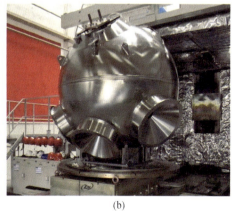

(a)　　　　　　　　　　　　(b)

图 1-10　典型钛合金设备

(a)钛合金换热器;(b)钛合金潜水器载人舱。

钛合金设备类装备的工况较为复杂,在设计上对整体质量的要求也更高。因此,无损检测要比结构类装备复杂和严格,主要体现在以下几个方面:①设备类装备的整个制造流程与无损检测联系更加紧密,原材料制备、冲压、卷制、胀接、焊接等各个工序可能都需要结合需求实施检测,保证过程质量;②整个设备可能需要采用水浸超声、涡流、射线、超声、渗透、氦检漏等多种检测方法,重要的焊接接头要利用多种方法分别检测;③检测难度大,设备制造涉及的异形换热管涡流检测、换热管胀接区涡流检测、管板封焊接头射线检测、超大厚度焊接接头超声检测等对无损检测技术带来了挑战。

1.3.3 管道及其附件

钛合金管道及其附件包括直管、弯管、变径管、三通等,主要用于制造管路系统,如海上平台消防装置、海水淡化装置等,如图 1-11 所示。因安装空间限制,管道空间结构紧凑,走向复杂,多为"虾节状"结构,管道及附件成形和焊接难度大。

(a) (b)

图 1-11 钛合金管道及其附件

(a)管道;(b)管道附件。

钛合金管道及其附件的无损检测方法相对比较固定:对于无缝直管,一般要求进行超声检测;对于焊接直管和管线的焊接接头,一般要求进行射线检测和渗透检测。除此之外,这类装备也是无损检测自动化的主要应用对象,以自动化喷水超声、自动化数字射线成像、阵列涡流为代表的新技术也开始应用,大幅提高了特定结构工件的检测效率。

1.3.4 铸件

随着船舶及海洋工程用钛合金材料的广泛应用,铸件成本低、复杂结构适用性强的优势得以凸显,在船舶行业得到了广泛的应用,如图 1-12 所示。目前,我国已初步建立了船用铸造钛合金应用体系,并在积极研制新的船用铸造钛合金材料和铸造钛合金功能材料,以满足船舶及海洋工程不断增长的迫切需求。

第 1 章 概述

图 1-12 船用钛合金铸件
(a) 基座用铸件；(b) 倒车系统用铸件；(c) 海水泵壳体用铸件。

船用钛合金铸件的结构形式较多，用途也各不相同，对质量要求较高的承压铸件，常采用射线检测和渗透检测保证铸造质量。对铸件实施射线检测，要根据其结构特点合理划分透照区域，尤其要重点关注结构过渡部位，缺陷容易漏检。与此同时，新技术也开始了小范围的应用，为船用钛合金铸件的推广应用起到了积极的作用。例如，数字射线检测对降低检测成本、提高检测效率有重要意义；工业计算机断层成像(computed tomography，CT)为缺陷特征分析、小规格精密铸件检测提供了更有效的检测手段。

1.4 船用钛合金无损检测技术

1.4.1 船用钛合金无损检测技术的发展历程

船用钛合金无损检测技术是综合钛合金材料特性、加工工艺和应用特点等因素形成的，是无损检测技术在工程应用中的一个重要分支。船用钛合金无损检测技术与船舶和海洋工程用钛合金材料、加工技术等各个方向的发展相适应，经历了起步、完善、发展和创新4个阶段,对钛合金在船舶领域的推广和应用提供了重要的技术支撑。

第一阶段:在船用钛合金无损检测技术起步阶段,检测方法大多数是借鉴钢质材料的检测方法。随着钛合金产品线的拓展,被检工件已覆盖原材料、铸件和焊接接头等类别,无损检测的需求大幅提升,对无损检测方法的完整性提出了更高的要求。在此背景下,开展了大范围的检测方法适应性研究,形成了以超声、射线、渗透和涡流为代表的检测方法,并开始广泛应用于装备的制造过程中。

第二阶段:随着不同强度等级船用钛合金材料的成功研制,钛合金耐腐蚀、质轻的优势得到进一步体现,产品的规格范围不断扩大,质量水平也有了新的要求。虽然超声、射线等检测方法在船用钛合金中已大范围应用,但由于缺乏专用检测标准,检测参数的选择多是参考同类标准或根据检测人员的经验设定的,检测结果的重复性受到影响,精细化检测与检测工艺规范性的矛盾突出。在实际检测中,大厚度钛合金构件超声检测散射杂波干扰、薄板钛合金射线检测灵敏度低等问题对检测人员造成了很大的困扰,检测工艺的深入优化势在必行。针对需求,在参考美国宇航标准(AMS)、美国军用标准(MIL)、欧洲标准(EN)和国内相关标准的前提下,结合船用钛合金的检测经验,制定了专用的检测规范和企业标准。经过本阶段的完善,船用钛合金无损检测方法体系已基本建立,数字化和自动化的超声、涡流检测系统开始用于管材和棒材的检测,检测能力和效率大幅提高。

第三阶段:自20世纪末期,中国无损检测行业进入快速发展期,在声发射、磁记忆等理论研究领域取得了国际性的成果,涌现出一批检测设备生产厂商,从业人员数量增长迅猛。与此同时,关于设备、试块和检测方法与评级的相关标准先后颁布或修订,相控阵超声、超声波衍射时差法(time of flight diffraction, TOFD)等先进检测技术也进入到应用研究阶段,成为解决特殊工程检测难题的关键技术。在这个时期,船用钛合金无损检测技术与整个行业的发展趋势是对等的,但更偏向于工程应用。在此期间,中国船舶集团有限公司第七二五研究所(以下简称"七二五所")联合南昌航空大学开展了"厚板钛合金无损检测技术""钛合金焊接相控阵超声检测标准"等专题研究,解决了一些工程应用中的基础性问题。厚板钛合金无损检测技术重点探讨了不同牌号和不同显微组织钛合金的声学特性、钛合金射线检测灵敏度影响因素、数字射线检测等价性等相关问题,研究成果对大厚度钛合金焊接检测提供了重要支撑。随后,又结合"深海勇士"号载人潜水器项目经验,联合中国船舶集团有限公司第七〇二研究所、上海船舶工艺研究所和中国船级社编制了《潜水器钛合金对接焊缝超声波检测及质量分级》(GB/T 35361—2017)和《潜水器钛合金对接焊缝X射线检测及质量分级》(GB/T 35367—2017)两项国家标准,扩大了厚度范围,并优化了关键工艺参数。钛合金焊接相控阵超声检测标准研究项目是国内较早的针对相控阵超声检测方法标准化研究的项目,项目利用仿真和试验研究了相控阵超声检测孔径尺寸、焦点设置等关键参数与检测厚度间的关系,并制定了评级方法,编制了标准草案。相控阵超声技术在船用钛合金中的应用比例不断提升,在复杂焊接结构、大厚度焊接结构检测中具有明显的优势,且可视化显示对缺陷的定量、定性也有很大的帮助。除此之外,计算机照相检测(computed radiography,CR)、数字成像检测(digital radiography,DR)、水浸超声等技术也开始广泛应用,船用钛合金无损检测方法体系得到进一步发展。

第四阶段:在钛合金先进制造工艺的推动下,无损检测技术又进行了创新升级,既有方法上的创新,又有检测工艺上的创新。在检测方法上,针对超大厚度钛合金焊接检测、扩散焊接缺陷检测、增材制造构件检测、精密铸件检测、异形结构检测需求,基于大功率超声、非线性超声、工业CT、阵列涡流等先进技术开展了相关研究,取得了一些成果,如对于超大厚度钛合金焊接结构,采用大功率超声激发,能在声波大量散射衰减的条件下仍保持较高的能量,改善信噪比并获得理想的检测灵敏度;对于异形零部件,采用阵列涡流技术,不仅解决了特殊结构的检测难题,而且实现了绿色化和可视化检测。在检测工艺上,针对电子束、窄间隙等大深宽比焊接接头中的特殊取向缺陷的检测需求,研究了相控阵超声动态聚焦检测、散射信号评判法等检测工艺,提高了缺陷检出率和表征能力。通过技术创新升级,检测方法和工艺的指向性更加明确,围绕钛合金先进制造技术的检测手段正成为船用钛合金无损检测方法体系中越来越重要的组成部分。

目前,船用钛合金无损检测技术仍在不断发展与创新,先进检测方法、检测标准、检测设备等还有很大的提升空间。一方面,国内外无损检测技术近些年取得的阶段性成果,如相控阵超声全聚焦成像检测、电磁超声检测等,对船用钛合金检测有重要的启示,相关技术的研究也已开展[3];另一方面,船用钛合金材料无损评价、微小缺陷检测、结构监测等新的需求又推动了检测技术的发展和创新。同时,先进检测方法理论、成像算法研究也是未来研究的重要方向。

1.4.2 船用钛合金无损检测技术的应用现状

船用钛合金无损检测技术由射线、超声、渗透、涡流、泄漏几种常规检测方法和相控阵超声、数字射线、阵列涡流、电磁超声等新方法组成,检测对象覆盖原材料、制件和各种装备。在目前的应用中,常规检测方法仍然占据主导地位,但新技术也在快速发展,在新产品研制过程中开始逐渐彰显技术优势。

1. 射线检测

射线检测是船用钛合金无损检测中应用最早的检测方法之一,主要用于钛合金焊接接头和铸件的检测。在焊接接头中,射线检测的应用比例略高于超声检测,而在铸件检测中,射线检测几乎是唯一的内部缺陷检测方法。射线检测易于探测体积类缺陷,检测灵敏度高、检测结果直观,也是认可度最高的检测方法。

目前,船用钛合金射线检测处于胶片射线照相检测向数字射线成像检测的过渡阶段,CR 和 DR 技术已开始小范围应用。CR 技术适用范围很广,胶片射线照相检测的应用对象几乎都可采用 CR 代替,且成像质量与底片较为接近。DR 技术主要用于结构规则的焊接接头检测,很少用于铸件检测,且易于结合机械系统实现自动化检测。数字射线成像检测的技术优势不仅体现在数字化方面,而且由于数字探测器的宽容度大,在检测变厚度工件时,结合图像处理能实现大范围检测,相比传统的双胶片技术具有明显的优势。

除此之外,射线检测还有一些特殊的检测方法,在船用钛合金中也开始应用。例如,棒阳极 X 射线检测技术可解决钛合金换热器管子-管板焊接接头的检测难题,能检出封焊焊缝中的气孔、裂纹等缺陷,降低接头泄漏事故率;工业 CT 技术能满足精密铸件、增材制造制件的缺陷检测或几何结构测量需求,随着钛合金先进制造工艺的应用,CT 的应用比例会进一步提升,在产品研制阶段发挥重要作用。

2. 超声检测

超声检测也是应用最早的检测方法之一,主要用于原材料和焊接接头的检测。超声检测应用灵活,易于探测面积类缺陷,检测灵敏度受厚度影响较小,但缺陷的检出率受声波入射角度的影响较大。超声检测是钛合金原材料最重要的检测方法,对于板材、管材、棒材等批量化产品,可与各类产品生产线相结合,实现自动化水浸超声或喷水超声检测,检测工艺完善,能满足不同规格工件的检测需求。对于焊接接头,超声检测的优势在于缺陷深度定位准确,适用于角接接头,在检测大厚度结构时,检测灵敏度优于射线检测,既可独立应用,也可与射线检测配合应用于重要焊接结构中。

传统的超声检测直接根据超声波的信号特征评定缺陷,检测结果不够直观,对检测人员的依赖性较强,因此,以水浸超声 C 扫描、相控阵超声和 TOFD 为代表的可视化超声检测技术得到了发展。水浸超声 C 扫描的精细化扫查,可用于零部件、扩散焊接件等特殊制件的检测,检测结果成像显示,便于缺陷的定量评价。相控阵超声在船用钛合金中的应用范围非常广泛,利用声束聚焦和结构仿真,实现了异形零部件和焊接接头的检测,解决了常规超声检测复杂结构轮廓波干扰等问题,拓展了超声检测的应用范围。TOFD 主要用于大规格钛合金对接接头的检测,通常作为缺陷的辅助定量手段,应用时要考虑钛合金的散射杂波影响。

超声检测不仅用于缺陷检测,也可用于钛合金组织评价、应力测量等,并基于这些需求延伸出一些其他类型的检测方法。例如,采用非线性超声技术检测微小缺陷或评价材料性能、利用电磁超声实现非接触检测、基于声发射技术监测关键结构的损伤状况等,也逐渐成为船用钛合金无损检测的重要研究方向。

3. 渗透检测

由于钛合金的无磁特性,渗透检测就成为船用钛合金表面检测的首要选择,也是最重要的表面检测方法,用于多种结构形式的原材料、零部件和产品的检测。渗透检测灵敏度高,缺陷显示直观,几乎不受工件形状限制,一次检测就能实现大范围覆盖,对于批量化零部件,可采用自动化荧光流水线,检测效率高。

渗透检测质量取决于渗透检测方法、材料和设备等因素,对于不同类型的工件和不同的缺陷检测要求,要选择相适应的检测方法和材料。船用钛合金中主要采用溶剂去除型着色渗透检测、水洗型着色渗透检测和水洗型荧光渗透检测,检测灵敏度能满足大多数工件的检测需求。对于表面状态较好且结构规则的零部件,可采用电磁检测技术替代渗透检测,解决渗透检测的污染问题。但是,对于大多数检测对象,检测条件并不适用于电磁检测,检测灵敏度和检测效率仍达不到渗透检测的水平。因此,随着环保型渗透材料的成功研制,渗透检测的局限性将会得到弥补,仍然是大多数钛合金工件表面检测的首要选择。

4. 涡流检测

涡流检测主要用于钛合金管材的检测,具有检测速度快、灵敏度高的优势,既可与管材生产线结合实现自动化检测,又可在管材使用过程中检测。钛合金换热管是涡流检测的主要应用对象,通常采用内穿或外穿的方式检测,在换热器在制或在役检测时,通常采用内穿式检测。对于口径较大的钛合金管材,涡流检测主要检测外壁缺陷,采用放置式探头配合机械系统,实现对管材外壁的整体扫查。

与渗透检测相比,涡流检测并不局限于检测表面开口缺陷,在缺陷开口阻塞或工件表面有漆层的条件下,仍有较高的检测灵敏度。利用点式涡流探头也可检测钛合金零部件和焊接接头,但手工检测效率较低,只在特殊条件下应用。对于结构规则的盘类或环类零部件,基于自动化系统能在几十秒完成检测,适合大批量精密零部件检测。

在计算机、传感器和信号处理技术基础上发展的阵列涡流检测技术将涡流检测技术的应用提升到了一个新的高度。阵列涡流利用集成式阵列线圈实现大范围的覆盖,可根据工件的结构设计专用传感器或采用柔性传感器,并成像显示检测结果。阵列涡流可用于船用钛合金板材、管材和焊接接头的检测,且能解决一些异形换热管、换热管胀接区涡流检测难题。由于阵列涡流线圈尺寸较小,受结构干扰信号影响较小,且缺陷的表征更加精细,检测效果优于常规涡流,在船用钛合金无损检测中将发挥越来越重要的作用。

5. 泄漏检测

泄漏检测又称为检漏,在船用钛合金中主要用于设备和零部件的密封性检测。

泄漏检测有多种检测方法，要根据具体的检漏要求选择相应的方法，在船用钛合金中应用最广的是氦质谱检漏。

氦质谱检漏选择氦气作示漏气体，检测灵敏度高，主要用于钛合金换热器、高压接头等承压较大、密封性要求较高的设备或零部件。对于承压较小的设备或一般部件，有时也会采用煤油渗透、渗透剂渗透法检漏。与其他无损检测方法直接检测缺陷相比，氦质谱检漏关注的是被检工件的局部或整体的密封性，不能相互替代。对密封性质量要求高的钛合金设备（如船用换热器、真空设备、低温容器等）而言，氦质谱检漏是一种不可缺少的检测方法。

参考文献

［1］C. 莱茵斯，M. 皮特尔斯. 钛与钛合金［M］. 陈振华，译. 北京：化学工业出版社，2005.
［2］常辉. 海洋工程钛金属材料［M］. 北京：化学工业出版社，2016.
［3］沈功田. 承压设备无损检测与评价技术发展现状［J］. 机械工程学报，2017，53(12)：1－11.

第 2 章

船用钛合金射线检测

射线检测是利用胶片或其他探测器探测射线穿透工件过程中引起的强度变化进行缺陷评判的一种无损检测方法,主要用于船用钛合金焊接接头和铸件的检测。射线检测具有检测结果显示直观、底片或数字图像便于长期保存等优点,不仅是船用钛合金最重要的无损检测方法之一,也是当前认可度最高的内部缺陷检测方法。目前,胶片法射线照相检测仍是应用最广泛的方法,但数字射线的快速成像、数字图像等优势更符合当前先进制造技术的发展趋势,在未来将发挥越来越重要的作用。

2.1 射线检测基础知识

2.1.1 射线检测原理

射线的种类很多,包括 X 射线、α 射线、β 射线、γ 射线和中子射线等,其中 X 射线、γ 射线和中子射线具有较强的穿透力,能够用于工业射线检测。由于中子射线只用于特殊领域,因此常用的射线检测主要是指 X 射线检测或 γ 射线检测。X 射线与 γ 射线均属于电磁波,两者的波谱范围存在重叠,前者由于原子核外电子受到激发而产生,后者则因原子核内能级跃迁而产生。X 射线与 γ 射线波长较短,穿透能力强,虽然也能发生干涉、衍射和折射现象,但只在特殊条件下才能观察到,在检测中通常认为射线束是直线传播的[1-2]。

射线在穿透物质的过程中会与物质本身发生复杂的物理和化学作用,射线能量不同则作用现象也有所区别[3]。在 X 射线和 γ 射线能量范围内,光子与物质的主要作用形式包括光电效应、瑞利散射、康普顿效应和电子对效应。这 4 类作用形式对射线检测的贡献不同,如光电效应和电子对效应有利于提高照相对比度,康普顿效应则会降低对比度,常用射线能量范围内光电效应和康普顿效应占据优势。对于实际检测,射线与物质相互作用的直接表现是强度的衰减,一般符合指数形式的衰减规律,衰减系数取决于射线能量和物质类别(密度、原子序数)。

利用射线探测工件内部缺陷的关键在于提取因缺陷的存在而导致的射线束强度变化信息,这就对射线束和探测手段提出了要求。图 2-1 所示为射线检测原理示意图,穿过缺陷部位与完好部位的射线束强度不同,通过胶片或数字探测器记录该差异并评定缺陷即为射线检测的基本原理。射线强度的衰减量 ΔI 可用下式计算:

$$\Delta I = I_{p1} - I_{p2} = I_0 e^{-\mu T}[e^{(\mu-\mu')\Delta T} - 1] \tag{2-1}$$

式中:I_{p1} 为透过工件完好部位的射线强度;I_{p2} 为透过工件缺陷部位的射线强度;I_0 为透过工件前的射线强度;μ 为工件的射线衰减系数;μ' 为缺陷的射线衰减系数;T 为工件的厚度;ΔT 为缺陷造成的厚度差。

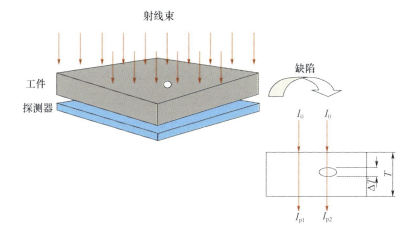

图 2-1 射线检测原理示意图

射线强度的衰减量 ΔI 决定于厚度差 ΔT 和工件衰减系数 μ、缺陷衰减系数 μ'。在射线照相检测中通过底片黑度 D 间接表征射线强度,以对比度 ΔD 衡量射线衰减强度差异从而评定缺陷。在一定范围内,衰减量 ΔI 越大则底片对比度也越大,缺陷越容易识别和评判。射线衰减系数 μ 和 μ' 取决于射线束本身和穿透材质:射线能量越高,则穿透力越强,衰减系数越小;工件材质密度越高、原子序数越大,则衰减系数就越大。根据这些特性,可推断出典型缺陷在底片上的基本影像特征:对于气孔、未熔合、未焊透等类型的缺陷,其射线衰减系数远小于工件完好部位,缺陷位置的强度衰减小于完好部位,故在底片中呈现黑影特征;同理,夹钨、夹铜等高密度夹杂类缺陷则在底片中呈现出白色影像特征。

1. 射线检测几何特性

射线检测底片影像反映的是工件的投影信息,射线源焦点尺寸、焦距、工件厚度等都会影响缺陷投影效果。充分了解射线检测的几何特性是制定透照规范的前提,同时也是底片影像识别的基础。

1) 辐照场几何特性

在射线源保持不变的条件下,在特定时间内其发射的光子数量可默认是固定的。假定光子在辐射角度内均匀分布,则射线束无论是以球面状全景辐射还是以锥束状定向辐射,光子都均匀地分布于辐射截面上。可以证明,单位截面上的光子数量与截面到射源的距离的平方成反比,称之为平方反比定律,可用下式描述:

$$I_1/I_2 = F_2^2/F_1^2 \qquad (2-2)$$

式中:I_1 为焦距 F_1 条件下的射线强度;I_2 为焦距 F_2 条件下的射线强度;F_1、F_2 为焦距。

如图 2-2 所示,射线源发射的光子通过面积 S_1 和面积 S_2 的数量是相同的,则单位面积内通过的光子数量(射线强度)与距离 R 的平方成反比。

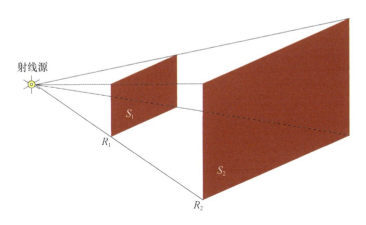

图 2-2 单位面积光子数量与距离 R 的平方成反比示意图

平方反比定律是调整曝光参数的重要依据,如焦距改变时,为保证底片黑度的一致性,可通过该定律换算曝光量,重新选择曝光时间和 X 射线机管电流。除此之外,在进行现场射线检测时,防护距离同样根据平方反比定律计算。

X 射线机是利用阴极电子轰击阳极产生 X 射线的,射线的辐照场几何特性取决于阳极靶形态。以定向 X 射线机为例,其射线辐照场为锥束状,如图 2-3 所示,但与中心线不同夹角处的射线强度并不相同,通常阴极侧的 X 射线辐射强度要高于阳极侧。在实际应用时,除了要考虑平方反比定律,也要考虑辐照场的特性,以获得黑度分布较为均匀的底片。γ射线机以放射性同位素作为辐射源,辐照场为全景状,特别适用于球形或环形结构的曝光。

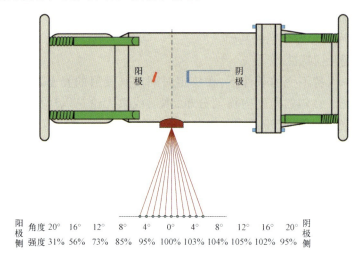

图2-3 定向X射线机辐照场示意图

2) 几何投影特性

由于辐照场的几何特性,透照工件时有两个特点:①透照平面结构时,除中心射线束之外,射线束并不是垂直于工件表面入射的;②根据射线的直线传播原理,由于射线源本身具有一定的尺寸,缺陷投影影像是由本影和半影组成的。

如图2-4所示,射线束的倾斜入射会导致其穿过的材料厚度发生变化,通常用透照厚度比 K(定义倾斜射线束的穿透厚度与垂直射线束的穿透厚度之比)描述。射线束入射倾角越大,则透照厚度比越大,会造成底片出现端头黑度低于中心位置黑度的情况。与此同时,当射线束与缺陷的夹角不同时,缺陷引起的射线衰减也可能是不同的,影响缺陷的检出率。因此,对于面状缺陷,如未熔合、裂纹等缺陷,射线的入射方向应尽量与缺陷面平行,提高检出率。标准一般对透照厚度比有严格的限制,目的就是保证横向裂纹的检测效果。

缺陷投影的半影区会造成影像的边界模糊,最大半影的宽度称为几何不清晰度 U_g,如图2-5所示。几何不清晰度的大小同样受射线束的入射角影响,但通常只以被透照工件中心部位的最大几何不清晰度作为控制指标,并能根据几何关系计算。几何不清晰度与射线源有效焦点尺寸和工件厚度或工件表面至胶片距离成正比,与射线源至工件表面距离成反比。焦点尺寸越小、焦距越大、工件厚度越小,则几何不清晰度越小。

钛合金焊接常见的体积类缺陷为气孔、夹钨等,几何尺寸相对较小,射线透照时角度偏差导致的影像误差基本可忽略。裂纹、未熔合等面积类缺陷则必须考虑透照角度的影响,如横向裂纹必须在较小的透照厚度比的条件下才有较高的检出率,坡口未熔合缺陷检测可采用与坡口面夹角较小的透照角度。实际上,透照角度只是影响缺陷检出的一个因素,工件厚度、射线源、透照方式、胶片类型等因素都会对缺陷的检测效果产生重要影响。

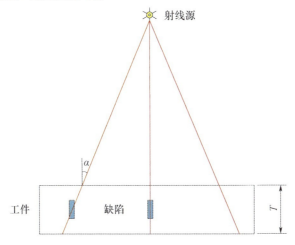

图2-4　透照厚度差示意图

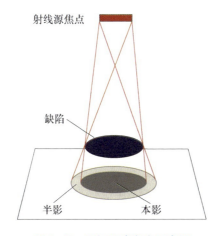

图2-5　几何不清晰度示意图

2. 射线检测灵敏度

灵敏度是评价射线检测质量的关键指标。在一定的检测条件下,将射线照相检测能够检出细小缺陷或细节的能力称为射线照相灵敏度。灵敏度分为绝对灵敏度和相对灵敏度,绝对灵敏度即能够检出的最小缺陷尺寸(通常指射线透照方向尺寸),而将缺陷尺寸与射线透照厚度的百分比称为相对灵敏度[4]。在实际检测中,采用像质计定量评价检测灵敏度,像质计中设置有不同尺寸的金属丝、孔或槽。虽然检测灵敏度是评价照相影像质量的重要指标,但检测灵敏度并不等效于对应尺寸实际缺陷的检出能力,提高缺陷检出能力必须制定最优化的检测工艺。

射线照相对比度、不清晰度和颗粒度是决定射线照相影像质量的三大因素,共同决定了射线照相检测的灵敏度[5]。对比度、不清晰度和颗粒度与射线源、透照工艺和暗室处理等工艺要素密切相关,三者之间的比较见表2-1。

表2-1 射线照相影像质量的影响因素

主要因素		取决因素
射线照相对比度 $\Delta D = \dfrac{0.434 G \mu}{1+n} \Delta T$	主因对比度 $\dfrac{\Delta I}{I} = \dfrac{\mu \Delta T}{1+n}$	①由缺陷造成的透照厚度差 ΔT(缺陷高度、形状、透照方向); ②射线的质 μ(或 λ, kV, MeV); ③散射比 n
	胶片对比度 $G = \dfrac{\Delta D}{\Delta \lg H}$	①胶片类型(或梯度 G); ②显影条件(配方、时间、活度、温度、搅动); ③底片黑度 D
射线照相不清晰度 $U = \sqrt{U_g^2 + U_i^2}$	几何不清晰度 $U_g = \dfrac{d_0 T}{F-T}$	①焦点尺寸 d_0; ②焦点至工件表面距离$(F-T)$; ③工件表面至胶片距离 T
	固有不清晰度 U_i	射线的质 μ(或 λ, kV, MeV)
	屏不清晰度 U_s	①增感屏类别(Pb, Au, Sb); ②屏与胶片的贴紧程度
射线照相颗粒度 $\sigma_D = \sqrt{\dfrac{\sum_{i=1}^{}(\bar{D}-D_i)^2}{N-1}}$		①胶片系统(胶片类别、增感屏、冲洗条件); ②射线的质 μ(或 λ, kV, MeV); ③曝光量(It)及底片黑度 D

注: H 为透过工件到达胶片的曝光量; D_i 为测量点黑度值; N 为测量次数。

在进行钛合金射线检测时,为提高射线照相底片质量必须综合考虑各个因素的影响,然后选择合适的工艺参数。若为了减小几何不清晰度而大幅增加焦距,虽然几何不清晰度减小了,但随之增大透照电压或增加曝光时间则会导致对比度的降低或散射线的增加,这又对影像质量造成了不利影响。因此,为保证底片影像质量必须将检测工艺的重要参数控制在合理的范围内,并结合工件结构、缺陷特征等进行优化。

3. 射线检测特点

射线检测在船用钛合金领域广泛应用,检测对象主要是焊接接头和铸件,特别适用于中等规格厚度以下产品的检测,主要优点如下。

（1）射线照相法以底片记录缺陷投影信息,结果显示直观,能长期保存;检测人员结合材料焊接特性可较为准确地对缺陷进行定性和定量评价。

（2）体积类缺陷检测灵敏度高,最小可检的缺陷高度能达到透照厚度的1%。对于薄壁钛合金焊接件、铸造件、亚毫米级的气孔缺陷均能检出。

（3）方法适用性好,对于工件表面粗糙度、晶粒度无特别要求。

由于射线存在辐射,且投影检测法存在自身的劣势,因此射线检测也存在以下一些不足。

（1）检测灵敏度随厚度增大而降低,很难检出中、厚规格工件的小尺寸缺陷。

（2）对于未熔合、裂纹等面积类缺陷,缺陷检出率受透照角度影响较大,且工件结构不规则时,如角接焊缝、插入式焊缝等检测效果较差。

（3）检测不同厚度工件时,需采用不同的透照电压,厚度超过100mm时甚至需要采用γ射线机（Ir192或Co60）或加速器作为射线源,会增加设备成本。

2.1.2　射线检测设备和器材

1. 射线源

X射线检测是工业射线检测中应用最普遍的技术,在船用钛合金射线检测中,X射线机作为射线源的应用比例超过95%。目前,工业用X射线机的能量范围能达到60～500kV,钛合金材料的最大穿透厚度不低于120mm,几乎能满足大多数钛合金产品的检测需求。只有在特殊的检测条件下,如结构空间受限的中心曝光检测、大厚度工件中心曝光检测或超大厚度工件检测时,才会采用γ射线机或加速器作为射线源。

1）X射线机

图2-6所示为X射线机的分类,按照结构、X射线管类型、X射线管电压、脉冲频率等方式可分为不同的类型。

按X射线机结构可将其分为便携式X射线机和移动式X射线机。便携式X射线机主要由控制箱、机头和电缆组成,重量一般不超过50kg,便于现场携带和使用。便携式X射线机的最大管电压能达到350kV,但由于散热系统较为简单,连续工作时间较短,国产设备最长工作时间通常为5min,进口设备能达几十分钟。移动式X射线机有时也称为固定式X射线机,体积和质量都比较大,其采用高压电缆连接X射线管和高压发生部分,虽然机头装置安装在移动小车上,但一般只在固定场所内小范围移动。移动式X射线机一般采用强制油或水循环冷却,最大管电流超过40mA,可根据需求自由选择,能长时间连续工作。

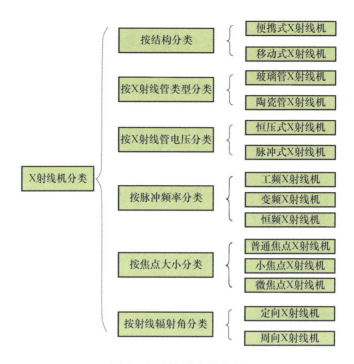

图 2-6 X 射线机的分类

按 X 射线管类型可分为玻璃管 X 射线机和陶瓷管 X 射线机。相比玻璃管,陶瓷管性能优越,具有抗震性强、真空度高、寿命长和尺寸小等优点,目前在高性能 X 射线机中得到了广泛的应用。

按 X 射线管的管电压可分为恒压式 X 射线机和脉冲式 X 射线机。恒压式 X 射线机的穿透能力要高于脉冲式 X 射线机。

按 X 射线机高压发生器的工作频率高低,可分为工频 X 射线机、变频 X 射线机和恒频 X 射线机。在相同管电压、管电流的条件下,穿透能力:恒频 X 射线机 > 变频 X 射线机 > 工频 X 射线机。

按 X 射线管的焦点大小,可分为普通焦点 X 射线机、小焦点 X 射线机和微焦点 X 射线机。焦点尺寸对几何不清晰度有重要影响,微焦点 X 射线机的焦点尺寸能做到微米级,但管电流也相应降低,通常在数字射线检测中采用微焦点或小焦点 X 射线机。

按 X 射线辐射角度可分为定向 X 射线机和周向 X 射线机。定向 X 射线机的射线束分布呈圆锥形,锥角一般为 40°～45°,周向 X 射线机在 360°的角度上同时辐射,通常用于检测大口径工件的环焊缝,效率很高。

X 射线管是 X 射线机系统的核心部件,直接决定穿透能力、透照清晰度和使用寿命。图2-7所示为X射线管的结构示意图,在高真空的管壳内集成了阴极罩、灯丝、阳极罩、阳极靶等器件。射线管阴极主要用于发射和聚集电子,一般采用钨材制作而成,通过电流加热到白炽状态时就会释放自由电子,在阴极头和电场作用下自由电子汇集并加速后撞击阳极靶。电子撞击阳极靶时,大约99%的能量转化为热能,只有极少部分能量转化为X射线,因此阳极靶的制造需要考虑耐高温和散热问题。阴极与阳极之间的电位差即为X射线管的管电压,管电压越高,X射线波长越短,线质越硬,穿透能力越强。

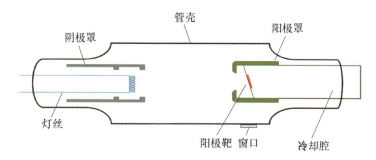

图2-7　X射线管的结构示意图

X射线管的管电压是由高压发生器提供的,高压发生器由高压变压器、灯丝变压器和整流电路组成。高压发生器利用电磁感应原理实现高压,其电流通常只有几毫安,但电压可达几百千伏。X射线的能量和强度与X射线管中阴极和阳极之间的电压波形有关,根据电压波形的不同,高压发生电路分为半波自整流电路、全波整流电路和全波恒压整流电路。全波恒压整流电路输出的X射线强度最高,有效能量最高,全波整流电路次之,半波自整流电路输出的X射线强度最低。

除X射线管和高压发生器外,X射线机还有控制保护系统、冷却系统。控制保护系统用于保证X射线机的安全工作,在保护电路中设置了过电流保护、过电压保护和冷却液温度保护等。冷却系统用于阳极靶的快速散热,主要有油循环冷却、水循环冷却及辐射散热冷却方式,冷却系统的好坏决定了X射线机的连续工作时间。对于移动式射线机,通常还装有机头调节机械装置,能够在一定范围内精确地移动实现快速对焦。

目前,X射线机技术较为成熟,国内外设备厂家均推出有系列产品,不同管电压范围的射线机基本能满足各种规格工件的检测需求[6]。图2-8所示为主流的进口与国产X射线机,国内在高端X射线机的研发和制造方面与国外尚有一定的差距。在实际应用中,设备的穿透能力、稳定性和轻便性依然是选择设备的关键因素,同时要考虑检测条件、工件结构和工作量等相关因素。

图2-8 国内外常见的X射线机

(a)便携式进口X射线机;(b)便携式国产X射线机;(c)移动式进口X射线机;(d)移动式国产X射线机。

2)γ射线机

γ射线是放射性元素原子核自然裂变而释放的,目前已生产出不同能量、不同强度的γ射线机。与X射线机相比,γ射线机具有体积小、无须水电等特点,在现场检测中得到了广泛应用,但设备的管理和辐射防护的要求也较高。目前,γ射线检测使用的放射源均为人工制造的放射性同位素,主要包括钴60(Co60)、铱192(Ir192)、硒75(Se75)、铥170(Tm170)等。常见γ射线源的特性参数见表2-2。

表2-2 常见γ射线源的特性参数

γ射线源	主要能量/MeV	等效能量/MeV	半衰期	钛透照厚度/mm
钴60(Co60)	1.17、1.33	1.25	5.3年	80~300
铱192(Ir192)	0.296、0.308、0.346、0.468	0.355	74天	50~200
硒75(Se75)	0.121、0.136、0.265、0.280	0.206	120天	40~150
铥170(Tm170)	0.084、0.052	0.072	128天	≤10
镱169(Yb169)	0.063、0.12、0.193、0.309	0.156	32天	20~60

γ射线机一般可分为5个部分：源组件（密封γ射线源）、源容器（主机体）、驱动机构、输源管和附件。源组件也称为源辫子，实质是为便于输出与收回射线源而对射线源进行集成的组件，由射线源、包壳和辫子组成。源容器用于存储γ射线源，内部通道分为S通道型和直通道型两种，如图2-9所示，采用"不锈钢外壳+贫化铀或铅内衬"的制造工艺[7]。驱动机构用来将射线源从机体的屏蔽存储位置驱动到曝光焦点位置，并能将射线源收回到机体内，通常分为电动驱动和手动驱动。输源管也称为源导管，由一根或多根软管连接一个一头封闭的包塑不锈钢软管制成，用途是保证源始终在管内移动，曝光时将源输送到位于曝光焦点的源管端头。附件则是一些辅助检测的器件，如准直器、曝光计算尺、换源器等。

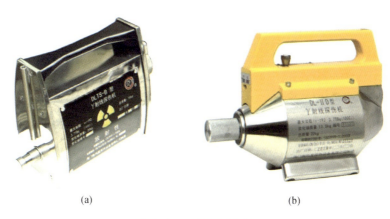

图2-9 γ射线探伤机

(a)S通道型；(b)直通道型。

由于γ射线机不能像X射线机一样通过电源控制射线的辐射，因此对其环境适应性、安全性能和可靠性均有明确的要求。γ射线机的使用必须严格按程序操作，设备必须专人保管，单独存放在可靠的场所。与X射线机相比，γ射线机具有以下特点。

（1）γ射线机辐射的射线为线状谱，能量和强度不可调，在穿透材料过程中无线质"硬化"现象，且强度随时间不断衰减，长期使用后曝光时间变长。

（2）γ射线机检测的固有不清晰度一般高于X射线机，在同等条件下的检测灵敏度也低于X射线机。

（3）γ射线机的穿透能力强，目前X射线机的最大穿透厚度约为120mm，采用Co60射线机最大穿透厚度能超过200mm。

（4）γ射线机体积小，无须水电，可长时间连续曝光，特别适用于野外或高空作业。相比X射线机，γ射线机可通过输源管将放射源传送到空间狭窄部位或环境恶劣的场所,其适用性强,检测效率高。

3) 高能射线机

高能射线机特指加速器。加速器是指利用电磁场加速带电粒子的设备,可用来产生高能量 X 射线,主要指能量在 1MeV 以上的 X 射线。加速器的基本工作原理是利用静电场、磁感应电场、交变电磁场等手段加速电子,轰击金属靶,通过韧致辐射产生高能 X 射线。

高能 X 射线穿透力强,焦点尺寸小,能量转换率高,散射线少,清晰度高。根据加速方式将其分为电子回旋加速器、电子感应加速器和电子直线加速器,其中回旋加速器和直线加速器应用最广泛,如图 2-10 所示。

 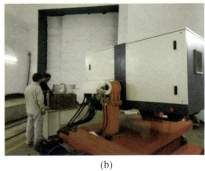

(a) (b)

图 2-10 加速器

(a)回旋加速器;(b)直线加速器。

(1) 电子回旋加速器。束流性能好,准直性好,具有小的能散度和小的散射角,有利于较长距离的传播。能散角一般优于 1%,而电子直线加速器一般在 ±5%。电子回旋加速器的聚焦作用好,焦点比较小,照相灵敏度比较高。结构方面具有电源简单、控制系统简单、尺寸小及结构紧凑等优点。经济方面,由于结构简单,因此它比电子直线加速器的成本低得多[8]。

(2) 电子感应加速器。结构简单,造价比较低,能量范围比较宽。在工业无损检测中常采用能量为 15~35MeV 的加速器。可以检测 80~600mm 厚度的钛合金结构。其最大缺点是束流强度低(不到 1μA),因此射线剂量低。

(3) 电子直线加速器。这是一种性能比较好的适合无损检测的加速器。其最大优点是束流强度大,剂量率高,是电子感应加速器的 10~100 倍,因此检测速度快、效率高。它最适合检测的能量范围为 1~15MeV,在此能量范围内,电子直线加速器可以做到十分轻巧。它的缺点是射线束的焦点尺寸比较大(直径 2~3mm),因此,检测灵敏度不如电子感应加速器。另外,电子直线加速器结构比较复杂,造价比电子感应加速器高。

2. 工业射线胶片

工业射线胶片主要由片基、感光乳剂层、结合层、保护层组成,如图2-11(a)所示。射线胶片不同于一般的感光胶片,一般的感光胶片只在胶片片基的一面涂布感光乳剂层,在片基的另一面涂布反光膜。射线胶片在胶片片基的两面均涂布感光乳剂层,目的是增加卤化银含量,以吸收较多的穿透能力强的X射线或γ射线,从而提高胶片的感光速度,增加底片黑度。工业检测使用的胶片分为增感型胶片和非增感型胶片,通常采用相对曝光量和底片黑度之间的关系曲线(特性曲线)表征胶片特性,图2-11(b)所示为两种类型胶片的特性曲线。

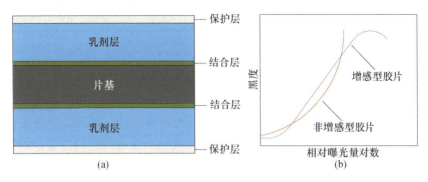

图2-11 胶片构造与特性曲线

(a)工业射线胶片构造;(b)胶片特性曲线。

增感型胶片特性曲线呈S形,可细分为曝光迟钝区、曝光不足区、曝光正常区、曝光过渡区、反转区等几个区。非增感型胶片特性曲线同样有曝光迟钝区、曝光不足区和曝光正常区,但其"曝光过渡区"位于黑度非常高的区段,大大超过一般观片灯的观察范围,通常不再描绘在特性曲线上,故特性曲线呈J形。在工业射线照相检测中一般不使用增感型胶片,而使用非增感型胶片。

根据胶片的特性曲线可定量评价胶片感光特性,主要参数有感光度、灰雾度、梯度、宽容度、最大密度。早期的胶片分类以感光特性,即胶片粒度和感光速度为依据来划分,分类方法较为粗糙。目前,以胶片系统(包含胶片、增感屏和冲洗条件)进行分类,依据指标为黑度$D=2.0$和$D=4.0$时的最小梯度G_{min}、$D=2.0$时的最大颗粒度$(\sigma_D)_{max}$,以及$D=2.0$时的最小梯度噪声比$(G/\sigma_D)_{min}$。根据《无损检测 工业射线照相胶片 第1部分:工业射线照相胶片的分类》(GB/T 19348.1—2014),工业射线胶片系统分为6类,见表2-3。

黑度D指净黑度,即不包括灰雾度的净黑度。胶片的特性数据由胶片制造商提供。工业射线检测通常采用C5类以上胶片,采用γ射线、高能射线检测,或采用较高的技术等级时,要采用C4类或更高类别的胶片。

表 2-3　胶片系统的主要特性指标

胶片系统类别	梯度最小值 G_{min}		颗粒度最大值 $(\sigma_D)_{max}$	(梯度/颗粒度)最小值 $(G/\sigma_D)_{min}$
	$D=2.0$	$D=4.0$	$D=2.0$	$D=2.0$
C1	4.5	7.5	0.018	300
C2	4.3	7.4	0.020	230
C3	4.1	6.8	0.023	180
C4	4.1	6.8	0.028	150
C5	3.8	6.4	0.032	120
C6	3.5	5.0	0.039	100

3. 像质计

像质计(image quality indicator,IQI)是用来检查和定量评价射线底片影像质量的工具,又称为透度计。像质计分为线型像质计、孔型像质计和槽型像质计。其中,孔型像质计又分为阶梯孔型像质计和平板孔型像质计。因为线型像质计结构简单,制作和使用方便,所以应用最为普遍。船用钛合金射线检测主要采用的就是该型像质计,因此本部分主要介绍线型像质计。

线型像质计由一系列材质相同、丝径按一定规律变化的圆柱形直金属丝等间距排列构成,且封装在射线吸收系数较低的材料中。由于钛合金的成形工艺难度较大,早期的钛合金射线检测只能采用其他材质的像质计等效替代;目前,钛合金线型像质计采用工业纯钛材料制作。每个像质计含有 7 根平行的金属丝,金属丝长度有 3 种规格:10mm、25mm 和 50mm,金属丝的直径采用等比数列式排布,常用公比系数约为 1.25。表 2-4 所列为《无损检测　线型像质计通用规范》(JB/T 7902—2015)规定的线型像质计基本参数。

表 2-4　线型像质计的基本参数

像质计内含的线				金属线			线距(中心线)/mm
1 号	6 号	10 号	13 号	线号	标称线径/mm	允差/mm	
○				1	3.20	±0.03	9.6
○				2	2.50		7.5
○				3	2.00		6
○				4	1.60		3 或 5
○				5	1.25	±0.02	3 或 5
○	○			6	1.00		3 或 5
○	○			7	0.80		3 或 5
	○	○		8	0.63		3 或 5

续表

像质计内含的线				金属线			线距(中心线)/mm
1号	6号	10号	13号	线号	标称线径/mm	允差/mm	
	○			9	0.50	±0.01	3 或 5
	○	○		10	0.40		
	○	○		11	0.32		
	○	○		12	0.25		
		○	○	13	0.20		
		○	○	14	0.16		
		○	○	15	0.125	±0.005	
		○	○	16	0.100		
			○	17	0.080		
			○	18	0.063		
			○	19	0.050		

图 2-12 所示为符合《无损检测 线型像质计通用规范》(JB/T 7902—2015)规定的钛制线型像质计实物。除等比排列的丝型外，还有单线型像质计和双线型像质计，其中单线型像质计主要用于小径管焊缝检测，而双线型像质计专门用来测定影像清晰度(空间分辨率)。采用线型像质计得到的射线检测灵敏度有两种表示方法，即相对灵敏度和绝对灵敏度。相对灵敏度用式(2-3)表示，即

图 2-12 钛制线型像质计

$$K = (d/T) \times 100\% \tag{2-3}$$

式中：K 为相对灵敏度；d 为线型像质计直径(mm)；T 为透照厚度(mm)。

相对灵敏度底片影像中可识别的最小线径 d 与透照厚度 T 比值的百分数，数值越小则灵敏度越高。绝对灵敏度直接以射线照相底片影像中可识别的最细丝的编号表示，又称为像质指数。

孔型像质计分为阶梯孔型像质计和平板孔型像质计。孔型像质计通过像质计上的小孔评定影像清晰度，显示结果受射线透照方向影响大，价格比线型像质计高。槽型像质计主要用于评价管道焊缝单面焊根部未焊透和根部咬边情况。

像质计灵敏度是比较射线照相质量的最重要手段。一般认为，像质计灵敏度越高，缺陷的检出能力越强，但像质计灵敏度和缺陷检测的灵敏度并不能视为简单的等效关系。缺陷的检出能力受缺陷几何形态、夹角取向、透照规范等多种因素影响，因此，自然缺陷的检测能力是很难精确定量评价的。即使如此，像质计灵敏度仍然是评价底片质量的最有效方式。实际检测时，像质计灵敏度指数必须满足相关标准的要求。

4. 其他器材

在射线检测过程中，除射线源、胶片和像质计等关键设备和器材外，还需要一些辅助设备和器材，主要有以下几种。

（1）黑度计。又称为光学密度计，用于测量底片黑度。目前广泛使用的黑度计为数字式，设备将接收到的模拟光信号转换成数字电信号，进行数据处理后直接在数码显示器显示出底片黑度数值，如图2-13(a)所示。黑度计使用前应进行零位校准，并通常每6个月使用标准密度片进行校验，同时标准密度片一般需每2年送专业计量单位检定一次。

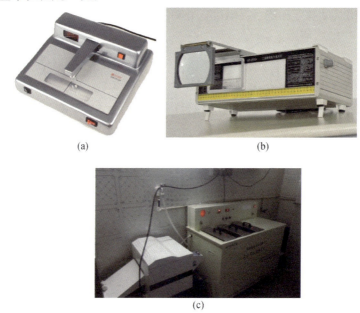

图 2-13 射线检测设备和器材
(a) 数字黑度计；(b) 观片灯；(c) 恒温洗片槽和自动烘干机。

(2)观片灯。用于观察底片,是底片评定的最基本设备,如图 2-13(b)所示。一般观片灯的光源色温(光的颜色)应为日光色,并应有足够的亮度且可调。观片灯的最大亮度应能达到与底片黑度适应的值,可根据标准要求透过底片的亮度值计算观片灯应具有的最低亮度。除亮度外,观片灯的发热性能应予以考虑,发热量较大的观片灯甚至能导致底片的变形,在这方面冷光源观片灯的性能比较好。

(3)暗室器材。暗室器材主要包括洗片槽、干片机、红光灯、计时器、洗片夹、切片刀、暗袋等,用于射线检测前期准备和胶片冲洗。洗片一般应在 20℃ 左右的温度下进行,因此暗室应保持恒温或者给洗片槽配备温控装置。图 2-13(c)所示为恒温洗片槽和自动烘干机。

(4)辅助器材。除上述主要器材外,射线检测过程中还需要中心指示器、铅字、屏蔽铅板、评片尺等辅助检测的器材。

2.2 钛合金射线检测特点

2.2.1 钛合金射线检测射线源的要求

钛合金射线检测的射线源分为 X 射线机、γ 射线机和高能射线机 3 类,其中 X 射线机最为常用,几乎覆盖了 90% 以上的钛合金构件检测。但随着钛合金焊接技术的进步和产品应用领域的拓展,船用钛合金制品的厚度越来越大,X 射线机已不能满足超大规格钛合金的检测需求,就要采用高能射线机或 γ 射线机。虽然高能射线机和 γ 射线机在穿透力方面具有优势,但同时要考虑检测灵敏度、检测效率等因素,故射线源的选择是综合各种工艺条件的最优化结果。

表 2-5 和图 2-14 所示为典型钛合金焊接缺陷试板在不同射线源条件下的检测结果,各组试验结果均是多组试验对比条件下的最优化结果。

表 2-5 射线源对比试验结果

试板编号	厚度/mm	缺陷数量	缺陷检出率/%			相对灵敏度/%		
			X 射线机	加速器	γ 射线机	X 射线机	加速器	γ 射线机
P1	20	2	100	0	50	0.01	0.16	0.015
P2	70	5	100	80	80	0.05	0.09	0.05
P3	120	2	100	100	50	0.07	0.07	0.08

根据缺陷检出率评价试验结果:X 射线机的适用性最佳,在不同厚度下均获得了满意的缺陷检出率;直线加速器的缺陷检出率随着检测厚度的增大而提高;γ 射线机的缺陷检出率则具有一定的随机性,很难获得理想的缺陷检出率。

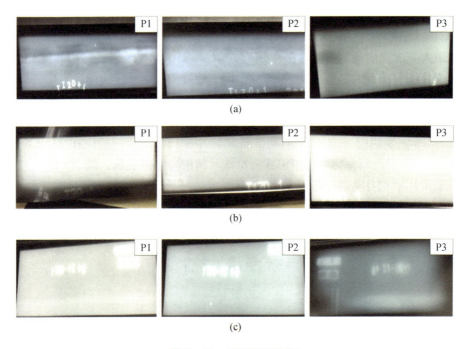

图 2-14 试验结果底片
(a) X 射线机;(b) 加速器;(c) γ 射线机。

根据相对灵敏度评价试验结果:X 射线机和 γ 射线机的相对灵敏度值随厚度的增大而增大,且两者的数值接近,但 γ 射线机的缺陷检出率低于 X 射线机,这一差异能从底片清晰度的角度解释。虽然两者的像质指数接近,但 γ 射线机检测的底片不清晰度大,细小缺陷难以识别。加速器的相对灵敏度值则呈现出随厚度增大而降低的趋势,这主要是由于加速器产生的 X 射线能量较大,随着透照厚度的进一步增大,同样会呈现增大趋势。当透照厚度达到 120mm 时,加速器的相对灵敏度与缺陷检出率达到了与 X 射线机相同的水平,因此,加速器更适用于大规格钛合金检测。

综合上述分析,对于钛合金射线检测射线源的选择,应遵循 X 射线机为主的原则,只有在特殊条件下才采用 γ 射线机或加速器。所谓特殊条件,主要是指以下几种情况:①超大厚度钛合金工件检测,透照厚度已超出了 X 射线机的能力;②筒形或球形工件检测,透照厚度适中的条件下,利用 γ 射线机能实现中心曝光;③现场条件有限、空间不足或 X 射线机能量有限时,只能采用 γ 射线机。需要注意的是,虽然理论上加速器是检测超大厚度钛合金工件的理想射线源,但加速器透照时存在实施过程复杂、价格昂贵等问题,实际应用的比例并不高。当采用 γ 射线机作为射线源时,要采取有效的散射线屏蔽措施,选择较高等级的胶片以提高成像质量。

能量可调是 X 射线机检测的优势之一,为实现最佳的检测效果,就需要根据被检钛合金工件的规格选择相应能量范围的 X 射线机。大多数 X 射线机都是硬 X 射线机(X 射线波长小于 1×10^{-10} m),该类射线机的射线管多采用铝窗口或铝镍合金窗口,将辐射波长较长、能量较低、穿透能力较弱的 X 射线滤掉以提高平均辐射能量,增强穿透力。钛合金射线检测有时则需要采用软 X 射线机(X 射线波长大于 1×10^{-10} m),该类射线机的射线管窗口采用原子序数较低的铍元素制作,以保留更多的软射线成分。在检测厚度较小的钛合金工件时,采用软 X 射线机能获得较为理想的灵敏度,而采用普通的 X 射线机就很可能造成微小缺陷的漏检。

因此,钛合金射线检测 X 射线机的选择要考虑以下因素:①X 射线机的穿透能力。首先要保证 X 射线能够有效穿透工件。②被检工件的结构特点。对于环焊缝,在可进行中心透照时,要优先选择周向 X 射线机,提高检测效率。③实施条件。要结合检测条件选择 X 射线机,现场检测时要考虑设备的便携性,工件较难移动时也很难采用固定式 X 射线机。④其他因素。如重点检测微小气孔缺陷时就要选择微焦点 X 射线机,检测薄壁结构时尽量采用软 X 射线机。

2.2.2　X 射线在钛合金中的衰减特性

研究表明,原子序数越大、物质密度越高,X 射线的衰减系数越大。钛元素原子序数为 22,合金的密度一般为 4.5g/cm^3 左右,均小于铁元素,因而钛合金的 X 射线衰减系数小于钢。通常采用等效系数表征两种材料的衰减特性,所谓等效系数,是指在一定条件下射线穿透两种不同的材料后射线强度相同,从而使底片的黑度相同,此时两种材料的厚度之比称为厚度等效系数[9-10]。表 2-6 所列为钛与钢的射线检测厚度等效系数(以钢为基准),随着线质的变硬,等效系数逐渐接近 0.9,随之保持不变,不再受线质变化的影响。

表 2-6　钛与钢的射线检测厚度等效系数

材料	X 射线							γ 射线	
	100kV	150kV	220kV	400kV	1MeV	2MeV	4~25MeV	Ir192	Co60
钢	1.0	1.0	1.0	1.0	1.0	1.0	1.0	1.0	1.0
钛	—	0.54	0.54	0.71	0.9	0.9	0.9	0.9	0.9

钛合金中会加入 Nb、Zr、Mo 等原子序数相对较大的元素成分,且不同牌号钛合金中的元素成分有一定差异,这就可能导致不同牌号钛合金对 X 射线的衰减并不完全相同。基于 CR 技术[11-12],利用阶梯试块,分别测试了 TA5 和 TA31 两种牌号钛合金的相对衰减系数,测试结果见表 2-7。随着透照电压(射线能量)的增大,TA5 与 TA31 的 X 射线相对衰减系数在逐渐减小,因此,射线检测在保证穿透

力的条件下要尽可能选择较低的管电压。在不同的透照电压下,TA5 和 TA31 的相对衰减系数均存在一定的差别,实际检测中并不能忽视该差别,尤其在选择射线能量时要结合钛合金牌号优化。

表 2 – 7　钛合金相对衰减系数

钛合金牌号	相对衰减系数				
	60kV	80kV	100kV	120kV	140kV
TA5	0.499	0.314	0.275	0.196	0.193
TA31	0.561	0.466	0.278	0.232	0.184

底片黑度是检测过程中最直观的表征材料 X 射线衰减差异的参数。图 2 – 15 所示为 TA5 和 TA31 两种材料在透照规范相同的条件下(焦距 1m,管电流 12mA,曝光时间 2min)底片黑度在不同透照厚度下的变化曲线。默认底片黑度有效范围为 2.0 ~ 4.5,则两者的最大黑度差异能达到 1.4,最小黑度差异也接近 1.0,已成为检测过程中不可忽视的重要因素。

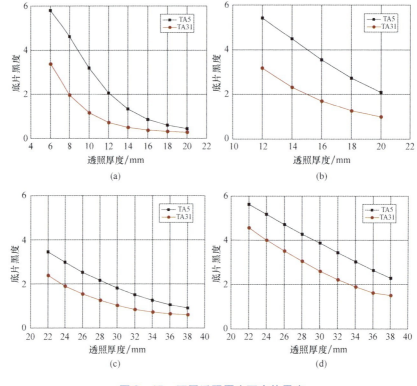

图 2 – 15　不同透照厚度下底片黑度
(a)80kV;(b)100kV;(c)120kV;(d)140kV。

上述试验表明,对于钛合金材料,传统的等效系数法评估材质的 X 射线衰减只是近似值,而不同牌号的钛合金材料之间的差异需要更精细的测试。实际检测时,为便于合理地选择透照工艺参数,通常制作多种牌号钛合金的曝光曲线,当利用对比试块对厚度变化、缺陷自身高度定量时更应关注试块材质的选择。

与此同时,测试结果表明,X 射线的相对衰减系数随射线机管电压的增大而降低,这与 X 射线线质变硬,穿透力提高是相符的。因此,为提高缺陷的对比度,应采用较低能量的 X 射线,但前提是要保证穿透力。目前,国内外大多数射线检测标准都规定了不同透照厚度下所允许的 X 射线最高透照管电压,以此保证检测灵敏度。图 2-16 所示为钛合金检测时不同透照厚度下允许的最高透照管电压曲线,分为曲线 1 和曲线 2。

最高透照管电压的曲线 1 和曲线 2(图 2-16)代表了射线检测技术的发展。最高透照管电压与透照厚度一般用指数函数表征,因此,曲线对应的坐标为对数坐标。理论上,曲线应该为一条直线,也就是曲线 2,早期的射线检测标准中就是采用直线规定的。按直线规定,透照厚度小于 10mm 时,就要采用很低的管电压,一般的工业用 X 射线机很难满足这一要求[13]。在这种背景下,为了提高可实施性,对曲线进行了修正,形成了曲线 1,也是当前大多数标准的依据。曲线修正后,提高了可实施性,但实际上对于薄壁构件的检测灵敏度是有一定影响的,这就是 2.2.1 节中薄壁构件检测推荐采用软 X 射线机的重要原因。

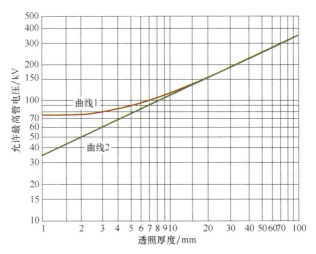

图 2-16 钛合金不同透照厚度允许的最高透照管电压曲线

2.2.3　散射线特点与控制方法

射线穿透物质时,会与物质的原子发生相互作用,在其路径上会不断有光子从光束中分离出来,这是光子与物质中的原子核或核外电子相互作用的结果,其结果表现为射线能量被吸收与散射。因此,采用宽束射线检测时,到达胶片的射线除了一次透射射线,还包括散射线。将透射射线强度定义为 I_p,散射线强度定义为 I_s,则散射系数 $n = I_s/I_p$。

在工业射线检测的能量范围内,射线与物质发生的相互作用主要是以光电效应和康普顿效应为主。二者的作用是同时进行的,但各作用的比例随射线的能量不同而有差异。在较低能量时,以光电效应为主,随着射线能量的增高,光电效应占的比例越来越小,而康普顿散射占的比例越来越大。由于康普顿散射而产生的散射线随着能量的增加而增加,因此,在一定能量范围内,射线能量越高,散射线也越多,影像的灰雾度越大,对比度就越低。

在射线透照场内,被射线照射到的物体都会成为散射源,如图 2-17 所示,而最大的散射源则是工件本身。按散射线的方向对其进行分类,可将来自暗盒正面的散射称为前散射,也称为正向散射,将来自暗盒背面和侧面的散射称为"背散射",也称为反向散射。它们可以从暗盒的背面入射到胶片,使胶片曝光。散射线的强度与散射的光子数、入射射线光子的能量,以及散射角或散射方向有关。

由散射系数的定义可推导出散射系数 n 的测量公式,即

$$n = \frac{H}{H_D} - 1 \tag{2-4}$$

式中:H 为宽束条件下到达胶片的曝光量;H_D 为在其他透照条件相同时,窄束条件下到达胶片的曝光量。

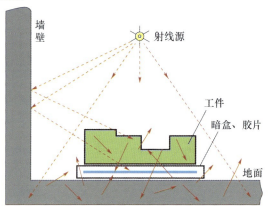

图 2-17 散射线来源示意图

窄束射线可通过铅块制作准直器的方式获得。实际透照时最直接获得的参数为底片黑度,故可通过查询胶片特性曲线的方式获取测试黑度下对应的曝光量。基于上述试验原理,在透照条件(管电压 200kV、焦距 500mm)一定的条件下,分别

采用窄束、宽束射线透照厚度22mm、24mm、26mm、28mm和30mm的钛合金试件，图2-18所示为透照结果底片。

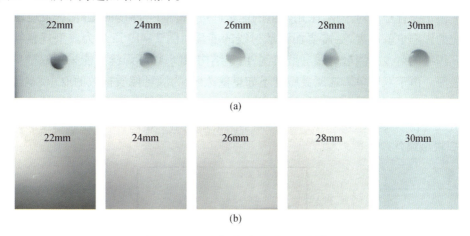

图2-18 窄束、宽束射线透照底片

(a)窄束射线；(b)宽束射线。

测量各个底片的对应黑度，并对照胶片特性曲线查询曝光量，按照式(2-4)计算散射系数。表2-8所列为试验测试数据，在试验条件下的散射系数分布在4.5~5.9之间，且散射系数表现出随透照厚度增大而增大的趋势。实际射线检测时几乎不可能采用窄束射线，散射线强度远大于透射射线强度，造成底片灰雾度加重，降低影像的对比度。

表2-8 散射系数测试数据

透照厚度/mm	窄束射线			宽束射线			散射系数
	黑度	$\lg H_D$	H_D	黑度	$\lg H$	H	
22	0.71	1.83	67.6	3.82	2.57	371.5	4.5
24	0.60	1.75	56.2	3.26	2.52	331.1	4.9
26	0.52	1.69	49.0	2.94	2.47	295.1	5.0
28	0.46	1.63	42.7	2.71	2.43	269.2	5.3
30	0.37	1.56	36.3	2.52	2.40	251.2	5.9

工业射线检测中散射系数受射线能量、透照厚度、辐照场、焦距等众多因素影响。在常用能量范围内，散射系数随射线能量的增大而减小；由于透照厚度越大，散射的次数与概率也越大，因此散射系数通常随透照厚度的增大而增大；在辐照场较小时，散射系数随辐照场的增大而快速增大，当辐照场直径达到一定程度时散射

系数基本保持不变,在常规检测条件下,辐照场大小对散射系数基本无影响;在不同的焦距下,散射系数基本保持不变。

由于钛合金相对于钢,采用较低的能量即可穿透同等厚度的工件,因此受散射效应的影响也就越大,更需要加强散射线的屏蔽。图 2-19 所示为典型规格钛合金环焊缝的射线检测散射线屏蔽案例,由于结构限制,该环焊缝只能采用双壁单影法透照。由于双壁单影透照灵敏度不如单壁透照,为满足像质指数的要求,本案例采用了光栅、屏蔽板等多种散射线屏蔽措施。通过工艺优化和多次试验,达到了像质指数的技术要求,与不采用专门屏蔽措施的透照结果相比,像质计灵敏度能提高 1~2 根金属丝。

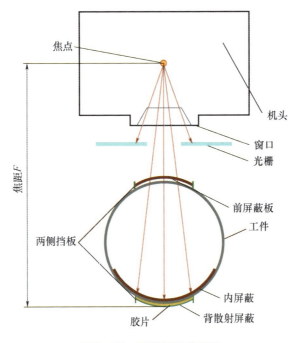

图 2-19 散射线屏蔽案例

散射线的控制措施有很多种,其中有些措施对照相质量的影响是多方面的,选择时要综合考虑,权衡选择。主要措施有以下几个。

(1) 采用铅箔增感屏。铅箔增感屏具有增感作用和吸收低能散射线的双重功效,而且方法简单。目前,钛合金 X 射线检测时普遍采用铅箔增感屏,铅箔厚度通常选择 0.03 mm。

(2) 在射线窗口处使用铅罩和光阑,从而减小辐照场范围,使射线尽量只照射在被透照部位上,从而减少其他杂乱反射的产生。

(3) 使用滤板。X 射线机窗口加滤板时,可滤除射线束中的软射线,使透过射线波长均匀化,有效能量提高,多用于大厚度差工件的透照。滤板的材质有黄铜、铅或钢,厚度通过对比试验确定。当采用 Ir192、Co60 或高能 X 射线检测时,通过在工件和胶片暗盒之间加滤板可过滤工件中的低能散射线,滤板通常采用不同厚度的铅箔。

(4)使用遮蔽物。当被透照的试件小于胶片时,应使用遮蔽物对直接处于射线照射的那部分胶片进行遮蔽,以减小边蚀散射,遮蔽物一般用铅制作,其形状和大小视被透照试件的情况确定,也可使用其他高密度材质制作遮蔽物。

(5)增加背防护铅板。在暗盒背后近距离内如有金属或非金属材料物体,例如,其他工件、墙壁、工装等,会产生较强的背散射,此时需在暗盒后面加铅板屏蔽背散射线。使用背防护铅板的同时仍需使用铅箔增感屏,否则背防护铅板被射线照射时激发的二次射线有可能到达胶片,对照相质量产生不利影响。

2.3 钛合金焊接射线检测

2.3.1 焊接常见缺陷

焊接接头是射线检测的最主要应用对象,而且一般只用于熔化焊,而钎焊、扩散焊等类型的焊接方法因焊接缺陷间隙高度小、分布无规律的原因,往往很难检出缺陷。如 1.2 节中所述,钛合金常采用钨极惰性气体保护焊、等离子弧焊、熔化极气体保护焊、电子束焊、激光焊等多种焊接方法,不同的焊接方法产生的缺陷类型略有差异。对射线检测而言,检测对象主要针对宏观缺陷,主要包括气孔、未熔合、未焊透、裂纹、夹钨等,而焊接氧化类缺陷则不在检测范围。

缺陷的检测特点与缺陷自身的几何形态密切相关,体积类缺陷的检出率几乎不受透照方向的影响,但面积类缺陷的检出率则很大程度上取决于透照方向。下面将结合缺陷的形态特征与射线投影原理分析各种缺陷的检测特点。

1)气孔

气孔见于各种焊接方法,是钛合金焊接中最常见的缺陷。气孔多为球形,直径小,数量不一,分布位置无规律,有时呈孤立点状,有时呈密集状,也有链状情况。气孔是焊接接头中允许存在的缺陷,但要控制气孔的数量和尺寸。

气孔是一种体积类缺陷,检出率受射线透照方向的影响较小,在焊接厚度较小时,射线检测的检出率要高于超声检测。气孔的尺寸范围很大,微小的气孔需要在显微镜下才能观察到,而尺寸较大的气孔能达几毫米。在不考虑射线检测工艺的条件下,气孔的检出率取决于气孔的大小和透照厚度:在几毫米厚的薄板焊缝中,针尖状的气孔也清晰可见,而超大厚度焊缝中甚至几毫米的气孔也难以发现。图 2-20 所示为同一条钛合金激光焊缝在不同垫板厚度下的缺陷影像,随着透照厚度的增大,可识别的气孔数量减少。

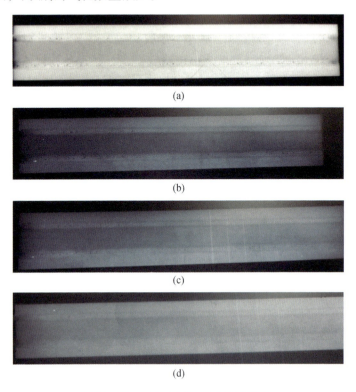

图 2-20 不同透照厚度下气孔影像

(a)4mm;(b)8mm;(c)12mm;(d)16mm。

2) 裂纹

裂纹既可能产生于焊接过程中,又可能产生于焊后热处理、校形等工序。裂纹是一种面积类缺陷,按延伸方向可分为纵向、横向和辐射状,检出率与透照方向密切相关,属于检出难度较大的缺陷。为提高裂纹的检出率,需要采取减小几何不清晰度、控制透照厚度比、优化透照方向、选用高等级胶片、屏蔽散射线等措施,有时还要补充其他检测方法。

3) 未熔合

未熔合分为坡口未熔合、层间未熔合和根部未熔合。钛合金窄间隙焊接中容易出现坡口未熔合,有时在焊接盖面时也会出现层间未熔合。未熔合缺陷也是一种面积类缺陷,是焊缝中不允许存在的缺陷。对于层间未熔合,由于缺陷面垂直于射线束,通常只有在透照厚度 10mm 以下的焊缝中才有可能被检出。对于坡口未熔合,检出能力主要取决于坡口角度、未熔合的高度和透照厚度,射线检测通常很难检测出大厚度窄间隙焊接的坡口未熔合缺陷。

4) 未焊透

未焊透缺陷一般位于焊接接头的中心,可能是连续的,也可能是断续的。未焊透射线检测的影像往往呈现笔直的黑线特征,未焊透的检出能力取决于未焊透的自身高度。

5) 其他焊接缺陷

除上述几种缺陷外,夹钨也是钨极惰性气体保护焊中常见的缺陷。夹钨尺寸一般不大,形状不规则,有条状、块状和点状,大多数情况是以单个形式出现,少数情况是以弥散状态出现。除此之外,电子束焊接还有一些特别的缺陷,如钉尖、冷隔等缺陷。钉尖缺陷的检出率很高,但射线检测的影像为直径很小的点状阴影,不能反映高度信息,需要补充其他检测手段才能更全面地评价缺陷。

6) 表面缺陷

表面缺陷是指焊缝金属表面成形不良或其他原因造成的缺陷,包括咬边、内凹、焊瘤、未焊满、凹坑等。表面缺陷属于外观检查的范围,表面缺陷显示在射线检测影像中会干扰其他缺陷的判断,因此,射线检测程序通常规定焊缝经表面检验合格后才能进行射线检测。

对于设计人员,了解钛合金焊接缺陷的射线检测特点,有利于在产品设计中选择最优化的检测方法。对于焊接技术人员,在熟悉焊接缺陷射线检出能力的前提下,对照检测结果分析焊接参数,有利于系统地优化焊接工艺,提高焊接质量。无损检测人员更要熟悉焊接的工艺过程、焊接缺陷形成的机理,了解焊接缺陷的分类、各种缺陷的形态及其产生条件,以便制定针对性的检测工艺,提高缺陷检出率。同时,也能对射线照相底片上焊缝缺陷的识别和正确评定提供依据。

2.3.2 对接接头检测工艺

对射线检测工艺的基本要求是保证检测灵敏度,提高缺陷检出率。在具体进行透照布置时主要应考虑如下因素:①射线源、工件和胶片的相对位置,应使透照厚度尽可能小,缺陷更靠近胶片;②射线中心束的方向,尽可能使射线中心束的方向沿着危害性缺陷延伸方向;③透照范围,即一次透照长度,综合考虑透照厚度比、黑度范围、灵敏度和检测效率等要求。

1. 透照方式

对接接头射线检测的常用透照方式有很多种,直缝的透照最为简单,环缝的透照则分为多种,如图 2-21 和图 2-22 所示。按照射线透过管件、筒件、容器等环形工件壁厚的数量,可分为单壁透照和双壁透照;按照射线源的位置是在工件内还

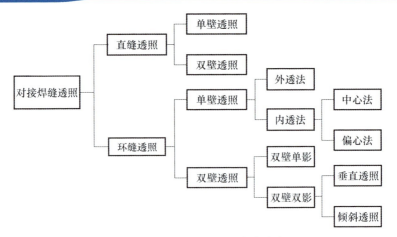

图 2-21 对接接头透照方式分类

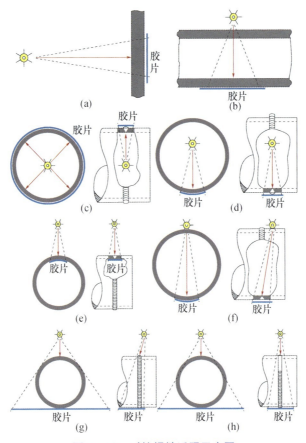

图 2-22 对接焊缝透照示意图

(a) 直缝单壁透照；(b) 直缝双壁透照；(c) 环缝中心透照；(d) 环缝偏心透照；(e) 环缝单壁外透照；
(f) 环缝双壁单影透照；(g) 环缝双壁双影椭圆成像透照；(h) 环缝双壁双影垂直透照。

是工件外,可将透照方式分为内透法和外透法;按照射线源在工件内是否处于中心位置,可分为中心法和偏心法;按照底片上环缝需评定的影像是整体焊缝还是部分焊缝的影像,分为单影和双影。按照是垂直焊缝透照还是倾斜透照,分为垂直透照和倾斜透照。这些透照方式分别适用于不同的场合,选择透照方式时,应综合考虑各方面的因素,选择最优的方式。

(1)直缝单壁透照。日常检测中应用比例最高的透照方法,检测灵敏度高,实施方便。主要应用在产品纵向拼接焊缝的检测中,如耐压壳体的 A 类焊缝、大口径管材的纵缝等,弯头的纵缝虽然不是直线,但检测要求与直缝一样。

(2)直缝双壁透照。双壁透照是在无法采用单壁透照的情况下才采用的透照方法,通常由于工件结构原因,如密封筒体的纵缝、直径较小且长度较大的管材纵缝等,检测灵敏度不如单壁透照。

(3)环缝单壁内透照。又细分为中心法和偏心法。中心法透照时,射线源置于圆心位置,一次透照能检测整道焊缝,且射线束垂直于焊缝,检测速度快,横向裂纹检出率高,应优先选用这种方法。偏心法透照主要用在直径与厚度都较大的环焊缝检测中,实际在钛合金焊接检测中应用很少,在射线源穿透力有限时才考虑采用这种方法。

(4)环缝单壁外透照。既能用于规格直径较大的环缝的检测,也能用于直径较小的环缝的检测,在射线源无法放置在环缝内部时或倾向于检测内壁缺陷时要采用这种方法,但要保证有内部贴片的操作条件。

(5)双壁单影透照。分为垂直透照和倾斜透照,二者的区别在于射线源与焊缝是否存在偏移,直透法时射线穿过两层焊缝,斜透法时射线穿过一层母材再穿过一层焊缝,当管径与焦距较为接近时,两种透照方法并无太大区别,第一层穿过的壁厚就相当于一个滤板。双壁单影透照是管线环焊缝检测中应用较多的方法,主要用在直径 100mm 以上且无法采用单壁透照法的环焊缝,尤其在现场安装或在役定期检测时常采用这种方法。

(6)双壁双影透照。也分为垂直透照和倾斜透照,斜透时上下焊缝倾斜为一个椭圆影像,直透时上下焊缝重叠成一条直线。双壁双影透照主要用于小径管焊缝的检测,也是一种应用非常普遍的方法,两种透照方法各有优势,实际应用时应根据具体的检测条件选择。

在透照布置时必须注意中心射线束的指向。一般情况下中心射线束应指向有效透照区的中心,这主要是为了使在有效透照区范围内,透照厚度的差异更小,底片黑度较为均匀,从而使得有效透照区范围内的灵敏度一致性更好,以提高透照范围内缺陷的检出率。

透照方式的选择是综合工件结构、技术要求、设备资源、检测周期等因素下的最优化结果。从检测灵敏度角度考虑,单壁透照的灵敏度明显优于双壁透照,在可实施的条件下应优先选择单壁透照。从缺陷检出特点考虑,贴近胶片侧的表面裂纹的检出率高于射线源侧,小径管垂直透照时根部缺陷的检出率高于倾斜透照。从检测效率角度考虑,环焊缝中心透照法优于其他透照方式。但有时受工件规格、检测设备等条件限制并不能采用理想的透照方式,就需要选择更加符合实际的透照方式。

2. 透照焦距

透照焦距 F 对射线检测的影响是多方面的,如焦距直接影响几何不清晰度、辐照场的范围和曝光时间等。目前,对透照焦距的限制主要是建立在控制几何不清晰度的基础上。在其他条件一定的情况下,焦距越大,几何不清晰度越小,因此,国内外射线检测标准中均对最小焦距进行了限定。在《承压设备无损检测 第2部分:射线检测》(NB/T 47013.2—2015)中采用 AB 级透照技术时,射线源至工件源的最小距离由下式确定:

$$f \geqslant 10db^{2/3} \quad (2-5)$$

式中: f 为射线源至工件源侧表面的距离; d 为射线源有效焦点尺寸; b 为工件表面至胶片的距离。

通过设置最小射线源与工件源侧表面的距离间接规定了几何不清晰度的要求。为增加使用的便捷性,对式(2-5)取对数并整理可得:

$$\lg f \geqslant \lg d + \frac{2}{3}\lg b + 1 \quad (2-6)$$

在对数坐标下, f 的计算可转换为直接利用诺模图法快速查询,如图 2-23 所示。

3. 一次透照长度

一次透照长度,即焊缝射线检测一次透照的有效检测长度。显然,选择较大的一次透照长度可以提高效率,但在大多数情况下,这与透照厚度比是相矛盾的。除透照厚度比的限制外,射线源的有效辐照场的范围也决定了一次透照长度,不可能大于有效辐照场的尺寸。

由于直缝和环焊缝形状规则,在已知透照厚度比的条件下,就能根据工件的几何关系计算一次透照长度。在各种透照方式中,中心透照法一次透照长度就是整条环焊缝的长度,双壁双影透照对透照次数有明确的要求,并不需要按照公式计算一次透照长度。表2-9列出了其余透照方式下的一次透照长度示意图和计算公式。

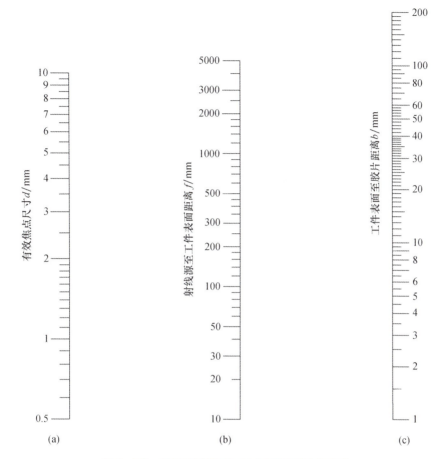

图 2-23 确定射线源至工件表面距离的诺模图

表 2-9 一次透照长度示意图和计算公式

透照方式	示意图	计算公式
直缝单壁、双壁透照		$K = \dfrac{T'}{T} = \dfrac{1}{\cos\theta}$ $\theta = \arccos(1/K)$ $L_3 = 2L_1 \tan\theta$

续表

透照方式	示意图	计算公式
环缝单壁外透		$L_3 = \dfrac{\pi D_0}{N}$ $N = \dfrac{180}{\alpha}$ $\alpha = \theta - \eta$ $\theta = \arccos\left[\dfrac{1+(K^2-1)T/D_o}{K}\right]$ $\eta = \arcsin\left(\dfrac{D_o}{D_o + 2L_1}\sin\theta\right)$
环缝单壁内透 $F < R$		$N = \dfrac{180}{\alpha}$ $\alpha = \eta - \theta$ $\eta = \arcsin\left(\dfrac{D_i}{D_i - 2L_1}\sin\theta\right)$ $\theta = \arccos\left[\dfrac{1-(K^2-1)T/D_i}{K}\right]$
环缝单壁内透 $F > R$		$N = \dfrac{180}{\alpha}$ $\alpha = \eta + \theta$ $\theta = \arccos\left[\dfrac{1-(K^2-1)T/D_i}{K}\right]$ $\eta = \arcsin\left(\dfrac{D_i}{D_i - 2L_1}\sin\theta\right)$
双壁单影透照		$N = \dfrac{180}{\alpha}$ $\alpha = \eta + \theta$ $\theta = \arccos\left[\dfrac{1+(K^2-1)T/D_o}{K}\right]$ $\eta = \arcsin\left(\dfrac{D_o}{2F - D_o}\sin\theta\right)$

注：L_3 为一次透照长度；D_o 为环焊缝外径；D_i 为环焊缝内径；N 为透照次数。

除采用公式法外,很多检测标准制作有环焊缝专用的查询图表,根据透照方式选择对应的图表就能快速查询出最少透照次数。值得注意的是,一次透照长度是在射线源侧或胶片侧单侧计算的,射线束的倾斜会导致两侧的投影长度发生变化,直缝透照、源在外单壁透照和源在内($F<R$)单壁透照时,为保证一次透照长度范围内的焊缝能完整地投影到胶片上,就要限定搭接长度。所谓搭接长度,是指一张底片与相邻底片重叠部分的长度,搭接长度也能根据几何关系计算,底片的有效评定范围要考虑搭接长度。

4. 小径管的透照要求

双壁双影透照是针对小径管(外径 $D_0 \leq 100\,\text{mm}$)检测的一种特殊透照方式,按照被检焊缝在底片上的影像特征,又分为椭圆成像和重叠成像两种方法。《承压设备无损检测 第2部分:射线检测》(NB/T 47013.2—2015)标准规定采用倾斜透照椭圆成像必须同时满足两个条件:①壁厚 $T \leq 8\,\text{mm}$;②焊缝宽度 $g \leq D_0/4$。不满足这两个条件,或椭圆成像有困难,或为提高根部面状缺陷的检出率时,可采用垂直透照方式重叠成像。

若单纯从透照厚度比的角度考虑,倾斜和垂直两种透照方式都不符合要求。但由于小径管直径较小,若采用双壁单影的透照方式,透照的次数会比较多,而且小径管的检测量都比较大,因此兼顾效率和成本,就统一采用双壁双影的透照方案。为避免透照厚度比过大的影响,对双壁双影的透照次数做了单独的要求,通常根据 T/D_0 的大小确定透照次数。一般规定小径管环向对接焊缝100%检测时的透照次数:采用倾斜透照椭圆成像时,当 $T/D_0 \leq 0.12$ 时,相隔90°透照2次;当 $T/D_0 > 0.12$ 时,相隔120°或60°透照3次。垂直透照重叠成像时,一般应相隔120°或60°透照3次。

计算结果表明,小径管即使在透照3次的情况下,透照厚度比的最大值仍然是很大的,因此,对小径管的黑度要求也会适当降低一些。一次透照长度对于小径管而言并无实际意义,按照习惯可认为是透照次数对焊缝周长的等分,但每张透照影像在黑度满足要求的范围内都要进行评定。

虽然与垂直透照相比,倾斜透照能区分缺陷是位于射线源侧还是胶片侧,但倾斜透照也带来了不利的影响。由于射线透照方向与焊缝长度方向存在一定的夹角,夹角较大时,焊缝根部缺陷(裂纹、未熔合等)的检出率就会降低,夹角较小时,射线源侧焊缝和胶片侧焊缝就可能会重叠,难以区分根部缺陷。因此,通常将焊缝椭圆影像(上下焊缝投影最大间距)控制在1倍焊缝宽度左右。实际检测时,在已知椭圆开口宽度 q 的条件下,可根据几何关系计算偏移距离 L_0(图2-24),即

$$L_0 = (b+q)L_1/L_2 \tag{2-7}$$

式中:b 为焊缝宽度;L_1 为射线源到工件的距离;L_2 为工件到胶片的距离。

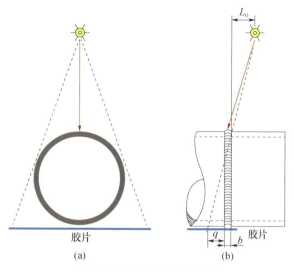

图2-24 小径管倾斜透照

小径管透照时还要注意透照电压的选择,虽然标准中规定了不同透照厚度下的允许电压上限,但由于小径管是变厚度截面,管电压的选择要更多考虑厚度宽容度。通常会适当选择较高的管电压提高宽容度,但这又会降低影像的灵敏度。因此,对于小径管,灵敏度与宽容度的矛盾尤为突出。按照大透照厚度比工件射线照相检测技术,解决上述问题的基本思路应是,从射线照相灵敏度要求和射线照相允许的黑度范围出发,计算将要透照的厚度范围,在这个厚度范围中确定一个中间透照厚度,依据这个透照厚度选择透照电压。

2.3.3 其他类型接头检测工艺

随着钛合金焊接质量要求的提高,有时一些特殊的焊接接头类型也要求进行射线检测。这些特殊类型的焊接接头包括T形接头、角接接头等,结构特点决定了透照厚度的不均匀,都属于大透照厚度比工件。对于这类焊接接头的检测,不仅在选择透照电压时存在困难,而且检测灵敏度也更加难以控制,透照范围内的黑度差异较大,进而影响缺陷的识别。大厚度比对射线照相质量的不利影响主要表现在两个方面:一是因试件厚度差异大,导致底片评判区域内黑度差较大,而底片黑度过低或过高都会影响照相灵敏度;二是因试件厚度变化,导致散射比增大,产生边蚀效应。

为解决大厚度差焊接接头的射线透照问题,可采用的措施包括提高透照电压、厚度补偿和双胶片技术。

(1)提高透照电压。提高透照电压在小径管透照中是最常采用的手段。

该方法的基本原理是通过提高透照电压增大射线的穿透能力,衰减系数减小,在同等厚度差的条件下底片黑度的差异也会变小,厚度变化的宽容度就得以提高。但提高透照电压时,对比度也会减小,这就会对射线照相灵敏度不利,因此管电压的提高并不是无限的。在《承压设备无损检测 第2部分:射线检测》(NB/T 47013.2—2015)中,在相应透照厚度规定的最大允许电压的基础上可提高的范围为40kV。

(2)厚度补偿。补偿是指采用与被透照工件对射线吸收相同或相近材料制成的补偿块、补偿粉、补偿液等,对工件的不同厚度部位进行填补,使工件的透照厚度转换为同样的厚度,这样就可以在一张底片上同时显示不同厚度的部位。

(3)双胶片技术。这里的双胶片是指异速双胶片法,即选择两种感光速度不同的胶片装在同一个暗袋中同时感光的检测方法。感光度较高的胶片适用于透照厚度较大区域的评定,感光度较低的胶片适用于工件厚度较小部分的评定。显然,由于胶片感光度与工件厚度不同,它们互相补偿,使得底片的黑度趋于相近,两种底片的灵敏度近乎相等。

不同形式焊接接头的射线检测难度和效果也不同,这里主要介绍T形接头、管座角接头、管子-管板角接头3种接头的透照工艺。

1. T形接头透照工艺

由于T形接头形式的限制,射线束必然要采用倾斜透照才能有效穿过焊接区域,因此,应首先考虑射线束倾斜入射角度的问题,入射角度不同,透照厚度差也会不同,对缺陷的检出也有重要影响。如图2-25所示,一般有两种透照方式:采用透照方式1时,胶片与焊缝间隔着翼板,几何不清晰度较大,缺陷会发生变形,检测灵敏度也可能会降低;采用透照方式2时,胶片贴在焊缝侧,几何不清晰度会减小,但贴片存在一定的难度,甚至有时候需要弯折胶片。T形接头的射线透照厚度差取决于入射角度α、腹板厚度T_2、翼板厚度T_1,最小穿透厚度的射线束穿过焊缝和翼板,而最大穿透厚度的射线束穿过部分腹板、焊缝和翼板。入射角度α一定时,射线束穿过腹板的厚度取决于焊缝的检测范围,若一次透照就期望检测整个角焊缝,则最大透照厚度$T_{\alpha max}$和最小透照厚度$T_{\alpha min}$之差会非常大。因此,实际检测时,通常要透照两次,每次只检测焊缝的1/2,这样就能有效减小透照厚度差,降低透照参数选择的难度。

射线束入射角度α减小时,最小透照厚度$T_{\alpha min}$逐渐减小,并逐渐趋近于翼板厚度T_1,但最大透照厚度$T_{\alpha max}$却快速增大。实际检测时,倾斜透照角度通常选择45°或30°,必要时还要进行对比试验选择最优角度。确定透照角度时,应考虑对检测缺陷类型的要求,若是重点检测焊缝纵向裂纹,则倾斜角度应尽可能接近裂纹面取向;若是重点检测气孔,则受倾斜角度的影响相对较小。

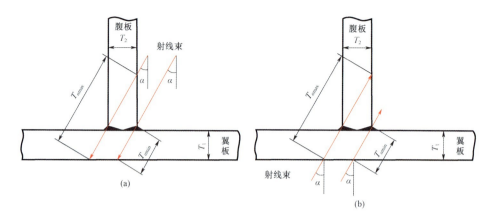

图2-25　T形接头倾斜透照示意图

(a)透照方式1；(b)透照方式2。

即使T形接头采用2次透照的方案,透照厚度差仍然是比较大的,必要时就要采用补偿块减小厚度差。图2-26所示为T形接头采用补偿块的透照示意图,分为上表面补偿和下表面补偿,补偿块采用与母材相同的材质制成。上表面补偿时,补偿块的厚度一般根据焊脚高度选择(一般要大于焊脚高度),且应修磨焊脚,保证补偿块与焊脚的良好契合。下表面补偿时,利用楔形补偿块的斜面做变厚度补偿,这需要根据射线束的入射角度计算透照厚度的变化范围,然后设置补偿块的厚度和斜面角度。

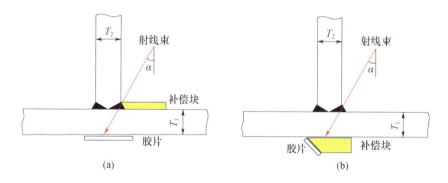

图2-26　补偿透照示意图

(a)上表面补偿；(b)下表面补偿。

T形接头的透照电压要根据透照厚度变化选择,一般选择中间厚度,尽可能保证有效透照区内的黑度处于允许范围内。适当提高透照电压是常采用的提高厚度宽容度的方法。T形接头的射线检测灵敏度较低,很难检测出微小缺陷,尤其是钝边未熔合缺陷往往会漏检。随着翼板和腹板厚度的增加,透照厚度差不断增大,透照电压增大,底片的黑度分布越不均匀,这些因素导致了检测灵敏度的降低。图 2-27 所示为 T 形接头射线检测底片,结构变化导致黑度分布极其不均匀,缺陷识别难度增加。

图 2-27　T 形接头射线检测底片

因此,对于 T 形接头的检测,射线检测通常只是作为辅助手段,一般只用于薄板全熔透接头的检测,且主要目的是检测气孔。在可实施的条件下,推荐采用超声检测,对未熔合有较高的检出率,且随着相控阵超声技术的应用,检测能力进一步提升,对薄板、中厚板 T 形接头均具有良好的适用性,已逐渐成为核心检测方法。

2. 管座角接头透照工艺

在不考虑圆弧截面的情况下,管座角接头的结构形式与 T 形接头非常相近,透照的要求也有很多相似点。管座角接头分为插入式和安放式,透照方式分为内透法和外透法,如图 2-28 所示。内透法又分为中心透照和偏心透照:中心透照时射线源位于支管的中心线上,通常采用棒阳极 X 射线机或 γ 射线机作为射线源,一次透照就能完成整圈焊缝的检测;偏心透照的一次透照长度较短,对于插入式焊缝,一般是为了采用较小的射线倾斜角度,而对于安放式焊缝,则是为了采用更大的焦距。外透法检测时,插入式焊缝的胶片贴在主管内壁,安放式焊缝的胶片贴在支管内壁,射线源的倾斜角度要结合典型面状缺陷的方向设置。

除采用提高透照电压、双胶片的措施提高透照厚度宽容度外,实际检测时还要注意以下事项:①固定胶片时,要根据工件结构调整胶片形状,尽量使胶片紧贴焊缝,以减小几何不清晰度,由于在透照厚度不同的位置几何不清晰度本身就存在差异,若胶片脱开焊缝,几何不清晰度会进一步增大。②透照布置前要充分了解焊缝坡口形式和焊接特点,尤其在检测坡口未熔合缺陷时,要注意射线的入射角度,以获得理想的检出率。③管座角焊缝的透照底片影像存在变形,缺陷会发生畸变,要注意结合投影的特征识别焊缝区域并评判,可在透照时摆放标识铅字辅助识别。

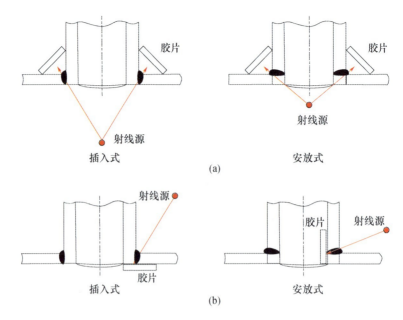

图 2-28 管座角接头透照示意图

(a)内透法;(b)外透法。

管座角接头的检测难度取决于主管、支管的直径和壁厚。支管直径较小时,在不采用中心内透法时,透照区内厚度变化很大,一次透照长度很小,贴片也很困难,底片质量较难保证。在这种情况下,透照焦距可能就会小于标准规定的下限值,像质指数也会降低等级,而且缺陷影像畸变较为严重,影响结果评定的准确性和缺陷检出率。因此,在支管和主管的曲率满足耦合要求的条件下,尤其在壁厚较大时,可采用超声检测。

3. 管子-管板角接头透照工艺

钛合金换热器中的管子-管板焊缝是设备的薄弱部位,焊接过程中可能会出现气孔、夹钨、裂纹和未熔合等缺陷,但始终缺乏有效的检测手段,过去通常只进行渗透检测,难以反映焊缝内部质量。为解决这一检测难题,德国率先开发出用于管子-管板角焊缝检测的射线系统。据国外统计,该技术的应用使换热器封焊接头意外泄漏概率大幅降低,失效概率从 18% 降低到 3%[14]。

管子-管板接头检测的难点在于结构的特殊性。早期的检测技术采用小焦点γ射线机(Ir192)作为射线源,只能用于钢、镍等材料的检测。钛合金的检测试验结果十分不理想,难以检出直径 1mm 以下的缺陷,灵敏度太低,已无太大的检测意义。随后推出的棒阳极 X 射线机解决了射线源这一核心技术瓶颈,基于棒阳极 X 射线机的检测系统能够检出直径在 0.3mm 左右的缺陷,灵敏度满足应用需求,为钛合金换热器检测提供了硬件基础条件。

钛合金管子-管板角焊缝多采用先胀接后焊接的工艺,胀接可以消除管子与管板间的缝隙腐蚀,焊接则增强了接头的密封性和连接强度。该类结构有利于降低焊接残余应力和减小应力集中,可减少焊缝区应力腐蚀裂纹和疲劳裂纹的产生。通常管子-管板焊缝的结构形式有两种:①管子与管板基本平齐的平焊缝,此时封焊缝的焊喉尺寸较小,非常有利于射线检测;②管子凸出管板的角焊缝,通常是为了增强密封效果,此时焊喉尺寸变大,焊缝较厚,射线检测的技术难度变大,灵敏度也会降低。钛合金换热器多采用第①种结构形式,为实施射线检测提供了有利条件。

钛合金管子-管板焊缝的检测必须采用微焦点棒阳极 X 射线机,图 2-29 所示为德国推出的微焦点棒阳极 X 射线检测系统。由于目前棒阳极 X 射线机的阳极棒最小直径在 8mm 左右,检测时还需要加装补偿块,因此,只能检测内径在 12mm 以上的管子-管板焊缝。微焦点棒阳极 X 射线机的焦点尺寸约为 0.2mm,辐射角度 135°×360°,管电流 2mA,最大管电压 130kV,能满足大多数规格换热管的检测需求。

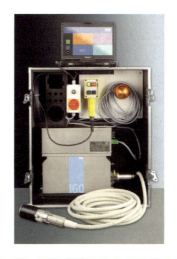

图 2-29　微焦点棒阳极 X 射线检测系统

棒阳极 X 射线机只能采用向后透照方案,如图 2-30 所示,胶片置于射线源后方,阳极棒从本侧管板插入管中。向后透照时,射线源对中比较容易,射线源-胶片距离控制较准确,实施操作较方便,但所用的胶片中心必须加工一个能穿过阳极棒的孔。实际检测中,通常采用专用的真空包装胶片。为减小透照厚度差和散射线,要制作专用的补偿块,补偿块的材质应与管子一致。补偿块实际可视为一段特殊的管子,内外壁分别与阳极棒和换热管贴合,因此其内径略大于阳极棒直径,外径略小于换热管内径,兼具射线源对中的作用。

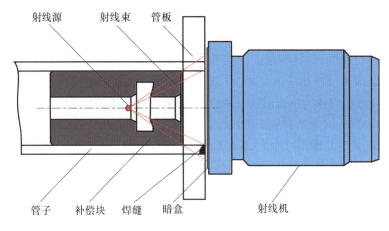

图 2-30　向后透照示意图

由于焊接结构形式限制,管子-管板角焊缝无法采用像质计测定检测灵敏度,国内外普遍采用灵敏度鉴定试验的方式保证检测灵敏度。灵敏度鉴定试验是一种间接的灵敏度控制方法,应在正式实施检测前进行,鉴定试验的设备、工装、材料和工艺参数应与正式检测产品完全相同,若发生改变应重新进行鉴定试验。鉴定试验的具体实施步骤为:①制作材质和规格尺寸与实际产品相同的管子-管板角焊缝灵敏度焊接试样;②在焊缝中心线上采用冲或钻的方法至少加工间隔90°的不同深度的4个小孔(孔的形状可以是半圆球形、锥形或平底孔),孔的深度通常为0.5mm,孔径和深度相当;③对该焊缝实施检测,确定能否检出预置的小孔缺陷。

图 2-31 所示为钛合金管子-管板焊缝检测典型缺陷。虽然采用了补偿块,但倾斜入射的透照厚度差仍然很大,因此,黑度允许范围设置为 1.5~4.5。该类焊缝的评判需要丰富的经验,评片人员要熟悉焊接工艺,了解常见缺陷类型,并掌握管子-管板焊缝的投影特点,区分底片中的结构显示影像和缺陷影像。

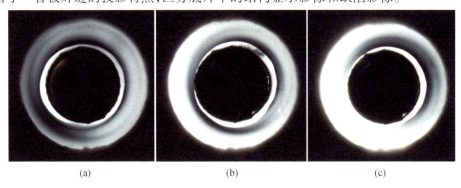

图 2-31　钛合金管子-管板焊缝检测典型缺陷
(a)气孔;(b)夹钨与横向裂纹;(c)未熔合。

管子-管板焊缝射线检测技术为该类焊缝提供了一种可靠的内部质量控制方法,但在实施过程中也存在设备昂贵、检测过程复杂、检测效率低的不足。目前,已推出基于数字成像板技术的检测系统,对于降低检测成本有很大的意义,但受成像板拼接线条影响,需进行两次透照,尚有很大的提升空间,是未来发展的趋势。

2.3.4 底片评定与质量分级

完成透照并经暗室处理后,就可以对底片进行观察评定,判断被透照焊缝中有无缺陷存在,并根据射线照相验收标准进行缺陷级别评定,这个操作过程俗称评片。评片的前提是查验底片的质量是否满足标准要求,核心在于正确地识别缺陷,熟悉常见焊接缺陷的影像特征是进行准确评定的前提。

1. 底片的质量要求

底片的质量要求包括黑度应处于规定的范围、射线照相灵敏度应达到规定的要求、标识齐全、外观质量合格。

1)黑度要求

利用黑度计测定底片影像的黑度范围是否处于射线照相验收标准规定的范围内,以保证底片影像具有适当的对比度,没有达到标准要求黑度范围的底片评定不合格,不能进行评片工作。在《承压设备无损检测 第 2 部分:射线检测》(NB/T 47013.2—2015)中,AB 级要求的黑度范围为 2.0~4.5,对于厚度差较大的工件,黑度下限可降低至 1.5。根据经验,钛合金焊缝的底片黑度为 2.5 时,观察效果最佳[15]。

2)灵敏度要求

灵敏度是射线照相底片质量的最重要指标之一,必须符合有关标准的要求。底片的射线照相灵敏度采用底片上像质计的可识别丝号测定,它是底片影像质量的一个综合评定。标准中通常会规定不同透照方式和透照厚度下的应识别丝号和丝径。对底片的灵敏度检查内容包括:底片上是否有像质计影像,像质计型号、规格、摆放位置是否正确,能够观察到的像质计丝号是多少,是否达到了标准规定的要求等。

3)标识要求

底片上应有完整的识别标记和定位标记影像,这对于识别底片、缺陷定位、建立资料档案是必不可少的参考。观察底片上应有的各标识影像是否显示完整、齐全,以及摆放位置是否符合有关的规定,例如,工件编号、焊缝编号、部位编号、中心定位标记和搭接标记等。此外,有时还需使用返修标记、像质计置于胶片侧的区别标记及焊工代号、透照日期等。标记的影像应位于底片的非评定区,不能干扰对缺陷的识别。

4) 外观要求

在暗室处理和透照操作的过程中,由于操作不当或不细心,或由于胶片、增感屏质量不好,将造成底片存在机械损伤、污染,并可能在底片上出现一些非缺陷影像,它们将直接影响底片的评定。特别是伪缺陷,容易与真缺陷影像混淆,影响评片的正确性,造成漏检或误判,故底片上有效评定区内不允许有伪缺陷影像。

2. 伪缺陷影像特征

熟悉伪缺陷的影像特征才能避免缺陷的漏判和误判。伪缺陷的来源很多,胶片裁切、包装、洗片等过程均有可能因机械损伤或化学腐蚀形成伪缺陷,可归纳为以下几个方面:①胶片本身制造质量与储运、保管不当;②增感屏制造质量及损伤导致的增感不均匀;③暗室处理中的胶片裁切、包装、照相及冲洗过程中的漏光、手印或指纹、静电放电、划伤或局部折伤、药液或尘埃、污物沾污、显定影处理不均匀、水迹、气泡、药液老化失效、操作程序不当等。常见的伪缺陷影像如图2-32所示。

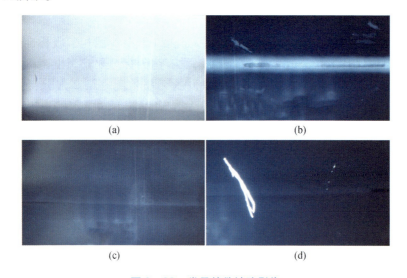

图 2-32 常见的伪缺陷影像

(a)压痕;(b)增感屏破损;(c)手指印;(d)划伤导致药膜脱落。

表2-10列出了常见伪缺陷产生的原因及辨识方法。

表 2-10 常见伪缺陷产生的原因及辨识方法

伪缺陷类型	产生原因	影像特征	辨识方法
划痕	胶片被尖锐物(指甲、器具尖角、沙砾等)划过	黑线,划痕影像细而光滑,十分清晰	借助反射光观察,可以看到底片上药膜有划伤痕迹

续表

伪缺陷类型	产生原因	影像特征	辨识方法
压痕	胶片局部受压会引起局部感光,从而在底片上留下压痕	黑度低于或高于背景黑度的月牙状斑纹影像,斑纹周围有黑度低于背景黑度的区域	在反射光下观察底片表面,可以看到挤压或弯折的痕迹
水迹	由于水质不好或底片干燥处理不当,会在底片上出现水迹	形状不规则的片状模糊影像,黑度较低、变化较均匀,往往一侧有边缘痕迹	借助反射光观察,有时可以看到胶片上水迹处药膜有污物痕迹
显影液斑点	显影操作开始前,胶片上沾染了显影液	提前显影,黑度比其他部位大,影像呈现点、条或成片区域的黑影	影像特征较为明显,直接观察辨识
定影液斑点	显影操作开始前,胶片沾染了定影液	提前定影,使得该部位黑度小于其他部位,影像呈现点、条或成片区域的白影	影像特征较为明显,直接观察辨识
显影斑纹	由于曝光过度,显影液温度过高,浓度过大导致快速显影,或因显影时搅动不及时,均会造成显影不均匀,从而产生显影斑纹	黑色条状或宽带状,在整张底片范围出现,影像对比度不大,轮廓模糊,一般不会与缺陷影像混淆	影像特征较为明显,直接观察辨识
增感屏斑纹	增感屏斑纹的出现与增感屏的损坏、污染有关	呈现与增感屏损伤形状相似的影像,黑度可能低于背景黑度,也可能高于背景黑度,取决于增感屏的具体情况	影像特征较为明显,直接观察辨识
静电斑纹	裁切和包装胶片时,因摩擦产生的静电发生放电使胶片感光,在底片上留下黑色影像	影像以树枝状为常见,也有点状或冠状斑纹影像	影像特征较为明显,直接观察辨识
衍射斑纹	焊缝金属凝固组织的晶体结构对X射线衍射形成	根据影像特征,分为线状衍射斑纹、羽毛状衍射斑纹和斑点状衍射斑纹	改变透照工艺参数两次确认,透照参数改变后,衍射斑纹就会发生明显变化

除这些伪缺陷外,还要注意工件结构影像的识别。所谓工件结构影像,就是工件本身结构(不规则结构)和焊缝成形中的余高、波纹等造成的影像。区分这类影像的关键是要了解工件的结构特征和外观情况,再结合透照工艺就能够有效识别几何影像。

3. 典型焊接缺陷识别方法及影像特征

识别缺陷的前提是要具备材料加工、缺陷形成的有关知识,并且要了解射线检测过程,特别是具体的透照方式,充分把握缺陷的几何投影关系。底片影像实际上是黑度分布的体现,因此,对缺陷影像的识别实际上是分析底片的黑度变化特征。可以从缺陷影像的黑度分布、影像的几何形状、影像的位置3个方面对底片上的影像进行分析和判断,从而识别缺陷并进行评定。

黑度变化是识别底片异常的最基本特征,黑度的变化反映了材料的厚度、结构及密度等特征。不同类型的缺陷内在性质不同,气孔可认为内部不存在物质,夹杂物是不同于工件本体材料的物质等。这种不同造成了不同性质的缺陷对射线的吸收不同,形成的缺陷影像黑度也就不同,因此,黑度变化是识别缺陷的重要依据。黑度的变化体现在两个方面,首先是相对于焊缝本身的黑度变化,其次是缺陷影像自身黑度的变化。

不同性质的缺陷具有不同的几何形状和空间分布特点。由于底片上缺陷的影像是缺陷的几何形状按照一定规律在平面上经射线投影形成的图形,因此,影像形状并不等同于缺陷真实几何形状,但具有一定的相关性。缺陷影像的几何形状常常是判断缺陷性质的最重要依据,要从影像基本形态、轮廓形状等几个方面分析,同时要注意在不同的透照条件下,相同缺陷的影像也可能有较大差别。

除此之外,由于缺陷影像在底片上的位置是缺陷在焊接接头中空间分布位置的直接反映,因此也是判断缺陷性质的依据。缺陷的产生与焊接工艺密切相关,在特定的材料和焊接工艺下,缺陷的空间分布通常具有一定的规律。

1)气孔

气孔在底片上的影像是黑色圆点,也有呈条状或其他不规则形状的,气孔的轮廓比较圆滑,其黑度中心较大,至边缘稍减小。图2-33所示为钛合金焊缝中的气孔影像,电子束焊接中的钉尖缺陷影像也呈现黑色点状,影像黑度较大,要结合焊接方法识别。

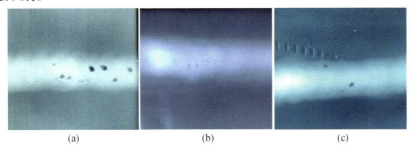

图2-33 气孔影像

(a)密集气孔;(b)链状气孔;(c)单个气孔。

2）未熔合

钛合金焊缝中主要包括坡口未熔合、根部未熔合和层间未熔合,各自有不同的影像特点,如图2-34所示。坡口未熔合影像的形态与射线束的方向相关,一般情况下呈现为轮廓模糊的线条状影像或断续的线、点状影像,线条沿焊缝方向延伸,位置与坡口角度和缺陷深度相关,有时影像的一侧呈现直边(主要是坡口角度较小或射线束倾斜方向与坡口角度一致时容易出现)特征。根部未熔合的典型影像是一条细直黑线,通常出现在焊缝中间位置。层间未熔合的典型影像是黑度不大的块状阴影,形状不规则。未熔合是射线检测容易漏检的缺陷,焊接厚度较大时,往往难以检出,特别是层间未熔合缺陷只有在透照厚度很小(不大于10mm)时才能检出。

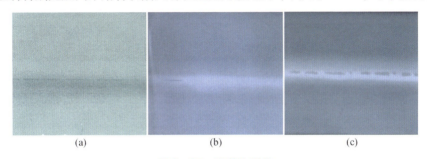

图2-34 未熔合影像

(a)坡口未熔合；(b)根部未熔合；(c)层间未熔合。

3）裂纹

裂纹的典型影像是轮廓分明的黑线或黑丝。其细节特征包括:黑线或黑丝上有微小的锯齿,有分叉,粗细和黑度有时有变化,有些裂纹影像呈较粗的黑线与较细的黑丝互相缠绕状；线的端部尖细,端头前方有时有丝状阴影延伸。各种裂纹的影像差异和变化较大,因为裂纹影像不仅与裂纹自身形态有关,而且与射线能量、工件厚度、透照角度、底片质量等因素有关。图2-35所示为钛合金焊接接头的裂纹影像,裂纹可能发生在焊接接头的任何部位,包括焊缝和热影响区。

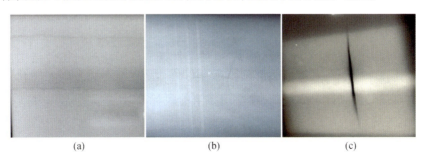

图2-35 裂纹影像

(a)熔合线裂纹；(b)辐射状裂纹；(c)贯穿横向裂纹。

4)夹钨

夹钨在底片上呈边缘轮廓清晰的白点影像,由于钨对射线的吸收系数很大,因此,白点的黑度值极小(极亮),这也是区分飞溅的依据。夹钨的尺寸一般不大,形状不规则,大多数情况下以单个形式出现,少数情况下以弥散状态出现,如图 2-36 所示。

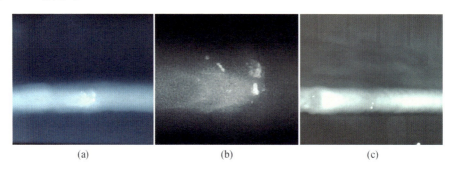

图 2-36 夹钨影像

(a)多点夹钨;(b)弥散状夹钨;(c)单点夹钨。

除了这些典型缺陷外,咬边、焊瘤、内凹等表面缺陷的影像也有各自的特征,如咬边主要出现在焊缝区两侧、焊瘤呈现低黑度斑点影像、内凹呈现不规则且轮廓模糊的黑化区域。为提高缺陷评判的准确性,有时需要仔细查看焊缝表面状态,对比底片影像。

4. 焊缝的质量分级

在确认底片缺陷后,就要按照有关标准,评定焊接接头的质量等级。不同的射线检测标准对质量分级的规定有所不同,同一射线检测标准针对不同的材料、不同的加工工艺等质量分级的方法可能也有所不同。例如,单面焊接双面成形的环焊缝,对根部缺陷的要求就不能按照一般对接接头的要求评定,但总体的质量分级原则和依据基本是一致的。缺陷的危害性、材料强度、制造工艺水平是制定质量分级原则要考虑的主要因素,缺陷性质、尺寸大小、数量、密集程度是划分质量等级的主要依据。

1)缺陷类型

缺陷类型就是对缺陷的定性分类,这种定性既考虑了缺陷对工件结构性能的影响,又考虑了缺陷分类辨识的可操作性。缺陷分类是质量验收标准的基本规定之一,它是质量级别评定的基础,在使用质量验收标准时,首先应理解和掌握质量验收标准的规定。

通常对于钛合金对接焊缝,缺陷分为裂纹、未熔合、未焊透、条形缺陷和圆形缺陷 5 类。而对于管子或管道的环向对接焊缝,缺陷分为裂纹、未熔合、未焊透、条形缺陷、圆形缺陷、根部内凹、根部咬边 7 类。不同类型的缺陷,分级的要求也是不同的。

2)缺陷的定量测定

质量评定建立在缺陷的尺寸、数量等具体数据测定的基础上,质量验收标准关于质量级别评定另一个的重要规定是如何根据射线底片上显示的影像测定缺陷的有关数据。因此,必须根据缺陷的特征建立统一的缺陷定量测定准则,根据测定结果评定焊缝级别。在钛合金对接焊缝中,裂纹、未熔合和未焊透是不允许存在的缺陷,这类缺陷测定缺陷的长度和位置信息,并不是为了评定等级,而是为了提供给焊接人员作返修参考。因此,定量测定的缺陷对象主要是条形缺陷和圆形缺陷。

圆形缺陷是指长宽比不大于 3 的气孔、夹杂和夹钨,长宽比大于 3 时就定义为条形缺陷。由于焊缝的长度很大,圆形或条形缺陷的出现位置和分布区域有很大的随机性,不可能在任意位置随机定量测定,这就需要划定评定区。所谓缺陷评定区,是指为评价缺陷数量和密集程度而设置的一定尺寸的区域,通常为正方形或长方形,具体要按照标准的要求执行。条形缺陷通过测量评定区内影像长度定量,而圆形缺陷需根据评定区内缺陷的直径和密集程度定量。

图 2-37 所示为圆形缺陷和条形缺陷评定示意图。缺陷评定区都是要选择在缺陷最严重的区域。分段透照时,必须注意将各段联系起来考虑,才能正确地选择评定区。虽然一张底片只评定一个最严重的级别作为结果,但实际评定时,对于超过允许级别的缺陷都要进行严格评定,并以定位标记为基准标识缺陷的位置,以便返修。

图 2-37　圆形缺陷和条形缺陷评定示意图

3)质量分级

在《承压设备无损检测　第 2 部分:射线检测》(NB/T 47013.2—2015)中,将焊接接头的质量分为Ⅰ级、Ⅱ级、Ⅲ级和Ⅳ级,其中Ⅰ级最高。圆形缺陷以评定框中缺陷折算的点数评定,条形缺陷以缺陷长度进行评定,见表 2-11 和表 2-12。其他射线检测标准也有不同的评定方法。

圆形缺陷和条形缺陷的评定是单独进行的,并以最严重的级别作为最终级别。当圆形评定区内同时存在圆形缺陷和条形缺陷时,应进行综合评级,即分别评定圆形缺陷评定区内圆形缺陷和条形缺陷的质量级别,将两者级别之和减一作为综合评级的结果。

表 2-11　焊接接头允许的圆形缺陷最多点数

评定区	10mm×10mm				10mm×20mm	
母材公称厚度 T/mm	≤3	>3~5	>5~10	>10~20	>20~30	>30
Ⅰ级	1	2	3	4	5	6
Ⅱ级	2	4	6	8	10	12
Ⅲ级	4	8	12	16	20	24
Ⅳ级	缺陷点数大于Ⅲ级或缺陷长径大于 $T/2$					

表 2-12　焊接接头允许的条形缺陷长度

级别	单个条形缺陷最大长度	一组条形缺陷累计最大长度
Ⅰ级	不允许	
Ⅱ级	≤$T/3$（最小可为 4mm）且≤20mm	在长度为 $12T$ 的任意选定条形缺陷评定区内，相邻缺陷间距不超过 $6L$ 的任一组条形缺陷的累计长度应不超过 T，但最小可为 4mm
Ⅲ级	≤$2T/3$（最小可为 4mm）且≤30mm	在长度为 $6T$ 的任意选定条形缺陷评定区内，相邻缺陷间距不超过 $3L$ 的任一组条形缺陷的累计长度应不超过 T，但最小可为 6mm
Ⅳ级	大于Ⅲ级	

注：L 为该组条形缺陷中最长缺陷本身的长度。

在管道不加垫板的单面焊焊缝中，在质量级别要求较低时，未焊透、根部内凹和根部咬边缺陷是允许存在的。这类缺陷的评定要依据缺陷的深度和长度，缺陷深度需要利用专门的槽型对比试块测定，具体的要求参考使用标准。

2.4　钛合金铸件射线检测

随着钛合金现代铸造技术的发展和水平的提高，钛合金铸件凭借其材料利用率高、可成形复杂结构的技术工艺优势，在海洋工程、石油化工、体育休闲等领域获得了广泛应用。大多数钛合金铸件应用于承压结构中，质量要求较高，对铸件中允许存在的缺陷等级有较高的限制，必须利用无损检测对产品中的缺陷进行定性、定量评价，保证质量。

由于钛合金铸件存在形状不规则、表面粗糙、内部组织不均匀等原因，很难实施超声检测，内部质量检测普遍采用射线检测技术。

2.4.1　铸件常见缺陷

1. 铸造缺陷

钛合金铸件的缺陷分为内部缺陷和表面缺陷，内部缺陷主要有气孔、缩孔、缩松、裂纹及高密度夹渣、低密度夹渣等；表面缺陷主要有热裂纹、冷裂纹及冷隔等[16]。典型缺陷的射线检测影像如图2-38所示。

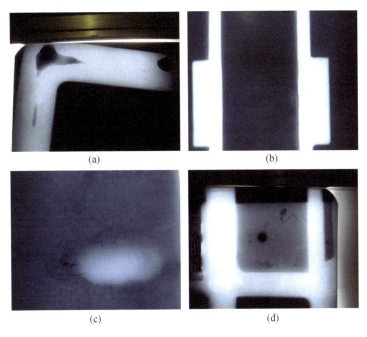

图2-38　钛合金铸件X射线检测缺陷
(a)缩孔；(b)高密度夹杂物；(c)低密度夹杂物；(d)气孔。

铸造缺陷产生的原因是多种多样的。气孔是金属从液态向固态转变时，气体在钛中的溶解度发生突变，从而在凝固过程中未能及时逸出形成的。金属凝固时发生的凝固体收缩而得不到相应的液态金属补充是产生缩孔和缩松的最直接原因。铸件凝固收缩时，如果内部应力超过了材料的强度极限，就可能会产生热裂纹和冷裂纹。

钛合金铸造时，通常采用热等静压技术改善铸造质量。热等静压技术的应用极大地提高了铸件的内部质量，可去除铸件内部的气孔、缩孔、疏松等缺陷。不与外界连通，任意空间方向尺寸小于8mm的铸造缺陷，可通过热等静压处理，利用金属在高温高压下的扩散蠕变将其转移至铸件表面(外观形式为凹坑)，通过后期打磨、补焊将其消除。

同时要注意，部分缺陷采用热等静压是无法消除的，主要分为以下几类：①高密度夹渣、低密度夹渣缺陷；②与外界连通的气孔、缩孔、疏松及裂纹；③不与外界连通，缺陷任意空间方向尺寸均大于8mm的铸造缺陷。因此，钛合金铸件在热等静压处理后进行X射线检测，最后采取打磨、补焊的措施将超标缺陷消除。

2. 铸件补焊缺陷

铸件表面和内部的缺陷均可以通过补焊消除,一般产品的技术条件允许进行 1~2 次的补焊,补焊后要求按照原射线检测工艺进行检测。

铸件补焊后,补焊区可能出现新的补焊缺陷。补焊区的焊接缺陷评定应该按照相关技术文件执行,或者参照焊接接头射线检测标准评定。铸件补焊区的缺陷主要有以下几种。

(1)常见焊接缺陷:如裂纹、层间未熔合、气孔、夹杂物、夹钨等。

(2)残留的铸造缺陷:铸造缺陷修磨不彻底,未能完全消除,在补焊区边缘遗留有如缩孔等原缺陷。

(3)边界缺陷:在铸件厚度较大,补焊区域较小且深度较大时,如果焊接工艺不当,会在补焊区域边缘形成未熔合缺陷。

值得注意的是,在工件表面修磨平整的情况下,即使补焊区不存在缺陷,该区域的黑度与铸造区域黑度也有明显差异,大多数情况下黑度小于周围区域。造成补焊区与铸造区黑度差异的主要原因是补焊区域和工件铸造区域的成分、组织存在一定的差异,引起射线吸收系数的变化,故不能简单判定为补焊区缺陷。图 2-39 所示为 ZTA15 材质的大型铸件的补焊射线检测底片,壁厚为 8mm,缺陷补焊后将工件表面修磨平整进行射线复检,补焊区的黑度明显小于周围区域,补焊缺陷与焊接接头的缺陷影像特征相同。

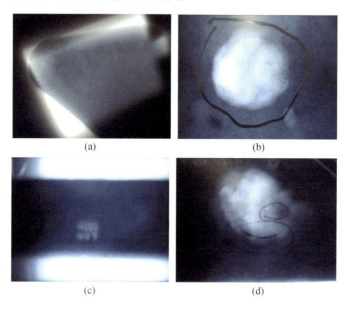

图 2-39 铸件补焊缺陷影像
(a)裂纹;(b)气孔;(c)夹钨;(d)未熔合。

2.4.2 铸件检测工艺

钛合金铸件射线检测工艺与焊接接头的检测工艺类似,同样包含射线源选择、焦距的选择、射线能量的选择、透照范围的划分等内容。由于大多数铸件结构都是不规则的,焊接接头检测工艺的关键参数要求并不适用于铸件,因此,铸件的检测工艺有其特殊性。

1. 射线源和能量的要求

钛合金铸件检测的射线源以 X 射线机为主,有时也会采用 γ 源。对比试验表明,利用 Cs137、Tr192 等 γ 源对钛合金铸件进行透照时,其灵敏度和黑度满足标准要求,能对该部位的缺陷进行评定。但与 X 射线曝光获得的底片相比较,其清晰度较差。而在利用 Co60 等能量较大的 γ 源进行厚壁铸件透照时,其底片的灵敏度降低,清晰度会更差。因此,钛合金铸件的射线检测不能使用 Co60,壁厚较薄时也不应使用 Cs137、Tr192 作为射线源。

X 射线机透照时,管电压的选择同样被最大允许管电压的限制,按照 2.2.2 节的要求。在检测壁厚较薄的铸件时,宜采用软 X 射线机,射线波长更长,衰减系数较大,可以获得高灵敏度的底片。在检测铸件厚度变化较大的部位时,考虑到厚度宽容度的问题,选择的管电压通常会略高于允许值,但最高通常也不能超过允许值 40kV。

2. 透照方式及参数的选择

钛合金铸件射线透照通常采用单壁透照,只有在结构特殊无法实施单壁透照时才允许采用双壁透照。透照时射线束垂直入射到铸件表面,射线窗口应对准检测区域的中心位置。透照焦距的选择与焊接接头检测的要求一致,根据几何不清晰度的要求利用公式或图表确定最小焦距。

3. 透照区域的划分

钛合金铸件射线检测,对透照厚度比的限制并没有焊接接头严格。因此,透照范围的划分依据通常为铸件结构、缺陷分布特点和底片的黑度要求。铸件结构较为复杂时,透照范围就要根据过渡段的特征划分,如平面部位和曲面部位分为不同的检测区域。当铸件在某些特定的区域容易产生缺陷时,就要将该区域作为一个单独的检测区域,对于裂纹类缺陷,也要注意射线的入射角度,以提高缺陷检出率。透照范围划分的合理性同时要根据底片黑度变化范围衡量,必须保证底片黑度范围处于标准要求的范围内,厚度变化较大的结构就要更加精细地划分单次有效透照区域。

划分透照区域时要充分了解被检工件的结构参数,根据射线入射角度计算不同位置的透照厚度,从而选择不同透照区域的曝光规范。必要时,还要通过对比试验反复验证,以确定最佳的透照分区。目前,计算机工艺模拟技术已开始逐渐应用到铸件检测中,通过 1 : 1 结构的射线检测工艺模拟,不仅能实现理想的透照分区,也能为工艺参数的选择提供重要参考。

4. 其他要求

铸件射线检测采用的胶片规格尺寸较多,通常根据单次透照区域的尺寸准备不同规格尺寸的胶片。无论采用哪种规格尺寸的胶片,都要保证胶片与铸件的紧密贴合,保证图像的清晰度。

对于铸件检测,散射线屏蔽同样是必不可少的提高底片质量的措施,铅箔增感屏是最常用的手段。对于内部过渡结构较多的腔体型铸件,采用单壁外透法检测时,穿透单层壁厚的射线会在工件腔体内发生复杂的散射,此时就需要采取额外的散射线屏蔽措施。最便捷的方法是利用一定厚度的铅皮遮挡于底片背后,也可利用铅罩或光阑将射线照射场范围控制在与透照区域接近的范围内。

铸件检测有时也会采用双胶片技术。此处的双胶片技术与大厚度差焊接接头中的双胶片技术是相同的,即采用感光速度不同的胶片同时曝光,分别用于透照厚度相对较大和较小部位的评定。应用双胶片技术的目的在于提高厚度宽容度,增加单次透照范围,提高检测效率。与胶片法射线照相检测相比,数字射线具有更大的厚度宽容度,因此,其不仅是提高检测效率的重要手段,也是铸件射线检测发展的重要趋势。由于目前 DR 探测器还未实现柔性化设计,因此 CR 的 IP 板的适应性更广,能与不同结构类型的铸件实现理想的贴合。除此之外,数字射线检测结果能进行二次处理,利用图像处理技术能实现多次透照图像的拼接,在数据更完整的条件下,对铸件的质量评价更加系统。

2.4.3 底片评定与质量分级

钛合金铸造缺陷类型与焊接接头是不同的,因此,很多缺陷的影像特征和识别方法也有所区别。不过铸件返修过程中产生的补焊缺陷多数情况下与焊接接头是相同的,有时会直接采用焊接接头的射线检测标准评定返修区域。

缺陷定性是质量评级的基础,表 2 - 13 列出了钛合金各类铸造缺陷的影像特征,可作为底片评定的参考。一般合格铸件中不允许存在裂纹和冷隔等线状缺陷。

表 2 - 13 钛合金铸造缺陷的影像特征

缺陷类型	影像特征
气孔	分为单个气孔、密集气孔和分散气孔,与焊接接头中的气孔影像相近。在底片上的影像可能是多种形态,如孤立的或密集的圆形、椭圆形、长条形或梨形暗斑,其黑度较大且无明显变化,轮廓光滑,影像边界清晰、边缘黑度低于中心位置。 气孔是比较容易识别的缺陷

续表

缺陷类型	影像特征
缩孔与疏松	缩孔与疏松简称为缩松。缩孔有集中性缩孔和纤维状缩孔,疏松有一般疏松、中心疏松、分散状疏松和海绵状疏松等形态。 集中性缩孔影像的形状不规则,黑度比背景高很多,分布无确定的方向,面积较大,轮廓一般比较清晰。纤维状缩孔呈现为树枝状,黑度较大。 一般疏松为细小、分立的空隙,分布在铸件整个厚度范围内,呈现的影像与铸件厚度有关,对薄的界面可显示为细的网纹影像。中心疏松一般出现在后截面铸件中心区,由于空隙的相互重叠,显示为模糊的暗斑影像。分散状疏松呈现为小长条状的网状影像,常集中分布在铸件的某个范围内。海绵状疏松呈现为有一定面积分布的云雾状影像
夹杂	夹杂物缺陷有一定的几何形状,通常为片状影像,形状可能不规则。夹杂物密度高于钛合金时,影像黑度低于背景黑度;夹杂物密度低于钛合金时,影像黑度高于背景黑度
裂纹	分为热裂纹和冷裂纹。 热裂纹主要出现在铸件的拐角处、截面厚度突变处、最后凝固处,常呈现为不规则的黑线状影像,黑线常为波折状,有时会有分叉。 冷裂纹主要出现在铸件冷却收缩时处于拉伸的部位和应力集中的部位,影像特征为微弯、平滑的直线状黑线
冷隔	主要出现在远离铸件浇铸口的宽大表面处和薄壁处,常呈现为宽度比较均匀、缺少变化、平滑的线条状或片状的黑线影像

目前,国内外钛合金铸件射线检测结果评定方法可归纳为两类:一类是通过标准图谱对比进行评定,另一类则是常用的定量计算法[17],如图 2-40 所示。标准图谱是结合缺陷性质、严重程度制作的不同级别的标准底片,例如,美国材料与试验协会(American Society for Testing and Materials,ASTM)将不同类型的缺陷分为 8

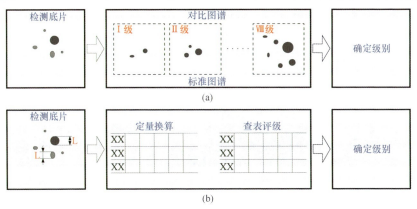

图 2-40 铸件评级示意图

(a)图谱对比法;(b)定量计算法。

个级别,直接对照评判,该种评级方法方便快捷,但无多类缺陷综合评级的要求。定量计算法需要结合缺陷性质、面积或长度进行评定,分级量化指标明确,但铸造缺陷存在种类多、空间分布不规律等特征,实际评判时计算过程十分烦琐,使用不便。目前,两种评级方法在船用钛合金铸件检测中均有应用。

在早期,钛合金铸件缺乏专用的检测标准,主要是参照《铸钢件射线照相及底片等级分类方法》(GB/T 5677—1985)执行。该标准采用定量计算法评级,规定了缩孔、气孔等缺陷的定量评级要求,要求对不同类型的缺陷分别评级,最终进行综合评级。该标准的升级版《铸钢件射线照相检测》(GB/T 5677—2007)删掉了关于缺陷定量评级的内容,对于质量分级的规定推荐采用图谱对比的方法。随后,该标准于2018年再次颁布最新版,即《铸件 射线照相检测》(GB/T 5677—2018),适用材料基本涵盖了当前常见的铸造材料(钢、铜、铝、镍、钛等),并未规定明确的评级方法。基于上述原因,目前仍有一些钛合金铸件在质量评定时沿用《铸钢件射线照相及底片等级分类方法》(GB/T 5677—1985)中规定的评级方法。

图谱对比法中,以 ASTM 推出的标准图谱最具代表性,是目前参考应用最普遍的标准图谱。《钛铸件检测用标准参考射线底片》(ASTM E1320—2020)将缺陷分为气孔、密集气孔、分散气孔、缩孔、分散缩孔、中心疏松、低密度夹杂和高密度夹杂8类,适用于壁厚为50.8mm以下的铸件,部分图谱底片如图 2-41 所示。

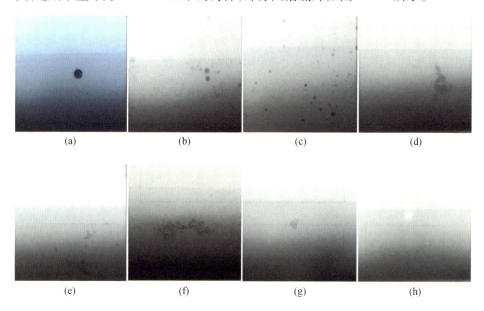

图 2-41 标准参考底片

(a)气孔;(b)密集气孔;(c)分散气孔;(d)缩孔;(e)分散缩孔;
(f)中心疏松;(g)低密度夹杂;(h)高密度夹杂。

但是,图谱对比法存在受评片人员主观因素影响较大的不足。随着数字射线技术的应用与发展,对于缺陷的准确定量与分布统计,将有望更多地采用图像算法来实现,从而将两类评级方法结合起来,实现更加全面、可靠的质量分级。

2.5 数字射线成像检测技术

由于胶片法射线照相检测存在检测效率低、检测成本高、底片长期存储不便等不足,难以满足大批量产品的检测需求,这极大地推动了数字射线成像检测技术的发展。自20世纪90年代起,数字射线检测技术受到普遍关注。数字射线检测技术就是可获得数字化检测图像的射线检测技术,获得数字图像是数字射线检测技术的基本特征。与胶片法射线照相检测相比,数字射线成像检测技术主要有以下优点。

(1)检测结果数字化。直接以数字化图像呈现检测结果,避免了胶片和洗片药液的使用,降低了检测成本,图像的分析、存储和共享均实现了数字化,为智能评片系统的应用和远程评片奠定了基础。

(2)易于实现自动化。数字探测器能与自动化工装相结合实现自动化检测,在批量产品的检测中应用很广泛,大幅提高了检测效率。

(3)宽容度大。曝光条件易选择,对曝光不足或过度的图像可通过影像处理技术进行补救,较大的动态范围可通过数字图像增强处理识别检测图像含有的更多信息,在检测有一定厚度差的结构时具有优势。

(4)绿色环保。数字射线成像检测不使用塑料片基的胶片,无须暗室处理,不产生废液,无污染。

随着射线探测器的多样化发展和实际应用的不断深入,数字射线成像检测技术得到了快速的发展,用于数字射线成像检测的探测器已经从单一的图像增强器发展为多种成像探测器。目前,数字射线检测技术可分为3类:直接数字化射线检测技术、间接数字化射线检测技术和后数字化射线检测技术[18]。

直接数字化射线检测技术是指采用数字探测器完成射线检测的技术,包括平板(面阵)探测器射线成像检测技术、线阵探测器射线成像检测技术等。直接数字化射线检测的数字化是在探测器中直接完成的,探测器输出的就是数字化图像。直接数字化射线检测技术采用DR表示,现在DR也泛指数字射线检测技术。工业CT技术也属于直接数字化射线检测技术,又称为层析数字射线检测技术。

间接数字化射线检测技术的探测器不完成图像数字化过程,检测图像的数字化过程需要采用单独的技术单元完成。如CR检测利用IP板获取射线照相的潜在图像,再利用图像读出器读取数字图像,这就是一种典型的间接数字化射线检测技术。另外,工业用的基于图像增强器完成的成像检测也属于间接数字化技术。

后数字化射线检测技术是指采用图像数字化扫描装置,将胶片法射线照相检测技术的底片图像转换为数字检测图像的技术。这种技术只是在结果上实现了数字化,本质上仍然是胶片法射线照相检测。

近些年,数字射线检测技术得到了快速发展。在早期,数字射线检测技术的灵敏度低于胶片照相的灵敏度,尤其在检测裂纹类细小缺陷时较为突出,通常只用于质量要求不高的产品的检测。为此,国内外开展了大量针对数字射线检测和胶片法射线照相检测的"等价性问题"试验研究。随着探测器技术的进步,像元尺寸不断减小,数字射线的检测灵敏度已与胶片法射线照相检测接近,基本能满足多数产品的检测要求[19-20]。

2.5.1 数字射线检测基础

图像数字化是数字射线检测的核心。从数学角度来说,模拟图像是连续性的数据表征,而数字图像则是离散化的数据表征。数字图像是由矩阵式的像素单元构成的,每个像素是图像的一个尺寸大小固定的小区域,在该区域内具有单一的像素值。像素尺寸定义为图像行或列中相邻两像素中心的距离,对于二维数字图像,通常情况下像素为正方形,在不同方向具有相同尺寸。像素值通常用灰度值表示,该值为一个正整数,与射线剂量呈线性关系,能反映出穿过工件后的射线强度变化。

获取数字图像的关键是采样和量化。采样率越高,离散数据反馈的信息越接近于模拟信息,因此,至少要满足采样定理的要求。实际空间采样率取决于像元尺寸,如非晶硅探测器中每个像元都能输出信号,这时的采样就是对各个像元输出信号的拾取与汇总。显然,像素尺寸决定了图像的细节显示能力,类似于 X 射线胶片乳剂层中的 AgBr 颗粒的大小。像素尺寸越小,细节显示越清晰。量化位数决定了探测器的动态范围,目前对 A/D 转换位数的要求是不小于 12bit,系统的动态范围要达到 2000∶1 以上。

通常用空间分辨力、对比度和信噪比 3 个基本参数表征数字图像质量,它们共同决定了图像细节(缺陷)识别和分辨能力。

1. 图像空间分辨力

空间分辨力表征的是图像分辨细节的能力,它限定了图像可以分辨的细节的最小间距。图像分辨力通常用人眼能辨别清楚的两线条的分离程度表示,两线条能分开表示图像清晰,两线条重叠表示图像不清晰,两根线条之间的最小宽度即为图像分辨力,单位以毫米(mm)计,即利用两线条的间距大小来表示图像清晰度,单位宽度范围内的分辨力就称为分辨率。

在胶片法射线照相检测中,构成照相底片影像的基本单元是银盐颗粒。由于显影的银团颗粒不大于 0.01mm,甚至更小,远低于人眼识别的界限,因此底片的清晰度很高,只需考虑几何不清晰度。而数字图像中的像素尺寸相对较大,图像清晰度会受到较大影响,这时的清晰度就等效于分辨力。

图像分辨力可采用双丝像质计测定。当放大倍数为 1 时,图像分辨力就等于系统分辨力。当放大倍数大于 1 时,如果采用小焦点,图像分辨率一般高于系统分辨率;如果射线源焦点尺寸较大,图像分辨率可能会由于几何不清晰度的影响反而低于系统分辨率。

2. 对比度

检测图像的对比度定义为检测图像上两个区的信号差与图像信号之比,这和胶片法射线照相检测中的对比度的概念是类似的,底片中对应的信号是黑度,数字图像的信号是灰度(图像亮度)。对比度表征的是检测图像分辨厚度差的能力,图像对比度 C 可用下式计算:

$$C = -\frac{\mu \Delta T}{1 + n} \tag{2-8}$$

式中:ΔT 为厚度差;μ 为射线的线衰减系数;n 为散射比。

因此,检测图像的对比度由射线技术获得的(物体)对比度决定。实际上,还会受到图像数字化过程、空间分辨力的影响。

3. 信噪比

信噪比(SNR)并不是数字图像特有的表征参数,在胶片中由于任意一个小区域的曝光都会存在差异引起底片黑度的随机起伏视为噪声,而数字图像中的小区域更为明确,即像素值的随机起伏就是噪声。信噪比与对比度共同决定了检测图像的细节识别能力,同时影响检测图像可达到的对比度灵敏度。

检测图像信噪比定义为检测图像(某区)的平均信号 S 与图像(该区)信号的统计标准差 σ 之比,常记为 SNR,即

$$\text{SNR} = \frac{S}{\sigma} \tag{2-9}$$

信号是探测器对输入检测信号(射线剂量)的响应,噪声是探测器对输入检测信号(射线剂量)响应的波动(偏差)。信噪比是表征检测图像质量的基础性因素,它与对比度共同决定了检测图像细节识别能力,直接影响检测图像可达到的对比度灵敏度。信号噪声高低与探测器和检测工艺有关。一般而言,随着曝光量的增加,检测图像的信噪比会提高。为达到理想的检测图像信噪比,必须选择适宜的探测器系统,并合理地优化检测工艺。

2.5.2 基于图像增强器的数字成像检测技术

基于图像增强器的数字成像检测技术是一种采用图像增强器作为探测器的间接数字成像检测技术,能在动态或静态条件下获得检测图像。与传统的采用电视射线照相实时成像技术相比,该技术的图像质量大幅改进并实现了数字化,检测灵敏度也达到了工业检测的要求,是当前实时成像检测普遍采用的技术。

1. 图像增强器系统

图像增强器系统由图像增强器、光电耦合系统、图像拾取与图像数字化几部分组成。图像增强器是一种连续结构的辐射探测器,探测器仅完成对射线的探测与信号转换,直接获得的是常规模拟检测图像。为得到数字化的检测图像,还需要结合另外的图像数字化单元,两者共同决定了整体的性能。

图像增强器的基本结构为壳体、输入转换屏、聚焦电极和输出屏,如图 2-42 所示。壳体上设置射线窗口,窗口由铝板或钛板制作,铝板的厚度一般为 0.7 ~ 1.2mm,既具有一定的强度,又可以减少对射线的吸收。输入转换屏主要由基板、闪烁体和光电阴极层构成。基板为铝板,厚度约为 0.5mm。闪烁体主要采用 CsI 晶体制作,该晶体具有类似光纤的针状结构,可以限制光的漫散射。光电阴极层是在光照射下能够发射电子的物质,厚度很小,其单位时间内产生的光电子数目与入射光强度成正比。聚焦电极加有 25 ~ 30kV 的高压。输出屏的直径一般为 15 ~ 35mm,采用一定厚度的荧光物质层沉积在很薄的铝膜上制成,荧光物质发射可见光。

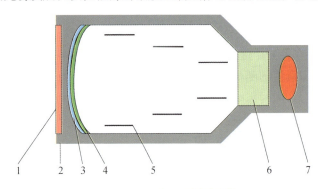

图 2-42 图像增强器的结构

1—射线窗口;2—外壳;3—输入转换屏;4—光电层;5—聚焦电极;6—输出屏;7—透镜。

图像增强器系统探测射线,获得数字射线检测图像的基本过程为:射线透过工件,穿过图像增强器的窗口入射到输入转换屏上;输入转换屏闪烁体吸收射线的部分能量,将其能量转换为可见光发射;发射的可见光被光电阴极层接收,并将可见光能量转换为电子发射;发射的电子在聚焦电极的高压作用下被聚焦和加速,高速撞击到输出屏上;输出屏荧光物质将电子能量转换为可见光发射;形成射线检测模拟图像。上述过程实现了射线→可见光→电子→可见光的转换,之所以经过两次可见光的转换,主要是因为输入转换屏转换的可见光强度较低,不利于摄取高质量图像。为获得数字射线检测图像,还需要采用摄像系统拾取并经 A/D 转换,如采用电荷耦合器件(CCD)成像器件可同时完成图像拾取和数字化。

图像增强器系统所给出的数字射线检测图像质量不仅与图像增强器的性能相关,也与光学耦合系统、摄像系统、A/D 转换器的性能相关。主要性能包括动态范围、基本空间分辨力和时间响应。

1)动态范围

在适当的射线照射剂量变化范围内,闪烁体或荧光物质对射线转换可认为是线性关系,光电发射过程也是线性关系,尽管输出荧光屏的电光转换并不完全是线性关系,但由于图像增强器采取了校正设计,因此,整个图像增强器系统的射线转换为可见光的过程,可认为是线性关系。目前,图像增强器的动态范围可达到 2000∶1。

2)基本空间分辨力

决定图像增强器系统基本空间分辨力的主要因素是输入转换屏的固有不清晰度和射线系统的性能。通常认为输入转换屏闪烁体或荧光物质的固有不清晰度较大(0.3mm 左右),光学耦合系统具有很高的空间分辨力(可达到 50Lp/mm),当图像拾取系统采用现代的 CCD 成像器件后,其像素尺寸达到微米级。因此,系统空间分辨力的决定因素就是输入转换屏的固有不清晰度。由于输入转换屏的固有不清晰度较大,为改善空间分辨力,通常采用微小焦点射线源。

3)时间响应

由于光电阴极的电子发射时间、光电子在图像增强管中的渡越过程、CCD 中的光电转换过程都可认为是瞬时性过程,因此,时间响应主要由图像增强器输出屏的荧光物质特性决定。一般荧光屏的惰性时间为毫秒级,对于高速检测,需要考虑可能产生的影响。

2. 实时成像检测系统

基于图像增强器的实时成像检测系统主要由射线源、图像增强器、机械装置、图像显示、处理单元(计算机、图像采集板卡、系统软件等)和电气控制系统组成。图 2-43 所示为实时成像检测系统组成示意图。

实时成像检测系统主要分为两大部分:一部分是检测机构,包括射线源、图像增强器系统、机械装置等;另一部分是控制机构,包括图像显示与处理单元、操作控制装置、辅助监控装置(摄像头、显示器等)。这类系统既能在静态下检测又能在动态下检测,在检测的同时可实时获得数字化的检测图像。机械装置用于驱动工件或探测机构的移动,用于获得工件不同检测部位的图像。

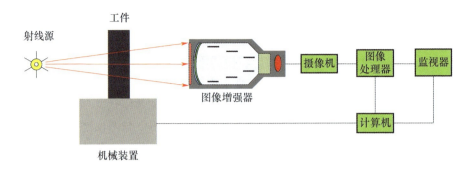

图 2-43 实时成像检测系统组成示意图

射线源、图像增强器和图像处理系统是实时成像检测系统的关键部件,直接决定了系统图像质量的相对灵敏度和空间分辨力,也决定了系统的综合性能。由于实时成像检测系统通常在动态模式下长时间检测,因此,需要采用散热性能较好的全波整流或恒压小焦点 X 射线机。图像处理系统的功能是进行数字信号的处理并重构数字化图像,从而在显示屏上显示出射线透视的结果。

图像增强器系统中集成了光学系统、图像拾取系统和 A/D 转换器。因此,选定了图像增强器系统,就决定了其图像数字化技术,也就决定了其数字射线检测图像可实现的最高空间分辨力。得到的数字射线检测图像的空间分辨力受到两方面的影响:一是在形成可见光图像过程中,输入屏不清晰度的影响;二是图像拾取系统的数字化采样过程的影响。

图像增强器中的空间分辨力主要受不清晰度的影响,主要是指输入屏的不清晰度。较好系统的空间分辨力约为 3.5Lp/mm,对应的检测图像不清晰度约为 0.3mm;一般系统的空间分辨力约为 2Lp/mm,对应的检测图像不清晰度约为 0.5mm;较差系统的空间分辨力约为 1.4Lp/mm,对应的检测图像不清晰度约为 0.7mm。实际应用中,它们还会受到透照射线能量的影响而进一步降低。

3. 实时成像检测系统的应用

由于工业应用的图像增强器输入屏的不清晰度较大,对于常规焦点的射线源,系统很难达到较高的空间分辨力,缺陷显示的清晰度远低于胶片。为了获得较高的空间分辨力,主要的技术途径是采用小焦点射线源、性能好的图像增强器,并采用优化的检测工艺。

实时成像检测系统在船用钛合金中的应用比例较低,主要用于质量要求一般的铸件和焊管的检测。图 2-44(a)所示为焊管纵缝的实时成像检测系统,利用动态检测功能可一次性完成整根管的检测,效率很高。虽然线状缺陷的细节显示清晰度不如底片,但对于较少产生线状缺陷的工件或质量要求一般的工件已能满足要求。图 2-44(b)所示为钛合金结构件焊缝检测的应用。图 2-45 所示为钛合金焊接缺陷的实时成像检测图像,能有效检测出典型焊接缺陷。

(a)

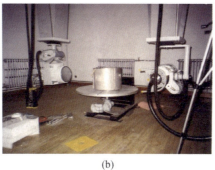

(b)

图 2-44 实时成像检测的应用

(a)钛合金焊管检测;(b)结构件焊缝检测。

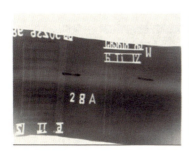
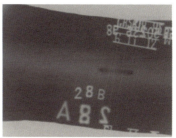

图 2-45 钛合金焊接缺陷实时成像检测图像

2.5.3 CR 技术

采用影像板(image plate,IP)系统构成的间接数字化射线检测系统,简称为 CR 系统。CR 技术是利用 IP 板[①]代替胶片,经 X 射线曝光后,再经读出器用激光扫描机

---

① "IP 板"为行业内习惯性表述,本书均采用这一表述方式。

光电转换后获得电信号,然后再经 A/D 转换、处理形成数字图像。由于 CR 检测的 IP 板可以任意弯折,同时具有使用寿命长(数千次反复使用)、无须暗室处理、动态范围大等特点,能有效地解决当前胶片法射线照相检测存在的处理时间长、成本高、胶片保存困难、污染环境等问题,而且图像质量高,在部分行业得到了广泛的应用。

1. IP 板系统

1) IP 板技术

IP 板系统由 IP 板、IP 板图像读出器、(读出)软件、读出参数构成,图 2-46 所示为一套 IP 板系统。它们作为一个整体共同影响获得的数字射线检测图像质量,其中 IP 板是构成 IP 板系统的基础,它的性能限定了 IP 板系统的性能。

图 2-46　IP 板系统

IP 板的构造如图 2-47 所示,一般分为 4 个部分。

图 2-47　IP 板的构造

(1) 表面保护层。多采用聚酯树脂类纤维制成高密度聚合物硬涂层,可防止荧光物质层受损伤,保障 IP 板能够耐受机械磨损和免于多种化学清洗液的腐蚀,从而具有高的耐用性和长的使用寿命。在透照过程中或使用阅读器处理成像板时应注意不要强力弯曲成像板以保障其寿命。

(2) 荧光层。荧光层采用特殊的荧光物质,即光激发射荧光物质(如氟卤化钡)构成,其功能是在受到 X 射线照射时产生潜影。

(3)支持层。相当于 X 射线胶片的片基,它既是辉尽性荧光物质的载体,又是保护层。多采用聚酯树脂制成纤维板,厚度一般为 200~350μm。基板通常为黑色,荧光层背面常加一层吸光层。

(4)背衬层。其材料和作用与表面保护层相同。

IP 板的荧光物质受到射线照射时,射线与荧光物质相互作用所激发出的电子在较高能带被俘获,形成光激发射荧光中心(潜在影响),以准稳态保留在 IP 板荧光物质层中。这样,在 IP 板中就形成了射线照射信息的潜在图像。潜在图像可采用激光激发读出。采用激光激发读出时,光激发射荧光中心的电子将返回它们初始能级,并以发射可见光的形式输出能量。所发射的可见光与原来接收的射线剂量成比例。这样,可将 IP 板上的潜在图像转化为可见的图像。对该图像进行图像数字化处理,就能得到数字射线检测图像。

IP 板的感光聚合物具有非常宽的动态范围,可达到 10000∶1,检测图像具有较大的厚度宽容度。厚度宽容度的增大能提高对比度分辨力,检测人员设置透照参数的难度也有所降低,在检测具有一定厚度差的工件时有一定的优势。相对于传统胶片照相法而言,IP 板的 X 射线转换率高,需要的射线剂量也大大减小,仅需要传统胶片法检测剂量的 20%,甚至更低。

2)读出技术

激光激发读出和图像数字化处理由 IP 板图像读出器完成。

读出器的工作原理示意图如图 2-48 所示。将保留有潜在射线图像信息(潜影)的 IP 板置入专用的 CR 读出器内,按照程序设定的方式扫描 IP 板,完成图像读出。扫描激光束的尺寸按图像质量要求选择,经常选择的是 100μm 或 50μm。在扫描时,激光激发 IP 板发射荧光。产生的荧光经光导收集送入光电倍增器,转换成模拟电信号,再经 A/D 转换成数字图像文件。

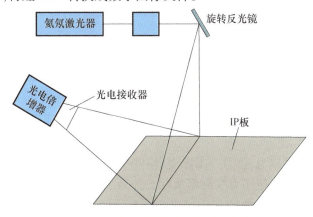

图 2-48 CR 读出器的工作原理示意图

读出器的基本功能包括扫描激光束功能、图像拾取功能、输送机构功能和图像处理功能。CR 读出器分为多槽自动排列读出处理式和单槽读出处理式,前者可同时处理多张 IP 板,后者则每次只能处理 1 张 IP 板。目前,CR 读出器的分辨率可达到 50μm,扫描速率可达到每 50 行/s,能提供快速的线性输出。

在 IP 板上存储的潜在射线图像,读出后仍存在的部分图像信息,经过适当程度的光照射即可擦除,擦除后的 IP 板可再次用于记录射线照相图像。

3) 系统性能

IP 板系统的基本性能主要是指空间分辨力和信噪比。

IP 板性能决定的空间分辨力,构成了 IP 板系统空间分辨力的基础,其限定了 IP 板系统可达到的最高空间分辨力。IP 板的性能,即荧光物质的类型、荧光物质晶体颗粒尺寸、荧光层厚度,决定了 IP 板可实现的空间分辨力。它就是 IP 板成像的固有不清晰度。对于某种类型的荧光物质,荧光物质的晶体颗粒尺寸越大,厚度就越大,IP 板的固有不清晰度就越大,空间分辨力就越低。对于特定性能的 IP 板,即使用最好的 IP 板图像扫描读出器,设置更好的读出参数,获得的数字射线检测图像的空间分辨力也不可能超过 IP 板性能决定的空间分辨力。选用性能适当的 IP 板图像读出器,设置适当的扫描读出参数,扫描读出的数字射线检测图像才不会损失 IP 板性能决定的空间分辨力。否则扫描读出后只能获得更差空间分辨力的数字射线检测图像。

IP 板系统的信噪比在一定范围内随着曝光剂量的增大而增高,当剂量达到一定程度时会达到饱和。研究指出,IP 板系统的规格化(归一化、标准化)信噪比与图像灰度间存在对应关系,这种对应关系与射线能量无关。值得注意的是,信噪比与剂量的关系还会受到扫描读出过程的影响。扫描读出器的性能(如激光点的尺寸、激光束的强度、激光束的稳定性)、设置的扫描参数(如扫描点尺寸、扫描速度)也会影响信噪比。对于 CR 技术,为了获得更高的检测图像信噪比,必须从 IP 板探测器系统的角度控制。

根据 IP 板基本性能的差别,可对 IP 板系统分类。美国材料与试验学会标准规定的分类与性能指标还增加了最低 EPS 灵敏度的要求。需要注意的是,系统分类不是对具体 IP 板的分类。CR 系统的性能与 IP 板的性能有关,也与采用的曝光条件、扫描器的类型和扫描参数有关。因此,采用同一 IP 板可以构成不同类别的 CR 系统。

2. CR 检测工艺

CR 成像检测过程为:透照→图像读出→评定。

(1) 透照:采用 IP 板作为探测器放在工件后方,接收被透照工件的射线信息,完成射线的探测与转换,在 IP 板中形成准稳态、潜在的检测信号图像。

(2) 图像读出:透照后采用 IP 图像读出器扫描读出 IP 板上的检测信号图像,

完成图像数字化,得到数字射线检测图像。

(3)评定:在图像显示与处理单元,对得到的数字射线检测图像进行显示、适当处理,观察与识别检测图像信息,做出工件质量评定。

与胶片法射线照相检测技术相比,CR技术的主要不同是采用存储荧光成像板代替胶片接受射线照射,通过扫描器读出,直接获得数字化的图像。由此产生了技术上与胶片射线照相检验技术的差异。按照有关标准的规定,为获得理想的检测图像,CR技术也需要对关键要素进行控制,主要包括IP板系统选择、技术级别、透照技术、图像要求等。

1)IP板系统选择

IP板系统是CR技术的基础,类似于胶片法射线照相检测技术中胶片等级的选择。选择的基本依据是检测图像质量要求,所选用的探测器系统的基本空间分辨力应符合检测图像不清晰度的要求,在适当曝光量下可保证达到检测图像的规格化信噪比要求。同时要考虑技术级别、被检工件材料与厚度、射线源等因素。需要注意的是,这里是IP板系统的选择,并非单纯的IP板。

2)技术级别

与胶片法射线照相检测中的技术级别(A级、AB级、B级)类似,CR技术一般分为两级:A级,基本技术;B级,高级技术。

3)透照技术

CR透照技术包括透照布置、透照参数选择和散射线防护。

透照布置考虑的因素与胶片法射线照相检测相同,包括透照方式、透照方向及一次透照长度。基本的控制要求也大致相同,可直接按照CR标准执行,也可按照胶片法射线照相检测标准执行。

透照电压的规定基本与胶片法射线照相检测相同,也存在透照厚度与允许使用的最高管电压的限制,并倾向于选择较低的透照电压获取较大的对比度。曝光量一般应依据测定的IP板系统的规格化信噪比与曝光量平方根关系曲线确定,保证检测图像达到标准要求的规格化信噪比。射线源到工件的距离的选择要满足几何不清晰度的要求。

关于散射线防护,透照技术需要注意的一个问题是背散射防护措施。由于IP板的敏感层(氟卤化钡)对射线照射铅产生的特征辐射敏感,因此当透照电压较高时,不能在IP板暗袋后直接用铅板防护背景散射。一般是在IP板暗袋与防护背散射铅板间插放0.5mm厚的铜或钢薄片。为了减少曝光量,可以使用前铅增感屏,但不应使用后铅增感屏。

4)图像要求

在固定的IP板系统和透照技术下,图像的数字化过程同样影响图像的质量,要严格控制 IP 板扫描读出时的扫描点尺寸、扫描速度、激光束强度等参数。在标准中,CR 图像采用单丝像质计测定灵敏度,采用双丝像质计测定最大不清晰度。同时,对于信噪比和最小读出强度(类似底片黑度下限)也有要求。

IP 板在重复使用前必须采用一定强度光照射擦除 IP 板上存留的潜在图像(读出过程一般并不能将全部潜在图像信号都激发)。若擦除不足,可导致在后续透照获得的图像中出现明显的残影。因此,必须保证擦除过程能够有效擦除潜在图像。

3. CR 技术的应用

CR 系统的成像质量已基本上与胶片照相的质量相当,而且与其他数字探测器相比,IP 板能够弯折,这使得它在取代胶片时更具有优势。目前,在船用钛合金中,CR 技术的应用方向很广,如在役管道腐蚀的检测、焊缝的检测、铸件的检测等。由于 IP 板能够根据工件结构选择不同的尺寸,尤其在检测结构较为复杂的铸件时,可紧贴在工件表面,相比图像增强器、非晶硅等探测器,几何不清晰度小,缺陷成像质量更高。

图 2-49 所示为不同类型钛合金焊接接头的 CR 检测结果,缺陷显示清晰,利用图像分析软件能十分便捷地测量缺陷尺寸和统计缺陷数量。

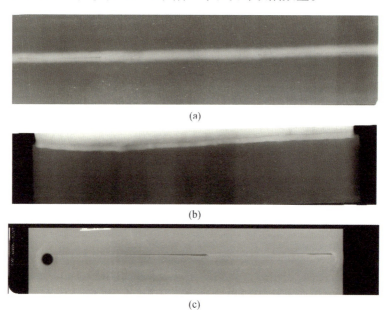

图 2-49 钛合金焊缝 CR 检测
(a)对接接头未熔合;(b)角接接头未熔合;(c)搅拌摩擦焊接隧道缺陷。

作为一种间接数字化射线检测技术,CR 技术在很多方面优于胶片法射线照相检测,避免了暗室处理和药液的使用,减少了环境污染。虽然 IP 板可重复使用上千次,但对于大批量产品检测就需配备很多 IP 板,前期成本很高,而且读出器和软件系统的价格也很昂贵,因此,很难在短期内取代胶片法射线照相检测。

2.5.4　DR 技术

DR 技术通常是指狭义上的 X 射线直接数字化成像技术,即采用分立辐射探测器(discrete - detector arrays,DDA)的直接数字化检测系统。分立辐射探测器本身具有一个个分立辐射探测单元(像元),结构中还包含 A/D 转换部分,常见的探测器有非晶硅探测器、非晶硒探测器、CCD 和 CMOS 辐射探测器。这类探测器不仅完成对射线的探测与信号转换,同时也完成图像数字化,可以直接给出数字化的检测图像。

1. 探测器的结构与性能

目前,DR 技术普遍采用非晶硅探测器,因此,重点介绍该探测器。非晶硅探测器由闪烁体、非晶硅层(光电二极管阵列)、TFT 阵列(薄膜晶体管阵列)、读出电路构成。图 2-50 所示为面阵非晶硅探测器的外形与结构示意图。

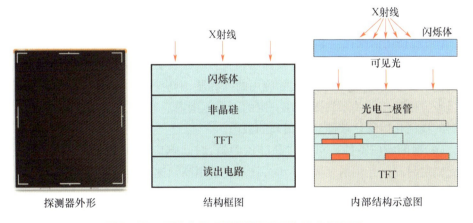

图 2-50　面阵非晶硅探测器的外形与结构示意图

探测器的每个探测单元包括一个非晶硅光电二极管和起开关作用的 TFT 场效应管,它们共同构成像素。闪烁体的作用是将射线信号转换为可见光信号,常用的闪烁体有碘化铯或硫氧化钆。非晶硅层就是光电二极管层,为光电探测器件,作用是将入射的光信号转换为电信号。光电二极管积累电信号,读取时经外围电路输出、A/D 转换,获得数字检测图像信号。

概括起来,非晶硅探测器探测射线的过程为:闪烁体层将入射射线信号转换为可见光信号,非晶硅光电二极管将可见光信号转换为电信号,电信号在 TFT 控制下由读出电路顺序读出,完成处理,形成数字图像信号。因此,在本质上非晶硅是一种间接转换型探测器,这里的间接指的是探测器中信号的间接转换,要注意与间接数字化射线检测的区别。

间接转换型探测器在动态检测时噪声很低,具有较高的空间分辨力,可承受高达数 MeV 能量的 X 射线直接照射,而且动态范围大,还具有强磁场中稳定工作的能力,无老化现象。目前,在成像面积上,最大的成像面积能达到 17 英寸 × 17 英寸;在像素单元尺寸上,最小可达 100μm 以下;一般成像面积越大,像元尺寸也就越大。

非晶硅探测器的结构构成和基本结构特点决定了其性能,主要性能包括转换特性、基本空间分辨力、规格化信噪比和时间响应特性。

(1)转换特性。探测器闪烁体的光发射在饱和前与入射辐射呈线性关系,光电二极管的光电转换在相当范围内为线性关系,这决定了探测器具有线性转换特性。即探测器像素电荷与射线照射量呈线性关系,当照射量过大时,探测器的转换将进入饱和状态。

(2)基本空间分辨力。探测器的基本空间分辨力理论上等于有效像素尺寸。非晶硅探测器的闪烁体特性、厚度会影响有效像素尺寸,但一般情况下可认为有效像素尺寸与其几何像素尺寸近似相等。

(3)规格化信噪比。非晶硅探测器的信噪比主要取决于探测器本身结构与特性,也与射线能量、射线剂量、滤波物质相关。研究表明,探测器规格化信噪比与曝光剂量平方根间呈线性关系,实际应用的探测器,响应校正给出的规格化信噪比与剂量平方根的线性关系将限定在一定的剂量范围内。通常,在较小的曝光量下,探测器的规格化信噪比就能达到很高的数值。

(4)时间响应特性。对于非晶硅探测器,时间响应更加关注的是闪烁体的有效光辐射时间。光辐射衰减较慢时,就不能采用高帧速采集图像,否则就可能出现前一帧某些信息叠加到后一帧图像的情况。

2. DR 系统

DR 系统分为两类:一类是面阵探测器数字射线检测系统,另一类是线阵探测器数字射线检测系统。线阵探测器每次采集的仅是图像的一行数据,必须配备机械装置,通过设定的程序逐行扫查完成检测图像的采集,对于机械精度和工件结构都有很高的要求。面阵检测系统每次采集的数据构成完整的图像,检测效率较高,既能用于手工检测,也能与机械装置相结合实现自动化检测,是目前应用较为普遍的系统。

DR 检测系统主要由射线源、成像板(探测器)和主机组成。成像板与主机之间可采用有线或无线连接,且能与多种类型的射线机相结合,既能用于生产车间又能用于施工现场。主机中安装有数据采集和分析软件,能直接分析检测结果。由于成像板的面积有限,在检测长度较大的焊缝时,一次透照长度主要受成像板的尺寸限制。尤其在检测大口径环焊缝时,采用中心曝光,胶片法能一次完成整条焊缝的检测,而采用成像板就需要多次曝光。因此,对于批量化产品,DR 检测系统通常会配备机械装置,提高检测效率。

图 2-51 所示为多功能 DR 检测系统,增加了多轴机械装置。成像板和射线源位于龙门结构上,二者间距可调,且能上下调节,能满足不同规格工件的检测。地面轨道长度为 8m,能用于长度为 6m 的直管焊缝的检测,管材放在托辊架上,在设定机械扫查程序后,检测系统就能采用步进式扫查自动完成整条纵缝的检测。单次数据采集的时间仅有几秒,检测效率大大提高,且数据处理软件能将采集到的图像拼接成一幅完整的焊缝影像,如图 2-52 所示,评判缺陷非常方便。该系统也能用于环焊缝、铸件等结构类型工件的检测,均是在自动化扫查的基础上检测,避免了人工多次调整检测部位的烦琐程序。由于成像板不能弯曲,难以与不规则结构贴合,甚至部分工件只能进行双壁透照,因此更多的是应用于特定结构工件的检测。

图 2-51 多功能 DR 检测系统

图 2-52 焊缝拼接图像

DR 检测系统的性能指标,如空间分辨率、信噪比等主要取决于探测器系统。专用检测系统中的机械运动精度要求并不高,但要保证扫查过程稳定,否则在数据采集时,机械抖动会增大图像的不清晰度。为降低几何不清晰度,通常采用小焦点射线源,并要保证良好的散热,以适应长时间工作。计算机的配置,如显示器亮度、对比度、分辨率等也要满足图像评定的要求。

3. DR 技术的应用

DR 检测技术可获得很高对比度的检测图像,采用小像元尺寸的探测器时,也能获得较高的空间分辨率。同时,DR 检测的图像信噪比也远高于其他射线检测技术。因此,虽然 DR 探测器不能像 IP 板一样弯折,但检测效率更高,在船用钛合金焊接接头检测中应用较为普遍,有时也用于铸件检测。

图 2-53 所示为不同厚度的钛合金焊接接头的 DR 检测图像,气孔、未熔合等缺陷的对比度很高,像质计灵敏度略高于胶片法射线照相检测。图 2-54 所示为钛合金铸件 DR 检测图像,基于 DR 动态范围大的优势,一次检测可覆盖厚度不同的部位,结合图像处理功能,各部位均能得到较为理想的检测灵敏度。

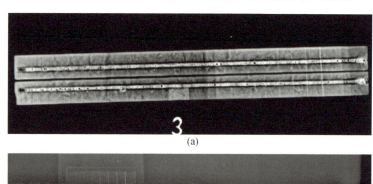

(a)

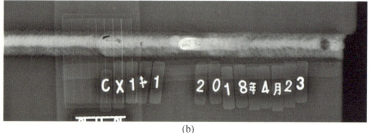

(b)

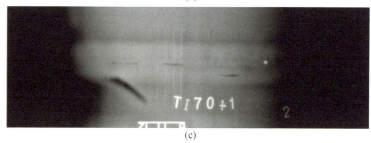

(c)

图 2-53　钛合金焊接接头 DR 检测图像

(a)4mm 激光焊接;(b)12mm TIG 焊接;(c)70mm TIG 焊接。

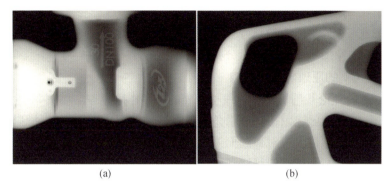

图 2-54 钛合金铸件 DR 检测图像

(a)钛合金阀体；(b)钛合金连接件。

除反映缺陷投影信息外，有时 DR 检测也用于定量表征缺陷导致的厚度差，主要是利用灰度值变化和衰减特性测算壁厚损失，如评估管道内壁腐蚀深度、凹坑深度等。随着 DR 探测器技术的进步（目前，已研发出像元尺寸小于 100μm 的探测器，柔性探测器技术的研究也取得了一定的进展），其空间分辨力与胶片的差距将不断缩小，应用范围将进一步扩大，未来的应用前景广阔。

2.5.5 CT 技术

工业计算机断层成像是一种依据多个角度投影数据重建工件内部结构图像的无损检测技术。常规的射线照相检测获取的都是工件的二维投影影像，受投影方向和缺陷的空间分布影响，缺陷投影尺寸可能会与真实三维尺寸存在很大的差异。而 CT 能更精确地检测出材料和构件内部的细微变化，消除了常规射线照相检测法中的缺陷形态失真和影像重叠，能准确、直观地再现工件内部的三维立体结构并精确定量。

CT 技术最早应用于医学领域，大约在 20 世纪 70 年代开始用于工业无损检测，逐渐延伸出基于超声波、微波、电磁场等能量束扫描的层析成像技术。目前 CT 技术的应用领域非常广泛，在航空、航天、汽车、考古等行业中均有应用，是国际公认最有效的无损检测手段。工业 CT 的主要技术特点如下。

(1) 工业 CT 给出工件的断层扫描图像。工业 CT 能给出检测工件的二维或三维图像，从图像上可以直观地看到检测目标细节的空间位置、形状大小，目标不受周围细节特征的遮挡，图像容易识别和理解。

(2) 工业 CT 具有突出的密度分辨能力。高质量的 CT 图像中密度分辨率可达 0.1% 甚至更小，比常规射线技术高一个数量级。

(3) 工业 CT 具有很高的空间分辨率。显微 CT 成像系统的空间分辨率能达到亚毫米级。

(4) 工业 CT 采用高性能探测器,动态范围可达 1 万以上。

(5) 工业 CT 图像反馈的信息丰富,能直接给出像素值、尺寸、密度等物理信息,数字化的图像便于存储、传输、分析和后续处理。

1. 工业 CT 的原理与系统性能

工业 CT 的理论基础仍然是射线与物质的相互作用原理。如图 2-55 所示,利用 X 射线或高能 X 射线以不同透射角度探查试件的同一水平剖面,把射线探测器置于射线源对面,原则上应对各断面以不同角度作大量的吸收检测,所测得的吸收值存储在计算机中,利用重建算法获取二维或三维图像。

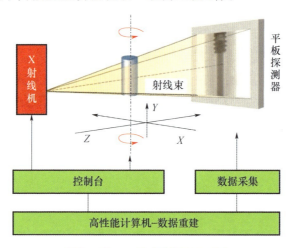

图 2-55 工业 CT 检测示意图

上述过程具体为:由射线源发射的射线通过前准直器后形成一定厚度的扇形射线束,通过控制被检工件的旋转角度和平移位置,使这一扇形束的射线按一定方向透射过被检工件的某一断层并投影到后准直器,后准直器将在空间上连续分布的扇形射线束离散化为有限个窄束射线后,由探测器测量出不同路径上的被衰减了的射线剂量,通过信号处理电路预处理和采集系统进行 A/D 转换后送入计算机,获得反映一组路径上的物质对射线衰减特性的投影数据。射线透过工件的路径不同,被衰减的程度不同。在计算机控制下,按一定顺序使射线从不同方向上对工件进行照射,获得不同方向工件断层对射线的衰减程度的数据。根据有关物理原理和数学方法,只要获得足够多的路径、足够多方向的射线投影值,按一定的算法(傅里叶变换重建算法、反投影重建算法和级数展开法等)就可确定被测工件断层的某种物理量的二维分布,再将这种物理量(如密度)的数值以灰度的形式表示出来,就获得该断层的 CT 图像,多个断层图像就构成了三维图像。

工业 CT 系统的核心单元包括射线源、探测器、采集系统、控制系统、机械系统和图像处理系统,图2-56所示为小型微焦点工业CT检测系统。射线源的能量决定了检测厚度,在工件厚度较大时就需要采用加速器作为射线源。探测器也分为线阵探测器和面阵探测器,探测到的信号通过数据电缆传输到数据采集系统。采集系统与控制系统相结合对来自探测系统的信号进行整理、转换、数据采集及缓存,并传送给图像处理系统,进行图像的重建与分析。机械系统实现扫描所需的各种高精度运动,运动的精度和稳定性是影响数据重建准确性的重要因素,目前高精度的机械系统运动精度能达到微米级。图像处理系统负责处理采集系统传送的数据,重建出CT检测的图像,并提供各种定性和定量的分析工具。

图2-56 CT检测系统

工业CT系统的核心性能指标包括空间分辨率(从CT图像中能够辨识最小结构细节的能力)和密度分辨率(从CT图像中能够分辨出最小密度差异的能力,通常和特征区域大小结合在一起评定),在辐射剂量一定的情况下,空间分辨率与密度分辨率是相互矛盾的两个指标。提高空间分辨率会降低密度分辨率,反之亦然。剂量对密度分辨率影响十分显著,剂量越高,则密度分辨率越高。

2. 工业CT的应用

工业CT最常用的功能是结构测量和缺陷检测。利用空间分辨率高的特点能对复杂结构的工件进行高精度的尺寸检测,尤其是探测产品的内部结构,对于逆向工程研究有重要意义。利用密度分辨率高的特点就能够探测出材质的不连续,检测结果直观,缺陷的定性、定量和定位准确性高。虽然工业CT检测是公认的最有效检测手段,但CT检测的效率低,成本很高,一般能量的设备就需要数百万元,且仅能穿透薄壁构件,而基于加速器的检测系统造价高达数千万元,显然很难作为一种普遍的检测方法。

在船用钛合金领域中,工业CT通常是作为一种探索性的检测手段,用于辅助新工艺开发,如新焊接方法的典型缺陷形态分析、3D打印构件的质量评估等[21]。为降低对检测设备能量的要求,通常会将缺陷部位做切片处理,减小被检工件的结构尺寸。图2-57所示为典型钛合金构件的CT检测结果。通过分析缺陷的三维形态特征,不仅有利于构建更加准确的结构损伤模型,同时对优化常规无损检测工艺、提高缺陷检出率也有重要意义。

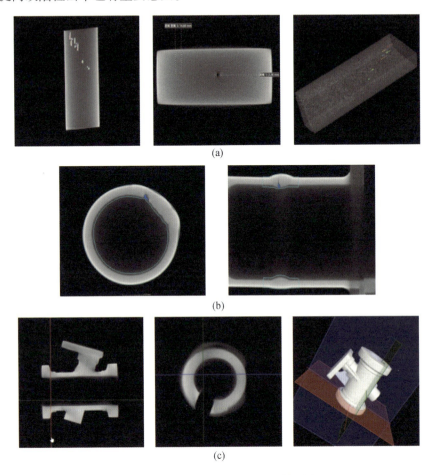

图 2-57 典型钛合金构件的 CT 检测结果
(a)电子束焊接钉尖缺陷;(b)环焊缝根部缺陷;(c)铸件检测。

参考文献

[1] HALMSHAW R. The discovery of X-ray and the early history of industrial radiography[C] Insight,1995,37(9):669-671.
[2] 李衍. 工业射线照相的发展史[J]. 无损检测,2003,25(5):252-256.
[3] 邬冠华,熊鸿建. 中国射线检测技术现状及研究进展[J]. 仪器仪表学报,2016,37(8):1684-1695.

[4] 强天鹏. 射线检测[M]. 北京:中国劳动社会保障出版社,2007.

[5] 美国无损检测学会. 美国无损检测手册(射线卷)[M]. 上海:世界图书出版公司,1992.

[6] 李衍. 工业射线照相的历史和发展[J]. 影像技术,2001(04):32-36.

[7] 夏纪真. 工业无损检测技术(射线检测)[M]. 广州:中山大学出版社,2014.

[8] 张小海,邬冠华. 射线检测[M]. 北京:机械工业出版社,2013.

[9] 张小海,刘二军. 射线照相检验中X射线强度衰减的数值分析[J]. 无损检测,2012,34(6):1-4.

[10] L. GERWARD, N. GUILBERT, K. B. JENSEN,et al. WinXCom—a program for calculating X-ray attenuation coefficients [J]. Radiation Physics and Chemistry, 2004,71(3):653-654.

[11] 孙朝明,盛友萍,葛继强,等. 钢的等效射线衰减系数的实验分析[J]. 核技术,2019,42(11):22-28.

[12] 吴玉俊,向奇,胡玉平,等. TC4钛合金计算机射线检测的衰减系数和灵敏度测定及散射[J]. 无损检测,2016,38(11):66-69.

[13] 孙朝明. 射线检测标准中最高电压限值的规定[J]. 无损检测,2016,38(6):75-78.

[14] 强天鹏,龚成刚,周齐明,等. 管子-管板角焊缝射线照相技术的进展[J]. 无损检测,2013,35(10):67-69.

[15] 王伏喜. 钛合金焊缝X射线照相底片黑度对灵敏度的影响[J]. 无损检测,2000,22(6):263-264.

[16] 王伏喜,郭会丽,付鲲鹏. 钛合金铸件X射线检测[J]. 铸造技术,2017,38(5):1241-1243.

[17] 王海登,王伏喜,张克俭. 铝合金铸件国内外射线检测标准对比[J]. 铸造技术,2019,40(1):112-115.

[18] 郑世才,王晓勇. 数字射线检测技术[M]. 北京:机械工业出版社,2019.

[19] BLAKELEY B, SPARTIOTIS K. Digital radiography for the inspection of small defects[J]. Insight-Non-Destructive Testing and Condition Monitoring, 2006,48(2):109-112.

[20] EWERT U, ZSCHERPEL U, HEYNE K, et al. Image quality in digital industrial radiography[J]. Materials Evaluation,2012,70(8):955-964.

[21] 张祥春,张祥林,刘钊,等. 工业CT技术在激光选区熔化增材制造中的应用[J]. 无损检测,2019,41(3):52-57.

第 3 章

船用钛合金超声检测

超声检测是基于超声波的传播特性评估材料或构件质量的一种无损检测方法,也是船用钛合金最常用的无损检测方法之一。超声检测应用范围很广,适用于原材料、加工件、焊接件等多种类型产品的检测,具有缺陷检出率高、能准确定位缺陷深度等优点,但结果显示不够直观,对检测人员的经验依赖很大。近些年,超声检测新技术蓬勃发展,在自动化、可视化方面取得了长足的进步,检测能力和效率得到了大幅提升,且随着各种新方法的研究,在非接触、性能评价、健康监测等领域也开始发挥作用,应用前景广阔。

3.1 超声检测原理与设备器材

3.1.1 超声检测物理基础

次声波、声波和超声波都是在弹性介质中传播的机械波,三者的频率范围不同,将频率高于20kHz的机械波称为超声波。超声波具有方向性好、能量高、穿透能力强的特点,且能在界面上产生反射、折射、衍射和波型转换。工业检测常用的超声波频率范围为 0.5~20MHz;在检测非金属材料时,为提高穿透能力会采用更低的频率,而检测精密构件的高频超声频率则能达 100MHz 以上。

超声波有多种分类方式,见表 3-1。振动模式是指声波传播时质点振动方向与传播方向的关系,波形是指波阵面的形状,振动的持续时间是指波源振动的持续时间长短。不同振动模式的波型有其独特的性质,实际检测中要根据具体的检测条件和目的选择合适的波型。工业检测用超声波是通过脉冲激励晶片产生的,称为活塞波,距波源的距离较大时与球面波类似。超声检测广泛采用脉冲波,但采用穿透法检测时,通常使用连续波。

表 3-1 超声波分类

分类方式	类别
按振动模式分类	纵波、横波、表面波、兰姆波、爬波等
按波形分类	平面波、柱面波、球面波、活塞波
按振动的持续时间分类	连续波、脉冲波

纵波和横波是超声检测中应用最广泛的波型。纵波的特点是介质的质点振动方向与波的传播方向平行,传播过程中质点受交变的拉、压应力作用,使质点之间产生相应的伸缩变形,构成疏密相间的质点排列,如图 3-1 所示,故又称为压缩波或疏密波。纵波不仅能在固体中传播,也能在液体和气体中传播,这是因为液体和气体能在承受压应力时产生体积变化。横波的特点是质点的振动方向与传播方向垂直,传播过程中质点受到交变的剪切应力作用,如图 3-2 所示,故又称为剪切波。由于液体和气体介质不能承受剪切应力,因此横波只能在固体中传播[1]。

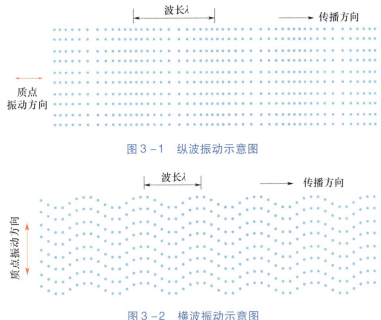

图 3-1 纵波振动示意图

图 3-2 横波振动示意图

表面波、兰姆波和爬波的质点振动更加复杂。例如,表面波传播时质点既受到与传播方向平行的交变应力作用,又受到与传播方向垂直的交变应力作用,质点的振动轨迹呈椭圆形。表面波通常用于近表面缺陷检测,兰姆波可用于薄板检测,爬波通常作为补充手段检测近表面缺陷。

1. 超声波的传播速度

超声波的传播速度主要取决于介质特性(弹性模量和密度),等于频率与波长的乘积。波型不同,声速也不同,同一介质中的纵波声速大于横波声速,横波声速又大于表面波声速。介质的边界条件同样会影响声速,如在细长棒中的声速与无限大介质中的声速不同。除此之外,介质的温度、应力和均匀性也会导致声速的变化[2]。

声速是根据超声波信号发射和接收时间定位缺陷的最重要参数。因此,在实施检测前通常需要校准检测系统以获得较为准确的声速值。数字式超声检测仪和测厚仪已内置有声速校准程序,只要按照规定的步骤操作设备即能满足精度要求。

2. 超声波的波型转换

当超声波倾斜入射到界面时,除产生同种类型的反射和折射波外,还会产生不同类型的反射和折射波,这种现象称为波型转换。图 3-3 所示为纵波斜入射到水/钛界面时的模拟计算图,折射波中同时存在纵波和横波。

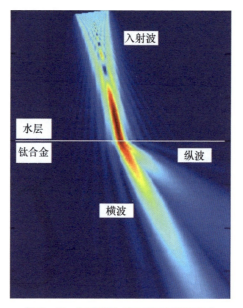

图 3-3　纵波斜入射时折射声场模拟

超声波的反射与折射方向符合 Snell 定律,图 3-4 所示为纵波和横波斜入射时的波型转换示意图,可用下列公式描述:

$$\frac{\sin\alpha_L}{c_{L1}} = \frac{\sin\alpha'_L}{c_{L1}} = \frac{\sin\alpha'_S}{c_{S1}} = \frac{\sin\beta_L}{c_{L2}} = \frac{\sin\beta_S}{c_{S2}} \quad (3-1)$$

$$\frac{\sin\alpha_S}{c_{S1}} = \frac{\sin\alpha'_S}{c_{S1}} = \frac{\sin\alpha'_L}{c_{L1}} = \frac{\sin\beta_L}{c_{L2}} = \frac{\sin\beta_S}{c_{S2}} \quad (3-2)$$

式中:c_{L1}、c_{S1} 分别为介质 1 中的纵波、横波声速;c_{L2}、c_{S2} 分别为介质 2 中的纵波、横波声速;α_L、α'_L、α_S、α'_S 分别为纵波入射角与反射角、横波入射角与反射角;β_L、β_S 分别为纵波、横波折射角。

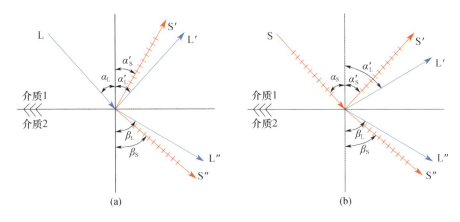

图 3-4　波形转换示意图

(a)纵波斜入射；(b)横波斜入射。

由于不同介质中的声速不同，且横波与纵波的声速不同，因此在不同的入射条件下波型转换也有所区别，由此引入临界角的概念。

当 $c_{L2} > c_{L1}$ 时，随着入射角 α_L 的增加，介质 2 中纵波折射角 β_L 会达到 90°，此时对应的纵波入射角称为第一临界角。

当 $c_{S2} > c_{L1}$ 时，介质 2 中的横波折射角 β_S 同样会达到 90°，此时对应的纵波入射角称为第二临界角。

横波倾斜入射时，同样存在第一、第二临界角，但由于实际检测中通常为水/金属界面或金属/水界面，这时的第一、第二临界角并无实际意义。入射到金属中的横波在底面反射时，随着入射角 α_S 的增大，反射纵波会达到 90°，此时所对应的横波入射角称为第三临界角。

3. 超声场的特征量

超声场是由声源向介质发射超声波时，介质中超声波存在的区域，涉及的特征量有声压、声强与声阻抗。

(1)声压：超声场中某一点在某一时刻所具有的压强与没有超声波存在时的静态压强之差称为该点的声压。声压的幅值与介质的密度、波速和频率成正比。超声检测仪器显示的信号幅值本质就是声压，波幅高低与声压成正比。声压是反映缺陷大小的重要指标。

(2)声强：单位时间内垂直通过单位面积的声能称为声强。所谓声能，是指质点振动的动能与弹性势能之和。在同一介质中，超声波的声强与声压的平方成正比。

(3)声阻抗：超声场中任意一点的声压与该处质点振动速度之比称为声阻抗。声阻抗是表征介质声学性质的重要物理量。超声波在两种介质组成的界面上的反射和透射情况与两种介质的声阻抗密切相关。

4. 超声波声压的分配

超声波垂直入射到异种介质分界面时,声压反射与透射遵循一定的规律。定义声压反射率为 r,透射率为 t,介质的声阻抗分别为 Z_1、Z_2,则声压反射率和透射率的计算公式为

$$r = \frac{Z_2 - Z_1}{Z_2 + Z_1} \tag{3-3}$$

$$t = \frac{2Z_2}{Z_2 + Z_1} \tag{3-4}$$

由式(3-4)可知,超声波垂直入射到平界面上时,声压的分配取决于两侧介质的声阻抗。掌握超声波垂直入射声压的分配规律有助于理解复合板检测、水浸超声检测过程中的各个界面反射波的幅值变化特征。当超声波倾斜入射时,声压反射率和声压透射率的计算公式为

$$r = \frac{Z_2\cos\alpha - Z_1\cos\beta}{Z_2\cos\alpha + Z_1\cos\beta} \tag{3-5}$$

$$t = \frac{2Z_2\cos\alpha}{Z_2\cos\alpha + Z_1\cos\beta} \tag{3-6}$$

式中:α 为声束轴线入射角;β 为声束轴线反射角。

与超声波垂直入射相比,倾斜入射的超声波反射与透射声压分配更加复杂,在不同的入射角度下声压分配比例可能会急剧变化。当采用底面反射波或折射纵波检测时,需要选择合适的入射角度以保证获得足够的声压。

5. 超声波的衰减

超声波在传播过程中能量会逐渐减弱,造成超声波衰减的主要原因是波束扩散、晶粒散射和介质吸收。其中,扩散衰减取决于波阵面的形状,超声检测声场存在扩散区,通常用扩散角描述,取决于波长和探头晶片尺寸。超声波传播过程中遇到晶粒界面会发生散乱反射引起衰减,散射衰减的大小与晶粒尺寸密切相关,且散射波会产生噪声信号,使信噪比降低。钛合金超声检测中的杂波主要就是散射杂波,在检测大厚度结构时,需要优化工艺以提高信噪比。吸收衰减与介质的黏滞性、热传导、边界摩擦、弹性滞后等因素有关,这些影响因素使超声能量转变为其他能量造成衰减[3]。

3.1.2 超声检测声场特性

超声检测采用脉冲波激励具有压电效应的晶片产生超声波,其声场具有一定的空间大小和性质,不同的阵源和介质都会影响声场分布。按照声学理论,可将一个完整的声源离散成无数个点声源,这些点声源产生的声场在空间某一位置

的叠加就是该位置的声场[4]。基于这一原理,可采用计算机软件模拟声场分布,图 3-5 所示为采用 CIVA 软件模拟的圆形晶片和矩形晶片的纵波声场分布结果,晶片形状决定了声场分布的几何特征。

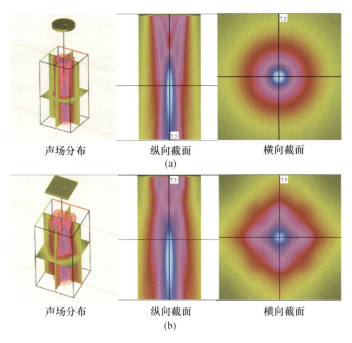

图 3-5 圆形晶片与矩形晶片的声场分布
(a)圆形晶片;(b)矩形晶片。

1. 近场区

由于点源的干涉,波源轴线上的声压分布是不均匀的,在一定范围内会出现多处极大值与极小值,将波源轴线上最后一个声压极大值至波源的距离称为近场长度,该区域称为近场区。图 3-6 所示为近场长度示意图,近场长度 N 用下式计算:

$$N = \frac{F_S}{\pi \lambda} \quad (3-7)$$

式中:F_S 为波源面积;λ 为波长。

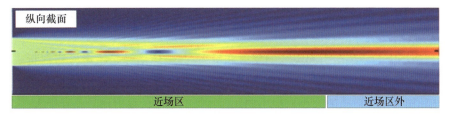

图 3-6 近场长度示意图

近场区内声轴线上的声压存在着多个极小值和极大值,不利于缺陷检测与评价,可能会造成缺陷的漏检或误判。但是,实际上超声换能器由于波源的脉冲激励、非均匀激发等因素,其近场区内声轴线上的声压分布与计算结果有很大差别。图 3-7 所示为实际声场与理想声场声压的比较,实际声场轴线上的极值点数量明显减少,且波动幅度较小。

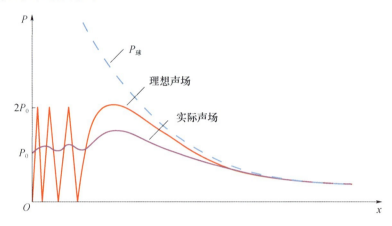

图 3-7 实际声场与理想声场声压的比较

2. 扩散角

圆形晶片纵波声场分布模拟结果的横向截面显示,中心声压最高,且围绕中心存在多个声压极大、极小值圆环,即超声场中存在的主瓣和多个副瓣。只有采用主瓣检测缺陷时才能取得较好的效果,故需要对主瓣范围进一步描述,由此引入半扩散角的概念。半扩散角即为波源中心和声场横向截面距中心点最近极小值点的连线与波源轴线的夹角,又称为第一零值发散角。半扩散角 θ_0 的计算公式为

$$\theta_0 = \frac{\arcsin 1.22\lambda}{D_S} \approx \frac{70\lambda}{D_S} \quad (3-8)$$

式中: D_S 为波源直径。

矩形晶片的纵波辐射声场分布更加复杂,近场长度仍可采用圆形晶片的公式计算,但其半扩散角有两个,分别对应矩形的长边和短边。对于常用的折射横波检测,通常利用假想横波波源描述近场区和半扩散角,计算公式也更加复杂。

3. 规则反射体的响应

超声场中的缺陷会引起声波的反射和散射,其响应信号是超声检测判断缺陷有无、缺陷定量和定位的依据。对于脉冲反射法超声检测,缺陷定量的依据为缺陷反射信号幅值的高低(声压的大小),但不同几何特征的缺陷的反射信号差异很大,往往需要借助模拟软件才能计算其反射信号幅值。为简化定量难度,普遍采用规则的反射

体作为定量评价的参考,常用的规则反射体有平底孔、长横孔、短横孔和大平底。

当超声换能器激发的声场覆盖到缺陷时,缺陷可视为一个新的波源,可采用公式计算规则反射体的反射回波声压。当声程大于3倍近场区时,且不考虑介质衰减的情况下,各规则反射体的回波声压可采用表3-2中的公式[5]。

表3-2 规则反射体回波声压公式

反射体类别	超声反射示意图	回波声压公式
平底孔		$P_f = \dfrac{P_0 F_S F_f}{\lambda^2 x^2}$
长横孔		$P_f = \dfrac{P_0 F_S}{2\lambda x}\sqrt{\dfrac{D_f}{2x}}$
短横孔		$P_f = \dfrac{P_0 F_S}{\lambda x}\dfrac{l_f}{2x}\sqrt{\dfrac{D_f}{\lambda}}$
大平底		$P_B = \dfrac{P_0 F_S}{2\lambda x}$

注:公式中,P_0 为探头波源的起始声压;F_S 为探头波源的面积;F_f 为平底孔的面积;D_f 为长横孔与短横孔的直径;l_f 为短横孔的长度;x 为反射体与波源的距离。

当缺少对比试块时,且检测条件满足的情况下,可采用计算法设置检测灵敏度或通过计算评估缺陷的当量尺寸。由于计算法是建立在理想化检测条件的基础之上的,因此当前钛合金检测标准基本上都要求采用对比试块法设置检测灵敏度,计算法只能作为一种辅助手段。

3.1.3 超声检测原理与特点

超声检测主要是基于超声波在工件中的传播特性（如衰减、反射、衍射等），通过对发射和接收的超声波信号的分析，评估构件质量状况的检测方法。采用超声检测评估构件质量，从狭义上讲，是为了探测并评估构件中的宏观缺陷，也是当前超声检测的最重要目的；从广义上讲，基于超声技术的应力测试、晶粒度评价、微观缺陷检测也属于超声检测与评价的范畴，也是当前超声检测领域研究的热门方向[6]。

超声检测有多种分类方法，见表3-3。

表3-3 超声检测方法分类

分类方式	类 别
按原理分类	脉冲反射法、衍射时差法、穿透法、共振法
按波型分类	纵波法、横波法、表面波法、导波法、爬波法
按探头数目分类	单探头法、多探头法
按耦合方式分类	接触法、液浸法、电磁耦合、空气耦合
按自动化程度分类	手动检测、自动化检测
按结果显示方式分类	A型显示、成像显示

与其他常用无损检测方法相比，超声检测具有以下优点。

(1) 适用范围广，不仅适用于金属材料，也适用于非金属材料。

(2) 超声波穿透能力强，可穿透数百毫米甚至更厚的工件检测缺陷。

(3) 超声检测灵敏度高，能检测出尺寸很小的缺陷，而且特别适用于面积类缺陷的检测。

(4) 超声检测具有准确的深度定位功能。

(5) 超声检测绿色环保，设备轻便，操作便捷，检测成本相对较低。

超声检测也具有以下一些缺点。

(1) 缺陷的准确定量和定性尚有很多问题需要解决。

(2) 常用的A型超声检测结果显示不直观，需要丰富的经验识别并评判缺陷，检测结果难以记录。

(3) 在检测结构较为复杂的构件时，轮廓反射波干扰较多，可实施性差。

(4) 不同材质的声学性能差异较大，晶粒粗大时会导致散射衰减，大厚度钛合金材料检测时存在杂波干扰。

3.1.4 超声检测设备

1. 超声检测设备

超声检测设备诞生于20世纪40年代，先后经历了电子管、晶体管和数字化3

个阶段。我国于20世纪50年代引入国外超声检测设备,并同时开始仿制和研发国产化设备。广东汕头超声检测股份有限公司先后研制出多种型号的超声探伤仪,为我国早期无损检测技术发展提供了重要支撑。

电子管和晶体管设备称为模拟式检测设备,如图3-8所示,设备较为笨重且功能单一,但信号显示较为真实,目前除特殊要求外已很少使用。数字化设备集成度高,设备轻便,功能丰富,在当前超声检测设备中占据绝对的主导地位,如图3-9所示。国产数字超声检测仪在设计过程中融合了我国无损检测行业现状,系统内置有多个检测标准,使用时根据需求选择标准即可自动化设置对应的参数。

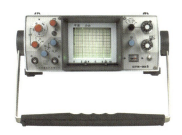

图3-8 汕头超声CTS-22B型模拟式超声检测仪

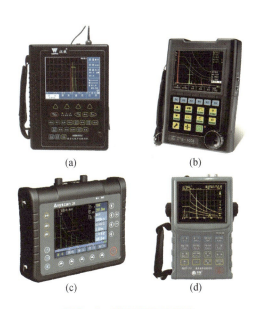

图3-9 数字超声检测仪

(a)武汉中科创新技术股份有限公司HS610e型数字超声检测仪;(b)广东汕头超声检测股份有限公司CTS-1008型数字超声检测仪;(c)广东多浦乐电子科技有限公司Anyscan-31型数字超声检测仪;(d)南通友联数码技术开发有限公司PXUT-310型数字超声检测仪。

目前,我国已有完善的超声检测设备研发、生产和销售体系,推出的常规超声检测设备性能与国外设备基本相当,且性价比高。虽然我国的超声检测设备研发和生产实力与国外的差距不断缩小,但在新设备、换能器等方向仍有较大的进步空间,主要体现在以下几个方面。

(1)专用换能器和超声板卡研制方面尚需要更大投入,提高关键性能指标。

(2)相控阵超声、电磁超声等新设备处于跟跑阶段,缺乏特色化功能,而且在大型检测设备的集成化方面经验不足。

(3)目前,我国尚未推出商业化超声检测仿真软件,检测复杂构件时的工艺仿真优化只能依赖进口软件。

2. 超声检测设备性能

模拟式超声检测仪主要由同步电路、扫描电路、发射电路、接收放大电路、显示电路和电源电路组成。数字式超声检测仪主要由微处理器、发射电路、接收电路、模数转换器、显示器、存储器、人机交互器件、电源组成。无论是模拟设备还是数字设备,核心功能都是为了实现超声波的发射、接收与显示,仪器的性能即为设备核心功能好坏的体现。

图3-10所示为数字超声设备的组成示意图。数字超声设备通过模数转换技术将模拟信号转变为数字信号,配合微处理器实现信号处理、显示与存储功能,功能的丰富性和操作性优于模拟超声设备。由于微处理器与存储器件的应用,检测参数与波形图可以存储,并能自动生成距离波幅曲线,甚至能实现缺陷当量尺寸评估计算、频谱分析等功能。

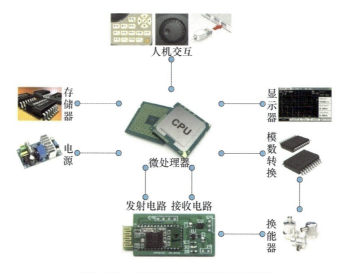

图3-10 数字超声设备的组成示意图

超声检测仪的主要性能如下。

（1）水平线性。水平线性表征超声检测时时基线与超声波传播时间或距离成正比的能力。模拟设备反映的是显示屏电子束扫描速度的均匀程度,数字设备则取决于微处理器的时钟精度和采样电路的响应精度。水平线性与缺陷定位密切相关,通常要求偏差不大于1%。

（2）垂直线性。垂直线性表征回波信号幅度与接收到的超声波回波声压成正比的能力。垂直线性影响超声检测中的缺陷定量准确性,通常要求偏差不大于5%。

（3）动态范围。动态范围表征显示屏范围内能显示的最大信号幅度与最小信号幅度之比。动态范围指标影响超声波检测中缺陷可检出性、定量评定和检测灵敏度。

（4）衰减（增益）精度。分别对应于模拟设备和数字设备,反映的是衰减（增益）器读数的增减与显示的信号幅度变化之间的对应关系,对仪器灵敏度调节、缺陷当量的评定均有重要意义。

（5）频率响应。频率响应又称为接收电路带宽,常用频带的上、下限频率表示。接收电路的频带宽度越大,则可使用的探头频率范围越广,常用数字设备的带宽一般为 0.5~15MHz。

除上述性能指标外,超声检测设备的性能还包括脉冲重复频率、发射电压、电噪声水平、稳定性等。数字设备还有额外的数字采样率、采样位数、屏幕像素数量等指标。

3. 新型超声检测设备

常规数字超声检测仪通常只具有 A 型显示功能,检测人员根据反射回波信号识别与评判缺陷,虽然应用范围较广,通用性好,但基本上都为手工检测,功能有限且检测效率低。为此,针对典型工件的检测需求,通常会研制专用的自动化检测设备。专用型数字超声检测系统根据工件特点,将机械扫查装置和检测装置结合在一起,应用对象更有针对性,如板材喷水超声检测系统、管材自动化检测系统、复合材料喷水超声检测系统等,通常都用于大批量产品检测。

图 3-11 所示为七轴水浸超声检测系统,同时支持 6 个通道,可用于棒材、管材、锻件等原材料的检测,也可用于增材制造、扩散焊接等非典型构件的检测。由于采用水浸法耦合,且配备了高精度（扫查精度为 ±0.02mm）机械扫查系统,在采用聚焦探头时可满足小规格工件的检测需求,并进行 C 扫描成像。

随着微电子技术、计算机技术和压电复合技术的发展,基于衍射时差原理和相控阵原理的新型检测设备逐步由原理性试验阶段转入商用阶段。早期的相控阵超声硬件能力较弱,激发孔径仅能达到 16 阵元,目前便携式相控阵超声检测仪最大激发孔径已能达到 64 阵元。

图3-11 七轴水浸超声检测系统

图3-12所示为GE公司早期推出的Phasor XS型16通道相控阵超声检测仪,不支持衍射时差法超声检测技术(ultrasonic time of flight diffraction technique, TOFD),通常用于中等厚度以下产品的检测。

图3-12 GE公司Phasor XS型16通道相控阵超声检测仪

图3-13所示为Sonotron NDT公司推出的Isonic 2009型相控阵超声检测仪,设备为64通道,支持扩展并集成了TOFD功能,且软件系统采用模块化设计,开发了针对不同工件结构的声束覆盖仿真成像功能,对缺陷的定位与识别有重要参考。

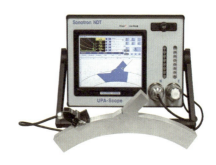

图3-13 Sonotron NDT公司的Isonic 2009型相控阵超声检测仪

随着硬件数据处理能力的提升,基于全矩阵捕获(FMC)和全聚焦(TFM)功能的便携式相控阵超声检测仪研制成功。图 3-14 所示为 M2M 公司推出的 GEKKO 型相控阵超声检测仪,具有实时全聚焦功能,对全聚焦成像技术的工程应用起到了重要推动作用。

图 3-14　M2M 公司的 GEKKO 型相控阵超声检测仪

3.1.5　超声换能器

超声检测换能器又称为检测探头,是组成超声检测系统的最重要组件之一,直接影响超声检测能力和效果。超声检测换能器特指具有其他形式能和声能相互转换能力的器件,当前采用的换能器主要有压电换能器、磁致伸缩换能器、电磁声换能器等,其中最常用的是压电换能器。

压电效应指某些晶体材料具有的"应力→电场""电场→应力"效应,分别称为正压电效应和逆压电效应。超声探头即基于上述压电效应原理制作:发射超声波时,通过高频电脉冲激励压电晶片,根据逆压电效应电能转换为声能,晶片发射超声波;当探头接收到反射回波时,声能转换为电能。常用的压电材料有石英、硫酸锂、铌酸锂、锆钛酸铅和复合材料。

通常用压电应变常数、压电电压常数、介电常数、机电耦合系数、机械品质因子、频率常数和居里温度描述压电材料的性能,制作探头时,一般根据检测要求综合考虑各个参数选择不同的材料。例如,为了保证超声波的发射和接收性能,压电应变常数和压电电压常数应达到一定的要求,窄脉冲探头需要较小的机械品质因子,高温探头则需要较高的居里温度。

超声检测用探头有几十种,如图 3-15 所示。根据波型的不同,可分为纵波探头、横波探头、爬波探头、板波探头等;根据入射角度的不同,可分为直探头和斜探头;根据耦合方式分为接触式探头和液浸探头;根据波束特征分为聚焦探头和非聚焦探头;根据晶片数量分为单晶探头和双晶探头。除此之外,还有一些特殊用途的高温探头、电磁超声探头等[7]。

图3-15 常用的不同类型超声探头

1. 接触式直探头

直探头用于发射垂直于探头表面传播的声波,又可分为纵波直探头和横波直探头。纵波直探头是超声检测中应用最广泛的探头,检测人员经常所说的"直探头"就是指纵波直探头。横波直探头是较为特殊的探头,采用特殊的材料和工艺制作,晶片能直接激发横波,需要采用高黏度耦合剂实现探头到工件的传播,通常用于测厚或声速测量。直探头的参数主要是频率和晶片尺寸。

2. 接触式斜探头

斜探头的晶片与探头楔块有一定倾角,通过改变倾角在工件中利用折射获得不同的波型和角度,可分为横波斜探头、纵波斜探头、表面波探头和兰姆波探头等。横波斜探头的入射角介于第一临界角和第二临界角之间,工件中只存在折射横波,广泛应用于焊接接头的检测。除工作频率和晶片尺寸外,横波斜探头的参数还有折射横波的折射角,过去国内习惯上用横波折射角的正切值(K值)表示。

纵波斜探头通常用于声学性能较差材料的检测,在大厚度钛合金焊接检测中也有应用,但由于同时存在折射横波,检测过程中对检测人员的经验要求较高。表面波探头和兰姆波探头等用于特定工件的检测。

3. 水浸探头

水浸探头用于水浸超声检测,相当于在水中使用的纵波直探头,但可以通过机械扫查装置改变声束的入射角度,从而在工件中产生纵波或横波进行检测。水浸探头分为平探头和聚焦探头,聚焦探头中增加了曲面声透镜,实现声束的聚焦,焦距与透镜曲率半径有关。水浸聚焦探头检测时具有更好的横向分辨力和灵敏度,小规格构件通常采用水浸聚焦探头检测。

4. 双晶探头

双晶探头的超声波发射和接收各采用一块压电晶片,用于发射声波的晶片选择发射性能好的材质制作,而用于接收声波的晶片则选择接收性能好的材质制作。双晶探头同时具有杂波少、盲区小的优点,可用于薄板的检测。双晶探头也分为直探头和斜探头,主要参数为频率、晶片尺寸和焦点深度。

5. 其他类型探头

除上述几种常用的探头外,还有一些特殊用途的探头,如高温探头、电磁超声探头、空气耦合超声探头等。高温探头用于高温部件的检测,电磁超声探头和空气耦合超声探头能实现非接触检测,无须耦合剂。目前,电磁超声主要用于测厚和原材料检测,空气耦合超声用于非金属复合材料检测。

探头的主要性能包括中心频率、带宽、电阻抗、脉冲宽度、声束扩散特性、斜探头的入射点和折射角等。探头的性能测试需要专门的测试系统,探头生产厂家应按相关标准完成测试并提供证明文件。

3.1.6 设备和探头的综合性能

超声检测设备和探头的综合性能包括灵敏度、盲区、分辨力、信噪比等。

1. 灵敏度

灵敏度是指检测系统发现最小缺陷的能力,取决于仪器自身性能、探头性能及两者之间的匹配性能。超声检测中采用"灵敏度余量"的概念表征系统灵敏度,灵敏度余量是指仪器最大输出时(增益、发射强度最大,衰减和抑制为零),使规定反射体回波达到基准波高所需衰减的衰减总量。灵敏度余量越大,说明仪器与探头的灵敏度越高。

2. 盲区

在采用单晶片探头以脉冲反射方式进行检测时,发射脉冲在激励探头的同时也直接进入接收电路,形成始波。由于发射脉冲电压很高,在短时间内放大器的放大倍数会降低,甚至没有放大作用,这种现象称为阻塞。由于发射脉冲自身有一定的宽度,加上放大器的阻塞现象,在靠近始波的一段时间范围内,所要求发现的缺陷往往不能发现,具体到被检工件中,这段时间所对应的由入射面进入工件的深度距离,称为盲区。

盲区的大小与设备的阻塞时间和始波占宽有关。始波占宽是指设备与探头组合后在屏幕上显示的发射脉冲持续时间,它取决于发射电路的电脉冲持续时间、压电晶片阻尼等多种因素。盲区会导致近表面缺陷的漏检,有时盲区可能达 10mm 以上,检测时必须考虑盲区的影响,一般采用盲区试块测试盲区大小。

3. 分辨力

分辨力是指能够区分一定大小的两个相邻反射体的能力,根据空间分布,又分为深度分辨力和横向分辨力。由于脉冲波具有一定宽度,在深度方向上分辨两个相邻信号的能力有一个极限,称为深度分辨力或纵向分辨力。在工件的入射面和底面附近,可分辨的缺陷和相邻界面间的距离,称为入射面分辨力和底面分辨力,底面分辨力也称为背面分辨力或下盲区。横向分辨力是指探头在探测面上横移时能区分两个在同一水平位置且相距一定距离的缺陷的能力,主要与声束宽度有关。为提高横向分辨力,可采用聚焦探头。

4. 信噪比

信噪比是显示屏上有用的最小缺陷信号幅度与无用的最大噪声幅度之比。超声检测噪声信号既有检测系统本身的电子噪声,又有工件中散射的杂波噪声,在检测声学性能较差的材料时尤为明显。噪声的存在会掩盖幅度低的小缺陷信号,容易引起漏检或误判,严重时甚至无法进行检测。因此,信噪比对缺陷的检测起关键作用。

超声检测设备和探头的综合性能的影响因素较多,即使是同一台设备和探头随着使用时间的延长,其综合性能也可能发生变化,因此需要定期测试。除此之外,在维修超声波设备关键部件、更换探头时,或设备经受雨淋、跌落、碰撞等较恶劣的工况时,再次使用前都需要进行综合性能的测试。

3.1.7 超声检测器材

1. 超声试块

超声检测的结果评价是建立在当量法定量的基础上的,超声试块就是提供相对定量的参考依据,同时具有校准设备、验证检测工艺等作用。目前,超声检测试块通常分为标准试块、对比试块和模拟试块 3 类,图 3 – 16 所示为常用钛合金超声检测试块。

标准试块是指试块的材质、形状、尺寸及表面状态、性能等须经国际或国家权威机构做出规定并经检定认证的试块。标准试块主要用于测量、鉴定超声波设备的性能、超声波探头的性能及检测系统的综合性能,对材质均匀性和尺寸精度都有严格的要求。根据制定试块标准机构的差异,又分为国际标准试块(IIW 试块、IIW2 试块等)和国家标准试块(如 CSK – IA)。我国的 CSK – IA 试块实际是 IIW 试块的改进型,增加了斜探头声程定标、分辨力测定的功能。

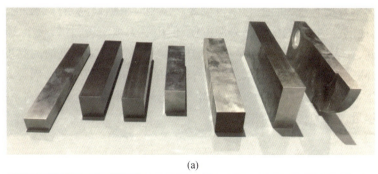

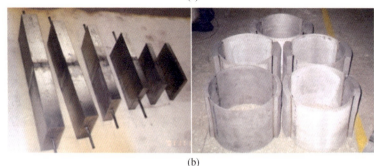

图3-16 常用钛合金超声检测试块
(a)标准试块与对比试块;(b)模拟试块。

对比试块用于调整超声检测系统的灵敏度、调整测试范围、评定缺陷的当量尺寸以及保证检测结果的再现性。对比试块要求材质与被检工件相同或相近,并具有规定形状、位置、尺寸和精度要求的人工反射体(平底孔、横孔、U形槽、V形槽、通孔等),人工反射体的尺寸也要满足一定的精度要求。

模拟试块是含模拟缺陷的试块,模拟缺陷并不局限于通过特殊工艺制作的模拟真实缺陷的人造缺陷,也指检测过程中发现的自然缺陷。模拟试块主要用于检测方法的研究、无损检测人员的资格考核与评定、评价和验证检测系统的检测能力和检测工艺等。结合其他检测方法的验证与综合评定,模拟试块也可用于特殊类型缺陷检测过程中的信号对比。

2. 耦合剂

为了改善探头与工件间声能的传递效果,而施加在探头和检测面之间的液体薄层称为耦合剂。除了电磁超声、激光超声等新技术,采用压电式换能器的超声检测,探头激发的超声波遇空气界面的反射率几乎为100%,很难进入工件。耦合剂能够排除探头与工件间的空气,提高声强透射率,同时兼具润滑保护作用,能减小探头的磨损,并使探头便于移动。

常用的耦合剂有水、机油、化学糨糊等。检测时根据检测条件选择合适的耦合剂：相比其他耦合剂，水的优点是来源方便，使用后无须清理，且钛合金无遇水生锈问题。因此，在表面状态较好的平面结构检测时宜优先选用；机油的黏度高、附着力强，在检测立面、斜面结构时效果较好；糨糊的应用也较为广泛，耦合效果良好，可根据使用条件配置不同黏稠度的糨糊。无论采用哪种耦合剂，检测系统调试和检测时应尽量选择同种耦合剂。

3. 扫查装置

普通超声检测通常手工扫查，大型检测设备本身带有自动化机械扫查系统，此处的扫查装置是指特定方法或工件检测使用的辅助扫查装置。扫查装置在 TOFD 检测和相控阵超声检测中应用较多，分为手动式和自动式，既可与编码器配合使用，也可独立使用，实现了可记录检测。

图 3-17 所示为 TOFD 检测用扫查装置，核心功能是为了保持探头的相对位置，通过手动驱动完成焊缝的扫查。相控阵超声既可采用手动检测，也可利用扫查装置检测，某些扫查装置可同时安装 TOFD 探头和相控阵探头，一次扫查即可完成 TOFD 与相控阵超声检测，大幅提高检测效率。

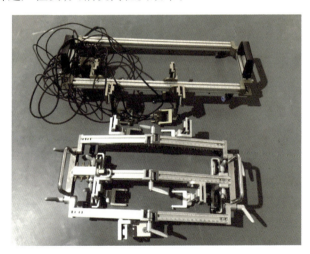

图 3-17　TOFD 检测用扫查装置

扫查装置可根据工件的特点专门定制，如板材检测时采用的多通道超声扫查装置或自动爬行装置，这类装置通常采用喷水耦合，主要目的是降低劳动强度，提高效率。除此之外，也有一些配合专用检测设备的扫查装置，如具有 C 扫描功能的检测设备可与专用二维扫查装置结合，实现检测区域的扫描成像。

扫查装置需要定期养护以保证其机械精度和使用寿命。目前，扫查装置多采用磁性吸附的手段保证与工件的良好接触，并不适用于钛合金材料，故在扫查时应重点关注耦合效果,自动化扫查时更需要设计特殊的方案。

3.2 钛合金超声检测特点

3.2.1 钛合金材料声学性能

如第1章中所述,钛合金显微组织分为等轴、双态、网篮与魏氏4种。在不同的组织中,α相和β相的比例与形态不仅决定了材料的性能,且对超声波的声学性能也有直接影响。超声波声速与衰减系数是超声检测中主要关注的材料声学特性参数,也是保证缺陷定位与定量准确性的基础。关于钛合金显微组织对超声检测影响的定性分析,相关行业曾开展过大量的试验研究,对钛合金超声检测标准的制定提供了重要参考。

图3-18所示为规格尺寸相同的4种显微组织试样底面反射回波的C扫描成像结果,试验试样的厚度为40mm,采用的探头频率为5MHz。C扫描结果显示,等轴与双态组织的幅值变化很小,基本难以识别,魏氏组织中有较明显的波动,网篮组织则最为明显,幅值变化成像呈片层式分布特征。进一步分析,C扫描表现出的不均匀性本质上是材料显微组织不均匀性的特殊体现。数据统计结果表明,网篮组织不均匀直接导致的幅值最大差异接近5dB。当检测频率更高、试样厚度更大或采用横波检测时,因组织不均匀造成的幅值差异会更大,这会造成很大的检测结果定量误差。

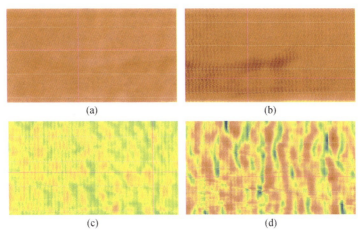

图3-18 底波C扫描结果
(a)等轴组织;(b)双态组织;(c)魏氏组织;(d)网篮组织。

在 C 扫描的基础上,进一步分析纵波声速和相对衰减系数。将试样 3 个厚度定义为 X、Y 和 Z,分别对 3 个厚度方向进行试验,每个方向采样 50 个点,取平均值作为最终结果。表 3-4 和图 3-19 所示为测试结果。

表 3-4 声速与衰减系数测试结果

试块组织	声速/(m/s)			衰减系数/(dB/mm)		
	X	Y	Z	X	Y	Z
等轴组织	6119	6226	6201	0.039	0.056	0.047
双态组织	6154	6206	6098	0.039	0.031	0.035
网篮组织	6229	6139	6106	0.084	0.059	0.070
魏氏组织	6219	6229	6129	0.117	0.116	0.103

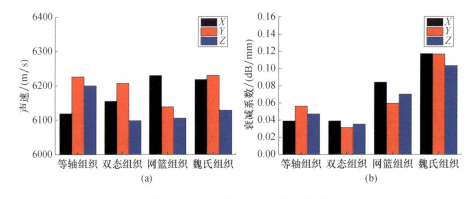

图 3-19 声速与衰减系数对比图
(a)声速;(b)衰减系数。

测试结果表明,钛合金纵波声速与显微组织并不存在绝对的对应关系,不同组织的声速均有一定的波动,但波动区间相对较小且呈现微弱的各向异性,材料组织不均匀引起的声速变化对缺陷定位的影响很小。不同组织间的超声纵波衰减系数则差别较大,网篮与魏氏组织的衰减系数明显大于等轴与双态组织,且均呈现明显的各向异性。衰减系数对于检测灵敏度设置、缺陷定量有直接影响,在部分检测标准中已给出了对比试块与被检工件的衰减系数允许差异的量值要求,甚至对于底波反射的均匀性也有明确要求。

实际上,钛合金材料的声学性能影响因素较多,除显微组织外,合金成分、晶粒度、晶粒取向都会产生影响[7-8]。船用的 TA2、TA5、TA22、TA24 和 TA31 合金,密度略有差异,声速和衰减系数也有所不同,表 3-5 所示为常用钛合金板材随机取样的测试结果[9]。综合上述结果,钛合金材料的纵波声速区间为 5950~6250m/s,这对于超声检测中的缺陷定位影响并不明显,但异种组织或牌号之间的衰减系数差别较大。为减小定量误差,对比试块应尽量选择与被检工件同工艺制成的坯料加工,若难以采用同料试块,则需要对比二者的衰减系数差异,尤其在检测大厚度工件时,这一要求更加严格。

表 3–5　常用钛合金板材随机取样的测试结果

合金牌号	TA2	TA5	TA22	TA24	TA31
密度/(g/cm^3)	4.50	4.43	4.50	4.53	4.49
纵波声速/(m/s)	5964	6252	6036	6092	6056
衰减系数/(dB/mm)	0.070	0.145	0.074	0.078	0.110

钛合金衰减系数的变化不仅会造成定量误差,而且会降低可检性,在衰减系数较大的大厚度材料中表现更为显著。所谓可检性降低,主要是指声波衰减与杂波造成的检测灵敏度降低的问题,杂波较高时会将参考反射体的信号完全湮没,难以实施检测。钛合金超声检测中的杂波问题比较常见,这也是钛合金与碳钢超声检测的重要差异,关于杂波问题将在 3.2.2 节中重点探讨。

3.2.2　杂波信号特征与处理方法

1. 杂波信号特征

在钛合金超声检测时,检测信号的一个重要特征是检测信号中存在着杂波信号。所谓杂波信号,是指在 A 型显示的超声波脉冲反射法检测中,检测仪屏幕中沿着时基线分布的杂草状或林状信号。超声检测仪屏幕上显示的杂波主要来源于以下 3 个方面。

(1) 来自超声检测仪器和探头本身或周围环境的电噪声。

(2) 超声波在工件入射面上因表面粗糙度引起超声波在界面上漫散射的"界面噪声"。

(3) 被检工件材料显微组织引起的噪声。

在检测仪器、探头和试块一定的条件下,前两种噪声水平相对固定,大多数讨论的杂波水平主要是材料本身引起的。国内外学者对钛合金超声检测杂波问题做了大量研究,普遍认为导致钛合金材料超声杂波水平偏高的原因是多方面的。

在钛合金材料的显微组织中,α 相的形态、β 晶粒尺寸、β 晶界、各相的比例等都会对杂波产生影响[10]。在一般情况下,当超声波的传播方向与 α 相的延伸方向(α 取向)几乎垂直时,杂波水平较高,而两者方向几乎平行时的杂波水平较低,这可以理解为前者有较多散射面的缘故。但是超声波的衰减特性则与之相反,这可以理解为超声波沿拉长晶粒的边界传播时,声能被较多地吸收的缘故。当 α 相被拉长并有集中取向的趋势时,特别是晶界上存在长条状 α 和块状 α,而且晶内 α 集束尺寸也较大(近似并列组织)时,容易造成杂波水平偏高,和正常的等轴组织相比,其室温强度性能和塑性也有所下降。

超声检测仪屏幕上显示的杂波只是散射杂波信号的一部分,还有一部分杂波信号由于方向性原因并未被探头接收。检测大厚度钛合金锻件时,杂波信号通常在检测仪屏幕时基线的前部分较为明显,主要是因为随着超声波声程的增大,受声束扩散且散射方向不规律的影响,杂波信号无法被探头接收。对于实际检测,不能被探头有效接收并在设备屏幕上显示的杂波信号不会直接造成信噪比的降低,但会引起声波的衰减,影响相对较小。

在制定检测工艺时,除需考虑被检材料本身造成的杂波外,工件厚度、工艺参数(如检测频率、探头类型等)也是需要重点关注的影响因素。通常用信噪比表征杂波信号的强弱,图 3-20(a)所示为等径平底孔(ϕ0.8mm)反射信号在不同深度下的信噪比测试结果:检测深度增大时,平底孔信号信噪比总体呈下降趋势,平面探头的信噪比在近场区内会有波动,聚焦探头的信噪比在焦点附近最高,随深度增大迅速减小。图 3-20(b)所示为等深平底孔在不同激励脉冲电压下反射回波的信噪比变化曲线:激励脉冲电压幅值增大时,虽然超声波能量增强,但散射杂波随之增强,信噪比的波动范围很小,无明显变化。

采用常规 A 型超声检测钛合金锻件,将基准灵敏度设置为 ϕ0.8mm 平底孔时,杂波信号随着检测厚度的增大而增大,图 3-21(a)所示为深度 100mm 的平底孔对应的时域信号。时域信号中杂波信号分布较为均匀,呈草丛状,平底孔的信号可识别,但信噪比较低。图 3-21(b)所示为时域信号中的杂波信号与平底孔信号的频谱分析结果,两信号的频谱均集中在探头中心频率(5MHz)附近,杂波信号与平底孔信号在频域上并无明显区别。

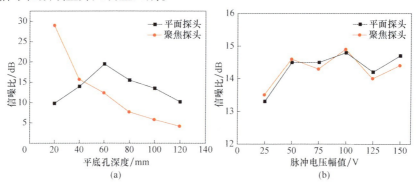

图 3-20 信噪比变化

(a)平底孔深度;(b)脉冲电压幅值。

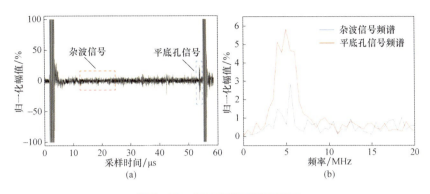

图 3-21 时域信号与频域信号
(a)时域信号;(b)频域信号。

脉冲反射法超声检测利用的是超声波的反射、折射特性,缺陷信号的响应都是线性的,故回波信号在频域上不会发生明显变化。虽然由组织晶粒造成的超声波复杂反射、衍射等杂波信号经过多次叠加才传播到超声换能器,但其与缺陷反射波本质上均属于声波的线性弹性响应信号,不仅在时域上无明显区别,在简单的频域变换中也很难识别差异[11]。杂波信号的上述特征对于钛合金超声检测中的杂波抑制方法提出了更高的要求。

2. 杂波信号处理方法

在检测厚度较小的钛合金工件时,杂波的影响并不明显,但在检测大厚度工件或进行高灵敏度检测时,杂波的影响就不得不考虑。首先,杂波信号带来的问题是信噪比偏低,严重时会造成检测人员无法根据要求设置灵敏度;其次,杂波会掩盖小缺陷信号,降低检测结果的可靠性。检测信号的信噪比越高越有利于缺陷的识别与分析,信噪比较低时散射杂波信号将与缺陷信号叠加,可能掩盖小缺陷信号并增大缺陷定量的不准确性。因此,为实现粗晶钛合金或超大厚度钛合金的超声检测,就需要采取各种方法降低杂波信号的影响。

在当前的钛合金超声检测中,杂波信号的处理方法可分为两类:第一类是通过优化检测工艺直接减少杂波信号的产生或减少探头接收到的杂波信号;第二类是在不改变常用检测工艺的条件下,通过数字信号处理的方法抑制杂波信号。

1)优化检测工艺

优化检测工艺采取的方法主要有降低频率、分区扫查、采用聚焦探头检测等,各种方法的效果和实施难度不同,可根据检测条件选择合适的方法。

(1)降低频率。降低频率是实际检测中最简单、常用的方法,通过降低频率增大波长,减小散射衰减,效果也比较显著。例如,在检测中等厚度以上钛合金锻件时,采用 5MHz 的探头可能无法实施检测,但采用 2.5MHz 的探头信噪比却很高,这就是降低频率的直接效果。虽然降低频率可操作性强,但在实际检测中也不可随意采用较低的频率检测,这是因为频率越低波束的指向性越差,而且缺陷的反射现象越不明显,并不利于检测。因此,在满足信噪比的条件下,尽量选择较高的频率,若选择的频率低于标准推荐的范围,还需要做验证试验。

(2) 分区扫查。分区扫查是指对工件厚度分区,采用不同的检测工艺分别检测不同的厚度区间,根据分区多次扫查完成检测。如在检测超大厚度工件时,采用双晶探头扫查近表面(10mm 内)厚度区间,采用较高的频率(如 5MHz)扫查中等厚度区间,采用较低的频率(如 2.5MHz)扫查较大厚度区间,这样就可以减小盲区和杂波的影响。采用分区扫查时,所分的区间数量并不固定,一般根据实际情况选择,并不是划分的区间越多越好,同时要兼顾检测效率。

(3) 采用聚焦探头。采用聚焦探头不仅能提高信噪比,同时能提高检测灵敏度。常用的检测工艺是水浸超声检测,配合聚焦探头,可选择点聚焦或线聚焦,通过改变水距调节声束在工件中的聚焦深度。由于聚焦探头的有效检测区域在焦点深度附近,因此工件厚度较大时,也需要分区检测,通过调节水距来设置焦点深度,完成对应深度区间的扫查。在检测厚度较大的工件时,为实现更大深度的聚焦就需要采用大焦距的探头。除水浸聚焦外,还可以采用相控阵超声聚焦检测,相控阵超声中有一种较为特殊的同心环式阵列探头,通过精确的延时控制能实现焦点深度的变化,即垂直动态聚焦,基于这一技术,可以在保证检测效率的前提下,实现大厚度钛合金材料的高灵敏度检测。

除上述常用方法外,也可采取优化探头布置,通过空间方向的改变减少杂波信号的接收,如采用小角度倾斜入射可能会比垂直入射的信噪比更高,或采用一发一收的组合模式在检测特殊类型的缺陷时,也有较高的灵敏度和信噪比。有时在检测超大厚度工件时,甚至会采用大功率激励信号(300V 以上的方波信号),提高超声波的穿透能力和检测灵敏度。

2) 数字信号处理

数字信号处理技术是建立在检测信号数字化的基础上的,因此首先需要对超声波信号进行模数转换,同时还要具有存储器、高性能处理器等硬件条件。信号处理可分为实时处理和离线处理,实时处理需要设备具有强大的数据运算能力,能在检测过程中直接显示信号处理后的结果;离线处理则在是在检测完成后对保存的信号的二次分析。从信号处理技术的角度来看,钛合金杂波信号的处理方法与其他粗晶材料(如奥氏体材料)基本一致,常用的方法有信号平均法、数字滤波、频谱分析法、小波分析法、神经网络法等[12]。

(1) 信号平均法。信号平均法是最简单的信号处理方法,在 TOFD 检测中十分常见。该方法是将几个采样信号的平均值作为一个信号值,利用噪声的随机特性,通过叠加取平均的方式减小噪声。信号平均包括空间平均、时间平均、角度平均等,理论上只需适当改变探伤参数,使杂波信号随机变化,而缺陷信号则基本不变,然后将多个信号相加取平均值,即可提高信噪比。

①空间平均是在保持其他条件不变的条件下,移动探头的空间位置(通常为亚毫米级)并取样多组数据,然后以多组数据的平均值作为最终数据。

②时间平均可理解为相同检测位置下,短时间内的分时多组采样数据的平均,有时也会对一组数据采用平滑滤波的处理方法。

③角度平均则是通过改变超声波入射角度获得多组信号取平均,但角度的改变一般都很小。

在此基础上还有加权平均法,此种方法是将各采样值取不同的比例,然后计算其和或平均值以实现信号突出和抑制,但权重因子的确定是又一个难题。

根据随机信号的平均原理,选择参与的采样信号个数越多,去除瞬时干扰信号的效果越好,但也可能会引起信号的失真,因此,平均的次数应结合采样频率和噪声特征选择。除此之外,信号平均后对缺陷的定量准确性有一定影响。信号平均主要用于消除随机电噪声干扰,对散射杂波的抑制作用并不十分明显。但是,由于信号处理难度较小,在很多超声检测设备中集成有该功能,可根据检测条件选用。

(2)数字滤波。数字信号处理系统可轻松实现低通、高通和带通滤波。粗晶对宽带换能器的不同范围频带的衰减是不同的,高频散射较大,噪声更强,在理论上给低通、高通和带通滤波提供了依据。虽然在信号特征分析结果中,杂波信号与平底孔信号的频域信号差别并不大,但实际检测的杂波信号来源更广,杂波信号较高时仍可采用低通、高通或带通滤波进行处理。

(3)频谱分析法。频谱分析的核心是将信号进行傅里叶变换,分析其频率谱或相位。频谱分析的理论依据与低通、高通或带通相同,都是基于散射信号与频率的相关性,分析杂波和缺陷信号的频率谱与相位谱差异。在频谱分析中,使用窄脉冲探头,产生宽频带超声波,经过材料内部的调制,产生丰富的信息。在杂波信号较强时,频谱分析的效果较差,这就需要采用时频分析法。

(4)小波分析法。近些年小波分析法在信号处理中一直得到了广泛应用,不仅用于超声检测,也用于涡流、漏磁、声发射检测。小波分析具有可变的窗函数,特别适合于超声检测中缺陷突变信号的处理。小波分析包括小波变换和小波包变换。小波变换的带宽随着频率变换,分辨率随着信号频谱成分而变化:时频窗口在高频时频率方向上变宽而时间上变窄,低频时相反,同时反映信号的突变和缓变特征,这使小波变换尤其适合于噪声材料评价。小波包技术进一步发展了小波变换,克服了小波变换高频分辨率差的缺点,且在表示信号时频特征时具有自适应的特性,提供了一种更为精细的分析方法。小波降噪的过程分为3个步骤:首先要选择母小波和分解的层数;其次对变换后的小波系数进行非线性处理降噪;最后对处理后的小波系数逆变换,重构信号[13]。

(5)神经网络法。神经网络是模式识别的方法之一,神经网络由许多具有非线性映射能力的神经元组成,神经元之间通过权系数相连接,从而使网络具有较高的容错性和鲁棒性。神经网络技术在超声检测中主要有两个方面的应用:一是对缺陷性质的分类;二是高噪声条件下的缺陷信号识别。目前,有上百个神经网络模型,每一种神经网络都有其基本结构和处理方程。神经网络处理的信号可以是数据,也可以是采集的信号、曲线或图像,为提高运算速度通常不会直接将采集到的信号作为输入端,而是选择对其进一步处理后的特征参数作为输入向量。

3)数字信号处理技术的应用

本部分介绍一种针对大厚度钛合金超声检测中杂波信号处理与缺陷信号识别的案例。核心思想是利用小波分析提取信号段的特征参数作为神经网络的输入向量,通过对杂波信号和缺陷信号样本的训练,以实现杂波干扰下缺陷信号的识别,同时对比几种不同分类算法的识别效果。

特征参数是信号评定的依据,在复杂信号识别中特征参数的选择尤为重要。而在杂波干扰严重的钛合金超声检测信号中,时域中的幅值、波宽等参数已不适用于表征缺陷信息,本案例采用小波分析与能量熵结合的方式提取数据段的特征参数。小波分析的窗函数可变化,具有多分辨率分析的特点,特别适合于弱突变信号的处理,利用该特点对缺陷信号进行分解能获得丰富的缺陷信号细节特征。小波能量熵是在信息熵的基础上演变而来的,在非平稳信号处理中取得了良好的应用效果,常用于描述系统复杂程度或表征突变信号。信号经小波分解后分布于 N 个频带,将各个频带的能量定义为 $E_1, E_2, \cdots, E_N$,且 E 为各频带能量之和,则小波能量熵的计算公式为

$$W_E = -\sum_{i=1}^{N} \frac{E_i}{E} \lg \left(\frac{E_i}{E} \right) \qquad (3-9)$$

在超声检测完整信号段中,很可能存在因缺陷深度较小而产生的多次缺陷反射波,若将整段信号一次性分解,则会增加信号识别的不确定性。缺陷响应的信号长度基本与激励脉冲宽度接近,信号周期数一般为3~5个,探头频率越高缺陷响应信号长度越短。在上述特点的基础上,以响应信号时间长度为参考,设定空间深度定尺区间,采用窗口滑动实现对完整信号的处理,区间长度即为缺陷深度分辨力。选择正交小波基db4对区间信号进行3层小波包分解,并计算第3层8个频带的能量熵,图3-22所示为杂波信号与缺陷信号的各频带能量熵。

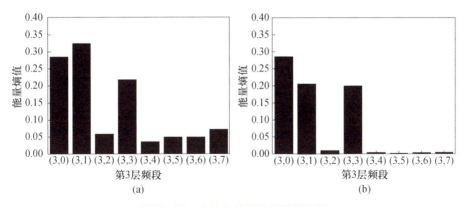

图 3-22 杂波与缺陷信号能量熵值
(a) 杂波信号；(b) 缺陷信号。

虽然计算结果显示杂波信号与缺陷信号的能量熵值主要体现在前 4 个频带，但杂波信号的后 4 个频带中依然有明显的幅度，缺陷信号与杂波信号的各频带能量熵值呈现很大的差异性，不能以某一频带的熵值差异区分杂波信号与缺陷信号。故应选择 8 个频带的能量熵值 $a = \{W_{E_1}, W_{E_2}, W_{E_3}, W_{E_4}, W_{E_5}, W_{E_6}, W_{E_7}, W_{E_8}\}$ 作为信号特征向量，同时结合分类算法识别缺陷信号与杂波信号。

在将分段信号分解为 8 个特征参数的基础上，缺陷的评判已转换为多参数模式识别问题，目前常用的方法主要有支持向量机(support vector machine, SVM)和神经网络。SVM 基于统计学习理论，通过建立一个分类超平面作为决策平面近似实现结构风险最小化，而神经网络采用模拟大脑神经元的方式组成非线性、自适应信息处理系统。SVM 为一个二分类器，利用核函数代替高维空间映射解决非线性问题，理论完善且通用性好，但在多分类和大规模样本训练时尚存在困难。神经网络的神经元之间通过权系数相连接，信息分布式存储于权系数中，具有容错性高、抗干扰能力强的特点。为达到满意的信号处理效果，分别采用 SVM、LVQ 与 BP 神经网络识别信号，对比缺陷识别的准确率。

(1) 建立模型。SVM 的分类原理如图 3-23 所示，分类性能与核函数的选择密切相关，常用的核函数包括线性核函数、d 阶多项式内积核函数、径向基核函数等，目前尚无系统的选择标准，根据经验，选择径向基函数作为核函数。经小波包分解后的频带能量熵值作为样本输入向量，由于能量熵值均分布于 0~1 区间，因此不再对样本数据进行归一化预处理。LVQ 神经网络由输入层、隐含层和输出层组成，输入层与隐含层完全连接，隐含层与输出层则部分连接，网络结构简单，通过计算输入向量与竞争层间距离实现分类。BP 神经网络属于多层前馈神经网络，具有信号前向传递、误差反向传播的特点，如图 3-24 所示，本部分神经网络结构上述 3 种模型均在 Matlab 环境下建立。

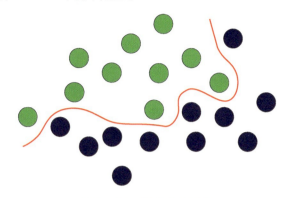

图 3-23　SVM 分类原理

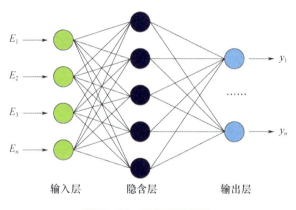

图 3-24　神经网络结构

（2）训练模型。训练数据源于钛合金棒材、锻件与板材的水浸超声检测数据，既包括人工缺陷又含有夹杂、开裂等缺陷。为模拟大厚度检测信噪比低的状态，部分试件试验时采用了较高的频率，信噪比均小于 6dB。试验数据共 120 组，缺陷数据与杂波数据各 60 组，图 3-25 所示为各组数据小波包 3 层分解后的能量熵值。其中，前 60 组为缺陷样本，后 60 组为杂波样本，各频段的杂波与缺陷能量熵值均存在交叉重复情况，无法根据单频段熵值直接区分。将缺陷与杂波数据等分为两部分，其中一部分用于训练模型，另一部分用于测试分类效果。

（3）测试模型。对 LVQ 和 BP 神经网络分别训练 1000 步，其中 LVQ 网络误差收敛速度很快，训练步数达到 27 步后均方误差基本在 0.1 附近波动，而 BP 网络训练步数越多均方误差越小，训练步数达到 62 步时均方误差已达到 0.0001。表 3-6 所列为模型训练后的分类测试结果，各个模型的总体识别准确率均达到了 80%，神经网络分类模型优于 SVM 模型，BP 神经网络的分类准确率最高。

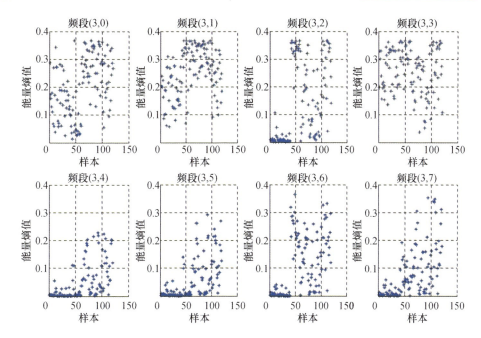

图 3-25 样本数据能量熵值

表 3-6 实测模型分类准确率

模型类型	训练样本数	测试样本数	缺陷识别准确率	杂波识别准确率	总体识别准确率
SVM	60	60	80.0%	83.3%	81.7%
LVQ	60	60	90.0%	90.0%	90.0%
BP	60	60	96.7%	93.3%	95.0%

3 种非线性分类模型均表现出良好的分类效果,对钛合金超声检测低信噪比的缺陷信号的最高识别率达 90% 以上。受训练样本数量的限制,各个模型并未达到最佳的训练效果,在增大样本数量的基础上,分类模型的准确性将进一步提高。虽然能通过优化 SVM 核函数的方式提高其分类准确性,但本试验仅限于缺陷识别的层次,若考虑缺陷定量或定性的多分类模式,则 SVM 就可能不具有明显的优势,在应用中应优先选择 BP 神经网络分类模型。

上述案例为解决钛合金超声检测杂波信号处理提供了参考性方案,但在实际应用中却很难广泛采用,主要原因有 3 点:①采用神经网络处理数据时,对设备的运算能力有较高要求,目前的大多数检测设备并不具备二次开发和高速的数据运算能力;②实际检测时,不同的检测工件和检测工艺又增大了信号本身的复杂程度,故该方法目前通常限定在单一类型产品的检测;③虽然在试验条件下神经网络具有很强的高噪声背景下缺陷信号识别能力,但不同的模型、不同的缺陷、不同的工件条件下的识别效果还需要通过大量的试验验证。

对于钛合金超声检测中的杂波问题,应该辩证地看待,对于常规超声检测,散射杂波是影响检测的重要因素,应采取有效措施降低杂波干扰提高信噪比。但在特殊的检测领域,散射杂波也可作为特殊的评价信号,如在材料性能评价领域,基于杂波信号的评判方法研究已有相关成果[14-15]。

3.2.3 检测灵敏度影响因素

超声检测灵敏度用于衡量检测系统能够发现的最小缺陷的能力,灵敏度越高,所能检测的最小缺陷也就越小。随着材料学的发展和在各领域的探索应用,微小缺陷的检测问题受到越来越多的关注,究竟能够检测出多大尺寸的缺陷是实施超声检测时不得不面对的问题。不同的超声检测方法对应的灵敏度也大不相同,如采用非线性超声技术检测某些构件时能够检测出尺寸微米级的缺陷,而采用常规的超声则很困难。但由于非线性超声目前尚未进入工程化应用阶段,本部分讨论的主要是针对脉冲反射式超声检测的灵敏度。

脉冲反射式超声检测主要基于超声波的反射特性,理论上只要能够接收到缺陷反射波缺陷就能检出。超声波传播过程中,遇到障碍物(缺陷)时声波会发生反射和衍射,在波长固定的条件下,障碍物的尺寸和形态决定了反射与衍射波的强弱。在过去很长的时间里,通常认为超声检测的灵敏度约为 $\lambda/2$,并把这一观点当作超声检测中的重要原则。实际上,把 $\lambda/2$ 当成检测灵敏度并不严谨,甚至在某些条件下是矛盾的,检测人员在实际检测过程中能够轻易地发现比 $\lambda/2$ 更小的缺陷[16]。图 3-26 所示为不同直径平底孔的水浸超声 C 扫描成像,检测频率为 5MHz,当平底孔直径小于 $\lambda/2$ 时,仍有较好的检测效果。

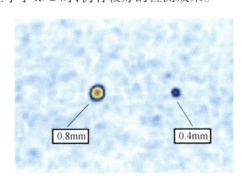

图 3-26 不同直径平底孔的水浸超声 C 扫描成像

图 3-27 所示为采用有限元模拟的微小缺陷的声场响应,在频率为 2.5MHz 的入射波条件下,宽度 0.3mm 的缺陷同样会使声波发生反射和散射,传感器仍然

能够接收到相应信号。实际上，随着缺陷尺寸的减小，其反射或散射现象仍然存在，只是可接收的信号强度在减弱。因此，在国内外不同的著作中也有提出 $\lambda/5$ 或 $\lambda/10$ 为极限检测灵敏度的概念，这也更加贴合应用经验。

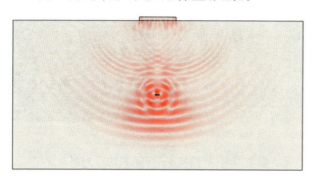

图3-27　微小缺陷的声场响应有限元模拟

超声场中的缺陷响应数学模型较为复杂，不仅与波长有关，且受缺陷自身的形态影响很大。国内外学者提出有多个针对规则反射体的声场计算模型，如针对刚性球形缺陷的模型，散射强度与缺陷尺寸、深度和波长相关，当波长远大于缺陷尺寸时，散射强度与波长的二次方成反比[17]。也就是说，无论波长多大或缺陷多小，缺陷的散射信号是始终存在的，只要散射信号能够被探头接收并被系统提取，缺陷就能被检测到。因此，决定超声检测的灵敏度的关键在于缺陷散射信号是否能够被有效接收和识别。

超声检测过程中经历了复杂的电、声信号转换过程，每个过程都会产生噪声信号，影响缺陷信号的接收与识别。只要缺陷信号未被湮没在噪声信号中，缺陷就能被检出，故超声检测灵敏度的关键影响因素还包括噪声水平。噪声的来源较多，简单可分为检测设备的电子噪声和检测过程中产生的噪声，对于钛合金超声检测，最关键的是检测过程中产生的噪声。检测过程中的噪声通常来源于晶粒散射、表面粗糙散射等，只有控制合理的噪声水平才能获得较高的检测灵敏度。

在3.2.2节中，对于提高钛合金超声检测信噪比的方法进行了系统讨论，其中降低检测频率就是最常采用的方法之一。虽然降低检测频率能提高信噪比，但缺陷的反射、散射信号强度也可能会降低，同时过低的频率也会导致声束扩散角增大，降低横向分辨力，故在选择频率时要综合考虑。图3-28所示为分别采用5MHz和10MHz的探头对直径1.2mm平底孔的水浸超声C扫描结果。频率过高会导致背景噪声的增大，而频率过低会导致平底孔反射信号过弱，通常在信噪比满足检测要求的条件下，适当选择较高的频率。

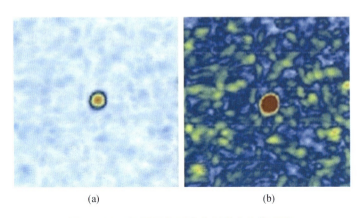

(a)　　　　　　　　　　　(b)

图 3-28　不同频率下平底孔的 C 扫描成像
(a)5MHz;(b)10MHz。

因此,决定超声检测灵敏度的关键因素是信噪比,而信噪比又与检测仪器和探头的性能、工件状态、工件厚度等密切相关。对于钛合金材料,超声检测的噪声信号多源于晶粒散射,故工件显微组织和规格的差异都可能造成检测灵敏度的差异。如双态组织的钛合金材料较容易实现高灵敏度检测,而网篮和魏氏组织就较为困难,工件厚度较大时也很难实现高灵敏度检测,尤其在检测大厚板焊接接头时尤为显著。

实际检测时,超声检测的灵敏度主要通过对比试块设置。如在检测钛合金锻件时,以直径 0.8mm 的平底孔作为基准,就需要选择合适的工艺参数使得不同深度的平底孔信号清晰可辨(信噪比达到 6dB)。在检测焊接接头时,在能够识别横孔信号的基础上还需要保证信噪比能达到 12dB 或 18dB,否则评定线或定量线就会被杂波覆盖,无法检测小缺陷。

3.3　钛合金原材料超声检测

钛合金原材料主要包括板材、棒材、管材和锻件,是制造钛合金零部件和装备的重要基础材料。原材料质量的好坏直接决定最终制品的性能,因此在原材料生产过程中或使用前需采用合适的方法实施检测,保证质量。原材料规格多、数量大,要有较高的检测灵活性和检测效率,超声检测就是其中最常用的检测方法之一。

3.3.1　板材超声检测

钛合金板材是由板坯轧制而成的,分为热轧和冷轧。当板坯自身存在缺陷或轧制工艺不当时就会产生缺陷,常见缺陷有分层、夹杂、夹皮、裂纹等。分层和夹杂缺陷位于板材内部,是超声检测主要探测的缺陷,夹皮和裂纹常见于板材表面,可通过目视或渗透检测法检测。

根据板材厚度的不同和超声检测技术特点,通常将板材分为薄板($\delta<6$mm)、中厚板(6mm$\leqslant\delta<40$mm)和厚板($\delta\geqslant40$mm)。不同厚度的板材要采用不同的超声检测方法,见表3-7。一般情况下,对于中厚板和厚板的超声检测以纵波垂直入射法检测为主,必要时还可采用斜射横波补充检测垂直于表面的缺陷,对于薄板则采用板波法检测。

表3-7 钛合金板材常用检测方法

板材规格	主要检测方法	辅助检测方法	耦合方式
薄板($\delta<6$mm)	板波法	纵波直射法	直接接触法、水浸法
中厚板(6mm$\leqslant\delta<40$mm)	纵波直射法	横波斜射法	直接接触法、水浸法、喷水法
厚板($\delta\geqslant40$mm)	纵波直射法	横波斜射法	直接接触法、水浸法、喷水法

1. 纵波直射法检测

纵波直射法主要用于中厚板和厚板的检测,适用于检测分层和夹杂。根据检测条件,可采用接触法、水浸法和喷水法多种耦合方式;按照探头形式,分为单晶探头检测、双晶探头检测和水浸聚焦探头检测。

纵波直射法检测首先需要考虑上表面盲区问题。不同的检测设备、探头和检测方法,其对应的盲区是不同的,盲区较大时甚至能达10mm以上,导致板材的有效检测厚度大幅降低。图3-29所示为接触法单晶探头的反射波形,频率越低,始波占宽越宽,盲区越大。钛合金板材超声检测最常采用的探头频率为2~5MHz,在检测薄板和中厚板时,必须考虑盲区的影响。解决超声检测盲区问题,目前普遍采用双晶探头法,条件允许时也可采用水浸超声检测。

由于双晶探头采用一发一收的晶片形式,始波脉冲不会进入放大器,能克服阻塞现象,盲区大大减小。同时,发射晶片与楔块之间的反射杂波也不会被接收晶片接收,消除了杂波。图3-30(a)所示为双晶直探头的结构示意图,在两晶片交会的菱形区($abcd$)内检测灵敏度最高,菱形区的中心F就是双晶探头的焦点。通过调节两晶片间夹角和晶片尺寸可改变焦点深度和菱形面积,通常要根据板材厚度选择相适应的焦距。图3-30(b)所示为双晶直探头检测厚度为2mm板材的反射波形,底波可见,最小盲区可达2mm以下。

双晶探头的菱形区是有限的,故每个探头的有效检测厚度范围也是有限的,通常用于薄板和中厚板的检测,或用于厚板的近表面补充检测。

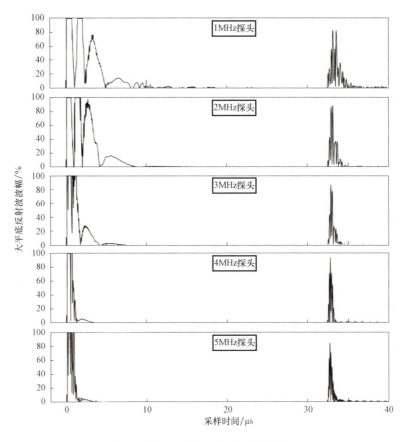

图 3-29 接触法单晶探头反射波形

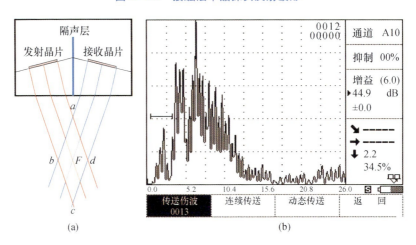

图 3-30 双晶探头结构及薄板反射波
(a) 双晶直探头的结构示意图；(b) 2mm 薄板的双晶探头反射波。

水浸法检测时,检测盲区主要是水与板材界面反射信号占据的宽度,由于界面回波相比发射脉冲波的幅值较小,脉冲宽度也相应减小,盲区并不大。图3-31所示为水浸超声检测盲区示意图,频率越高,盲区越小。水浸超声采用15MHz以上的检测频率时,盲区可限制在1mm以下,故钛合金薄板也可采用水浸纵波直射法检测,但对水浸设备的带宽性能要求较高。

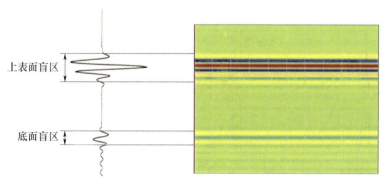

图3-31　水浸超声检测盲区示意图

板材纵波直射法检测通常采用《钛及钛合金加工产品超声检验方法》(GB/T 5193—2020),以平底孔作为参考反射体,制作DAC或TCG曲线设置检测灵敏度。扫查和质量评定都比较严格,几乎不采用栅格扫查,基本都要求采用全面扫查,保证对板材的全覆盖,结果评定以反射波幅为准,一般不测算缺陷面积,波幅超过基准线时就判定为不合格。

2. 横波斜射法检测

横波斜射法通常作为补充检测方法,并不是标准要求的强制方法,主要用于检测非分层类缺陷。横波斜射法一般采用接触法耦合,并选择折射角为45°的探头,探头频率为2~5MHz。

横波斜射法检测时,以角度60°的V形槽或矩形槽作为参考反射体,槽的深度和长度要根据技术要求设定(如板厚的5%,最大不超过3mm,长度25mm)。当板材的厚度较大时,可采用一次波和二次波检测,板材厚度较小时,就需要采用二次波、三次波检测。设置检测灵敏度时,通过移动探头的位置,利用多次波获取多个声程不同的V形槽或矩形槽反射波,制作距离-波幅曲线,如图3-32所示。

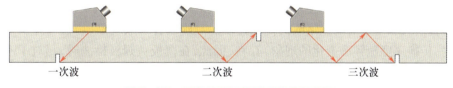

图3-32　多次反射法设置灵敏度示意图

由于缺陷的取向是随机的,扫查时应在板材的4个方向分别进行全面扫查,以免漏检。缺陷的评定以波幅为准,高于距离-波幅曲线的信号均判定为不合格,必要时也可测量缺陷指示长度。

横波斜射法能用于检测表面裂纹,图3-33所示为钛合金板材表面裂纹在一次波、二次波条件下的缺陷信号。实际检测过程中,若发现缺陷位于板材表面且有一定长度时,无论波幅高低,都应采用目视或渗透检测进一步确认。

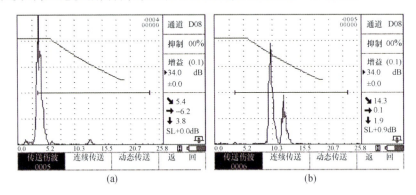

图3-33 钛合金板材表面裂纹信号
(a) 一次波检测;(b) 二次波检测。

3. 板波法检测

板波法用于薄板的检测,与水浸直射法相比,可操作性更强,是当前钛合金薄板最重要的检测方法。由于板波的特性,其对于夹杂、表面裂纹等缺陷有较高的检出率,也能用来检测分层,但检出率受分层面积、贴合程度的影响较大。

检测板材用的板波特指在板中传播的兰姆波。按照声学经典理论,兰姆波是一种在厚度与波长相当的无限大平板内,平板上下具有自由界面的条件下,由纵波与横波叠加干涉形成的制导波。兰姆波的质点振动模式不同,根据在兰姆波作用下板的振动特点,分为对称型兰姆波(S)和非对称型兰姆波(A)。对称型兰姆波的特点是薄板中心质点作纵向振动,上、下质点作椭圆运动,振动相位相反并对称于中心。非对称型兰姆波的特点是薄板中心质点作横向振动,上、下表面质点作椭圆运动,相位相同但不对称[18]。

兰姆波声速分为相速度和群速度:相速度是振动相位传播的速度,是对单一频率连续谱振波定义的传播速度;群速度是指多个相差不多的频率的波在同一介质中传播时互相合成后的包络线的传播速度。兰姆波有频散现象(声波在介质中传播时,传播速度随频率变化的现象)存在,因此,在薄板兰姆波检测时,相对于不同的板厚、频率和入射角,将有不同的相速度,而群速度随频率与板厚的乘积而变化,是兰姆波在板材中的能量传播速度。兰姆波的波速与频率f、板厚d的关系由频率方程描述,但兰姆波的相速度c_p、群速度c_g求解计算困难,图3-34给出了TC4合金的相速度、群速度与频率、板厚的关系曲线,应用时可直接查图选择。图3-34中的S_0、S_1、S_2、S_3、S_4表示不同类型的对称型兰姆波,A_0、A_1、A_2、A_3、A_4表示不同类型的非对称型兰姆波。

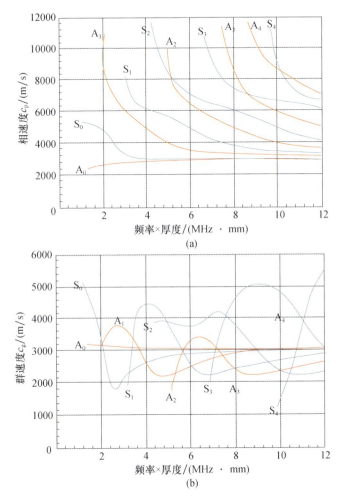

图3-34 TC4合金兰姆波波速曲线图
(a)相速度;(b)群速度。

不同模式的兰姆波的质点振动和能量分布是不同的,检测的效果也略有差异,在《金属板材超声板波探伤方法》(GB/T 8651—2015)标准中并未限制具体的模式,但必须保证供需双方检测灵敏度的一致性。兰姆波的产生和模式的选择是通过改变探头的入射角实现的。为了获得比较强的板波,就希望板材的纵波与横波在板内充分叠加干涉以激励起"全板振动"。因此,板波检测时就要求设备的发射功率大和脉冲持续长,探头的晶片一般为矩形且边长至少为板厚的 7~10 倍。实际检测采用的兰姆波探头分为固定角度探头和可变角度探头。采用固定角度探头时,需要验证该角度和板厚下对应的兰姆波模式是否满足检测要求,而采用可变角度探头时则根据缺陷检测要求通过计算和查询频散曲线确定最佳入射角。

板波检测的一般程序分为 5 步。

第 1 步:选择兰姆波的模式。一般根据缺陷的特征、板材厚度和探头条件选择,如果需要探测的范围大,就选取以纵波成分为主的板波波型。

第 2 步:选择对比试块。板波检测的对比试块中通常加工刻槽或通孔作为参考反射体,具体应以检测标准为准。

第 3 步:设置检测灵敏度。在对比试块上保证声束垂直于参考反射体,调节设备,设置检测灵敏度。

第 4 步:扫查检测。扫查时应使声束传播方向与板材轧制方向垂直,并且注意扫查过程中的声束覆盖,不能漏检。应当注意的是,板波检测时,扫查面上的耦合剂可能会产生干扰,有时需要及时去除探头移开位置的耦合剂。

第 5 步:结果评定。出现异常显示时,根据标准测量其指示长度并评定。缺陷的定位需要依赖油滴法或指蘸确定,必要时可采用测厚仪定位。

图 3-35 所示为钛合金薄板超声板波法检测。与纵波直射法相比,板波检测的覆盖范围更大,检测效率更高,最大检测厚度能达到被检板材表面波长的 5 倍。但是板波检测同样存在盲区,扫查时要注意覆盖盲区以免漏检。

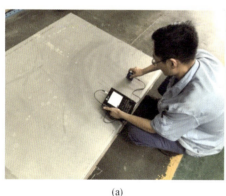
(a)

(b)

图 3-35 钛合金薄板超声板波法检测

(a)厚度为 4mm 的板材;(b)厚度为 6mm 的板材。

4. 复合板的检测

复合板由基材和覆材组成,钛合金通常作为覆材,增强耐腐蚀性;基材常采用碳钢、不锈钢、铜合金等。复合板一般采用轧制、爆炸或堆焊等方法制造,其最常见的缺陷是脱层,又称为复合不良。

1)检测方法

复合板的缺陷性质较为单一,且缺陷的深度也是固定的,检测难度相对较低。钛合金板材检测采用的方法和工艺参数对于复合板是适用的。复合板检测的扫查面可根据检测条件选择从基材侧或覆材侧。钛合金覆材的厚度一般只有几毫米,因此,从覆材侧扫查时,应采用双晶探头,避免复合界面处于盲区内,而从基材侧扫查时,则可根据基材的厚度选择单晶或双晶探头。

2)灵敏度设置和缺陷识别

复合板的检测灵敏度设置方法为:将探头放置在复合板完全结合部位,调节第一次底面回波高度为显示屏满刻度的80%,以此作为基准灵敏度。

由于钛合金与钢、铜等存在声阻抗差异,因此即使在复合板完全结合的条件下仍然存在界面波。也就是说,界面波的存在与否并不能作为缺陷评判的依据,但界面波的波幅变化则是重要参考。有时也会采用试块对比的方法判定缺陷,试块中加工有去掉基材或母材部分的刻槽,如图3-36所示,通过对比工件与试块的反射波宽度、高度和底波变化来判断是否存在缺陷。这种方法的评判依据更加明确,应用较多。

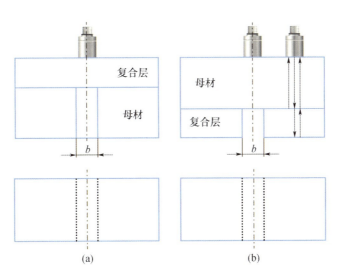

图3-36 复合板检测用对比试块

(a)刻槽处检测;(b)完好处检测。

在复合良好的条件下,钛合金与其他金属的界面声压反射率是固定的,界面回波的高度也是固定的,在耦合状态和材料均匀性较为理想的条件下,界面波的高度变化是可作为缺陷评判的依据的。实际上,复合板的界面声压透射率和反射率是可以计算的,即界面波和底面波在理论上存在一个固定差值。当实测的固定差值发生变化时,即可认为结合不良,这也可作为缺陷评判的辅助手段。为便于操作,通常设置一个评定原则,如界面波的高度突然增大,且底波由显示屏满刻度的80%降低到5%以下时就认为是结合不良。

3)结果评定

复合板缺陷应测量长度和面积。表3-8所示为《承压设备无损检测 第3部分:超声检测》(NB/T 47013.3—2015)标准规定的质量分级。标准要求以底波高度达到显示屏满刻度40%作为边界点,通过缺陷的指示长度与宽度计算缺陷面积。多个缺陷时,应计算总面积,且最小间距小于20mm的缺陷应按单个缺陷处理。

表3-8 复合板超声检测质量分级

等级	单个缺陷指示长度/mm	单个缺陷面积/cm²	未结合率/%
Ⅰ	0	0	0
Ⅱ	≤50	≤20	≤2
Ⅲ	≤75	≤45	≤5
Ⅳ	大于Ⅲ级者		

3.3.2 棒材超声检测

钛合金棒材通常采用轧制、挤压、锻造、拉拔工艺制造,当坯料本身存在缺陷或制造工艺存在问题时就会产生缺陷,常见的缺陷有夹杂、裂纹、折叠等。

由于棒材为圆形截面结构,超声波检测时声波传播路径较平面结构有所不同,全面地了解圆形截面中的声场分布特点,对缺陷的识别和评定有重要意义。

1. 棒材中的声场分布特点

棒材的超声检测以水浸超声为例,如图3-37所示,将其分为4个过程。

过程1:超声波穿过水层在圆柱上端发生反射和透射,反射波返回,透射波进入圆柱内。

过程2:透射波在圆柱内传播,传播到圆柱下端时再次发生反射和透射,反射波返回,透射波进入水中;

过程3:圆柱下端反射波在圆柱上端再次发生反射和透射,透射波进入水层中,反射波又返回圆柱中;

过程4:过程3进入水层中的透射波被探头接收并显示在仪器屏幕上。

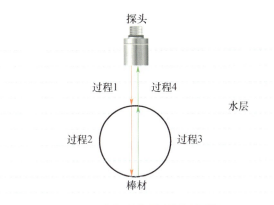

图 3-37　超声波传播过程示意图

上述过程就涉及曲界面上的超声波透射和反射问题,由于声束具有一定的宽度,超声波透射的同时还存在折射[19]。与平界面相比,曲界面会导致声波的聚焦或发散。对于反射波,如图 3-38 所示,凹曲面的反射波聚焦,凸曲面的反射波发散。

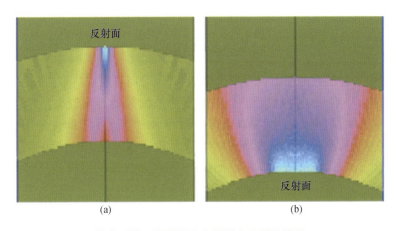

图 3-38　球面波在曲界面上的反射模拟
(a)凹曲面聚焦;(b)凸曲面发散。

在过程 1 中,圆柱上端面为凸面,声束在水/棒界面反射时会发散,因此,与平面相比,棒材水浸超声检测的界面波波幅相对较低。过程 2 和过程 3 中的反射都属于凹面反射,声束会在特定位置聚焦,这在实际检测过程中是不利的。过程 2 中柱面底端的反射波会在特定位置聚焦,如图 3-39 所示,聚焦位置的声压很大。如果在聚焦处存在较小的缺陷,那么经底面反射至缺陷,再从缺陷反射至底面,最后由底面反射回探头,形成路径似"W"的反射称为 W 反射。W 反射时,设备屏幕上同时出现两个缺陷波,一前一后,一高一低,前者位于底波 B1 之前,高度较低,为缺陷直接反射。后者位于 B1 之后,高度较高,为 W 反射。检测时应根据前者来对缺陷进行定位和定量。实际上过程 3 中的反射同样会聚焦,但是由于传播的时间较长,在检测时已无太大意义,这里不做讨论。

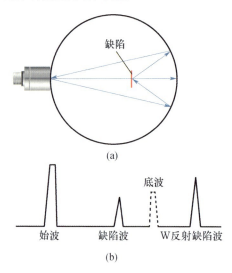

图 3-39　W 反射示意图

(a)声波路径;(b)显示信号。

同样地,折射波在曲面上也会发生聚焦和发散,而且声束的聚焦和发散与两个介质的声速大小有关。棒材检测过程中,受声波发散的影响较大,如图 3-40 所示。在过程 1 中,超声波在水/棒界面折射,由于水的声速小于钛合金,因此声波就会发散,这对于检测是不利的,会降低检测灵敏度。在过程 3 中,超声波在棒/水界面折射也会发散,这就又造成了声波的损失,不利于探头的接收,同样会降低检测灵敏度。

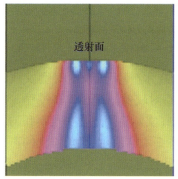
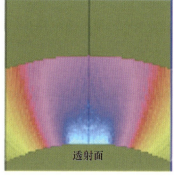

图 3-40　曲面折射声束发散模拟

棒材超声检测时,由于探头平面与柱面接触的面积小,波束的扩散角更大,这样的扩散波束会在某些特定角度下形成三角反射路径,从而在设备屏幕上出现多个反射回波,称为三角反射波或三角迟到波。

三角迟到波有两种:一种不发生波型转换（L－L－L）,全为纵波传播;另一种则发生波型转换（L－S－L）,三角形路径的底边为横波传播。如图3－41所示,可根据公式计算迟到时间,在钛合金棒材中两个迟到波的声程分别为1.3D和1.72D。三角迟到波在显示屏上的位置是固定的,检测时很容易发现和区分三角波。

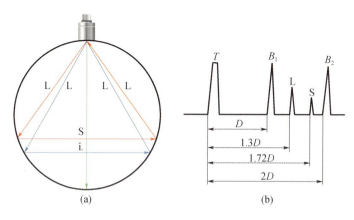

图3－41　三角迟到波

(a)声波路径；(b)显示信号。

图3－42所示为棒材的超声光弹试验快照。其中的"透射波"就是入射到棒材中的超声波,能清晰地观察到经棒材底部凹面反射后的声波聚焦现象。"反射回波1"就是经棒材底面直接反射后的回波,"反射回波1"在到达棒材上端面时不仅会透射到水层中被探头接收,同时会再次反射,即"反射回波2"。与此同时,随着观测时间的延长,棒材中的声场分布变得较为复杂,已很难利用时间关系分析回波对应关系,因此,在评判缺陷时应多关注底波之前的缺陷信号,尽量避免采用底面回波后的缺陷信号。

上述对于棒材的声场分布特点的分析都是基于径向直射的条件,而实际应用中,这也是棒材超声检测中普遍采用的方法,特殊要求时也会采用横波斜入射检测。

2. 棒材超声检测程序

1）检测方法的选择

根据棒材规格、数量和检测条件,选择接触法或水浸法检测。

2）关键参数的选择与仪器设置

根据检测方法,选择合适的频率、晶片直径的探头,频率的选择与板材的要求

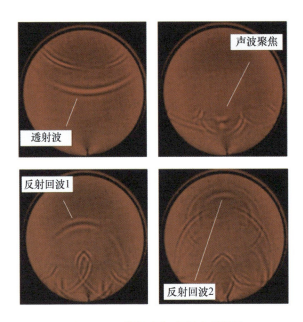

图3-42 棒材超声光弹试验快照

一致,直径的选择要适应棒材的曲率,保证良好的耦合。采用接触法检测时,利用棒材本身或已知声速定标,设置声程显示范围。采用水浸法检测时,通常利用已知声速定标,根据棒材直径或聚焦探头焦距设置合适的水距,调整闸门范围。

3) 灵敏度的设置

采用对比试块设置灵敏度。对比试块如图3-43所示,以平底孔作为参考反射体,平底孔的直径根据选择的级别而定(直径0.8mm、1.2mm、2.0mm或3.2mm)。

对比试块的声学性能应与被检棒材相同或相近,最好直接取自被检棒材,以保证有相同的材料成分、冶金状态、表面状态。对比试块的曲率与被检工件应保证在15%左右的变化范围内,越接近则误差越小。平底孔的孔径误差不大于±0.05mm,同时要保证孔轴线与棒材的直径线重合且平底孔底面与直径线垂直,孔内应采用阻声材料封堵。平底孔的数量和深度可根据棒材规格和需求调整,但不能少于3个,应最大限度地保证对整个直径范围的深度覆盖。

利用不同深度的平底孔制作距离-波幅曲线作为基准灵敏度。寻找平底孔最大回波时,应保证耦合状态良好,直径较小的棒材接触法检测时宜采用机油、糨糊等较为黏稠的耦合剂。

4) 扫查和评定

棒材检测在扫查过程中应注意保证声轴线通过圆心,扫查间距不能大于有效

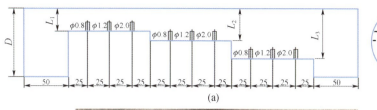

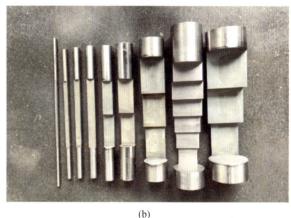

图3-43 钛合金棒材对比试块
（a）对比试块结构示意图；（b）对比试块实物。

声束的1/2，并应注意全周面360°扫查以保证发现各种取向的缺陷。常用的扫查方法包括周向步进+轴向扫查法、轴向步进+周向扫查法、螺旋扫查法。

缺陷的评定主要根据缺陷回波的波幅，超出评定基准的缺陷即为不合格。发现不合格缺陷时应记录缺陷的位置、深度，有长度时以超出距离-波幅曲线点为界测量缺陷指示长度。

3. 接触法检测

接触法检测是钛合金棒材检测中应用较多的方法，一般用于直径40mm以上棒材的检测，分为纵波直射法检测和横波斜射法检测。接触法检测同样要考虑检测盲区问题，在检测直径较小的棒材时，也要采用双晶探头。

1）纵波直射法检测

采用纵波直射法检测时，按照棒材检测的一般程序操作即可，但应注意的是应根据棒材直径选择合适规格的探头。平面探头与棒材接触时，有效接触实际为线接触，线宽与曲率有关，对耦合状态有重要影响。有效接触面积越大，则换能器激发的超声波传播到棒材的越多，损失越小，越有利于检测。虽然探头的面积越大线接触长度也越大，但探头面积过大时，探头两侧处于悬空状态，扫查过程中极易来回晃动影响检测效果。除此之外，探头与棒材的未有效接触位置还容易激发出表面波从而产生虚假信号,虚假信号会伴随扫查的晃动过程随机出现,容易被误判为缺陷信号。因此,采用接触法检测时,宜选择直径相对较小的探头以保证良好的接触稳定性。

接触法检测通常采用周向步进 + 轴向扫查法,这就要求检测人员沿着棒材长度方向进行多次扫查。但在实际检测时,尤其在检测大直径棒材时,需要反复扫查 10 次以上,周向转角的精度和操作的复杂性都会影响声束的全面覆盖,可能会影响非芯部缺陷的检出率,这是检测人员需要关注的问题。

2) 横波斜射法检测

为了检测棒材表面和近表面缺陷(如折叠、径向裂纹等),并对纵波垂直入射盲区进行补充,就会采用横波斜射法检测。横波斜射法检测示意图如图 3 - 44 所示,分为周向扫查和轴向扫查,其中周向扫查最常见,存在横向裂纹时可采用轴向扫查。周向扫查时,最大覆盖深度 δ 与入射角 α、棒材直径 D 有关,可用下式计算:

$$\delta = D(1 - \sin\alpha)/2 \qquad (3 - 10)$$

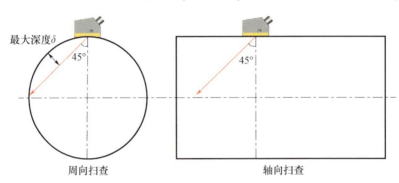

图 3 - 44 横波斜射法检测示意图

虽然入射角度越小,覆盖深度越大,但入射角度过小时并不利于缺陷的检出。根据经验,通常选择 45° 入射角,此时能获得较高的检测灵敏度,而且最大覆盖深度能满足近表面补充检测的要求。

横波斜探头的长度一般远大于宽度,因此,周向扫查时的耦合难度要远大于轴向扫查,这就对探头提出了要求。无论是从探头尺寸还是近场长度考虑,都应该选择晶片尺寸较小的探头。为了扩大接触面积并使耦合状态保持稳定,在检测直径较小规格的棒材时,通常需要采用定制曲率匹配的专用探头。

采用横波斜射法检测时,灵敏度的设置需要采用特殊的试块,人工反射体一般采用表面 V 形、U 形或矩形槽,有时也可采用不同深度的长横孔。对比试块应与被检棒材有相同的曲率和相同的声学性能。

轴向扫查时,缺陷的定位与平面横波斜探头检测的定位方法一致。周向扫查时缺陷的定位就要复杂得多,在保证声速和延迟设置准确的条件下,在检测时需要根据缺陷波的声程利用几何关系计算缺陷的径向埋藏深度和在圆弧面投影点到探头入射点的弧长位置。

4. 水浸法检测

水浸法检测一般在专用的水浸超声检测设备中进行,采用较多的是全浸入式耦合,也有采用局部水浸的耦合方式。图3-45所示为全浸入式水浸超声检测滚轮结构,滚轮结构采用分组设计或可调间距式设计,能适应不同直径的棒材,最小可满足直径6mm棒材的检测,最大扫查长度取决于水槽长度和滚轮架长度。

图3-45 水浸超声设备滚轮结构

水浸法检测的扫查全部是自动化扫查,图3-46所示为水浸设备的软件机械控制界面,根据棒材的规格设置扫查计划。采用机械扫查比较容易进行栅格扫查、切片扫查和螺旋扫查,如图3-47所示,各种扫查都能实现对整根棒材的声束覆盖,而且机械扫查的精度远高于人工扫查,这是采用水浸法检测的一大优点。

图3-46 软件机械控制界面

1) 垂直入射纵波检测

水浸超声检测既可采用平面探头,也可采用聚焦探头。采用平面探头时,声波通过水层进入棒材凸曲面时的发散会造成大量声能损失,故一般均采用聚焦探头[20]。聚焦探头分为点聚焦和线聚焦,点聚焦和线聚焦探头的聚焦透镜形状不同,点聚焦的声压集中在一个点上,线聚焦的声压集中在一条线上。在相同的条件下,线聚焦的有效检测区域大于点聚焦,能大幅提高检测效率。

采用聚焦探头的一个关键问题是,焦点附近的声压远大于其他部位的声压,这可能导致非聚焦区域的检测灵敏度的不足。图 3-48 所示为平面探头和聚焦探头的声场分布仿真,与平面探头相比,聚焦探头在聚焦点外的声压明显降低且有发散现象。因此,采用聚焦探头时,如何选择焦点位置是水浸超声检测中不容忽视的问题。

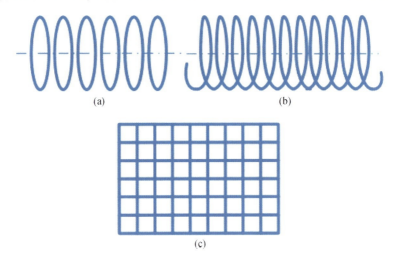

图 3-47 几种典型扫查路径示意图

(a)切片扫查;(b)螺旋扫查;(c)栅格扫查。

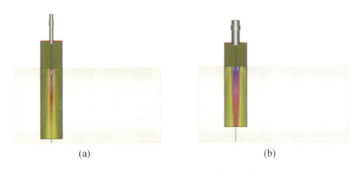

图 3-48 水浸超声探头声场仿真

(a)聚焦探头;(b)平面探头。

对于棒材,聚焦焦点的位置可分为 3 处:棒材的上部、棒材的圆心和棒材的下部,如图 3-49 所示。当焦点位于棒材的上部时,声束进入棒材后会先聚焦后发散,使声场分布不均匀,恶化声场的距离-波幅特性,不利于缺陷的定量评定。当焦点位于棒材圆心时,声束进入棒材后没有发散而汇聚在圆心处,对中心缺陷的检测效果最好。当焦点位于棒材下部时,声束进入棒材后有适当发散,能保证有一定的覆盖区域,有利于探测各种可能取向和不同埋藏深度的缺陷。因此,焦点位于圆心或下部是较好的选择。

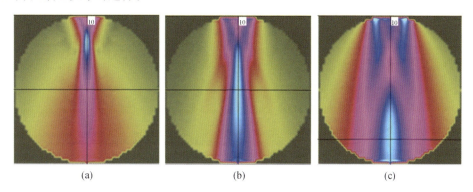

图 3-49　水浸聚焦焦点位置仿真
(a)焦点位于棒材上部;(b)焦点位于棒材圆点;(c)焦点位于棒材下部。

2)斜入射横波检测

水浸超声的斜入射横波检测并不需要更换探头,只是需要与棒材表面呈一定的角度入射即能产生折射横波。如图 3-50 所示,折射角的控制可通过调整声轴线与通过棒材圆心的声轴线之间的距离(偏心距)来实现。横波检测时的焦点位置设置有两种情况:第一种情况是,在调整偏心距之前,应在垂直入射的条件下将焦距调整到圆心位置;第二种情况是,调整偏向后再调整水距,将焦点设置在入射点位置,棒材直径较小时可采用这种方式。

偏心距 x 的计算公式为

$$x = R(c_水/c_S)\sin\beta \qquad (3-11)$$

式中:R 为棒材半径;$c_水$ 为水中声速;c_S 为棒材中的横波速度;β 为折射角。

水浸超声检测时要注意棒材的直线度,尤其在检测长度 3~6m 的棒材时,若棒材的直线度不好,则棒材转动时,探头与棒材的位置就会发生偏移,极易造成缺陷漏检。因此,水浸超声检测前,可驱动探头沿着棒长度方向试扫查一遍,若界面波幅值或位置发生大幅变化,则很可能是直线度差的原因。直线度较差的棒材可采用接触法检测,或在校直后检测。

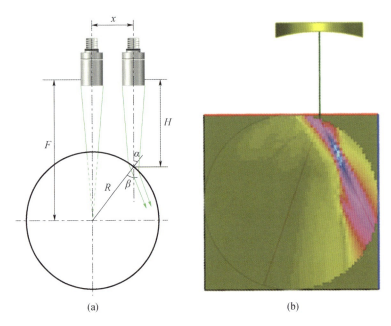

图 3-50 纵波偏心入射
(a)斜入射调节示意图;(b)斜入射声场分布模拟。

3.3.3 管材超声检测

根据加工方法的不同,管材分为有缝管和无缝管,本节叙述的检测方法是针对管体母材的检测,有缝管的焊接接头需要按焊缝的要求检测。有缝管是用板材或带材卷制焊接而成的管材,当板材本身存在缺陷或卷制工艺不当时就会开裂。无缝管一般从铸锭开始,经锻造、轧制、拉拔、挤压等多种工序制成,在成形过程中铸锭自身的缺陷会成为分层状缺陷,成形工艺不当时,也会产生管壁裂纹、折叠、划伤缺陷。这些缺陷的取向往往沿管材轴向延伸,特别是裂纹在管材横截面上呈径向扩展,是非常危险的缺陷。图 3-51 所示为钛合金管材中常见类型的缺陷[21]。

管材的超声检测主要采用横波斜射法,管壁较厚时,也可采用纵波直射法检测,根据耦合方式,又分为接触法和水浸法。

1. 横波检测的基本条件

横波检测是钛合金管材检测中应用最多的方法,检测时,通常沿着圆周方向扫查;有要求时,也可做轴向扫查。与 3.3.2 节中棒材的横波检测相同,采用横波检测时,最大覆盖深度与入射角有关,管材检测必须保证声束能够到达管材内壁。入射角越小,覆盖深度越大,当管材的壁厚较大时,为了保证折射横波能够到达内壁,就会减小入射角,但当入射角小于第一临界角时,折射波中就会出现纵波,这就破坏了纯横波检测的基本条件,故需要重点讨论横波检测的条件。

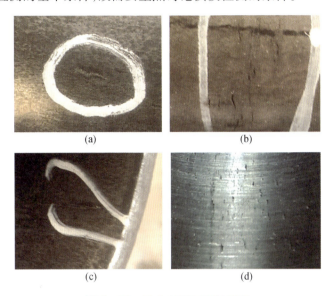

图 3-51　钛合金管材常见缺陷
(a)外壁纵向凹坑;(b)外部横向裂纹;(c)内部纵向裂纹;(d)内部纵向折叠。

图 3-52 所示为波束到达内壁的临界状态,即波束轴线与内壁相切,其中 D 为管的直径,t 为壁厚。为保证管材中的波束为纯横波,且能够到达内壁,必须满足下式:

$$\frac{t}{D} < \frac{1}{2}\left(1 - \frac{c_{S2}}{c_{L2}}\right) \tag{3-12}$$

式中:c_{S2} 为管材横波声速;c_{L2} 为管材纵波声速。

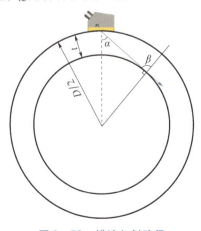

图 3-52　横波入射路径

对于钛合金管材,理论计算出的 t/D 的值应小于 0.244,相关的管材检测标准中,通常以厚度与外径之比是否小于 0.2 作为横波可检与否的判据,小于 0.2 就认为可以检测,并称这样的管为薄壁管。

需要注意的是,上述结果是以折射横波声轴线扫查到管材内壁面为依据得出的结论,事实上由于声束有一定的宽度,当折射横波声轴线稍偏离管材内壁面时,在一定程度上仍能探测到管材内壁面上的缺陷,但检测灵敏度会降低。

2. 对比试样

钛合金管材超声检测对比试样以内、外壁刻槽作为参考反射体,刻槽的横截面形状分为 U 形、矩形或 V 形,通常采用电火花制作。对比试样如图 3-53 所示,根据质量要求设定槽深 h 和槽宽 l,刻槽位于管材端头,这种形式的对比试样多用于接触法检测。受加工条件限制,小直径管难以在距管端较远的位置加工,因此,水浸超声检测用试样,刻槽的加工位置应尽量加工在距管端较远的位置,甚至需要通过焊接或其他方式将样管接长,以满足水浸设备的检测要求。

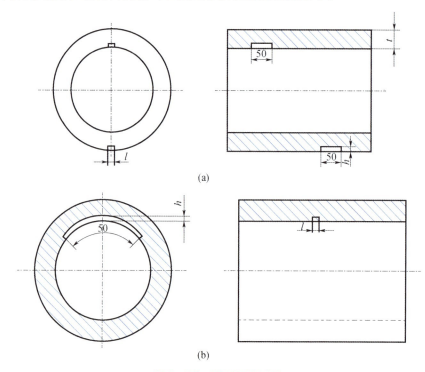

图 3-53 管材对比试样
(a) 纵向槽;(b) 横向槽。

对比试样应选取与被检管材规格、材质、制造工艺和表面状况相同的管材制备,最好选择同批次管制备。对比试样中不应有影响灵敏度设置的缺陷存在,刻槽的深度偏差不大于±0.02mm。根据质量等级的不同,槽的深度也不相同,表 3–9 所列为钛合金管材的质量分级,该分级方法是参考 API、ISO 等钢制管材超声检测相关标准制定的,可供参考。

表 3–9　参考反射体尺寸

级别	深度			长度/mm	宽度/mm
	$h/t/\%$	最小深度/mm	允许偏差		
L1	5	0.2	15%	50	不大于深度的 2 倍,最大 1mm
L2	10	0.3			
L3	12.5	0.3			

注:参考反射体最大深度为 3.0

3. 小直径薄壁管检测

从超声检测的角度,通常将外径不大于 100mm 的管材称为小径管,小直径薄壁管满足横波检测的要求。小直径钛合金管材中的缺陷一般为平行于管轴的纵向缺陷,也有少部分垂直于管轴的横向缺陷。对于纵向缺陷和横向缺陷,可分别采用周向扫查法和轴向扫查法检测,如图 3–54 所示,大部分检测标准只要求进行周向扫查。

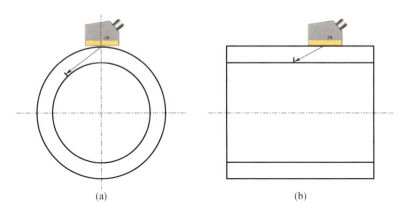

图 3–54　管材扫查示意图
(a)周向扫查;(b)轴向扫查。

管材外径小于 50mm 时,一般采用水浸法检测,直径不小于 50mm 的管材,既可采用水浸法也可采用接触法检测。

1) 水浸法检测

水浸法检测在钛合金管材检测中的应用比例极高,换热器用的钛合金换热管(直径 10~30mm)基本上都需要进行 100% 的水浸超声检测。水浸法检测是将水浸纵波探头(多为聚焦探头)置于水中,使得纵波倾斜入射到水/钛界面,当入射角位于第一临界角和第二临界角之间时,可在管内实现纯横波检测。

(1)偏心距的设置。倾斜入射是通过调节偏心距实现的,如图3-55所示,偏心距是指探头声束轴线与管材中心轴线的水平距离,常用 x 表示。偏心距 x 决定着入射角的变化,偏心距的调节范围为

$$\frac{c_\text{水}}{c_\text{L}}R < x \leqslant \frac{c_\text{水}}{c_\text{S}}r \qquad (3-13)$$

式中:$c_\text{水}$ 为水中纵波声速;c_L 为管材纵波声速;c_S 为管材横波声速;r 为管材内半径;R 为管材外半径。

因此,在入射角 α 或折射角 β 确定的条件下,偏心距的计算公式为

$$x = R\sin\alpha \text{ 或 } x = R\frac{c_\text{水}}{c_\text{S}}\sin\beta \qquad (3-14)$$

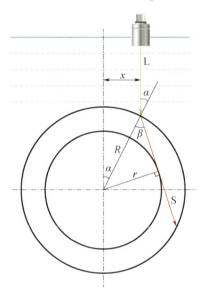

图 3-55 偏心距的确定

(2)焦点位置的设置。管材水浸横波检测时,水距的选择实际上就是焦点位置的选择。对于钛合金换热管,由于壁厚与直径均较小,焦点位置的设置通常并无严格的要求,只要能够清晰地检测出标样管的内、外壁刻槽即可。由于探头聚焦的有效区域是有一定长度的,最简单的做法就是将焦点设置在管壁入射点位置,如图 3-56(a)所示。图 3-56(b)所示为声场分布模拟结果,声波进入管壁后,仍有相当长的声能集中区域,能获得较高的检测灵敏度,可利用多次反射波检测内、外壁刻槽。这种调节方法的具体步骤如下:

①与棒材的调节方法相同,移动机械驱动轴的 Y 轴,找到管材最大界面回波,

然后再移动高度轴(Z轴)调节水距,使水距H等于水中焦距F,此时的界面回波幅值最高;

②调节偏心距到预定值,再将水距减小$R(1-\cos\alpha)$即可。

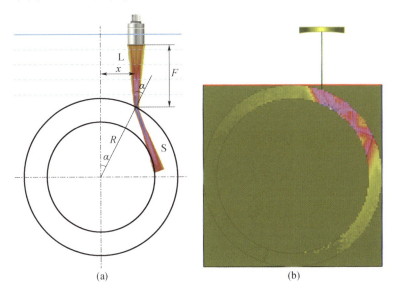

图3-56 焦距和水层高度的设置
(a)焦点位于入射点示意图;(b)声场分布模拟结果。

实际检测时,焦点的设置应当以能够清晰地发现标样管的内、外壁刻槽作为判据。当壁厚与管径增大时,焦点的位置设置对于能否清晰地发现内、外壁刻槽有重要影响,下述的方法可供参考。对于直径和壁厚较大的管材,一般应使探头在水中的焦点落在通过管材圆心,并与水中声轴线垂直的直径线上,即$H=F-(R^2-x^2)$,此时折射声束发散最小。这种调节方法的步骤如下:

①移动机械驱动轴的Y轴,找到最大界面回波,然后调整水距,使$H=F-D/2$;
②调节偏心距到预定值,即达到预定的入射角。

实际检测时,当内、外壁刻槽信号不够明显时,还可在保持偏心距不变的条件下,微调水层高度,将焦点落在圆心以下区域可能会得到较好的效果。

当前的水浸超声设备,尤其是钛合金换热管的专用检测设备,往往采用多个探头同时进行多方向的检测,最常见的是4个探头同时检测。有时为了提高焦点位置设置的效率,将4个探头固定在专用的探头架上,对称排布并且保持一定的倾斜角度,4个探头的中心线交点在同一位置且恰好为焦点位置,如图3-57所示。为便于寻找界面波,在探头架中心位置还装有一个垂直入射探头,该探头也可用于纵波垂直入射检测。检测时,通过垂直入射探头寻找最大界面波,保证探头架中心位于管轴线正上方,此时,根据4个探头的倾斜角度和焦距即可计算出垂直入射探头的水距。

图3-57 倾斜探头组合架

(3)探头的选择。点聚焦探头和线聚焦探头各有优缺点。点聚焦探头的聚焦声束直径小,对缺陷的长度变化不敏感,检测灵敏度高,适合检测质量要求较高的管材。钛合金换热管检测时,通常采用点聚焦探头,但其扫查覆盖范围小,效率低。线聚焦探头的聚焦声束沿管材轴向呈线条状,对缺陷的长度变化敏感,对小于聚焦线长度的短缺陷、点状缺陷的检测灵敏度低,只适合检测近似聚焦线长度以上的缺陷,但是其扫查覆盖范围大,效率高。因此,必须根据实际管材的质量要求和检测验收标准的规定来确定采用何种聚焦方式的探头。

探头的频率范围为 2.25~10.0MHz,管材壁厚越薄,采用的检测频率也越高。

(4)灵敏度的设置。在完成偏心距和焦点位置调节的基础上,寻找内、外壁刻槽回波,可结合螺旋扫查的方式定位各个刻槽。利用内壁和外壁的刻槽制作灵敏度曲线,由于只有内、外壁两个位置的刻槽,要满足3点曲线的制作要求,就需要多次反射,这在直径较小的管材中是较难实现的。为解决上述问题,有时会采用微调焦点位置,使得标样管内壁刻槽和外壁刻槽的反射回波高度处于接近的水平,并以此作为基准,缺陷波高于该基准时即为不合格。

上述程序完成后,即可扫查检测。管材的检测与棒材类似,但不能采用栅格扫查,只采用切片或螺旋扫查法。管材检测时,入射声束在外壁面和内壁面的弧形面上反射,存在波束发散和汇聚现象,并且由于是在圆弧形管壁界面上传播,难以根据缺陷的反射波高和屏幕上的显示位置作缺陷定位,因此,小管径薄壁管的周向精确定位是比较困难的。实际上,小管径薄壁管缺陷一般不进行额外处理,故对于缺陷的定位要求也不高,只要能够准确地定位轴向位置即可,以便对缺陷部位切段处理,这对于水浸检测设备是很容易实现的。

(5)管材水浸超声检测的应用。根据管材浸入水中的范围,分为局部水浸法和整体水浸法。局部水浸法一般用于直径50mm以下管材的检测,管材穿过水槽,通过柔性密封,保证检测区域浸没于水中;整体水浸法用于大口径管的检测,水槽的长度大于管材长度,整个管材浸没在水中。

局部水浸法一般为专用的管材检测设备,小口径无缝管制造厂一般使用该类设备。由于管材只有局部处于水槽中,两侧的柔性密封起到一定的固定支撑作用,可以进行高速的旋转,检测效率高。局部水浸时,管内是无水状态,这就不会造成声波在内壁的透射,高速旋转时的干扰波也较小,因此,局部水浸法最小检测壁厚可达1mm以下,最小检测直径可达10mm以下。

图3-58所示为局部水浸超声检测设备,探头采用多通道多方向布置,一次扫查即可完成内、外壁和横、纵向缺陷的检测。管材穿过水槽的密封要求并不高,渗漏的水可通过水泵抽回水槽,但为了保证管内不进水,就需要对管端进行封堵。常采用的方案是利用两端呈锥形的橡胶连接器实现管与管之间的连接,这样既起到了密封的作用,也提高了检测过程的连续性和检测效率。图3-59所示为PVC材质的锥形连接器。

图3-58 局部水浸超声检测设备　　图3-59 PVC材质的锥形连接器

钛合金换热管直径小、壁厚薄,特别适用于局部水浸法检测,对内壁划伤、裂纹的检测灵敏度高,检测速度快,熟练的检测人员每天可完成数百根甚至上千根管的检测。

整体水浸法检测设备的水槽长度一般达6m以上,管材完全浸没在水中检测。从理论上而言,局部水浸法与整体水浸法探头的排布方式和声波折射是完全一致的,能够检测的管材规格也基本相同。实际上,整体水浸法检测时,存在两个棘手的问题:首先是管材内部密封问题,由于整体浸没在水中,很难采用便捷的方式密封管端;其次是管材放置在滚轮架后是依赖自重保持稳定的,这种条件下转动速度就会受限。因此,整体水浸法检测时,管材的内、外壁均与水接触,声波在内壁会发生透射和折射,加上水流扰动,干扰波较多,通常在壁厚达 5mm 以上时,检测效果较为理想。除此之外,薄壁小径管的重量较小,滚轮高速转动时不够稳固,这就限制了检测速度,从这个角度考虑,整体水浸法也很难用于薄壁小径管的检测,根据经验,一般在直径达 50mm 以上时,才能得到满意的效果。

图 3-60 所示为管材的整体水浸法检测,5 个通道同时检测,在满足各个方向扫查的基础上,增加了垂直纵波检测。这种方法通常可采用线聚焦探头,但检测效率仍远低于局部水浸法,通常用于质量要求比较高的管材的检测。由于管材直径与壁厚均达到了接触法检测的条件要求,实际采用接触法较多。

图 3-60　整体水浸法检测

2)接触法检测

接触法检测是指探头通过薄层耦合介质与钛合金管直接接触进行检测的方法。这种方法一般为手工检测,检测效率低,但对设备的要求也低,操作方便,灵活性强,适用于多规格、小批量管材的检测。

当管材直径较小时,接触用的横波斜探头与管材的接触面积很小,耦合不良,声能损失严重,灵敏度降低。与棒材的横波扫查相同,这时就需要采用定制的曲面楔块探头或修磨平面楔块探头。在实际检测中,有机玻璃楔块在检测过程中磨损较大,楔块磨损后,会引起入射角变化,使检测灵敏度降低,应在检测过程中增加检测校准的次数。

接触法检测多采用机油、化学糨糊等黏度较大的耦合剂,以便获得较好的耦合效果。

(1)探头的选择。接触法探头频率范围为 2.25~5.0MHz,探头的压电晶片直径或长度不大于 25mm。考虑到声波进入管壁内的传播过程中要经管材内、外壁的多次反射,声束的发散程度较大,并且入射声束从管材圆周面入射的起始就因为受压电晶片的切向尺寸影响而必然有发散产生。因此,检测过程中极易产生干扰波,通常改善耦合状态和调整探头晶片尺寸可减少干扰波。

(2)灵敏度调节。接触法检测时,灵敏度的设置更为灵活,能快速地找到内、外壁刻槽反射波,利用内、外壁刻槽二者的波峰制作距离-波幅曲线,作为基准灵敏度。扫查时,还应在基准灵敏度的基础上提高6dB,但评判缺陷时,要把提高的6dB减除。

(3)扫查检测。探头沿径向按螺旋线路径进行扫查。具体扫查方式有4种:一是探头不动,管材旋转的同时做轴向移动;二是探头做轴向移动,管材转动;三是管材不动,探头沿螺旋线运动;四是探头旋转,管材做轴向移动。探头扫查螺旋线的螺距不能太大,要保证超声波束对管材进行100%的覆盖,且相邻扫查区域要有不小于15%的重叠。

(4)管材接触法检测的应用。接触法轴向扫查时,缺陷的判别与常用横波斜探头一致,缺陷的定位和定深不存在曲面误差。周向扫查时,声波在管内多次反射,如图3-61(a)所示,检测时,只需要关注灵敏度曲线范围内的反射回波即可,缺陷回波高于曲线时,即判定为不合格。

图3-61(b)所示为薄壁管内声场分布的模拟,超声波经过多次反射,声轴线呈锯齿状。根据实际的应用经验,由于管材结构规则,小管径的周长较小,因此锯齿形传播路径可能会持续很长的声程,甚至会达到整个周长。

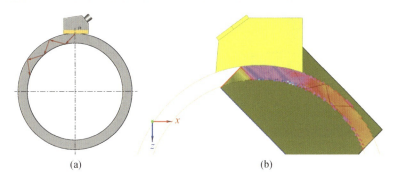

图3-61 管内声波传播路径与声场模拟
(a)管内声波传播路径;(b)管内声场分布模拟。

小直径薄壁管材的声波传播特点,为接触法检测提供了另一种思路:采用角度不同的探头一发一收实现整个周向的检测,当管中存在缺陷时,接收探头收到的回波就会发生变化。针对这种方法,检测时会采用"双晶探头",这里的"双晶探头"并不是前面章节所述的为了减小近表面盲区的双晶探头,而是双斜探头的组合。图3-62所示为管材整周检测用的"双晶探头",探头的楔块已加工成与管材曲率相匹配的曲面。

采用"双晶探头"检测时,探头只需要在周向移动很小的长度就能实现整个周向的检测,但灵敏度的设置和缺陷的评定较为困难。

图3-62 管材整周检测用的"双晶探头"

图3-63所示为双晶探头实际检测波形,在完好部位能够接收到沿圆周方向传播的声波,且无其他反射波,存在缺陷时,沿圆周方向传播一周的声波就会减弱或消失,同时出现缺陷波。发现缺陷时,通常在缺陷处进行周向扫查复验。

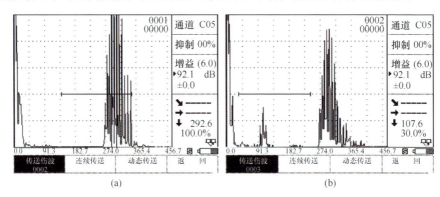

图3-63 "双晶探头"检测波形

(a)完好部位;(b)缺陷部位。

4. 大直径薄壁管检测

将外径100mm以上且厚度与外径比小于0.2的管材称为大直径薄壁管。为节约制造成本,多数大直径钛合金薄壁管是在卷制和焊接的基础上制造的,但在工况恶劣的条件下,无缝管仍是首选。下文讨论的检测方法既适用于无缝管,也适用于有缝管(母材部分)。

大直径薄壁管曲率半径较大,探头与管壁声耦合较好,通常采用接触法检测,在管材制造厂中,有时也采用水浸法或喷水法检测。接触法检测时,若采用的探头尺寸较大,为实现更好的耦合,仍可采用修磨楔块的方式增加楔块与管壁的有效接触面积。

大直径管材的检测仍然以斜入射法为主,但有时考虑管材壁厚增大,缺陷的类型和方向不确定性增大,就会增加纵波垂直入射法检测。

1) 横波、纵波斜射法检测

横波斜射法检测与小口径管的检测方法一致,一般选择频率 2.5MHz 的横波斜探头。为保证良好的耦合,通常选择较小的晶片。基准灵敏度同样是根据内壁槽和外壁槽制作距离 – 波幅曲线设置。

周向检测用于探测纵向缺陷,为减小扫查方向性的影响,探头要做正、反两个方向的全面扫查,以免漏检。轴向检测主要用于探测横向缺陷,可采用横波斜射法或纵波斜射法检测。纵波斜射法是指双晶纵波斜探头检测,主要用于轴向扫查,之所以采用这种方法,是因为单斜探头检测时,声束在内壁的反射波会发散,声能损失大,造成外壁缺陷的检测灵敏度低。这时就可采用双晶纵波斜探头,通过聚焦解决反射波发散的问题。

2) 纵波直射法检测

当管壁厚度达 6mm 以上时,为提高与管轴平行的面积类缺陷检出率,就可采用纵波直射法补充检测。一般采用单晶纵波直探头、双晶纵波直探头或水浸聚焦探头,探头的选择可参考板材的要求。纵波直射法检测时,检测灵敏度可采用平底孔设置,也可直接根据底波设置。检测有缝焊接管材时,缺陷的评定应按照卷制板材的要求,检测无缝管时,缺陷的评定应由供需双方协定。

5. 厚壁管检测

根据上文中的管材横波检测的条件分析,厚壁管采用横波检测时,声波无法到达管材内壁,不能有效覆盖整个检测区域,故横波斜探头检测方法是不适用的。

对于这类厚壁管的超声检测,通常采用两种方案:纵波直射法检测与纵波斜射法检测。

1) 纵波直射法检测

利用单晶直探头(小直径)或双晶探头检测,这与大直径薄壁管的纵波直射法检测方法是完全相同的,特别适用于圆周方向的分层缺陷检测。图 3 – 64 所示为纵波直射法检测示意图,扫查时,需完整覆盖整根管的外壁。

2) 纵波斜射法检测

纵波斜射法既可采用接触法,也可采用水浸法。

(1) 接触法。接触法采用的是纵波斜探头,纵波斜探头的入射角小于第一临界角,进入管材的超声波既有纵波又有横波。纵波的折射角度在 60°以下时,横波的能量很弱,因此,检测主要以纵波为主。图 3 – 65 所示为纵波斜射法检测示意图,这种方法的缺点是检测时显示的除折射纵波外,还存在折射横波在内壁上产生的多次反射回波,波形比较复杂。

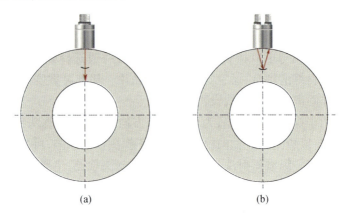

图 3-64　纵波直射法检测示意图
(a)单晶探头;(b)双晶探头。

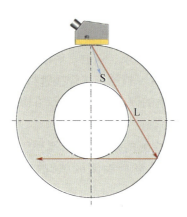

图 3-65　纵波斜射法检测示意图

(2)水浸法检测。水浸法检测的优势是能够较为方便地调节入射角度。对于钛合金管材,实现纯横波检测的最小入射角为 14.7°,当入射角小于该角度时,进入管壁的既有折射横波,又有折射纵波。折射横波无法接触管子内壁,只在外壁上反射,因此,通常不采用横波检测。

纵波入射到管材分为两种情况:一种是折射纵波角度较小时,会在管内壁反射出横波和纵波;另一种是折射纵波角度较大时,会在管外壁上反射出横波和纵波。如图 3-66 所示,两种情况均能实现对管壁的全厚度覆盖。在实际检测时,应优先采用内壁反射法,即采用 $L_1 - S_2$(折射纵波-反射横波)检测法,因为内壁反射时折射纵波的角度较小,此时声波的能量主要集中在纵波中,横波的影响较小,且完成整个管壁厚度覆盖的总声程较小。相反,若采用外壁反射,由于折射纵波的角度较大,折射纵波在能量分配上已不占优势,横波 S_1 的干扰会比较强。

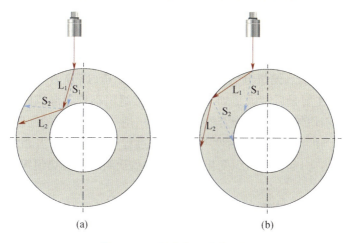

图 3-66　水浸法纵波斜入射

(a)内壁反射;(b)外壁反射。

采用纵波斜射法检测时,纵波与横波同时存在,必要时,可结合实物对比试块验证入射角度,并调整灵敏度。纵波与横波的结合应用,使得壁厚截面中的声场分布十分复杂,从而对检测人员的技术水平与实际经验提出了较高要求。

3.3.4　锻件超声检测

锻件是将铸锭或锻坯在锻锤或模具的压力下变形制成一定形状和尺寸的零件毛坯。锻压过程包括加热、形变和冷却。锻件中的缺陷主要有两个来源:一种是由铸锭自身缺陷引起的缺陷;另一种是锻造或热处理过程中产生的缺陷。钛合金具有变形抗力大、导热性差、显微组织不均匀对力学性能影响显著等特点,因此,在锻造加工和热处理时的工艺更加复杂。钛合金锻件常见的缺陷类型有以下几种。

(1)夹杂物。钛合金锻件中多是高熔点、高密度的金属夹杂物和氧化物。一般是由于合金成分中高熔点、高密度元素未充分熔化形成的,或是在钛合金冶炼过程中产生的。夹杂物的存在容易导致裂纹的产生与扩展,因此,尺寸较大的夹杂物是不允许存在的。

(2)孔洞。孔洞多是铸锭凝固时形成的孔隙和孔穴,在锻造时,因变形量不足未被消除的残留缺陷。孔洞有时单个存在,有时呈多个密集存在,孔洞的存在会使材料的低周疲劳裂纹扩展速度加快,促使材料提前疲劳破坏。

(3)裂纹。主要指锻造裂纹。钛合金黏性大,流动性和导热性差,在锻造变形过程中,由于表面摩擦力大,内部变形不均匀性明显及内、外温差大等,容易沿着变形应力方向开裂。

(4) 缩孔。缩孔是铸锭冷却收缩时在头部形成的缺陷,锻造时,因切头量不足而残留,多见于轴类锻件的头部,具有较大的体积,并位于横截面中心,在轴向具有较大的延伸长度。

(5) 偏析型缺陷。偏析分为成分偏析和组织偏析,成分偏析的形成与冶炼有关,组织偏析则主要是后续锻造加工过程中显微组织不均匀形成的。偏析会造成金属材料组织不均匀,超声波能否检出偏析缺陷是一个有争议的问题。

(6) 过热。由于钛合金导热性差,热加工过程中的加热不当和锻造变形热时效都会造成过热,引起显微组织变化,产生过热魏氏组织。过热组织会增大超声波的散射和衰减。

1. 锻件检测的通用要求

1) 检测方法

钛合金锻件可采用接触法或水浸法检测,主要以纵波垂直入射检测法为主,检测筒形锻件或有特别要求时,也采用横波或纵波斜射法检测。接触法用于常用锻件的检测,采用手动扫查。对于质量要求较高的锻件,可采用水浸法检测,采用聚焦探头,检测灵敏度高。

2) 检测条件

锻件检测时,一般需要对其表面粗加工,去除检测面的氧化皮和污物,表面粗糙度 $Ra \leq 6.3 \mu m$,以保证足够的检测灵敏度。锻件超声检测的时机,原则上应选择在热处理后,冲孔、开槽等精加工工艺之前进行。在热处理后检测,是因为热处理过程中可能会产生新的缺陷,若在之前检测,则热处理后仍需要补充一次检测。锻件加工的孔、槽、台阶等复杂形状会形成超声声束无法到达的区域,增加检测的盲区,同时可能会产生因结构形状引起的非缺陷干扰波,影响缺陷的检测和判别。

在超声检测前,应充分了解锻件材料牌号和锻造工艺,评估可能产生的缺陷种类、特征、部位和取向。在了解锻件的基本情况后,再根据超声检测方法中对检测条件的选择原则制定被检锻件的检测工艺。

3) 对比试块

纵波直射法检测时,采用平底孔对比试块;斜射法检测时,可采用长横孔或V形槽试块。平底孔试块如图 3 - 67 所示,当检测面为平面时,采用图 3 - 67(a) 所示的对比试块,当检测面为曲面且曲率半径不大于 250mm 时,选择图 3 - 67(b) 所示的对比试块。试块的厚度 L_2 和平底孔深度 L_1 可根据检测需求设定,试块直径 D 应足够大,保证不受侧壁反射波的干扰。长横孔试块可直接采用焊缝检测用的对比试块,槽形试块可参考管材检测对比试块。

用于制作试块的坯料的声学性能应与被检工件相同或相近,钛合金不同的组织的声学性能差别较大,检测时尤其要注意这一点,必要时,还需要测量二者的衰减系数进行比对。试块的平底孔直径 d 与质量级别有关,锻件检测仍然采用《钛及钛合金加工产品超声检验方法》(GB/T 5193—2020),分为 AA、A1、A 和 B 共 4 个级别。水浸超声检测用试块平底孔应采用不透声材料密封。

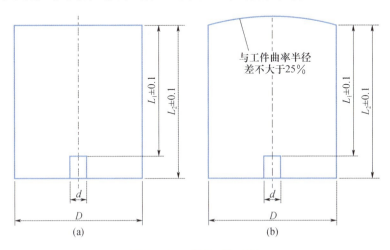

图 3-67 锻件对比试块

(a)平面试块;(b)曲面试块。

4)工艺参数

(1)探头。纵波直射法检测时,可选择单晶直探头(厚度大于 40mm)或双晶直探头(厚度不大于 40mm);采用斜射法检测时,一般采用 45°角的横波斜探头或纵波斜探头。直探头的频率范围一般为 1.0~5.0MHz,当信噪比满足检测要求时,尽量选择较高的频率,晶片直径为 $\phi 10 \sim \phi 25$mm。横波斜探头的频率一般为 2.5MHz,纵波斜探头的频率一般为 2.0MHz 或 4.0MHz。

(2)耦合。水浸法检测时,水浸耦合。接触法检测时,可采用机油、甘油、化学糨糊和水。调节灵敏度和检测应采用相同的耦合剂。

(3)检测面的选择。在选择检测方法时基本上就确定了检测面,饼类锻件、筒状锻件和轴类锻件的检测面与扫查方式是不同的。

5)仪器设置

仪器设置主要包括仪器的校准和灵敏度的设置。

仪器校准为了准确定位缺陷。校准可在试块上进行,也可在锻件上尺寸已知的部位进行,试块上校准时,应保证试块和工件的声速相同或相近。工件厚度较小时,仪器显示范围可适当大一些,显示多次底波;工件厚度较大时,可将底波设置在屏幕水平刻度80%位置处。

设置锻件检测灵敏度的方法有两种:一种是利用对比试块来调节;另一种是利用锻件底波计算法调节。

(1)试块调节。用于调节灵敏度的对比试块平底孔最大埋深应不小于被检锻件厚度,利用一组不同埋深的平底孔制作距离-波幅曲线作为基准灵敏度。当试块的表面粗糙度与被检工件表面粗糙度存在差异时,就应在上述调整灵敏度的基础上加入表面声能损失补偿,或者二者的接触面不相同时(如曲面和平面),就应加入曲面声能补偿。

对于表面声能补偿的方法,应采用实测法对比。取厚度与被检工件厚度相同且声学性能相同的试块,分别用直探头测定试块与被检工件的一次底波高度,确定其相差分贝值,该值即为表面声能损失补偿值。这种测量方法的前提是,试块的声学性能与工件相同,且默认工件底面和试块底面粗糙度一致。实际检测过程中,在两者粗糙度差异不太大时,也可根据经验直接补偿3dB左右。

曲面声能补偿的方法与表面声能补偿测试方法相同,也需要采用曲率与被检工件相同的试块和平面试块进行对比。这种方式的可操作性差,实际应用中很难找到曲率与工件相同的试块。当工件的曲率半径较小时,就要求采用曲面试块,而工件曲率半径较大时,可采用平面试块,这时的曲面和平面耦合声能损失差异已相差无几,并不影响检测。

试块法设置灵敏度的优点是适应性好,对于不同厚度、不同结构(底面不平整)的工件都可采用该方法设置灵敏度,也是大多数超声检测标准规定的灵敏度设置方法。但试块法需要制作大量的试块,尤其是当钛合金组织不均匀时,试块与工件的材质衰减可能会相差很大,这时还要考虑介质的衰减补偿。

(2)计算法调节。计算法是指基于超声波传播的回波声压规律利用底波计算调节灵敏度的一种方法。在3.1节中给出了大平底和平底孔的超声回波声压计算公式,利用这些公式就可计算平底孔与大平底在3倍近场区外的声压差值,因此,调整好底波基准再补偿该差值即完成了灵敏度的设置。该理论公式只适用于3倍近场区外,但根据工程经验,实际上在1.6倍近场区外就能得到理想的结果。

计算法调节灵敏度存在几个问题:①计算法调节的灵敏度是基于工件最大厚度调节的,在检测过程中发现缺陷时,还需要根据缺陷埋藏深度二次计算后才能定量,增加了检测过程的复杂性;②3倍或1.6倍近场区范围内的检测仍是需要解决的问题,实际检测时,可采用工件上、下端面分别扫查的方式解决,但若只能在一侧扫查,则仍需要补充试块法检测。③计算法只能用于具有平行底面或圆柱底面的锻件,当锻件的底面不规则时就很难采用该方法。

虽然计算法存在很多问题,但由于是在工件本体上调节灵敏度,试块调节中的衰减差异、耦合差异问题也就不复存在,在现场检测或缺乏合适试块时是常用的方法。为减小近场区影响,增大检测深度范围,计算法检测时尽量选择晶片直径较小、频率较高的探头。

6) 扫查和评定

无论采用哪种检测方法和扫查面,锻件检测的扫查应保证对检测区域的100%覆盖。当缺陷的反射回波高于距离-波幅曲线、当量尺寸大于参考平底孔直径或杂波信号高于标准限值时就判定为不合格,缺陷尺寸较大时,可采用计算法或半波法定量。

2. 饼类锻件的检测

钛合金饼类锻件十分常见,这类锻件的锻造工艺主要以镦粗为主,缺陷通常平行于端面分布,故最常用的检测方法是直探头在端面检测。有时也从外圆面进行径向检测,这对于检测取向不规律的夹杂缺陷是十分有利的,一般只用于直径较小的锻件;锻件直径较大时,外圆面径向检测深度有限,这时就在端面采用横波斜射法或纵波斜射法检测。图3-68 所示为各种检测方法示意图。

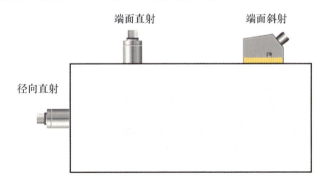

图3-68 饼类锻件检测示意图

1) 端面直射法

饼类锻件的最大厚度可达几百毫米,随着检测厚度的增大,散射杂波的影响变大,严重时,甚至在调节灵敏度的过程中无法识别平底孔信号,这就需要采用分区扫查方案。

首先介绍水浸法检测时的分区扫查方案:如图3-69 所示,将锻件的厚度分成不同的区域,对各个区域分别实施检测。分区扫查时,采用水浸聚焦探头(一般为点聚焦),可为同一个聚焦探头,也可采用不同类型的聚焦探头。分区的数量与工件的厚度有关,厚度较小时,可分为两个区域;厚度较大时,甚至要分3个以上区域。当采用同一个探头时,一般选择焦距较大的探头,这样可以通过调节水层厚度改变焦点在工件中的深度,就能够得到较高的检测灵敏度。当采用不同类型的探头时,探头的直径、频率和焦距都可不同,深度较小的区域可适当选择频率较高的探头,而深度较大的区域则应选择焦距较大的探头。分区扫查时,采用的对比试块平底孔数量可优化调整,并根据焦点的不同制作多条覆盖对应检测区域的灵敏度曲线。水浸超声检测也能采用平面探头检测,平面探头检测时的分区主要采用频率分区法,即深度较小区域采用较高频率探头,厚度较大区域采用较低频率探头。

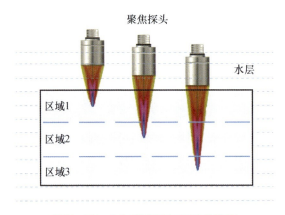

图 3-69 水浸超声分区扫查示意图

水浸超声检测时,无论采用哪种探头,都要注意水层的设置,要考虑工件上端的二次界面反射波问题,应尽量避免二次界面反射波干扰缺陷的评判。同时,扫查时,相邻分区域要有 10% 以上的重叠,避免缺陷漏检。

接触法检测时,本身就存在较大的盲区,尤其在检测大厚度工件时,为了提高穿透力和信噪比,采用低频大晶片探头,上表面盲区甚至能达几十毫米,这显然不能实现整个检测厚度的覆盖。对于检测盲区,要采取有效方法补充检测,最常用的方法有双晶探头补充扫查法和双面检测法。双晶探头补充扫查即采用双晶探头在检测面补充扫查,专门用于检测近表面盲区厚度。双面检测是利用底面盲区小于接触面盲区的优势,在锻件的上、下表面分别进行扫查检测,达到减小检测盲区的目的。

图 3-70 所示为饼类钛合金锻件的水浸超声检测结果,检测结果以 C 扫描成像显示,非常直观。水浸超声检测时,对锻件表面粗糙度的要求要低于接触法,表面的不光洁导致的漫反射一般会散射到水层中,由于水距较大,一般很难被探头接收,不会产生杂波,且系统软件有界面波跟踪功能,也不会影响缺陷的定位。

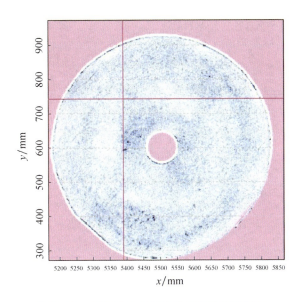

图3-70　饼类钛合金锻件水浸超声检测结果

2) 径向直射法

径向直射法与端面直射法的检测基本一致,但需要注意曲面耦合损失问题。当端面直射法检测出缺陷时,可采用径向直射法辅助定位和定量,当缺陷在厚度方向具有一定高度时,可采用径向直射法测量。

考虑到饼类锻件的缺陷取向主要以平行于端面为主,且锻件直径较大,径向直射法难以有效穿透整个直径,通常只作为辅助方法,并不常用。

3) 端面斜射法

端面斜射法的应用也不多,也是作为辅助手段。对于某些夹杂、孔洞缺陷,有时缺陷的方向会比较特殊,这时采用端面斜射法检测的效果可能会优于端面直射法,有时也作为一种缺陷高度测量方法。

端面斜射法可采用横波斜探头或纵波斜探头,横波斜探头一般用于厚度较小或声学性能较好的锻件,信噪比低时就采用纵波斜射法。斜射法的灵敏度设置可利用焊接接头的长横孔对比试块设置。

3. 筒类锻件的检测

筒类(环形)锻件的锻造工艺是先镦粗,后冲孔,再滚压。因此,缺陷的取向比饼类锻件中的缺陷取向复杂,故该类锻件一般采用直射法和斜射法相结合的检测方案。检测方法既可采用水浸法,也可采用接触法。图3-71所示为筒类锻件检测示意图,筒类锻件在结构上与厚壁管材相似,检测方法大同小异,但筒类锻件长度较小,有时可在端面进行直射法检测。

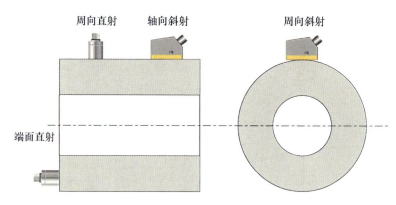

图 3-71　筒类锻件检测示意图

1) 直射法检测

筒类锻件直射法检测可在周向上进行,也可在端面上进行,周向检测时,需要注意曲面耦合补偿,直径较小时,需要采用曲面对比试块,这主要取决于检测标准。直探头周向检测用于发现与轴线平行的缺陷,在端面检测用于发现与轴线垂直的缺陷。直探头的晶片直径和频率根据厚度选择,为了减小盲区影响,有时也需要采用双晶直探头补充检测。

2) 斜射法检测

斜射法检测分为轴向检测和周向检测,轴向检测用于发现与轴线垂直的径向缺陷,周向检测用于发现与轴线平行的径向缺陷。周向检测时,同样存在厚壁管检测中的波束无法到达内圆周面的问题,这时推荐采用纵波斜探头。纵波斜探头不仅覆盖范围大,而且在同等频率下的信噪比要优于横波斜探头,具体应用参考 3.3.3 节中厚壁管材的检测。

饼类锻件和筒类锻件检测的试块、灵敏度设置、扫查和缺陷评定等的具体要求按照锻件检测的通用要求执行。除这两种类型的锻件外,有时也有轴类锻件,即锻棒,这类锻件的检测按照棒材的检测方法进行。

3.4　钛合金焊接接头超声检测

超声检测是检测焊接缺陷并评定焊接接头质量的最重要手段之一。与射线检测相比,除检测效率高,无须防护等通用的优点外,超声检测在检测焊接接头时还具有以下几点优势。

(1) 适用于多种结构形式。射线检测一般只用于对接接头的检测,而超声检测则可用于多种接头形式的检测,在 T 形、插入式等接头检测中仍然有较高的缺陷检出率。

（2）适用于熔化焊外，其他焊接方法焊接的接头检测。对于扩散焊接、钎焊、爆炸焊等特殊焊接接头，射线检测很难检测出与表面平行的贴合型缺陷，而超声检测则特别适用于该类缺陷的检测。

（3）应用前景更广阔。超声检测新技术的发展和应用飞速进步，如相控阵和衍射时差法超声检测技术在近些年快速发展，提高了缺陷检测和定量能力。

为了能够合理地选择检测方法和检测条件，获得比较准确的检测结果，超声检测人员应了解并熟悉有关钛合金焊接的基本知识，如焊接接头形式、焊接坡口形式、焊接方法及工艺、常见焊接缺陷特征等。本节将在介绍焊接接头常用检测方法的基础上，分别介绍不同厚度、不同形式的钛合金焊接接头检测方法。

3.4.1 焊接接头检测基本要求

焊接接头检测一般采用斜射法检测，如图3-72所示，因为大多数焊缝表面由于余高、凹陷等的存在是不平整的，直接耦合困难，难以在焊缝上直接扫查检测。采用斜射法检测时探头只需要在母材上扫查，可以采用不同角度的探头利用直射波（一次波）和反射波（二次波）检测，多角度的声波更有利于检测有不同空间取向的缺陷。在焊缝表面处理平滑后，也可在焊缝上扫查检测，该方法一般用于质量要求较高的焊缝的检测。

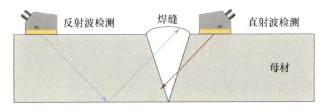

图3-72 焊接接头检测示意图

1. 检测技术等级

在承压设备焊接接头的超声检测《承压设备无损检测 第3部分：超声检测》（NB/T 47013.3—2015）标准中，将检测技术等级分为A、B、C三个级别，A级要求最低，C级要求最高。技术等级的区分依据是检测面的数量、检测探头的数量、是否检测横向缺陷、焊缝余高是否磨平等。

1）A级检测

A级一般用于支撑件和结构件焊接接头的检测。其技术要求为：适用于工件厚度6~40mm焊接接头的检测，一般用一种角度的斜探头采用直射波法和反射波法在焊接接头的单面双侧进行检测。如受条件限制，也可以选择双面单侧或单面单侧进行检测。一般不要求进行横向缺陷检测。

2) B 级检测

B 级适用于一般承压设备焊接接头的检测。其技术要求为:适用于工件厚度 6~200mm 焊接接头的检测。厚度为 6~40mm 时,要求用一种角度探头,采用直射波和反射波在焊接接头的单面双侧进行检测;厚度为 40~100mm 时,一般用一种角度探头,采用直射波在焊接接头双面双侧进行检测,也可采用两种角度探头在焊接接头的单面双侧检测;厚度为 100~200mm 时,要求用两种角度探头,采用直射波在焊接接头双面双侧进行检测。采用两种角度探头时,两探头的折射角相差应不小于 10°。B 级检测一般应进行横向缺陷的检测。

3) C 级检测

C 级适用于重要承压设备焊接接头的检测。与 A、B 级相比,主要差别是要求将焊接接头的余高磨平,并用直探头对斜探头扫查经过的母材区域进行检测,避免母材存在的小缺陷影响。一般要求采用两种角度探头在焊接接头双面双侧进行检测,厚度大于 40mm 时直探头也要检测焊缝区域,并采用平行扫查检测焊缝和热影响区横向缺陷。对于单侧坡口角度小于 5°的窄间隙焊缝,如有可能应增加检测与坡口表面平行缺陷的有效方法。

超声检测技术分级的目的是考虑到各类焊接接头的重要性、失效后果严重性和危害性不同,并兼顾超声检测的有效性和成本的差异,以便设计、制造和检测人员能根据产品的重要程度灵活选择。在其他行业超声检测标准中,有时也不分技术级别,此时对应的技术级别通常为 B 级。由于多数焊接接头并不会磨平余高,因此 B 级检测技术也是默认的技术等级,钛合金焊接接头超声检测中采用的技术级别通常也为 B 级。

2. 焊接接头超声波声束覆盖要求

焊接接头检测的范围包括焊缝本身及热影响区,也称为检测区的宽度,通常默认为焊缝本身加上焊缝熔合线两侧各 10mm,在已知热影响区宽度时也可按实际宽度计算。超声检测时,要求超声波束对检测区 100% 覆盖,这就对探头角度、扫查范围等参数提出了要求。

图 3-73 所示为采用直射波与一次反射波检测时的声束覆盖示意图,探头位于位置 1 和位置 2 时,能够实现对检测区域的极限覆盖,探头移动宽度即为两个位置之间的宽度。显然,探头的移动宽度与厚度 T 和入射角度 β 有关,考虑到扫查误差的存在,扫查宽度要大于理论计算值。为便于表示扫查宽度,引入跨距 P 的概念,用下式计算:

$$P = 2T\tan\beta \text{ 或 } P = 2TK \tag{3-15}$$

通常规定,采用直射波检测时,探头移动区宽度不小于 0.75 P,采用一次反射波检测时,探头移动区宽度不小于 1.25 P。

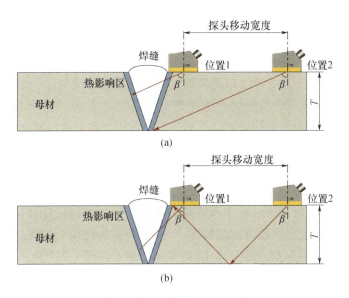

图 3-73 声束覆盖示意图
(a)直射波检测;(b)反射波检测。

图 3-73 中的直射波检测明显存在检测盲区,由于焊缝余高和探头前沿的存在,位置 1 已是探头贴近焊缝的极限,而此时的超声波入射点距熔合线尚有 10mm 左右的距离,焊缝上部存在很大的盲区。为了减小检测盲区,可采用增大探头入射角的方法,但焊缝宽度较大时,即使采用大角度探头,焊缝上表面的盲区仍不能忽视。在可实施的条件下,检测上表面盲区最有效的方法是采用双面扫查,在不具备双面扫查条件时,就只能采用大角度探头或爬波探头补充检测近表面。采用一次反射波检测时,反射波能够传播到焊缝上表面,不存在近表面盲区,但由于钛合金焊缝超声检测信噪比较低,只能在厚度较小时(一般不超过 40mm)才能采用反射波检测。

保证检测区域的超声波声束完整覆盖只是理论上的最低要求,从缺陷的检出率角度考虑是远远不够的。对于体积类缺陷(如气孔),超声波的反射不受入射方向的影响,但对于未熔合、裂纹等面积类缺陷,当超声波入射方向与缺陷面夹角较大时,很难接收到反射信号,就会造成漏检。如焊接坡口角度较大时,坡口未熔合的取向往往与直射波平行,而与一次反射波则接近垂直,这种情况下就需要尽可能采用反射波检测。因此,技术等级越高,要求的扫查次数也就越多,这也是保证对检测区域多方向声束覆盖的体现。

3. 检测系统校准与灵敏度调节

1)检测系统校准

超声检测系统除了需要定期测试水平线性、垂直线性等性能,焊缝检测时需要测定斜探头的前沿长度和入射角（K 值），然后还要进行声速和延迟的校准。对于数字仪器，缺陷的定位是根据接收到的缺陷信号的时间计算的，假设探头和仪器响应的延迟时间为 Δt，超声波进入工件后遇到缺陷的传输时间为 t_1，则仪器接收到的缺陷信号的时间 t 为二者之和的两倍。故在已知参考反射体（如横孔、圆弧面）声程的条件下，利用两个反射体就能计算出延迟时间 Δt 和工件声速 c，然后就能够建立起基于时间参量的线性定位关系。现在使用的数字超声检测仪已将延迟与声速校准和探头参数的测试融合，通常利用 CSK-IA 试块进行校准。

图 3-74 所示为利用 CSK-IA 试块校准示意图，将探头置于试块的圆弧中心附近。寻找 $R50$ 圆弧和 $R100$ 圆弧的最大回波，当两个圆弧回波高度均为最大时，则理论上探头的入射点恰好位于两圆弧的圆心位置，此时通过闸门锁定两个反射波，仪器就自动完成延迟和声速的校准。与此同时，保持探头位置，利用直尺测量探头前端到 $R100$ 圆弧端点的距离 X，则探头的前沿长度 L 为 $100-X$。

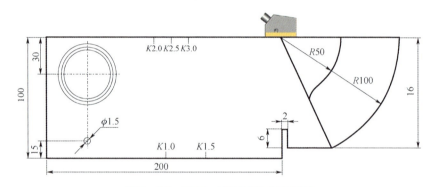

图 3-74　CSK-IA 试块校准示意图

探头 K 值的测试也可在 CSK-IA 试块上完成，将测出的探头前沿长度输入仪器参数，利用直径 50mm 或直径 1.5mm 的孔测试。由于测试孔的位置是固定的，检测系统的延迟和声速已校准，此时只需找到测试孔的最大回波就能自动计算出探头 K 值。需要注意的是，测试 K 值时，应避免在近场区内，这就要求在 K 值不同时，在不同的位置完成测试（参考试块中标注 K 值的位置）。除这种方法外，有时也可利用对比试块测试探头 K 值和前沿长度 L：选择两个已知深度的长横孔作为参考反射体，分别找到两个长横孔的最大回波并记录探头前端距长横孔的水平距离，然后联立二元一次方程组求解。为了减小测试误差，两个长横孔的深度应间隔大一些，且避免近场区测试。

在完成探头 K 值和前沿长度 L 的测试后，仪器就能根据反射波的时间定位，缺陷的定位主要依据 3 个参数：深度、水平距离、声程。在模拟仪器中，仪器的校准全部需要手动完成，通常就是采用声程、水平距离和深度这 3 种方法之一调节扫描速度。模拟仪器调节完成后,显示屏的横坐标就是与扫描速度调节方法对应的参数,检测过程中需要根据该参数计算其他参数,利用反射波检测时,还需要根据厚度转换计算,操作十分不便。数字仪器则在参数选择中只需要根据使用习惯将显示屏横坐标设置为声程或深度显示即可,其他参数也会在显示窗口中同时显示(图3-75),闸门内反射波的声程、深度、水平距离和波幅高低均可读取,十分便捷。

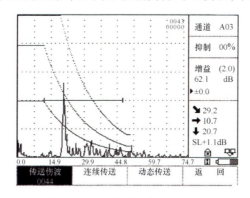

图 3-75　数字仪器显示界面

2) 灵敏度调节

斜射法检测时,通常无法接收到底面反射信号,原材料检测中的表面刻槽又不能准确反映不同深度的情况,因此,焊缝斜射法检测时,不采用底波或表面刻槽设置检测灵敏度。有时在检测薄板焊缝或为了检测特定类别的缺陷时,会采用刻槽作为参考反射体,但这只是特例,不具有代表性,并不矛盾。目前国内外焊接接头超声检测标准中,大多数采用横孔(长横孔或短横孔)作为参考反射体,利用不同深度的横孔制作距离-波幅曲线。

距离-波幅曲线是根据在试块上实测的数据绘制而成的,只适用于特定仪器和探头的检测系统,当更换探头时就必须重新绘制。如图 3-76 所示,距离-波幅曲线由评定线、定量线和判废线组成,一般用 dB 值表示的波幅作为纵坐标,距离为横坐标,这里的距离可用深度、声程或水平距离表示。在距离-波幅曲线中,按标准要求的灵敏度设置3条曲线,其中评定线与定量线之间为Ⅰ区,定量线与判废线之间为Ⅱ区,判废线及其以上区域为Ⅲ区。

对于模拟仪器,在测试完不同深度横孔的回波高度后,需要手动在坐标纸上绘制距离-波幅曲线,然后贴在仪器屏幕上使用。在随后的检测过程中,检测仪上的其他旋钮均已设定而不能再变动,只有衰减器或定量增益旋钮可在后续的检测中用于评估缺陷回波大小。数字仪器则设置有逐点测试程序,测试完成后显示屏上直接按输入的参数要求生成评定线、定量线和判废线。评判缺陷信号时,只需将闸门移动至缺陷波位置就能获得回波高度和定位信息。

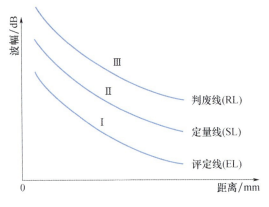

图 3-76　距离-波幅曲线示意图

4. 扫查

在焊接接头声束覆盖要求的分析中,明确了如何移动探头才能保证对检测区域的完整覆盖,但这只是针对焊缝厚度截面的分析,在考虑焊缝长度时,就需要进行更多方向的扫查。

1) 锯齿形扫查

锯齿形扫查是手动超声检测中最常用的扫查方式,通常作为纵向缺陷的初始扫查方式,速度快,易于发现缺陷。锯齿形扫查时,斜探头应垂直于焊缝中心线放在检测面上,如图 3-77 所示。探头前后移动的范围应保证扫查到全部焊接接头截面,在保持探头垂直焊缝作前后移动的同时,还应做 10°~15° 的转动。应注意每次前进的齿距不得超过有效声束宽度的 1/2,以避免间距过大造成漏检。

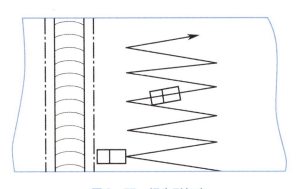

图 3-77　锯齿形扫查

2) 前后、左右、转角、环绕扫查

检测到缺陷后,为观察缺陷动态波形和区分缺陷信号与伪缺陷信号,确定缺陷的位置、方向和形状,可采用前后、左右、转角和环绕 4 种探头基本扫查方式,如

图 3-78 所示。

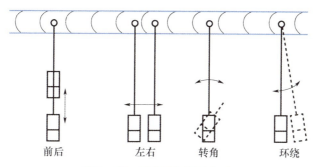

图 3-78　4 种基本扫查方式

(1) 前后与左右扫查:当用锯齿形扫查发现缺陷后,可用前后与左右扫查找到缺陷的最大回波处,用前后扫查来确定缺陷的水平距离或深度,用左右扫查来确定缺陷沿焊缝方向的长度。

(2) 转角扫查:可利用转角扫查推断缺陷的方向。

(3) 环绕扫查:可利用环绕扫查大致推断缺陷的形状。扫查时,如果缺陷回波高度几乎保持不变,那么可大致判定为点状缺陷。

3) 检测横向缺陷的扫查方式

为提高焊缝和热影响区横向缺陷的检出率,扫查时通常将灵敏度提高 6dB,采用的扫查方式包括平行扫查和斜平行扫查,如图 3-79 所示。平行扫查用于磨平的焊缝,可将斜探头直接放在焊缝上作平行扫查。当焊缝余高未磨平时,可采用斜平行扫查,探头放在焊缝边缘,以与焊缝夹角小于 10°的角度做斜平行扫查。

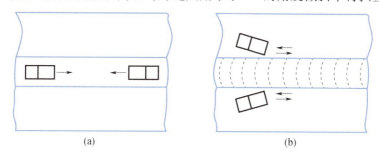

图 3-79　检测横向缺陷的扫查方式
(a) 平行扫查;(b) 斜平行扫查

4) 其他扫查方式

除上述几种常用的扫查方式外,有时也采用组合探头扫查,最常用的就是双探头串列扫查、V 形扫查和交叉扫查。组合探头扫查一般应用在特殊条件下或特定缺陷的检测。

钛合金焊缝扫查时受方向性的影响较大,遇到疑似信号时往往需要反复扫查。扫查速度与探头的有效直径和仪器的重复频率有关,直径大、频率高时,扫查速度可适当加快,反之就需要慢一些。通常规定焊缝手动检测的扫查速度不应大于150mm/s。扫查的速度也受耦合状态的影响,在耦合状态良好的情况下可增大扫查速度,但耦合状态不佳时,过高的扫查速度往往会导致超声波难以进入焊缝,信号丢失。因此,在检测过程中,检测人员应时刻留意显示屏上的杂波信号、焊缝根部信号,当信号消失时就需要查验是否为耦合状态不佳造成的。

锯齿形扫查时,扫查间距也是需要注意的问题,扫查间距一般不大于探头晶片直径或探头有效声束宽度的1/2。声束宽度需要采用6dB法测试,且随声程的变化而变化,因此,通常以晶片的尺寸限定扫查间距。

5. 缺陷评定与质量分级

缺陷的评定内容包括缺陷的位置、缺陷性质、缺陷波幅和缺陷的指示长度,然后结合所采用标准的规定,对焊接接头进行质量分级。缺陷的评定中还需要注意区分缺陷信号和伪缺陷信号,伪缺陷信号的产生往往与焊接结构有关,部分伪缺陷信号根据反射波的位置就可判定出不在检测区域,可直接忽略。还有一部分伪缺陷信号的位置按仪器显示的数据往往位于检测区,但实际上并不是缺陷信号,如根部变形波信号,这就需要丰富的经验判别,有时需采用绘制超声波传播路径的方式辅助判别伪缺陷信号。

焊接缺陷的评判是在定性和定量的基础上进行的,在能够判别出缺陷为裂纹、未熔合等危害性缺陷时就直接评定为最低级别。在无法定性时,就根据缺陷的波幅、指示长度进行分级。超声检测标准中一般分为Ⅰ、Ⅱ、Ⅲ级或Ⅰ、Ⅱ、Ⅲ、Ⅳ级,钛合金焊接接头超声检测通常要求Ⅰ级合格。

3.4.2 常规厚度对接接头检测

常规厚度是指设计和生产中占比最大,且较为常见的焊接厚度,结合超声检测的应用范围,特指厚度为8~80mm的焊接接头。钛合金焊接经常采用窄间隙设计,检测区域相对较小,从扫查范围的角度考虑,这是有利于检测的,但窄间隙焊缝的坡口未熔合缺陷则又增大了检测的难度。与此同时,钛合金焊缝中出现未焊透、夹渣等缺陷的可能性较小,通常以气孔为主,且与焊接方法密切相关,这就要求结合焊接方法制定针对性的检测工艺。

1. 检测方法的选择

对于常规厚度的钛合金对接接头,因合金组织不均匀引起的散射杂波影响还在可接受的范围内,因此,可采用横波斜射法检测。横波检测时,波束指向性好,且工件中只存在单一的横波,对缺陷的识别和定位都是有利的。当采用的检测标准划分有检测技术级别时,还要根据要求选择合适的技术级别。

1) 探头的选择

常用的斜探头频率为 2.5MHz,在厚度较小或信噪比满足要求时,也可采用 5MHz 的频率。但某些特殊用途的钛合金材料声学性能较差,杂波干扰较强,这时就需要选择更低的频率,但最低频率不能低于 1MHz。采用直探头检测时,可根据信噪比选择 2.0~5.0MHz 的探头。

探头角度的选择主要基于声束覆盖范围和缺陷取向两个方面的考虑。由于大多数焊缝的余高是不磨平的,且受斜探头的前沿影响,折射波只能探测到焊缝的中下部分,这就要求尽量采用大角度(K 值)的探头,以保证斜探头的声束能扫查到整个检测区截面。焊缝中有一定取向的缺陷,如坡口未熔合等对入射波角度十分敏感,这时就需要使斜探头的声束中心线尽量与该焊缝可能出现的危险性缺陷面垂直,保证缺陷的检出率。虽然一次反射波有时更有利于某些角度缺陷的检测,但会增大声程和缺陷误判率,只在厚度较小时采用。

通常斜探头的角度是根据焊缝母材的板厚选取的。板厚较薄时,采用大角度探头,以避免近场区检测,提高定位、定量精度。板厚较厚时,为了缩短声程、减小衰减和散射杂波的影响,可采用较小角度的探头,从而在保证检测灵敏度的同时,还可减小探头移动区和打磨区域的宽度。斜探头角度的选择可参考表 3 - 10,条件允许时,应尽量采用较大角度探头。

表 3 - 10 推荐采用的斜探头角度(K 值)

工件厚度/mm	斜探头角度(K 值)
≥8 ~ 25	63°~72°(2.0~3.0)
>25 ~ 40	45°~68°(1.0~2.5)
>40	45°~63°(1.0~2.0)

探头晶片尺寸的选择也很重要,大晶片探头的能量高,穿透力强。对于板厚较大的焊缝,若探头的移动区很平整,能够保证大晶片探头的良好耦合,在这种情况下,为了提高信噪比和检测效率,就应该选择晶片尺寸较大的探头。如果板厚较薄且表面状态较差,为了较好地耦合,应选晶片尺寸较小的探头。国内常用探头的晶片尺寸通常为 9mm × 9mm、8mm × 12mm、13mm × 13mm 等,基本能满足检测需求,但在声波衰减较大时,需采用更大晶片尺寸的探头。

2) 耦合剂的选择

钛合金焊缝检测中,常用的耦合剂材料有水、机油、甘油、化学糨糊等。扫查面粗糙度较小时,通常采用水作为耦合剂,完成检测后无须额外清理;扫查面粗糙度较大或在检测立焊、仰焊结构时,就需要采用机油、化学糨糊等黏度较大的耦合剂,这类耦合剂声阻抗大、透声性好,能保证良好的耦合。但机油不易清洗,使用前应考虑是否会影响下一道工序,化学糨糊则具有较好的水洗性,用后易于清理,可优先采用。

2. **检测前的准备**

(1) 准备检测面。检测面的准备既要结合检测技术等级,又要考虑焊接结构特点,在确定检测面后,根据 3.4.1 节的要求计算探头移动区宽度。在探头移动区范围内,要求表面粗糙度 $Ra \leqslant 6.3\mu m$。因此,应清除检测面扫查区域的飞溅物、氧化皮、凹坑、油垢及其他杂质。一般使用砂轮机、锉刀、钢丝刷和砂纸对扫查面进行修整。对于去除余高的焊缝,应将余高打磨到与邻近母材平齐。保留余高的焊缝,如果焊缝表面有咬边、较大的隆起和凹陷等也应进行适当的修磨,并做圆滑过渡处理,以免影响检测结果的评定。

(2) 充分了解焊接工艺和焊接表面状况。不同的焊接工艺可能产生不同类型的缺陷,要求检测人员扫查时更有侧重性,提高缺陷检出率。焊接接头表面状况主要是指焊缝表面与根部是否存在较为明显的凹陷、沟槽、凸起等结构,这类结构极易引起超声波的扩散、波型转换形成干扰回波。因此,需要标记焊缝表面成形不良的部位,检测过程中相互对照,若存在干扰回波就需要采用判断干扰回波的方法予以甄别,难以判断时,需要对焊缝进行处理。

3. **试块和灵敏度的设置**

钛合金焊接接头检测用的试块为 CSK-IA 试块和长横孔对比试块,超声检测试块需由具备相关资质的厂家制作,并出具合格证书。CSK-IA 试块用于检测系统的校准、斜探头的测试,试块的尺寸和误差符合相关标准的规定,并采用声学性能较好的钛合金材料制备。在《承压设备无损检测 第 3 部分:超声检测》(NB/T 47013.3—2015)中,将钛合金焊缝超声检测对比试块分为 1 号对比试块和 2 号对比试块,试块的规格尺寸如图 3-80 所示。试块采用 $\phi 2mm \times 40mm$ 横孔作为参考反射体,1 号试块厚度为 45mm,用于厚度为 8~40mm 焊缝的检测,2 号试块厚度为 90mm,用于厚度为 40~80mm 焊缝的检测。对比试块的孔径误差和开孔垂直度要满足标准要求,在保持参考反射体尺寸不变的情况下,也可采用其他类型的等效试块。

有时为了检测特定类型的缺陷或对比定量,会采用其他类型的对比试块,如采用焊缝表面刻槽试块作为近表面补充检测的对比试块,采用自然缺陷作为定量的基准等。这类试块一般不在常用标准的规定范围内,检测人员应根据焊接缺陷特征灵活选用。

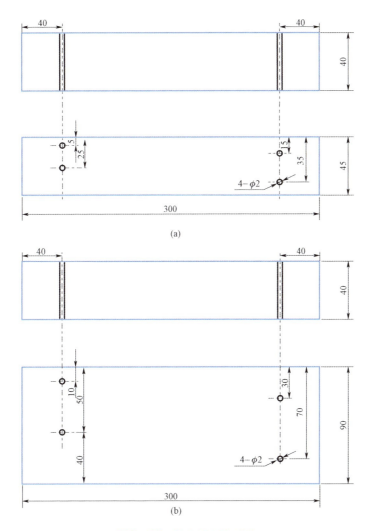

图 3-80 钛合金对比试块

(a)1 号试块;(b)2 号试块。

表 3-11 所列为《承压设备无损检测 第 3 部分:超声检测》(NB/T 47013.3—2015)规定的钛合金焊缝超声检测灵敏度设置要求。灵敏度设置完成后,通常还要增加 3dB 左右的表面损失补偿。

表 3-11 距离–波幅曲线的灵敏度

评定线	定量线	判废线
$\phi 2\text{mm} \times 40\text{mm} - 18\text{dB}$	$\phi 2\text{mm} \times 40\text{mm} - 12\text{dB}$	$\phi 2\text{mm} \times 40\text{mm} - 4\text{dB}$

4. 扫查和评定

按 3.4.1 节中的要求,采用锯齿、转角、斜平行等多种扫查方式检测,检测出缺陷时,就需要从定位、定性和定量 3 个角度评定缺陷。

缺陷的定位最简单,对于数字仪器,能直接读出相应反射波的深度、水平距离信息,但焊缝为曲面结构时就需要进行修正。

缺陷的准确定性是各种检测方法的永恒目标,但对于超声检测而言,缺陷定性仍然依赖于检测人员的经验,甚至有的缺陷可能无法定性。检测人员需要对材料、焊接工艺、接头与坡口形状等原始状况有充分的了解,并对各种可能产生的缺陷特征有足够丰富的经验。在检测过程中,可根据缺陷回波出现的位置及其在焊缝截面中相应的位置、回波的静态包络形状与动态包络形状等进行综合考虑,从而评判缺陷的形状。在条件允许时,甚至需要采用射线检测等其他手段辅助判断,增加定性的准确性。

气孔是钛合金焊接中较为常见的缺陷,属于体积类缺陷。单个气孔的超声回波幅度较小,气孔体积较大时,回波尖锐,探头前后和左右扫查时,回波由低到高呈对称状。密集气孔的超声回波不规则,前后和左右扫查时,各个缺陷产生的回波位置不同,次序也不规则。坡口未熔合为面状缺陷,这类缺陷的表面通常为光滑的,缺陷的反射波较强,当采用转动和环绕扫查时,在与缺陷平面相垂直方向的两侧,回波高度迅速降低。坡口未熔合的定性要与定位相结合,位于坡口处的面状缺陷往往是未熔合。裂纹的回波特征与坡口未熔合相近,都属于危害性缺陷,焊接接头中不允许存在。

缺陷的定量评定通常是以距离－波幅曲线中的定量线为基准表征回波的高低,作为缺陷的当量大小。同时要测量缺陷的指示长度,缺陷长度的测量可采用峰值半波(6dB)法或端点半波法,如图 3 – 81 所示。峰值半波是在找到缺陷最大回波位置时,左右分别移动探头,当幅值降低 $\frac{1}{2}$(6dB)时作为缺陷端点,两个端点间距即为缺陷指示长度。端点半波法是找到缺陷两端的最后一个波峰,以该两个波峰为参考,继续左右移动探头,当波幅降低到½时作为缺陷端点,两端点间距即为缺陷指示长度。峰值半波法用于单个缺陷的测长,端点半波法用于多个缺陷时的测长。有多个缺陷时,缺陷的间距小于较短缺陷长度时,则两个缺陷应记为一条缺陷,且间距计入总长。

在缺陷定性和定量的基础上就能根据标准要求对焊接接头进行质量分级。对于定性为裂纹、未熔合等危险性的缺陷,直接评定为不合格,当反射波高度直接超出判废线时,也直接评定为不合格。表 3 – 12 所列为《承压设备无损检测 第 3 部分:超声检测》(NB/T 47013.3—2015)规定的钛合金焊接接头分级要求。钛合金焊接接头超声检测中,常见缺陷的特征是点状缺陷居多,回波高度不一,可能超出判废线,也可能很低,对扫查方向非常敏感,指示长度也有一定的特征[22]。

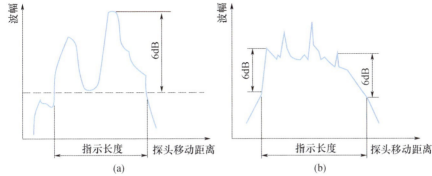

图 3-81 缺陷测长示意图
(a)峰值半波法;(b)端点半波法。

表 3-12 钛合金焊缝质量分级

等级	工件厚度 t/mm	反射波幅所在区域	允许的单个缺陷指示长度/mm
Ⅰ	8~40	Ⅰ	≤20
	>40~80	Ⅰ	≤40
	8~40	Ⅱ	≤10
	>40~80	Ⅱ	≤t/4,最大不超过 20
Ⅱ	8~40	Ⅰ	≤30
	>40~80	Ⅰ	≤60
	8~40	Ⅱ	≤15
	>40~80	Ⅱ	≤t/3,最大不超过 25
Ⅲ	8~80	Ⅰ	超过Ⅱ级者
		Ⅱ	超过Ⅱ级者
		Ⅲ	所有缺陷

缺陷评判时还要注意干扰波的识别,这些干扰波包括焊缝加强高引起的干扰回波、焊接垫板(单面焊或电子束焊接时)引起的干扰波、焊缝错边引起的干扰波、焊缝表面不平整引起的干扰回波、大角度探头检测时耦合层引起的干扰波等。干扰波的识别需要检测人员仔细观察焊接结构形式和表面状况,认真分析回波特点,必要时可结合绘图法分析反射条件,及时识别非缺陷回波,避免误判。

5. 典型焊接缺陷的检测方法

按照上文中所述的内容,就能对常规厚度的钛合金焊接接头实施检测,并按标准的要求对焊接质量进行分级。但在实际应用中,不同的焊接结构、不同类型的缺陷往往需要采用一些特殊的检测手段提高缺陷检出率,下文介绍几种典型检测方法作为参考。

1) 薄板焊接缺陷的检测

焊接接头超声检测标准的厚度下限通常为 6mm 或 8mm,原因主要有两点:①焊缝厚度较小时,焊缝余高和根部反射波干扰较大,难以识别缺陷信号,检测结果的可靠性较低;②超声检测对于薄板焊缝中的亚毫米级气孔缺陷不够敏感,检测灵敏度无法满足薄板焊接质量要求。实际上,对于厚度 20mm 以下的钛合金对接接头,超声检测的可靠性和灵敏度均低于射线检测,这类焊接接头应尽量选择射线检测。在受现场条件和结构形式限制的情况下,才采用超声检测。

薄板焊接超声检测可采用爬波法或相控阵超声法。爬波的声束能量主要集中在近表面,能够用于薄板焊缝检测;相控阵超声的声束聚焦和结构仿真功能有利于识别焊缝表面轮廓波。具体的应用方法参考 3.4.5 节中的薄板搅拌摩擦焊接检测。

2) 窄间隙焊接坡口未熔合的检测

钛合金窄间隙焊接坡口角度较小,有时坡口角度甚至只有几度,对应的坡口未熔合缺陷近乎垂直,入射声束与缺陷面夹角较小,反射波无法被探头接收。针对这种取向的缺陷就可采用串列式扫查,如图 3-82 所示,双探头一前一后布置,采用一发一收的模式检测。

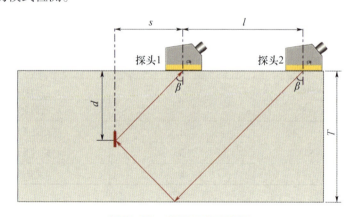

图 3-82 串列扫查示意图

串列扫查通常采用折射角相同的横波斜探头,两个探头的频率应保持一致,检测时两个斜探头应置于同一直线上,以保证发射探头的声束经底面反射后能斜入射到检测区域的某一不连续,该不连续的反射波能被另一探头接收。串列扫查的关键参数包括探头间距 l、水平距离 s、声轴线交叉点检测深度 d 和检测区域高度 Δh,通常探头间距和检测深度关系用下式计算:

$$l = 2\tan\beta(T - d) \tag{3-16}$$

在探头间距和探头折射角 β 一定时,串列扫查检测的深度是固定的。根据焊接厚度和焊缝宽度能计算出水平距离 s,检测宽度即为扫查宽度,保持两个探头的间距不变移动探头就能完成对应深度的检测。由于超声波束具有一定的宽度,在一定的深度范围内都能够得到反射波,这就是检测区域高度 Δh,Δh 与声束宽度有关,声束宽度越大,Δh 越大。

串列扫查的灵敏度可利用侧边竖直平面、侧面平底孔校准。串列扫查通常采用折射角为45°的横波斜探头,探头的晶片根据厚度选择,以保证超声波有足够的穿透力。当工件为曲面时,串列扫查的声束路径就需要根据几何曲面计算,以保证能有效接收到反射回波。从声程角度来看,串列扫查的声程是大于单探头斜射检测的,但由于采用了一发一收模式,超声波的传播经历了多个方向的路径,散射杂波大多发散到工件中,接收探头的信噪比反而较高。

串列扫查实际操作是有一定难度的,扫查时需要保持两个探头相对位置恒定,这就需要专门的扫查器。由于单次扫查覆盖的检出区域高度较小,因此对于厚度较大的焊缝往往需要扫查多次才能实现对整个焊接厚度的检测,检测效率低。

相控阵超声也可进行串列扫查,由于阵元数量较多,可根据检测厚度和阵元排布灵活地利用多次反射波实现对检测区的覆盖,如图3-83所示。在检测面为平面时,可尽量选择大尺寸、多阵元探头,一次扫查就能实现对检测区域的全覆盖,检测效率大幅提高。

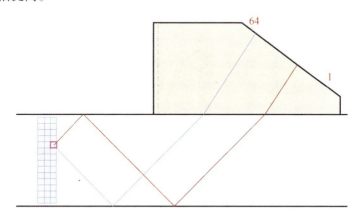

图3-83 相控阵超声串列扫查示意图

3) 电子束焊接钉尖缺陷的检测

钉尖缺陷是电子束焊接特有的缺陷,图3-84所示为电子束焊缝解剖后的钉尖缺陷,钉尖缺陷形似钉尖状、竖直分布、直径 1mm 左右、高度最大可达几十毫米。钉尖缺陷的取向和尺寸都是不利的检测因素,在采用斜射波检测时很难获得较高的检出率[23]。

图 3-84 电子束焊接钉尖缺陷

在焊接结构适宜的条件下,在焊缝的两侧面采用直探头垂直于焊缝检测是比较有效的检测方法,如图 3-85 所示,可采用接触法或水浸法。这种方法的检测灵敏度优于斜射法,通常利用 $\phi 0.8 \text{mm}$ 或更小的平底孔设置检测灵敏度,采用水浸法检测时,将焦点深度设置在焊缝位置,检测效果更佳[24]。图 3-86 所示为钉尖缺陷侧面 C 扫描成像,缺陷的形态显示清晰,高度定量准确。在焊接接头磨平时,也可用直探头直接在焊缝上扫查,也能得到较为理想的检测效果,此时采用超声 C 扫描检测时,缺陷呈点状且尺寸很小。

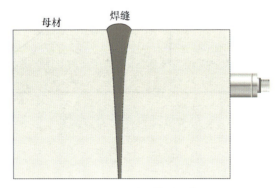

图 3-85 侧面检测示意图

图 3-86 钉尖缺陷侧面 C 扫描成像

实际上,大多数电子束焊接件并不具备侧面扫查的条件,且焊接接头也不会磨平处理,上述方法也就无法应用。由于钉尖缺陷具有竖直取向特征,理论上可利用端点散射信号实施检测,但实际应用时受杂波影响,很难识别散射信号。目前,电子束焊接钉尖缺陷的检测与定量仍然是超声检测的难题,采用相控阵超声检测有一定的优势,但也存在一些问题。

3.4.3　超大厚度对接接头检测

随着钛合金在各领域应用的不断拓展,超大厚度钛合金焊接件的检测需求日益迫切。超大厚度对接接头是指厚度大于80mm的焊接接头,这类焊接已超出了常用检测标准的范围,常用的横波斜射法在很多情况下也不再适用,需要采用新的检测方法。

1. 超大厚度焊接检测存在的问题

在3.2节中专门讨论过钛合金超声检测的杂波影响问题,与原材料相比,信噪比对焊缝超声检测的影响更为明显,当被检焊缝的厚度较大时,其超声检测的信噪比已难以满足检测要求。主要原因有以下3个。

(1)焊接接头检测通常采用横波,在频率相同的条件下,横波的波长约为纵波的一半,散射衰减更强。

(2)焊缝检测采用斜入射法,在相同的检测厚度下,原材料检测最大声程等于工件厚度,而焊缝检测的最大声程要比工件厚度大得多。

(3)横波(剪切波)在传播过程中对介质的各向异性比纵波(压缩波)更加敏感。

图3-87所示为采用2.5MHz频率的横波斜探头对不同组织的钛合金对比试块横孔信号的信噪比测试结果。在检测钛合金焊接接头时,随着检测厚度的增大,信噪比急剧降低。在某些声学性能差的钛合金材料中,采用横波法甚至只能检测厚度60mm以下的焊缝。因此,超大厚度钛合金焊接接头超声检测的核心问题是因厚度增大引起的杂波干扰,导致信噪比无法满足检测灵敏度要求。

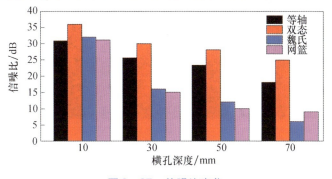

图3-87　信噪比变化

通过降低频率、增大探头晶片尺寸的手段来提高超声波的穿透力和信噪比,在一定程度上是有效的,如在采用频率1.25MHz,晶片尺寸15mm×25mm的45°横波斜探头时,基本能满足厚度110mm焊缝的检测要求。不过这种方式的局限性也很明显,探头的晶片尺寸过大,对耦合的要求很高,则曲面结构很难应用,且1.25MHz的频率已是下限,不能用于更大厚度焊缝的检测。

在检测大厚度锻件时,有时采用上下面分别扫查的方案实现对整个厚度的覆盖,这种方法并不适用于焊缝检测。原因在于钛合金锻件中的缺陷取向较为规律,直射波已能检出大多数缺陷,两面入射对缺陷的检出影响不大。而焊缝则不同,缺陷的检出受入射声束角度影响较大,多数质量要求较高的焊缝本身就要求双面检测,若双面检测单次只能扫查一半厚度,则相当于不同方向的声束覆盖次数就减少了一半,不利于缺陷的检出。

因此,对于超大厚度钛合金焊接接头检测,常规的超声检测工艺很难实施,需要适用性更佳,检测效果更好的检测方法。

2. 超大厚度焊接检测方法

超大厚度钛合金焊接接头超声检测应采用纵波斜射法,相比横波斜射法,能减小杂波干扰,获得较高的信噪比。在用纵波斜射法检测时,工件中纵波与横波同时存在,这使得声场的分布更加复杂,检测程序就与常规检测方法有一些区别。

1) 纵波斜射法声场特征

纵波入射角小于第一临界角时,折射波中的纵波和横波同时存在,且纵波与横波的声压分配是不同的。图3-88所示为入射角度分别为4°、8°和12°时的折射波的声场分布仿真结果,在入射角度较小时,折射纵波的声压占有明显优势。可采用图3-89描述折射纵波与横波的能量变化关系,随着折射角度的增大,纵波能量逐渐减弱,横波能量逐渐增强。在折射纵波角度为45°和60°时,其能量占比要高于横波,为纵波检测提供了基础条件。

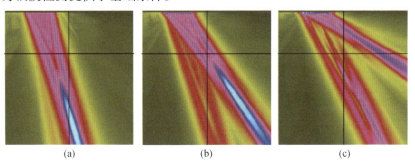

图3-88 不同入射角度下声场分布仿真结果

(a)4°;(b)8°;(c)12°。

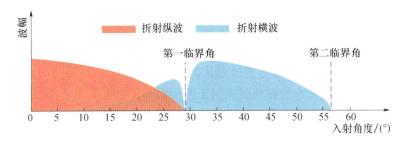

图3-89　折射波的能量分配

纵波检测一般采用直射波。若采用反射波检测，则还需要考虑反射波的声压分配问题，纵波传播到工件底面（钛/空气界面）时，反射波中又会产生横波，如图3-90所示。反射纵波和横波的能量分配也有一定的规律，只有在反射纵波角度小于35°时，其能量分配才占据优势。这就要求采用折射角度小于45°的探头，但过小的角度又不利于缺陷的检出。因此，除特殊条件下用于检测方向较为特殊的缺陷外，通常不会采用反射波检测。反射波检测同时存在扫查宽度大、折射横波干扰缺陷判断等问题，这也是较少采用反射纵波检测的原因。

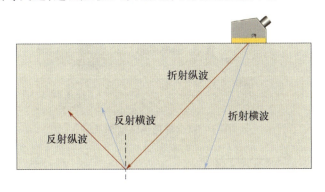

图3-90　纵波折射、反射示意图

纵波检测的声束相对较宽，这对于缺陷的探测是有利的，扫查时声束覆盖范围较大，能减小缺陷漏检率，但缺陷定位和定量的精度会受到一定影响。

2）纵波斜探头

最常用的两种探头为单晶纵波斜探头和双晶纵波斜探头。单晶纵波斜探头适应性好，能用于不同厚度焊接接头的检测；双晶纵波斜探头主要用于衰减较大的钛合金焊缝，受焦点深度限制，最大检测厚度通常在100mm左右。

检测频率通常为2.0~4.0MHz，在超声波穿透力和信噪比满足要求的条件下，尽量选择较大的频率，保证声束的指向性。

(1) 单晶纵波斜探头。单晶纵波斜探头常用的角度为45°和60°，可采用圆形晶片或矩形晶片，可根据需求定制。由于宽频探头中的低频成分更有利于粗晶材料的检测，因此常采用高阻尼窄脉冲探头。单晶纵波斜探头有两种形式：一种为一体式结构；另一种为分体式结构，如图3-91所示。分体式结构实际上是纵波直探头和楔块的组合，这种探头通过更换楔块改变折射纵波的角度，灵活性高，只需要根据检测面加工对应曲率的楔块就能用于曲面检测，可以节约成本。

探头晶片尺寸的选择与横波斜探头的选择原则一致：厚度较大时，选择大晶片探头，提高穿透力。检测面为曲面时，可适当选择小晶片探头，保证探头与检测面很好地耦合。

(2) 双晶纵波斜探头。双晶纵波斜探头采用两个晶片，分别用于超声波的发射和接收，与双晶直探头结构相似，但两个晶片倾斜状排布，以实现倾斜入射。双晶纵波斜探头的常用角度有45°、60°和70°，一般都采用矩形晶片。图3-92所示为双晶纵波斜探头探测范围示意图，图中的菱形区域为探头理论上的可检区域。实际检测时通常将焦点声压下降到一定值（如6dB）时的位置设为临界点，如图3-92中所示的有效探测范围，在该区域内才能得到较理想的检测效果[25]。

图3-91 常用纵波斜探头

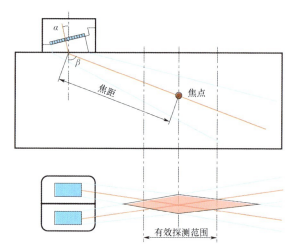

图3-92 双晶纵波斜探头探测范围示意图

对于双晶探头,由于超声波的入射波和接收的反射波是有一定夹角的,传播到接收晶片的杂波较少,检测信号的信噪比非常高。双晶探头的声束菱形区中,两晶片主声束的交点为焦点,通常用焦点深度或焦点声程表示。双晶探头的"聚焦"并非真正意义上的聚焦,只是两个晶片声束的重叠汇聚区域,但在应用上与聚焦探头有很多相同之处。双晶探头的汇聚深度取决于探头晶片尺寸和晶片夹角(屋顶角),一个探头只能用于检测汇聚深度附近区域。双晶纵波斜探头的检测范围可通过实测获得:在已知汇聚深度的条件下,测试汇聚深度附近不同深度的横孔反射波波幅,并制作深度-波幅曲线,最大波幅对应的深度为实测汇聚深度,以波幅降低6dB 的点为边界测量有效检测范围。为了得到较为准确的测试结果,通常要求横孔的深度间隔要尽量小一些。

双晶纵波斜探头的检测范围通常为几十毫米,因此检测大厚度焊缝就需要采用不同汇聚深度的探头分区扫查。图3-93 所示为特殊定制的双晶纵波斜探头,随着汇聚深度的增大,探头的晶片尺寸也要相应增大,当汇聚深度接近100mm 时,探头单个晶片的边长就已超过了20mm,耦合难度较大。由于分区检测的复杂性和汇聚深度的限制,双晶纵波斜探头的应用并不如单晶纵波斜探头便捷,通常只在高灵敏度检测或检测特定深度的缺陷时使用。

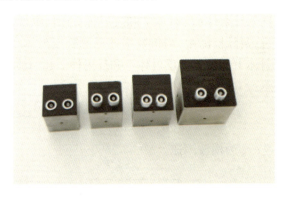

图3-93　特殊定制的双晶纵波斜探头

3)校准与试块

纵波斜探头的探头前沿、折射角的测试可在钛合金 CSK-IA 试块或对比试块上进行,部分数字仪器中并未内置纵波斜探头的调校程序,这时就需要采用手动调节。手动调节时可直接输入声速,声速可利用纵波直探头实测,也可根据经验选择常用声速,然后通过调节零偏获得较为准确的定位。采用双晶纵波斜探头时,应注意将检测设备的模式设置为双晶模式。

检测超大厚度钛合金焊缝必须制备相应的对比试块。对比试块采用长横孔作为参考反射体,横孔的长度可选择40mm 或60mm。选择60mm 长的横孔,主要是考虑有时双晶探头的尺寸较大可能会大于40mm,超出了试块宽度,而声束的有效宽度远小于40mm,横孔的长度变化对检测灵敏度的调节并无太大影响。对比试块的声学性能与被检工件相同或相近,厚度不小于被检工件厚度,横孔深度在深度上等间隔排列,有时也可直接在与工件结构相同试件的焊缝上直接加工横孔作为对比试块。

4) 扫查与评定

扫查方法与常规厚度对接焊缝的扫查方法相同,也是采用锯齿、转角、斜向等多种方法,保证对检测区域的多方向声束覆盖。检测结果评定的方法仍然按照常规厚度对接焊缝的要求分级,当厚度超出采用标准的适用范围时,按照标准的上限厚度的要求执行,有时也可参考钢制焊缝的要求评级。

3. 折射横波影响的讨论

虽然纵波斜射检测时,横波的声压分配比不占优势,但并不能忽视检测过程中的横波干扰问题,因此,需要对横波的影响进一步分析和讨论。所谓横波干扰,即扫查过程中折射横波检测到缺陷并被探头接收,但由于仪器本身并不能区分是横波还是纵波检测出的缺陷,就只能根据接收回波信号的时间按纵波的声速显示位置,因此可能会引起误判。

图3-94所示为纵波、横波检测示意图,由于纵波的速度大于横波,因此当图中出现两个深度不同的反射体(反射体1和反射体2)时,纵波与横波的传播时间就可能相等。或者说,实际检测中,当折射横波探测到反射体2时,仪器显示的缺陷位置对应的是反射体1的位置。反射体1和反射体2超声波传播时间相等的数学条件可用下式表示:

$$\frac{h_1}{\cos\alpha c_L} = \frac{h_2}{\cos\beta c_S} \tag{3-17}$$

式中: c_L 为纵波声速; c_S 为横波声速。

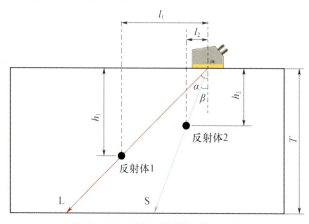

图3-94 纵波、横波检测示意图

对于钛合金材料,纵波声速取6100m/s,横波声速取3100m/s。当折射纵波取45°时,折射横波为21°,则公式可简化为$h_2 = 0.67h_1$,水平位置l_1和l_2也可根据几何关系计算,其中$l_1 = h_1$,$l_2 = 0.38h_2$。在这种条件下,只要横波探测到缺陷,仪器中就会有信号显示,且仪器显示的缺陷位置信息与真实缺陷的位置信息符合上述公式关系。

从上述分析反推,假设纵波探测到焊缝某一深度的缺陷,那么理论上必然存在一个位置不同但能使横波传播相同时间的缺陷,这就不得不对纵波检测的准确性产生怀疑。为解决上述问题,对纵波检测的声波传播路径进一步分析,如图3-95所示,探头在位置1和位置2之间扫查以实现对检测区域(焊缝和热影响区)的最大深度覆盖。当探头位于位置2时,检测深度最大,此时横波只在母材内传播,横波检测的缺陷显示只能源于母材缺陷。随着位置2向位置1移动,横波就会传播到检测区域内,这时横波在检测区域内传播的路径长度可能大于纵波,检测区域内的缺陷也可能被横波探测到。但是,当检测区域内横波探测到的位置的深度大于纵波时,即使存在缺陷引起显示,也能根据水平定位判断缺陷不在检测区域内。

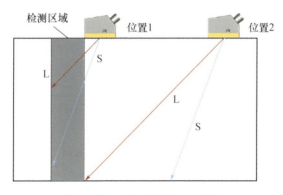

图3-95 纵波与横波传播路径

当检测区域(焊缝宽度)较大时,探头在位置1附近时,就可能存在纵波与横波在检测区域内穿过的声程都比较大的情况,这时较浅的缺陷就可能被横波探测到并显示,且按纵波法计算的水平距离也在检测区域内。不过,超大厚度钛合金焊接通常采用窄间隙或电子束焊接工艺,检测区域较窄,一般不会出现这种情况。

实际上,根据应用经验,纵波斜探头检测时,折射横波的有效传播深度只有几十毫米,对缺陷判断的影响主要在检测深度较小的区域。因此,单晶纵波斜探头检测时,对于深度较浅的缺陷显示,可采用横波斜探头对比验证。条件允许时,也可采用直探头对扫查区域实施检测,记录相关显示的深度和位置,避免母材缺陷引起横波干扰。

4. 超大厚度焊接检测注意事项

1）分区设置

焊接接头母材厚度或材料声波衰减较大时，深度较小的长横孔与深度较大的长横孔反射回波幅值差异很大，有时甚至会超出仪器的动态范围。数字超声仪器的动态范围取决于显示器分辨率和增益精度，《A型脉冲反射式超声波探伤仪通用技术条件》（JB/T 10061—1999）规定仪器的动态范围不小于26dB。根据检测经验，超大厚度钛合金对比试块中最大深度与最小深度长横孔的回波幅值差有时能达30dB以上，这时制作的全厚度距离－波幅曲线就会有很大误差。

为了解决这一问题，通常采用分区设置的方案。即使采用同一个单晶纵波斜探头，也要将厚度分成两个区域，利用不同的通道制作两组灵敏度曲线。例如，在检测厚度160mm的焊接接头时，如图3-96所示，一条灵敏度曲线覆盖0~100mm的厚度，另一条灵敏度曲线覆盖70~160mm的厚度，两组灵敏度曲线有一定的范围重叠，这样就能最大限度地减小因动态范围不足导致的缺陷定量误差。

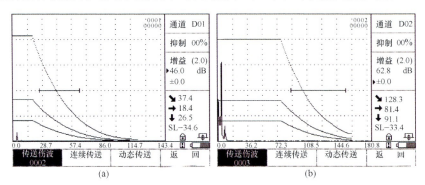

图3-96 分区设置灵敏度曲线

(a) 0~100mm；(b) 70~160mm。

2）其他检测方法

除采用常规超声检测方法外，也可采用大功率超声、相控阵超声技术检测超大厚度钛合金焊接接头。大功率超声的激发脉冲幅值达数百千伏，与专用换能器配合应用，能大幅提高超声波的穿透力，解决超声波衰减大、灵敏度降低的难题。相控阵超声同样可采用纵波法检测，并结合垂直动态聚焦、双面阵换能器技术，也能大幅提高信噪比，且多视图成像显示对缺陷定性和定量也有一定的帮助。

3.4.4 复杂焊接结构检测

平板对接接头的结构形式较为简单，在钛合金结构件中还有曲面对接接头、

T形接头、管座角接头等较为复杂的焊接结构。复杂结构的焊接接头中,T形接头和管座角接头等由于自身结构特征,射线检测的缺陷检出率和检测效率都比较低。相对而言,超声检测更具有优势,但检测工艺更加复杂,操作难度也较大。

1. 管道环焊缝的检测

管道环焊缝的直径范围较大,最大直径可达数米,最小直径仅几十毫米。环焊缝的横向截面上下端面平行,除周向曲面影响外,其他检测要求与平板对接焊缝基本相同。因此,环焊缝超声检测的特殊之处在于探头的耦合。只有耦合状态良好时,才能保证探头声束沿管轴线发射,这时的传播路径固定在上下端面平行的厚度范围内,有利于扫查和缺陷检测。

环焊缝检测时,探头的长度方向与管壁线接触,这时会造成两种后果:①线接触导致耦合声能损失较大,灵敏度降低,经管道内、外壁曲面发散与汇聚后引起声场分布的不均匀;②线接触不够稳定,会造成入射声轴线的偏斜,此时超声波的传播路径就变得复杂,破坏了检测条件。因此,良好的耦合是检测管道环焊缝的基本条件。

根据经验,耦合状态与管道外径密切相关。外径较大时,耦合状态能满足检测要求,检测方法按照常规厚度对接接头检测的要求执行。当管道外径较小时,耦合状态和扫查均会受到影响,就需要采取一些特殊的工艺。管道外径大小的界定通常要根据所使用的标准划分,本部分主要介绍外径相对较小的管道环焊缝的检测要求。这类钛合金环焊缝一般为单面焊双面成形工艺,常见缺陷为气孔、未熔合、未焊透、夹钨等,受空间和耦合状态限制,只能在外壁检测。

1) 探头的选择

宜选择晶片尺寸较小的探头,且探头楔块需要加工或打磨成与被检管道相匹配的曲率。由于小直径管的壁厚较小,往往需要采用二次波或三次波检测,为了减少超声波在内、外壁曲面结构上的多次反射损失,就要采用前沿长度较小的探头。尤其在检测直径小于100mm、壁厚只有几毫米的环焊缝时,短前沿(通常为5mm左右)探头的重要性就得以体现。

探头频率的选择参考平板对接焊缝的要求,一般为 2.5MHz 或 5.0MHz。探头的折射角通常要大于 56°(K 值 1.5),当管道壁厚小于 8mm 时,要采用折射角 68°(K 值 2.5)以上的斜探头。必要时,也可采用接触式点聚焦或线聚焦探头。

2) 试块的选择

由于探头的楔块加工成了曲面结构,此时就不能采用 CSK–IA 试块测试探头参数和校准检测系统。《承压设备无损检测 第 3 部分:超声检测》(NB/T 47013.3—2015)提供了一种 GS 型试块,如图 3–97 所示,这种试块综合了 CSK–IA

和 CSK – IIA 试块的功能,既能测试探头的前沿、角度,又能制作灵敏度曲线,更重要的是,试块上下端面为曲面(曲率半径 R_1、R_2),该型试块共 4 块,能提供 8 种曲率不同的圆弧面,基本能满足不同曲率的小直径管环焊缝检测的需求。

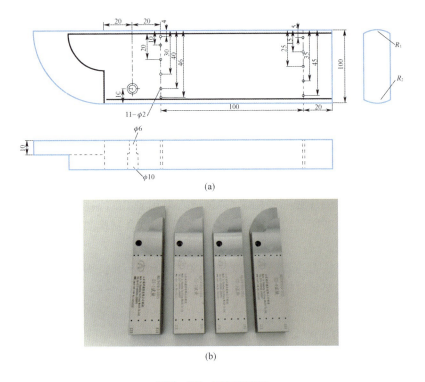

图 3 – 97　GS 型试块
(a)试块规格尺寸;(b)试块实物。

除了采用 GS 型试块,也可采用实物对比试块,在材质声学性能和表面声能损失上更能保持一致。这时探头的校验可利用实物对比试块中的横孔或管材端面的上下棱边完成。

3)扫查和评定

曲面耦合的间隙较大,要选择机油、化学糨糊等黏性较大的耦合剂。由于曲面结构的限制,大多数扫查方式已很难使用,只需垂直于焊接接头在焊缝两侧扫查即可,扫查距离要符合厚度截面声束覆盖要求,焊缝长度方向的移动要有一定的重叠。

环焊缝中不允许存在裂纹和未熔合,但有时允许根部未焊透存在,这时就要求测量未焊透的指示长度,按照执行的标准评定级别。焊缝根部有时会存在焊瘤、内凹等缺陷,这些不规则的结构会产生异常的反射波,检测人员要有丰富的经验识别这些结构信号。

2. 管道纵焊缝的检测

管道纵焊缝的检测与管材的检测较为相似,同样需要考虑管材壁厚与外径之比能否满足折射横波到达内壁的条件。目前,常用的钛合金焊管基本都满足壁厚与外径之比小于 0.2 的前提条件,适合采用横波斜射法检测。除此之外,管径较小时,也要考虑把探头的楔块加工成与管材表面吻合的曲面形状,以保证接触耦合的稳定。探头的修磨与否取决于管道直径,在能保证耦合稳定的条件下,也可直接采用小尺寸平面楔块探头。

在不同的超声检测标准中,对纵焊缝检测的对比试块的要求不同,ASME 标准采用焊缝的内外表面刻槽作为参考反射体,《承压设备无损检测 第 3 部分:超声检测》(NB/T 47013.3—2015)则采用长横孔。采用刻槽时,焊缝的检测与管道母材的检测方法完全相同,而长横孔则保持了与平板焊缝检测习惯的一致性。

根据经验,当管道壁厚较小(不大于 10mm)时,若在实物上制作长横孔,则横孔的深度排布间隙较小,制作距离 – 波幅曲线并不容易,这时采用表面刻槽更为方便。管道壁厚较大时,采用长横孔制作灵敏度曲线更有利于评判不同深度的缺陷。当管道外径较小时,对比试块也要采用相同或相近的曲率结构,采用长横孔对比试块时,通常可利用厚度较大的试块制作灵敏度曲线,但要注意保证材质声学性能的一致性。

纵向焊缝的扫查主要以垂直于焊接接头扫查为主,但在耦合条件满足要求时,应尽可能按平板对接焊缝的要求进行多方向的扫查,同时要注意仪器显示的缺陷深度、水平距离与缺陷实际位置存在差异,应根据曲面几何结构计算修正。

3. T 形焊缝的检测

T 形接头由腹板和翼板焊接而成,坡口开在腹板上。钛合金 T 形接头一般采用双面双弧焊接工艺,焊接接头中容易出现气孔、坡口未熔合、钝边未熔合等缺陷。在选择检测面和探头时,应考虑到检测各类缺陷的可能性,并使声束尽可能垂直于焊接接头结构中的主要缺陷。

1)检测面的选择

在 T 形焊接结构空间允许的条件下,T 形结构有 4 个可供选择的扫查面(腹板左、右两面和翼板内、外两面),但由于翼板内面超声波声束无法直射到焊缝体积,因此只采用其他 3 个扫查面检测。图 3 – 98 所示为 T 形接头的各个检测面的扫查示意图,不同的扫查位置的声束方向不同,侧重于检测的缺陷类型也不相同。

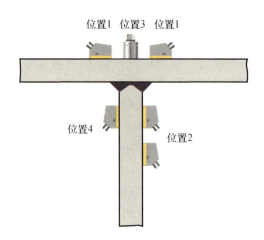

图 3-98 T 形接头的各个检测面的扫查示意图

在位置 1 扫查时，探头应保持与焊缝长度方向垂直，此时直射波以接近垂直的方向入射到腹板坡口位置，对坡口未熔合有较高的检出率，探头的入射角应结合坡口角度选择。位置 1 包括焊缝两侧的两个扫查位置，每个位置对应腹板的一面焊接坡口。位置 2 和位置 4 是完全相同的，相当于平板对接焊缝的双面检测，直射波方向接近与对侧坡口垂直，而一次反射波接近与同侧坡口垂直，通常将直射波与一次反射波结合使用。由于直射波和反射波与坡口面的夹角存在差异，且腹板较薄时，直射波覆盖范围有限，因此虽然位置 2 和位置 4 完全对称，但通过两次扫查能进一步提高缺陷的检出率。位置 3 是焊缝的中心位置，该位置采用直探头扫查时，对钝边未熔合缺陷有非常高的检出率；当有横向缺陷检测要求时，就采用斜探头沿着焊缝平行扫查。

4 个扫查位置能保证对整个焊接接头体积至少两个方向的完整性声束覆盖，对于质量要求较高的接头，可在 4 个位置分别扫查。实际检测时，检测面的选择还要考虑工件结构，多数焊接结构并不具备多个位置扫查的条件，如腹板高度较小时，位置 2 和位置 4 的扫查宽度有限，这时就应该以翼板上扫查为主。

2）检测条件的选择

斜探头检测时，检测频率根据腹板或翼板的厚度选择，直探头检测时，频率通常选择 5.0MHz。在位置 1 检测时，由于腹板的坡口角度一般不会大于 45°，因此推荐采用 45°的探头。在位置 2 和位置 4 检测时，探头的角度可根据腹板的厚度参考平板对接焊缝的角度选择要求选择，也可选择有利于检测出坡口未熔合缺陷的角度。

当翼板的厚度较小时，需采用双晶直探头，减小盲区，为提高检测灵敏度，可选择焦点深度等于翼板厚度的探头，有利于钝边未熔合缺陷的检测。

斜探头检测时,可采用钛合金焊缝检测用 1 号和 2 号长横孔对比试块调节灵敏度;直探头检测时,可采用长横孔或平底孔调节灵敏度。由于钝边未熔合缺陷的深度是固定的,直探头检测时,也可不制作距离-波幅曲线,直接采用等深度的参考反射体波幅对比评判。

3) 扫查与评定

根据选择的检测面,在各个位置分别扫查,当翼板为曲面结构时,需要保证良好的耦合。发现缺陷时,记录缺陷的位置、指示长度和当量大小,一般以腹板厚度作为评级依据。

需要注意的是,扫查过程中,尤其在翼板扫查时,探头能接收到强烈的焊脚反射波,会对缺陷信号的识别造成干扰,腹板厚度越小影响越大。对于腹板厚度 10mm 以下的 T 形接头,采用常规超声检测难度较大,通常借助相控阵超声的结构仿真、声束聚焦技术完成检测。

除 T 形焊接结构外,实际检测中还存在 L 形、K 形等结构形式,这些结构类型焊缝的检测与 T 形焊接检测相近。在扫查条件允许的情况下,根据缺陷的取向特征,采用直探头或斜探头通过对不同检测面的扫查,在满足声束覆盖的条件下,获得较高的缺陷检出率。

4. 管座角焊缝的检测

管座角焊缝是指管材与筒体相连接的焊缝,其结构形式有插入式和安放式两种,一般用作人孔或介质传输孔。

1) 检测面的选择

管座角焊缝的检测一般要求采用横波斜探头和纵波直探头配合进行。图 3-99 所示为该类焊接接头可供选择的检测面示意图。

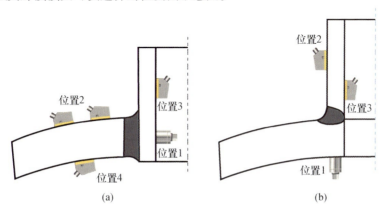

图 3-99 管座角焊缝检测面
(a)插入式管座角焊缝;(b)安放式管座角焊缝。

对于插入式管座角焊缝,在筒体上开坡口,有 3 个可供选择的检测面,分为 4 个位置。位置 1 采用直探头在支管内壁检测,声束垂直于焊接厚度方向,检测支管侧的未熔合缺陷效果最佳。位置 3 采用斜探头扫查,利用直射波检测,对坡口未熔合缺陷更为敏感。位置 2 和位置 4 采用斜探头,利用直射波和一次反射波检测,保证对焊接接头的多方向声束覆盖。4 个位置同时扫查时,声束的覆盖是比较全面的,但支管直径较小时,位置 1 和位置 3 的凹面耦合非常困难,而位置 4 的可实施与否取决于筒体的状态(直径大小、能否进入等),只有位置 2 的扫查可选择性最大。当只能在位置 2 扫查时,就要采用两种以上角度的探头,尽可能地实现焊缝体积的多方向声束覆盖。

对于安放式管座角焊缝,在支管上开坡口,同样有 3 个可供选择的检测面,分为 3 个位置,也是采用直探头和斜探头相结合的方案。实际检测时的扫查位置同样由支管直径、筒体状态决定,应用最多的是位置 2。

2)检测条件的选择

由于各个扫查位置的接触面都为曲面,因此探头的尺寸不宜过大,必要时还需要修磨探头楔块保证良好的耦合。直探头检测时,根据支管或筒体厚度选择单晶或双晶探头,探头频率为 5MHz 或 2.5MHz。斜探头的角度和频率根据壁厚按对接焊缝检测的要求选择,在重点检测坡口未熔合缺陷时,也可根据坡口角度选择更有利的角度。

斜探头采用钛合金 1 号或 2 号对比试块。直探头采用平底孔或长横孔试块,要注意试块与工件表面状态差异的补偿,曲率半径较小时,需要采用相同曲率的对比试块。

3)扫查和评定

直探头的扫查要保证对整个焊接区域的覆盖,斜探头采用多种扫查方式。斜探头检测按照平板对接焊缝的评定要求测定缺陷幅度和指示长度。直探头检测可用当量计算法、距离-波幅曲线或试块比较法确定缺陷当量。

管座角焊缝的可检性取决于支管直径、筒体直径、壁厚等具体条件,直径和壁厚较小的管座角焊缝,不仅难以耦合,端角反射信号的识别、缺陷的评定等都会变得非常困难。

5. 堆焊层的检测

堆焊不仅用于提高工件的耐腐蚀、耐磨损等性能,在技术条件允许时,也作为一种钛合金制造工艺,能提高制造灵活性和材料利用率。钛合金堆焊过程中容易产生粗大的柱状晶,声学性能较差。采用横波斜探头检测大厚度堆焊层时,散射衰减较为严重,检测信噪比低。

堆焊层中的常见缺陷有气孔、未熔合、裂纹等。气孔在整个堆焊过程中都可能会产生,只分布在堆焊层内。未熔合有多种情况,最典型的是层间未熔合,多道焊时,焊道之间也可能会产生未熔合。除此之外,堆焊层与基板之间也会产生未熔合。裂纹的产生则与焊接工艺有关,既可能产生在堆焊层与基板交界处,又可能产生在堆焊层内。

1)检测方法

堆焊层中不同部位、不同性质的缺陷危害不同,使用状况千差万别,质量要求也各不相同。通常应根据设计和使用要求、检测目的选择合适的检测方法,一般是一种或几种检测方法的组合。

从扫查面的角度考虑,堆焊层的检测一般分为堆焊层侧和母材侧两个扫查面。

从缺陷的取向角度考虑,层间未熔合缺陷平行于表面,焊道间未熔合则垂直于表面,裂纹的取向可能垂直于表面也可能为其他方向,这就要求采用多角度的声束检测,才能保证对多种缺陷的检测效果。

因此,采用直探头和斜探头相结合的方法最为有效。

2)检测条件的选择

堆焊层超声检测,当从堆焊层侧检测时,必须在堆焊层表面机加工后进行。

直探头检测时可采用双晶直探头或单晶直探头,频率通常选择 2.5MHz。在堆焊层侧检测,堆焊层厚度小于 20mm 时,采用双晶直探头检测,焦点深度根据检测厚度合理选择。堆焊层厚度不小于 20mm 时可采用单晶直探头。从母材侧检测时,可采用单晶纵波直探头,但应注意探头的盲区要远小于基材厚度。

斜探头可采用横波斜探头、单晶纵波斜探头和双晶纵波斜探头,探头频率通常选择 2.5MHz。在信噪比满足要求时,可采用横波斜探头,否则就要采用纵波斜探头。从堆焊层侧检测时,采用双晶纵波斜探头,探头的角度推荐采用 70°,最小不能小于 60°,汇聚区设置在堆焊层与母材交界处。从母材侧检测时,可采用任一类型的斜探头。

堆焊层检测的灵敏度设置采用对比试块制作距离-波幅曲线,直探头以平底孔作为参考反射体,斜探头以长横孔作为参考反射体。堆焊层试块应结合被检工件规格制作,图 3-100 所示为某钛合金堆焊层(基材 18mm,堆焊 8mm)用对比试块的结构形式,试块中加工有不同深度的平底孔和长横孔,最大深度的反射体应在母材内,保证检测范围。

3)扫查和评定

检测范围包括堆焊层和堆焊层下 4mm 以内的母材区域。

直探头在堆焊层侧或母材侧全面扫查,采用双晶直探头检测时,应垂直于堆焊方向进行扫查,探头的隔声层应平行于堆焊层方向。斜探头扫查时,应分别沿堆焊方向和垂直于堆焊方向检测。缺陷的当量尺寸一般采用半波(6dB)法确定,并按照验收标准的要求评级。

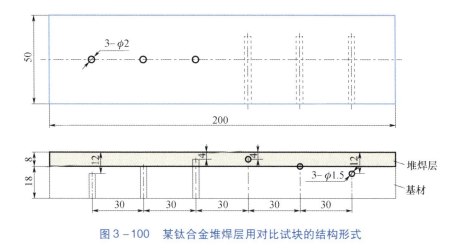

图 3-100 某钛合金堆焊层用对比试块的结构形式

3.4.5 其他类型焊接接头检测

钛合金焊接除常用的惰性气体保护焊、等离子焊、电子束焊等熔化焊外,也会采用搅拌摩擦焊、扩散焊、钎焊等其他焊接方法。这些焊接方法的焊接缺陷与熔化焊存在非常大的区别,检测方法也有一些差异,本节将重点介绍这类焊接接头的检测。

1. 搅拌摩擦焊检测

搅拌摩擦焊技术是由英国焊接技术研究所于 20 世纪 90 年代发明的一种新型固相连接方法。搅拌摩擦焊接过程是将一个圆柱体形状的焊头深入工件接缝处,通过焊头的高速旋转,使其与焊接工件材料摩擦,从而使连接部位的材料温度升高软化,同时对材料进行搅拌摩擦来完成焊接的。搅拌摩擦焊接具有低变形、低成本、高品质的优点,在铝、镁等轻金属材料的焊接领域得到了广泛应用[26]。

钛合金熔点高、强度大、硬度高,在高温下仍能保持较高的力学性能,且金属活性强,焊接过程需要保护,这些因素限制了搅拌摩擦焊的应用。国内外学者针对钛及钛合金的搅拌摩擦焊接技术开展了大量研究,目前已基本突破了薄板钛及钛合金焊接的技术瓶颈,具备了工程化应用的技术条件。

钛合金搅拌摩擦焊接常见缺陷有飞边、错边、凹陷、沟槽、隧道孔洞、弱连接和未焊透等,其中飞边、错边、凹陷和沟槽为表面缺陷,通常采用目视法检测。在对搅拌摩擦焊缝超声检测前,应首先进行目视检测,并清除飞边等影响扫查的表面附着物。本部分主要探讨隧道孔洞、弱连接等内部缺陷的检测。

钛合金搅拌摩擦焊接的厚度较小(通常不大于 10mm),采用一般焊缝的横波斜射法检测存在声束多次反射定位困难、干扰波多等问题。结合应用经验,推荐采用超声爬波、水浸超声 C 扫描和相控阵超声检测技术。

1) 超声爬波检测的应用

爬波是一种特殊模式的波,又称为爬行纵波、表面下纵波,其产生属于散射波范畴。当纵波从第一种介质以第一临界角附近的角度入射到第二种介质时,在第二种介质中不但存在表面纵波,还存在斜射横波。图3-101(a)所示为爬波的光弹试验快照,图3-101(b)所示为爬波的声场示意图,通常把横波的波前称为头波,把沿介质表面下一定距离处,在横波和表面纵波之间传播的波峰值称为纵向头波或爬波。

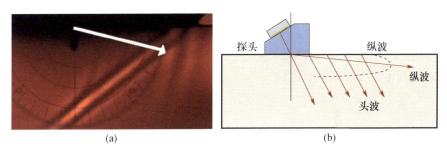

图3-101 爬波的产生

(a)爬波光弹试验快照;(b)爬波的声场示意图。

爬波的能量主要集中在折射角76°附近,爬波的探测深度可达表面下几毫米至十几毫米,能一次性探测不同深度的缺陷。研究表明,将爬波探头的入射角选为第一临界角,可通过调节频率与晶片直径的乘积,来改变对表面附近缺陷的敏感程度。爬波传播时,工件表面下层质点做相切运动,因此,受工件表面的粗糙度影响较小。爬波的传播速度与纵波相近(为纵波速度的0.7~0.9),其回波声压与距离的4次方成反比,故其衰减比纵波快,探测距离只有几十毫米。

目前,商用的爬波探头分为单晶探头和双晶探头,如图3-102所示,爬波检测时,通常采用2.5MHz或5.0MHz的探头。

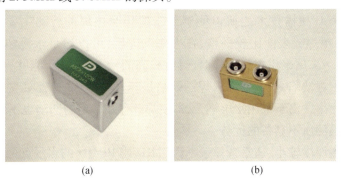

图3-102 爬波探头

(a)单晶爬波探头;(b)双晶爬波探头。

爬波检测用的对比试块可采用实物焊接试板制作,在焊缝中心线根部加工一定深度的窄槽或在1/2厚度处加工一定直径的横孔作为参考反射体,有时直接采用真实缺陷作为参考反射体。由于爬波并不存在所谓的折射角度,不同深度的反射体都能反射,也就无法精确定位深度,因此对于定位校准的要求并不严格。检测系统的校准在对比试块上进行,直接输入对应的声速,通过调整零偏使得参考反射体准确显示在时基线的相应位置即可。

由于爬波传播的距离有限,爬波检测扫查时,探头应尽可能贴近焊缝,并尽量在焊缝两侧分别扫查。图3-103所示为爬波检测搅拌摩擦焊的结果,与完好焊缝处的反射回波相比,隧道缺陷处产生了明显的缺陷回波。通过与参考反射体的波幅相对比判定是否合格。

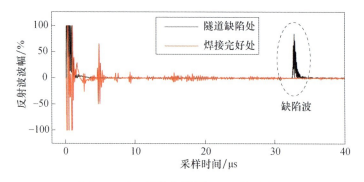

图3-103 搅拌摩擦焊接爬波检测结果

爬波法是一种快捷的薄板搅拌摩擦焊接检测方法,一次扫查就能探测出整个厚度内的缺陷,且适用于现场检测,对于隧道缺陷、未焊透都有较好的检测效果。但爬波检测也存在缺乏检测标准、缺陷定位和定量不准确等不足。

2)水浸超声C扫描的应用

水浸超声C扫描技术之所以能够用于搅拌摩擦焊的检测主要基于两个原因:①搅拌摩擦焊缝表面比较平整,在去除飞边后,可以满足水浸超声检测的条件;②水浸超声采用聚焦探头扫描时,具有较高的检测灵敏度,能够检测出搅拌摩擦焊缝中的宏观缺陷,虽然根部未焊透缺陷呈竖直状,但试验表明,对这类缺陷仍有较高的检出率。由于采用水层耦合,即使焊缝存在一定的凹陷也不影响检测,这是常规超声检测所不具备的优势。

由于检测厚度较小,通常选择频率为5MHz或10MHz的水浸点聚焦探头,并通过优化激励脉冲宽度减少超声信号周期数,减小界面盲区。通过调节水距,将焦点设置在焊缝1/2厚度附近,声束的有效聚焦范围基本能覆盖整个焊缝厚度。水浸超声C扫描检测时,声束垂直于焊缝表面入射,采用栅格扫查,栅格间距应不大于焦柱直径的一半,扫查间距越小,成像结果越精细,缺陷的细节显示就越完整。检测灵敏度可采用平底孔或底波设置。图 3-104 所示为搅拌摩擦焊接水浸超声 C 扫描结果,缺陷显示直观,可直接测量缺陷的长度与埋藏深度。

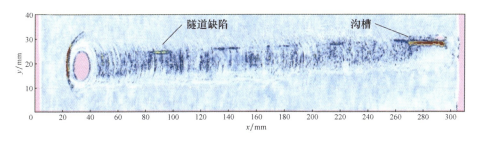

图 3-104　搅拌摩擦焊接水浸超声 C 扫描结果

水浸超声检测的不足之处在于扫查速度较慢,且工件必须置于水槽中,这就限制了被检工件的规格,通常只用于小规格焊接构件的检测。

3) 相控阵超声检测的应用

相控阵超声检测技术在近些年快速发展,检测设备的功能不断更新,检测标准也不断完善,极大地促进了该技术在各行业的应用。相控阵超声具有多种聚焦模式,与常规超声检测相比,提高了缺陷的检测、定性和定量能力。

相控阵超声的声束聚焦功能能减小因焊接厚度较小造成的焊缝轮廓波干扰,可采用二次或三次反射波实现对焊接区域的覆盖。相控阵超声检测通常选择 5MHz 或 7.5MHz 的探头,并采用横波斜楔块,声束角度一般设置在 40°~70°之间,图 3-105 所示为厚度 6mm 的钛合金搅拌摩擦焊接件的声束覆盖模拟示意图。通过声束覆盖,能选择合适的声束角度范围,确定适宜的探头位置。为得到较为理想的聚焦效果,激发孔径通常设置在 16 阵元。在搅拌摩擦焊接表面状态较为平整的条件下,相控阵超声也可利用直楔块采用与水浸超声相同的垂直入射法检测,通常采用 32 阵元以上的探头扫查,一次扫查就能覆盖整个焊缝宽度。

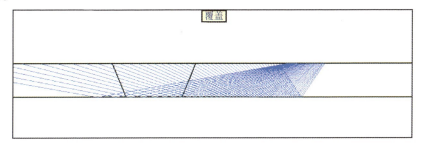

图 3-105　搅拌摩擦焊接件声束覆盖模拟示意图

相控阵超声检测系统的校准可在 CSK-IA 试块上进行,并利用钛合金 1 号对比试块制作灵敏度曲线,也可按照爬波检测灵敏度设置的方法调整。按照声束覆盖模拟的探头位置要求,沿线扫查整条焊缝,条件允许时采用编码器,记录检测数据的位置信息。图 3-106 所示为采用横波斜射法的相控阵超声检测结果,缺陷的长度和深度能根据不同视图的显示直接评定。

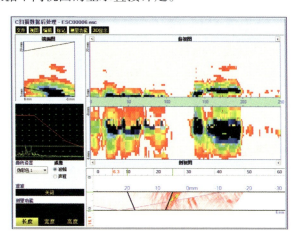

图 3-106 搅拌摩擦焊接相控阵超声检测结果

相控阵超声检测的灵敏度高,检测结果数据丰富,必要时能够对检测结果 3D 成像,有利于对缺陷的性质进一步分析。相控阵超声检测不仅能用于对接焊缝,也能用于如 T 形、L 形等结构类型的焊接接头检测,且可达性强,几乎不受检测场所限制,是搅拌摩擦焊缝检测方法中最有应用前景的方法。

2. 扩散焊检测

扩散焊是对两焊件施加一定的温度和压力,使被连接的两表面互相接触,在真空或保护性气氛中保持一定时间,使接触面局部产生微观塑性变形、结合层原子间经过互相扩散实现连接的一种焊接方法。扩散焊接的加热温度一般为母材熔点的 0.7~0.8,对母材性能影响小,焊缝组织和性能与母材接近,广泛应用在不锈钢、钛合金、陶瓷、铝合金等材料的同种或异种焊接中。扩散焊接时,焊接结构整体加热,变形小,适合于精密焊接,可实现多点、大面积材料连接[27]。

扩散焊接对焊接工艺如温度、压力等参数有较高的要求,而且焊接表面粗糙度、清洁度以及母材成分、组织状态等均可能对焊接过程产生较大影响,连接界面容易出现未焊合、弱结合缺陷。由于扩散焊接的界面贴合紧密,因此大多数缺陷具有端面贴合、尺寸大小无规律的特点。这种类型的缺陷是不能采用射线法检测的,超声检测就成了最重要的选择,目前,最常用的技术是超声 C 扫描技术。

超声 C 扫描技术可基于水浸超声或相控阵超声实现,对于扩散焊接检测,目前主要采用水浸超声 C 扫描检测技术。虽然相控阵超声同样能够实现声束的聚焦，但扫查的精细度和稳定性不如水浸超声，主要用于规格尺寸较大的结构，现场应用灵活。

1）超声 C 扫描技术的应用

超声 C 扫描检测时，声束垂直于焊接界面入射，有利于检测界面贴合类缺陷，同样基于声波在异质界面的反射原理判别缺陷。由于扩散焊接缺陷尺寸较小，应尽可能地选择较高的检测频率，通常采用 10MHz 以上的探头，且应采用点聚焦探头。试验结果表明，探头的焦点尺寸和栅格扫查间距都会影响缺陷检出，焦点尺寸越小对小缺陷越敏感，栅格扫查间距越小，小缺陷的检出率越高，且缺陷的轮廓显示更加清晰。

超声 C 扫描检测的灵敏度设置可采用两种方式：一种是在模拟焊接件的扩散界面处加工一定直径的平底孔，以该平底孔为基准，调节灵敏度；另一种则是在信噪比满足要求的条件下，将检测系统的灵敏度设置到最高，最大限度地提高检测能力。

图 3-107 所示为圆柱形扩散焊接构件的超声 C 扫描结果。扫查时，将探头的焦点深度设置在扩散焊接界面处，栅格扫查的间距设置为 0.1mm，并将灵敏度调节到尽可能高的状态。检测结果能够清晰地显示弱连接区域，通过 C 扫描分析软件，能测量出缺陷的面积，并评估弱连接区域在整个扫查区域的面积比。

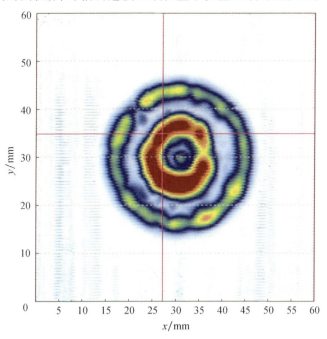

图 3-107　圆柱形扩散焊接构件的超声 C 扫描结果

有时,在某些产品中会采用多层扩散焊接结构,这种结构的检测方法又有所不同。当层数较少(不大于5层)时,可采用分层扫查方案,将探头的焦点深度分别设置在每层对应的焊接界面上,通过多次扫查实施检测。当层数较多时,分层扫查的可实施性降低,这时可将焊件视为完整的结构件,主要通过分析底波和异常反射波的方法评价多层焊接的质量,但检测灵敏度就会有所降低。图3-108所示为多层扩散焊接的C扫描结果,底波幅值成像显示出部分区域存在底波波动异常,可结合底波变化量值评判是否合格。

2)扩散焊接检测存在的问题

虽然超声C扫描技术是扩散焊接检测的最重要、最常用的方法,但该技术的应用也是局限于典型焊接件宏观缺陷的检测,在检测标准、微缺陷检测、大厚度检测和复杂结构检测中仍然有一系列的技术瓶颈。主要体现在以下几个方面。

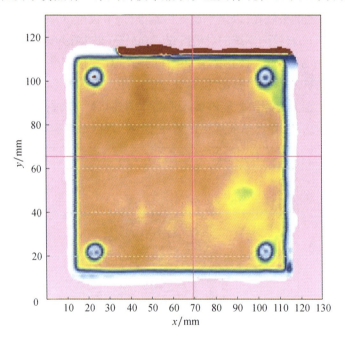

图3-108 多层扩散焊接C扫描结果

(1)缺乏相关的标准。目前,扩散焊接的评价主要是通过力学性能完成的,C扫描技术虽在部分行业中已有所应用,但缺乏缺陷检测能力与力学性能评价相对照的系统研究,尚未见发布有相关的检测标准。

(2)微缺陷检测能力不足。超声C扫描技术最常用的方法仍然是基于超声波与缺陷的反射、吸收原理,而紧贴型缺陷的反射率受缺陷尺寸和间隙的影响很大,当缺陷较小时,甚至无法接收到回波信号。目前,针对微小缺陷检测问题,提出了非线性超声检测方法,该方法基于微小缺陷与超声波的非线性效应,通过分析谐波信号评判缺陷。但是,目前非线性超声检测技术还处于实验室研究阶段,并不具备现场检测应用的基础。

(3)大厚度扩散焊接检测存在困难。为检出尺寸较小的缺陷,超声C扫描需要采用频率较高的探头,而钛合金材料本身就有杂波干扰的影响,高频率检测时干扰更加明显,当检测大厚度工件时,这一矛盾更加突出。为了保证超声波的穿透性和信噪比,通常在检测大厚度工件时就需要降低检测频率,也就意味着小缺陷检测能力的降低。

(4)难以检测焊接结构复杂的工件。超声波束垂直入射到扩散焊接界面是最佳的检测方向,但部分工件的表面不规则,无法保证声束的垂直入射。虽然水浸超声C扫描能够探测毫米级以上规格尺寸的工件,但工件内部结构对于检测效果有同等重要的决定性。例如,有的工件内部为多层镂空结构,这时超声波会在工件内部发生复杂的透射、反射和折射,声束路径难以分析,导致无法识别缺陷信号。

因此,扩散焊接的超声检测尚处于初步应用阶段,还有很多技术瓶颈需要解决,但在目前阶段,对于典型扩散焊接件,超声C扫描技术仍是一种有效、可行的质量评价方法。随着新技术的发展,未来可能会出现更加有效的检测方法,满足不同类型扩散焊接构件的缺陷检测和质量评价需求。

3. 钎焊检测

钎焊是使用比工件熔点低的材料作钎料,将工件和钎料加热到高于钎料熔点、低于工件熔点的温度,利用液体钎料润湿工件,填充接口间隙并与工件实现原子间的相互扩散,从而实现焊接的方法。钛合金材料一般采用真空钎焊。钎焊具有焊接温度低、对材料影响小、结构变形小、可实现复杂接头连接等特点,特别适用于复杂精密构件的焊接。

从无损检测的角度来看,钎焊与扩散焊接有很大的相似性:钎焊焊接接头填充的钎料厚度很小(一般为几十微米),产生的缺陷通常也是局限于该厚度范围内的面状缺陷,不适宜射线检测法,只能采用超声检测。二者之间的差别是,当采用的钎料与基体材料的声学性能差异较大时,超声波会在异质界面产生很强的反射回波,这时检测的难度就大大提升。

因此,钎焊焊接接头也采用水浸C扫描法检测,超声波声束垂直入射到焊接界面,利用点聚焦探头扫查,能检测规格较小的构件。检测时,通常也尽量采用较高的频率,提高细节分辨率,但也要结合焊件的厚度保证超声波的穿透力和信噪比。检测灵敏度的调节可在对比试块上进行,将对比试块中的平底孔回波高度调整到仪器屏幕的80%作为检测灵敏度。对比试块采用模拟焊件制备,基体、钎料和焊接工艺与产品保持一致，平底孔垂直于钎焊界面，深度恰好位于钎焊界面，平底孔的直径根据质量要求设定。试块的平底孔既可在焊接前加工，也可在焊接完成后加工，焊前加工时，由于钎料熔化的流动会附着在圆孔附近，焊接完成后还需要对平底孔二次加工。

水浸超声检测调节灵敏度和实际扫查时，均将焦点深度设置在钎焊界面位置。图 3-109 所示为平面钎焊结构多个方形样件的水浸超声 C 扫描检测结果，可通过分析软件计算反射波幅超出基准灵敏度的缺陷面积。

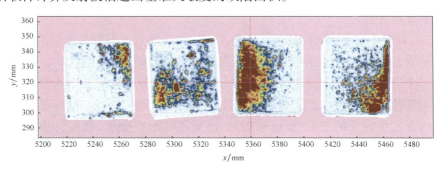

图 3-109　平面钎焊检测结果

当钎焊面积较小或存在干涉结构时，就需要根据结构特点分析声束的传播路径，在理论上能区分反射波的条件下，测试模拟缺陷件的检测效果，评判可检性。与扩散焊相同，在焊接件结构复杂时，同样很难实施检测。除此之外，当采用的钎料与基体的声学性能差异较大或两侧基体材料不一致且声学性能差异较大时，界面固有反射波会影响缺陷信号的识别，也要利用模拟样件开展对比试验的方式确认能否实施检测。

3.4.6　焊接缺陷辅助定量方法

常用的超声检测定量建立在理想化声波反射模型的基础上，通过与参考反射体的反射波幅对比或直接采用公式计算缺陷的当量尺寸。这种定量方法简单易行，是当前检测标准中通用的定量方法。从质量控制的角度考虑，缺陷的定量准确度越高越好，定量信息越丰富越有参考意义。实际缺陷的形态并无规律，利用平底孔、横孔的声波反射模型定量计算，测出的结果并不能完全反映缺陷的真实情况。虽然在当前的超声检测中，缺陷的定量只需按照标准要求的方法执行，但更准确的定量始终是无损检测的终极目标，在新产品研制或特殊用途的产品检测中，对缺陷定量就提出了更高要求。

无损检测缺陷定量，是指缺陷尺寸的量化表征，最理想的定量是重构缺陷形态的三维结构。但当前的无损检测方法中，除工业 CT 外，其他检测方法还很难精准地显示出缺陷的三维结构。对于超声检测,由于超声波与缺陷的相互作用比较复杂,虽然目前也有一些三维成像算法,但一般只用于典型构件,更多的是用于定性参考,难以准确定量,因此从实用角度考虑,超声检测的定量更多的是指较为准确地测量缺陷的长度、宽度和高度。

从缺陷扫查的角度,采用更集中的声束有利于缺陷的定位和定量,声束直径越小,扫查时其纵向或横向分辨率就越高,缺陷的测量也就更准确。例如,采用接触法检测时,在测量条状缺陷长度时,采用接触式聚焦探头对缺陷端点的识别准确性要高于普通探头。声束集中只是准确定量的一个必要条件,除此之外,也要尽可能地提高扫查精度,否则就可能很难得到准确的定量结果。这在水浸超声C扫描中体现得最为突出,采用聚焦探头扫查时,能准确地测量出缺陷的投影面积,但当扫查精度较低时,缺陷的轮廓显示不再清晰,测量的尺寸误差也会增大。采用聚焦声束和提高扫查精度是保证定量准确性的前提,不再重点介绍,本节主要介绍一些典型缺陷的辅助定量方法。

1. 表面开口缺陷深度测量方法

表面开口缺陷在钛合金原材料和焊接接头都是较为常见的缺陷,如板材表面裂纹、焊缝热影响区纵向裂纹、电子束焊接根部未焊透等。检测到这类缺陷时,往往希望获得缺陷的深度信息,对于分析缺陷的成因、危害性有重要参考,也有利于制定合适的缺陷修复方法。目前,表面开口缺陷的深度测量,可应用方法包括端角反射法、衍射波法和表面波法,也可采用相控阵超声、TOFD等新技术。

1)端角反射法

表面开口缺陷取向大多垂直于表面,这就为端角反射提供了必要条件。图3-110所示为表面开口缺陷声波响应的有限元模拟,超声波传播到缺陷位置时,会在缺陷面(或工件底面)反射,继续传播到工件底面(或缺陷面)时再次反射,形成端角反射。缺陷端点同时会产生衍射波。

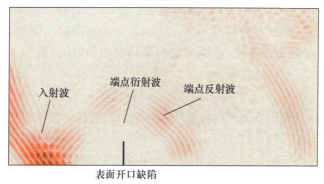

图3-110 表面开口缺陷声波响应的有限元模拟

端角反射示意图如图 3-111 所示,采用折射角为 45°的横波斜探头垂直于缺陷长度方向扫查。当探头处于图 3-111 所示的状态 1 时,探头接收到端角根部反射波,此时超声波的声程为 S_1,当探头处于状态 2 时,探头接收到端角顶点反射波,此时超声波的声程为 S_2。由于横波的折射角为 45°,因此端角反射角同样为 45°,不会产生纵波干扰。根据几何关系,缺陷的高度 Δh 与声程 S_1 和 S_2 的关系可用下式表示:

$$S_2 - S_1 = \sqrt{2}\Delta h \tag{3-18}$$

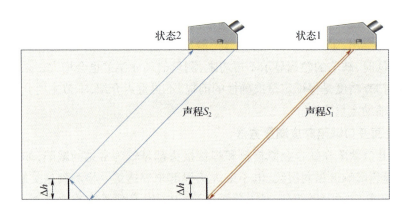

图 3-111 端角反射示意图

因此,只需要分别测出不同状态端角反射时的声程,根据公式就能计算出缺陷的高度。为提高定量的准确性,探头的角度应尽量接近 45°,且应在 CSK-ⅠA 试块上校准检测系统。端角反射法本身就是检测表面开口缺陷的常用方法,缺陷检测和定量可同时完成,并不需要采用新的检测系统,可操作性很强。由于超声波束具有一定的宽度,当缺陷的高度极小时,端角反射波往往就不容易区分,定量的准确性也会受到影响。除此之外,当缺陷的高度较大时,经端角反射后的超声波与入射波的间距较大,难以被探头有效接收,无法测量。为解决这一问题,可适当增大探头晶片尺寸,或采用双探头法,双探头法与串列扫查类似,定量的准确性影响因素会更多,且操作会变得很复杂。

2)衍射波法

衍射波法就是利用表面开口缺陷的端点衍射波定量。根据惠更斯-菲涅尔原理,超声场中的缺陷端点可以视作是发射子波的边缘,声波向各个方向衍射,故开口缺陷的端点会产生衍射波,可利用这一特性测量缺陷的高度。

图 3-112 所示为衍射波法高度定量原理,由于很难测量绝对时间计算声程,因此同样需要采用端角反射波作为参考波。具体的实施步骤为:采用 45°横

波斜探头找到缺陷的端角反射波,应尽可能找到接近根部的端角反射波,记录反射波的对应深度 h_1;然后继续向缺陷方向移动探头,当主声束接近缺陷上端点附近时,端角反射波的上升沿附近出现一个幅值较低的波峰,记录该波峰的对应深度 h_2,则缺陷的高度 Δh 即为 h_1 和 h_2 的差值。由于表面开口缺陷端点衍射波信号的能量相对较弱,实践证明,裂纹的端角反射回波与端点衍射回波的能量相差至少 20dB,因此移动探头寻找端点衍射回波时,检测灵敏度应提高 20dB 左右。

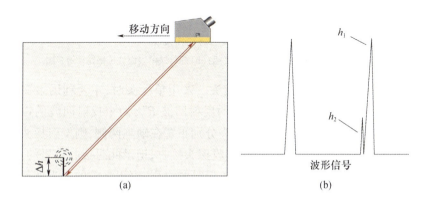

图 3-112 衍射波法高度定量原理

上面介绍的是缺陷位于检测面对侧的情况,有时缺陷可能和检测面同侧,这时应尽量在背面检测。虽然从原理上,缺陷与检测面同侧时,同样能够接收到衍射回波信号,但由于声程较短,近场区和探头前沿会增加测量的难度,因此应优先选择背面检测。实践证明,波长越短,测量精度越高,越有利于测量尺寸相对较小的裂纹的自身高度,因此,尽量选择频率较高的探头。为了提高检测效率,实际检测时可先使用普通横波斜探头初步扫查再使用专用聚焦探头能得到更准确的检测结果。需要注意的是,部分钛合金材料的声波衰减较大,可能难以接收到衍射信号,该方法也就不再适用。

3)表面波法

工业超声检测中应用的表面波是指瑞利波,只能用于检测固体介质表面和近表面的缺陷。表面波在传播过程中遇到表面开口缺陷时,一部分声波在缺陷处反射并沿物体表面返回,一部分声波仍以表面波的形式沿裂纹表面继续向前传播,传播到裂纹顶端时,部分声波被反射而返回,部分声波继续以表面波的形式沿裂纹表面向前传播。图 3-113 所示为表面波在直角边传播的光弹试验快照和开口缺陷表面波传播路径示意图,表面波的传播特征为表面开口缺陷的深度定量提供了理论依据。

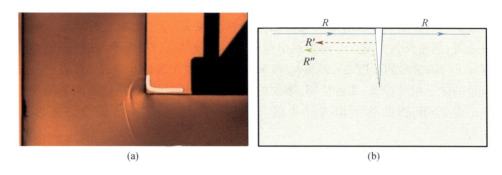

图 3-113　表面波的传播路径
(a) 表面波在直角边传播的光弹试验快照；(b) 开口缺陷表面波传播路径示意图。

表面波法测量可采用单探头或双探头。采用单探头时，主要利用表面波在缺陷处的直接反射回波 R' 和缺陷顶点处的反射回波 R''，两个反射回波的声程差就是缺陷的深度。采用双探头时，两个探头分别布置在缺陷两侧，则发射探头激发的表面波会经裂纹表面传播到另一侧被接收探头接收，记录此时接收信号的声程，然后保持探头间距不变，测量无缺陷处接收信号的声程，声程之差的一半就是缺陷深度。无论采用单探头或双探头，表面波在缺陷的端点处都会有一部分发生波型转换，产生变形纵波和横波，变形波也能被探头接收，但可根据传播时间区分，有时甚至也能作为辅助定量参考波。

表面波定量有自身的特点，可归纳为几个方面：①只适用于深度较浅的缺陷，表面波只能在介质表面下几个波长传播，随着深度的增大能量迅速衰减，一般认为测量的深度极限为两倍波长；②表面波受介质表面粗糙度的影响较大，故主要用于表面粗糙度要求较高的工件，且受油污、水迹等影响，检测时需要清除传播区域内的表面污迹；③为提高测量精度，通常要求仪器具有较高的距离分辨率，并采用窄脉冲探头。虽然表面波法测量缺陷深度的精度较高（理想条件下误差可达 ±1mm），但在实际应用中会受到检测条件、缺陷形态等因素的影响，增大定量误差，严重时甚至无法接收到所需的信号波。

2. 内部缺陷定量方法

内部缺陷定量方法同样采用衍射波法，根据缺陷形态，可将缺陷的衍射情况分为两种情况，图 3-114 所示为两种类型缺陷的有限元模拟。当缺陷为面状缺陷或具有尖锐端点时，缺陷的端点就会成为发射声波的子波源；当缺陷为孔形缺陷时，超声波传播到缺陷界面后会沿着缺陷表面绕行一周，并不断发出散射波[28]。这两种不同的衍射方式提供了不同的缺陷定量方法。图 3-115 所示为利用缺陷超声衍射信号进行定量检测的示意图。

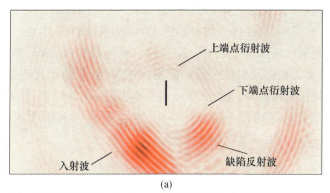

图3-114 内部缺陷声波响应的有限元模拟

(a)面状缺陷;(b)孔形缺陷。

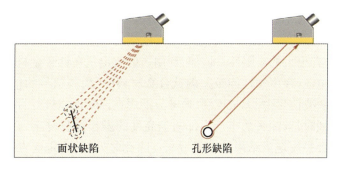

图3-115 内部缺陷衍射定量示意图

当缺陷为面状缺陷时,缺陷的上下端点会产生衍射波,最简单的方案是采用同一个探头发射超声波并接收衍射波。具体的操作步骤为:斜探头检测到缺陷后,将灵敏度提高20dB以上,左右移动探头,根据反射波的包络线,找到上下端点对应的衍射波,两个衍射波对应的深度差就是缺陷高度。由于衍射波信号很弱,发射和接收采用一个探头时不容易区分反射波和衍射波,因此有时就采用双探头的方案。

双探头检测时,两个探头的规格参数一致,等距布设在缺陷两侧,如图 3-116 所示,通过调节探头间距,保证探头的声轴线入射到缺陷的上下端点。根据缺陷上下端点衍射信号测量的深度之差就是缺陷高度。实际检测时,由于并不清楚缺陷的端点深度,就需要先根据反射波位置固定发射探头,然后移动接收探头,再调整发射探头位置寻找衍射波信号,如此反复。实际应用中,十分烦琐,并不常用,该方法从原理上就是 TOFD 技术的简化版,因此,在必要时可采用 TOFD 技术。关于 TOFD 检测技术和应用在 3.5.2 节中介绍。

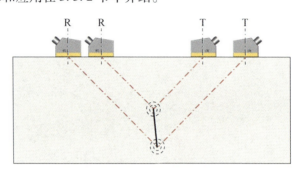

图 3-116　双探头法检测示意图

当缺陷为孔形缺陷时,根据声波绕行一周的特点能计算出缺陷的周长。采用横波斜探头,将声束轴线方向调节到缺陷位置,找到缺陷回波,并适当提高增益,则紧随缺陷回波会出现一个幅值较低的回波,这就是衍射波。缺陷回波和衍射波的声程差就是孔形缺陷的周长。为方便区分缺陷回波和衍射波,推荐采用窄脉冲探头,缺陷深度较大时,为弥补钛合金声波衰减,也可采用纵波斜探头。

本部分介绍的几种表面开口缺陷和内部缺陷的定量方法虽然在理论上是可行的,但在应用中有很大的局限性。比如,利用衍射波定量在钛合金材料中的适用性需要通过试验验证,在声学性能较差的钛合金材料中,检测信号的信噪比较低,衍射波被湮没在杂波信号中,无法识别,通常只能用在声学性能较好且厚度不大的钛合金工件中。同时,双探头法定量内部缺陷高度的操作过程复杂,在操作不当时,测量误差甚至会丧失定量结果的参考意义。除此之外,上述定量方法都建立在理想的检测条件下,如检测面为平面、厚度适中、缺陷形态和取向固定等,这些假设条件对于缺陷而言并不具有普遍性,这就进一步降低了方法的适用性。因此,这些方法只是作为辅助的定量方法,在检测条件允许时,可采用这些方法定量,为结果评价提供更多的参考信息。

3. 基于相控阵超声的定量方法

相控阵超声技术的原理见 3.5.1 节,这里主要介绍相控阵超声定量的优势。与常规超声相比,相控阵超声具有电子聚焦功能,按照延时法则能实现多角度的声束聚焦,在不移动探头的条件下,就能进行大范围的扫查。相控阵超声的声束聚焦能提高分辨率和缺陷散射信号的强度,从而实现更准确的定量。除此之外,相控阵超声检测的结果是以多视图成像的方式显示的,在采用编码器的条件下,缺陷的位置信息就更加准确,通过 C 扫描或 D 扫描显示就能直接测量缺陷位置和长度。

相控阵超声采用多角度声束扫描,其 S 扫描成像显示的缺陷形态可视为不同角度下的反射回波信号成像,这时就可采用半波(6dB)法测量缺陷高度。这种缺陷高度定量方法虽然未考虑缺陷取向影响,但由于采用了聚焦声束,通常是能得到准确度较高的定量结果的。为了提高定量的准确性,定量时可将焦点设置在缺陷位置。在灵敏度较高时也能接收到缺陷端点的衍射波信号,这时可通过两个端点的衍射波成像测量缺陷高度[29]。

相控阵超声定量方法适用于表面开口缺陷和内部缺陷。为保证测量精度,应优先选择横波楔块,检测前应进行声速校准、延迟校准、角度增益校准(ACG)和时间增益校准(TCG),保证不同角度声束的灵敏度和定位准确性。图 3-117 所示为焊缝表面开口裂纹的相控阵超声成像显示结果,根据半波法测得的裂纹深度为 2.6mm,与实际深度非常接近。

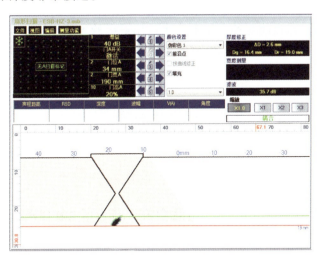

图 3-117 表面开口裂纹相控阵超声检测结果

近几年,相控阵超声又推出了基于全矩阵捕获(FMC)的全聚焦(TFM)成像算法,这种新成像算法在检测盲区、横向分辨力等方面取得了很大的突破。采用 TFM 技术,缺陷的轮廓显示更加精准,且受缺陷取向的影响较小,对缺陷的定量也有重要意义。图 3-118 所示为基于 TFM 成像的缺陷高度定量,通常直接根据成像像素点边缘位置测量缺陷高度,也可根据像素点对应的波幅信号变化设置定量准则,但目前尚无统一的规定。

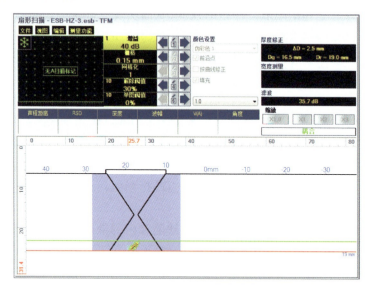

图3-118　基于TFM的表面开口裂纹检测结果

相控阵超声的定量对工件的结构并无特殊的要求,既能用于平面对接焊缝,也能用于角接焊缝,是目前几种定量方法中应用最广的方法。随着全聚焦技术的快速发展和普及,在未来,相控阵超声的定量手段将更加丰富,定量的准确性也会不断提高。

3.5　超声检测新技术

3.5.1　相控阵超声检测

相控阵超声检测技术最先应用于医学领域,随着压电复合材料的研制成功,相控阵换能器技术迅速发展,在20世纪80年代开始进入工业领域。90年代初,欧美国家将相控阵超声检测技术作为一种新的无损评价方法,编入超声检测手册和无损检测工程师培训教程。在21世纪初,压电复合技术、微电子技术和计算机技术的进步,极大地推动了相控阵超声检测技术的发展,研制的商用设备在硬件和软件功能上都较为完善,很快地应用到航空、航天、石油、化工等行业。与常规超声相比,相控阵超声检测的优点主要体现在下列方面。

(1)缺陷检出率高。借助于声束变角和深度变焦,缺陷检出率和信噪比明显提高。

(2) 适用范围广。通过软件配置,能对复杂结构工件进行工艺仿真,结合声束聚焦和变角度扫描,可轻松区分缺陷信号和结构轮廓信号。

(3) 检测效率高。相控阵超声可进行电子扫描,在不移动探头的条件下就能完成大面积的声束覆盖,远大于常规超声的栅格扫查速度。

(4) 结果显示信息丰富。相控阵超声实现了可视化检测,除常用的 S 型显示和 E 型显示外,可获取多个方向的投影显示,如 B 型显示、D 型显示、P 型显示等,易于对缺陷进行定量和分类表征分析。

1. 相控阵超声技术基础

1) 相控阵超声原理

相控阵超声是在多路硬件驱动的基础上,通过精确延时控制各传感阵元的激发时间实现声束聚焦与偏转的检测方法。相控阵超声的声束聚焦不同于物理聚焦,其本质是多列相位相同的声波在某个位置的叠加效应,如图 3-119(a) 所示。根据叠加原理,声波会在某些特定区域出现振动增强和减弱的情况。相控阵超声系统通常根据设定的聚焦位置 S 计算各个阵元激发的声波到达该位置的时间 T,根据时间 T 分时激励各个阵元,使声波波前同时到达位置 S,实现振动增强,从而达到聚焦的效果[30]。图 3-119(b) 所示为相控阵超声聚焦示意图,分时激发的各阵元产生的声波在 S 处叠加,增强幅度,且在 xOz 平面内可通过精确控制各个阵元的激发时间实现各个位置的聚焦,达到多角度扫描的目的。

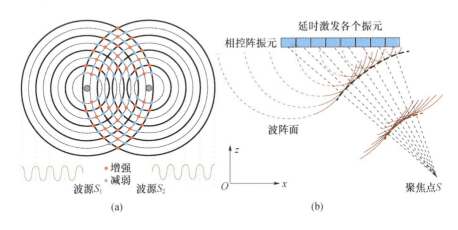

图 3-119 相控阵超声聚焦原理
(a) 声波干涉;(b) 相控阵聚焦示意图。

相控阵超声的声束聚焦和偏转能力与传感器阵元的空间排布形式密切相关,常见的阵元排布形式如图 3-120 所示,可为线阵、面阵、环阵和曲面阵等多种形式。线阵结构只能在与阵元排列方向平行的平面内聚焦和偏转;面阵结构阵列则能进行三维偏转；环阵与曲面阵结构通常用于特定工件（锻件、棒材等）的检测。在这几类基础结构阵元的基础上，针对应用需求，又先后开发出双线阵、双面阵、柔性阵列等多种衍生型专用换能器，解决了部分粗晶材料检测、异形结构检测难题。对于结构形式相同的换能器阵列，阵元数量越多，覆盖范围越大，则越有利于控制声束的聚焦能力，但同时对硬件驱动能力、软件数据处理能力提出了较高的要求，目前，阵元的数量一般为16～128。

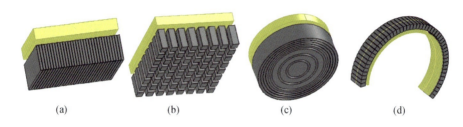

图3-120　常见相控阵阵元结构形式

(a)线阵；(b)面阵；(c)环阵；(d)曲面阵。

目前，相控阵超声线阵结构阵元的制作工艺最为成熟，相关标准中针对的相控阵超声检测也主要特指该类相控阵技术。图3-121所示为线阵列阵元分布示意图，对于线型阵元，其关键参数包括阵元宽度 l_x、阵元长度 l_y、阵元间隙 g_x 和阵元数量 n，该型换能器的声束聚焦和偏转只能在 xOz 平面内实现。

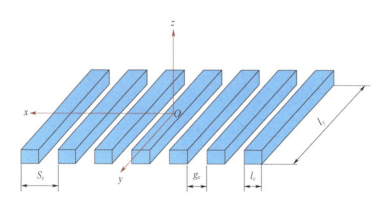

图3-121　线阵列阵元分布示意图

相控阵超声检测时，通常根据需求选择阵元数量，一般将单次激发阵元数的长度称为激发孔径 A，A 用下式计算：

$$A = n \times l_x + g_x \times (n-1) \qquad (3-19)$$

上述各个阵元参数对相控阵超声检测都有重要影响。例如，阵元数量增多时，换能器覆盖的物理范围、灵敏度、聚焦能力,以及电子偏转能力都相应提高,同时对硬件系统的性能提出了更高的要求。要优化电子偏转的范围,就需要较小的晶片间距。要得到最佳灵敏度、最小的声束扩散、较强的聚焦,就需要较大的孔径。阵元长度 l_y、阵元间隙 g_x 和阵元宽度 l_x 的设计要结合灵敏度、频率、带宽、栅瓣、制作工艺等多种因素综合考虑。对于商业化的相控阵超声探头,各个关键参数已基本固化,形成了系列化配置,检测人员只需要根据检测对象设置合适的激发孔径即可。

激发孔径决定了聚焦深度,为此引出最小孔径 A_{min} 的概念,指折射角最大时获得有效聚焦所需的最小孔径。最小孔径与聚焦深度的相关性如图 3-122 所示,阵元数量 32,阵元间距 1mm,最大折射角 70°,当聚焦深度为 86mm 时,最小孔径为 32mm[31]。

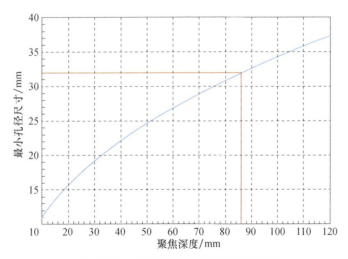

图 3-122 最小孔径与聚焦深度的相关性

2) 声场特征与关键工艺参数的选择

与常规超声探头的声场相似,相控阵超声的声场中也有扩散角、近场区等概念;激发孔径较小时,声束越发散,近场长度越小;激发孔径较大时,则相反。这些声场特性决定了相控阵超声的电子聚焦和声束偏转能力。

在相控阵超声激发孔径不变的条件下,其聚焦范围是固定的。图 3-123 所示为激发孔径一定时,在不同聚焦深度 F 下的声场分布模拟结果。当聚焦深度不大于 50mm 时,声场分布随聚焦深度的变化而变化,焦点处的声压最大,但当聚焦深度大于 50mm 时,声场分布几乎无变化,最大声压位置始终位于 50mm 附近。上述现象实际上就是相控阵超声最小孔径与聚焦深度相关性的具体体现,即特定的激发孔径的最大聚焦深度是固定的,且与近场长度相当。

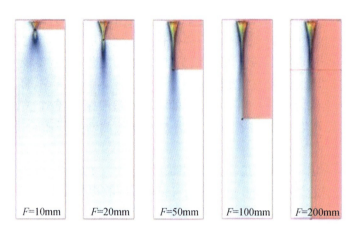

图 3-123 不同聚焦深度下的声场分布模拟结果

虽然阵元数量越多,激发孔径越大,声束的聚焦能力越强,但在应用中激发孔径并不是越大越好。图 3-124 所示为聚焦深度相同,不同激发孔径下的声场分布。随着激发孔径的增大,声束的聚焦能力增强,声束宽度变小,但声压的分布越不均匀,激发孔径越大,声压越集中在焦点位置。声压过于集中对缺陷检测是不利的,会出现焦点位置灵敏度很高,而其他区域灵敏度很低的情况,容易造成缺陷漏检。

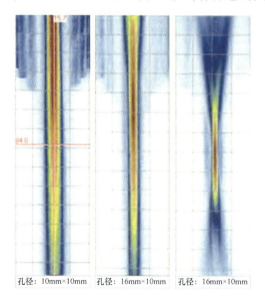

图 3-124 不同激发孔径下的声场分布

因此,相控阵超声检测的激发孔径和聚焦深度的选择要充分考虑其声场分布特征,结合被检工件厚度和目的综合选择。一般情况下,激发孔径的设置应随着检测厚度的增大而适当增大,而聚焦深度的选择要相对复杂一些,通常要避免在近场区内聚焦,但在检测特定深度的缺陷或精确定量缺陷时,可将聚焦深度设置在对应深度。

除声束聚焦外,声束偏转能力也是相控阵超声检测中要重点关注的特性。声束偏转与声束扩散是相对应的,扩散角越大,电子聚焦实现的声束最大偏转角度也越大,而扩散角取决于频率和晶片尺寸。因此,相控阵超声的激发孔径越大,频率越高,其声束偏转能力越低。图3-125所示为带斜楔块的相控阵超声声束偏转的声场模拟,随着偏转角度的增大,声压不断降低。因此,相控阵超声检测时,需要对其偏转声束进行角度增益补偿,最大偏转角度取决于检测系统的软件补偿能力和被检工件的声衰减特性。

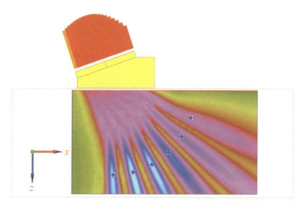

图3-125 声束偏转声场模拟

相控阵超声检测钛合金材料时,常规超声检测中的杂波干扰同样存在,要根据材质声学特性、被检工件厚度优化选择。为提高声束的穿透力,会采用大孔径激发,但需注意声场分布的均匀性,在声场的不均匀难以进行软件补偿的情况下,还需要分区设置聚焦深度。图3-126所示为不同检测工艺参数下的50mm厚钛合金焊接模拟缺陷试板的检测效果,扇扫描角度35°~75°,步进角度0.5°,采用一次波和二次波结合对焊接接头区域进行覆盖,焦点深度设置为100mm。结果表明,只有在信噪比满足条件、激发孔径适当时才能获得理想的检测效果。

2. 相控阵超声检测的应用

相控阵超声的声束聚焦、结构建模和多视图成像等功能解决了很多常规超声检测中的难题,如在检测大厚度钛合金焊缝时,信噪比明显提升,在检测薄板角焊缝时,缺陷的识别难度明显降低,且在缺陷定量方面也有一定的优势。

1) 厚板钛合金焊缝的相控阵超声检测

虽然相控阵超声的电子聚焦功能在一定程度上能提高检测信号的信噪比,但

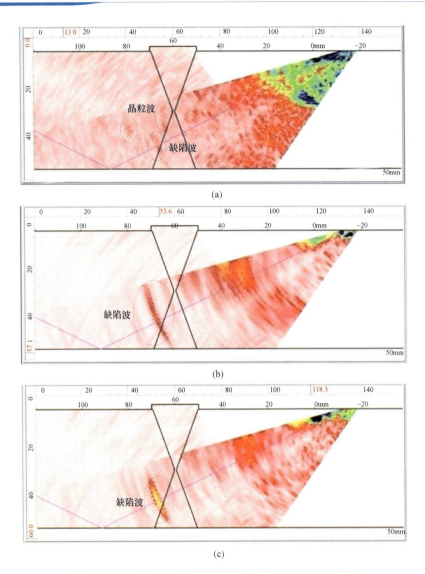

图 3-126 不同工艺参数下的钛合金焊接缺陷检测效果

(a)5MHz、32 阵元激发;(b)2.25MHz、16 阵元激发;(c)2.25MHz、32 阵元激发。

在特定的激发孔径下,信噪比仍然受厚度限制[32-33]。图 3-127 所示为同一个相控阵探头(频率 5MHz,阵元 32×0.5mm)在横波和纵波模式下,检测钛合金对比试块横孔的信噪比变化。采用横波检测时,直射波的最大检测深度为 30~50mm,而采用纵波检测时的最大检测深度则能达 80mm 以上。因此,在检测厚板钛合金焊缝时,采用纵波检测在信噪比方面更有优势。除此之外,适当降低频率也是提高信噪比的重要手段。

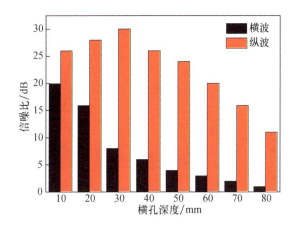

图 3-127 不同深度横孔信号的信噪比

纵波检测时,需要采用与相控阵探头匹配的纵波楔块,可采用单纵波探头或双纵波探头。双纵波探头检测与常规超声中的双晶探头类似,采用两个相同的相控阵探头和专用楔块,分别负责发射和接收,既能采用线阵探头又能采用面阵探头。双阵列探头的检测能力更强,信噪比的表现更加优秀,能解决厚度 130mm 以上的超大厚度钛合金焊缝检测难题。

因此,厚板钛合金焊缝相控阵超声检测的关键在于采用纵波检测,可采用单线阵、双线阵或双面阵探头检测,同时需要降低检测频率。由于纵波反射时,会发生波型转换出现反射横波,因此一般只采用直射波检测,为保证对大厚度焊缝的全覆盖就要进行多面或多侧扫查。

某钛合金耐压壳体采用电子束焊接,最大焊接厚度超过 100mm。由于材质的声学性能不均匀,声衰减较大,常规超声检测时的散射杂波干扰很强,而采用相控阵超声则有明显的优势。图 3-128 所示为单线阵和双面阵探头在横孔试块上的扇扫描结果,115mm 深的横孔反射波信噪比分别达到 23dB 和 22.9dB,信噪比得到大幅改善。

双面阵探头检测大厚度焊接时,要根据焊接厚度合理分区,不同的检测区域要配备不同倾角的楔块,将聚焦点设置在检测区域内,图 3-129 所示为双 32 阵元的面阵探头参数设置图和实物。双面阵探头检测时,探头的楔块尺寸较大,在检测曲面结构时,要保证良好的耦合,必要时,需采用专门定制的曲面楔块。

图 3-130 所示为厚板钛合金焊接缺陷的相控阵超声检测结果,采用双面阵纵波和单线阵纵波均能获得理想的检测结果。在实际检测中,并无特定的要求,应根据材料的声学特性选择检测方案,在信噪比适宜的条件下,可优先选择单线阵横波或单线阵纵波检测,在声学性能较差时,可采用双线阵或双面阵纵波检测。

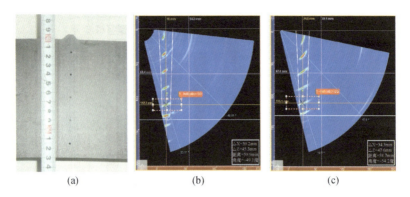

图3-128 厚板钛合金试块的相控阵超声纵波S扫描

(a)钛合金横孔试块;(b)单线阵S扫描;(c)双面阵S扫描。

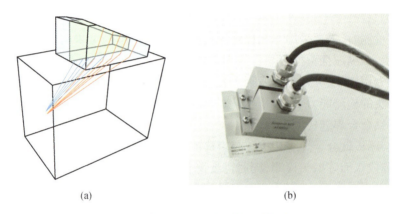

图3-129 双32阵元的面阵探头

(a)探头参数设置;(b)探头实物。

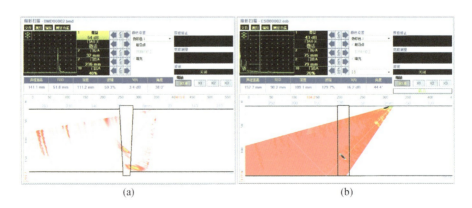

图3-130 大厚度钛合金焊接相控阵超声检测结果

(a)双面阵纵波检测;(b)单线阵纵波检测。

2) 钛合金角焊缝的相控阵超声检测

与对接接头相比,角接接头的结构较为复杂,超声检测时存在轮廓反射波干扰,增加了信号判别的难度,尤其焊接厚度较小时,缺陷波与轮廓波很难辨识。相控阵超声检测角焊缝的主要优势体现在几个方面:①声束聚焦能提高分辨力,降低声束扩散造成的轮廓反射波干扰,因此,可用于薄板角焊缝检测;②多角度扫描能在固定探头位置的条件下,实现对整个焊接接头的全部声束覆盖,既降低了扫查的要求,又有利于识别特定位置的干扰信号;③结构仿真成像易于区分轮廓波和缺陷波,解决了缺陷信号识别的难题。

相控阵超声检测的结果显示经历了"直接扇扫描成像—几何轮廓导入—结构模拟"几个阶段,如图 3-131 所示。直接扇扫描成像是对多角度聚焦声束检测信号的直接成像,检测人员仍然需要丰富的经验才能识别轮廓信号和缺陷信号。随后,引入了 CAD 模型导入和简单结构设置功能,将焊接结构形式与扇扫描图像相结合,起到了一定的定位识别辅助作用。结构仿真通常集成在设置软件中,将工件结构设置成 1:1 的结构形式,并在此基础上模拟探头位置和声束覆盖,成像结果更为直观,结果评判难度进一步降低。

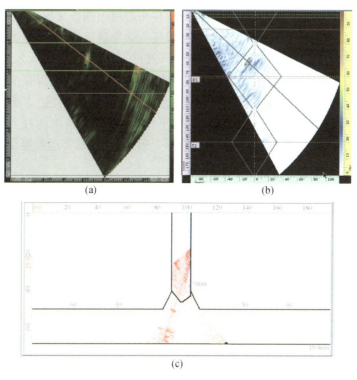

图 3-131　相控阵超声显示模式

(a)直接扇扫描成像;(b)结构设置或导入成像;(c)结构仿真成像。

因此,角焊缝检测的关键在于声束覆盖的结构模拟和仿真成像。图 3-132 所示为角焊缝的结构设置和声束覆盖模拟界面,在合理设置扇扫描角度范围、探头位置的基础上,通常要结合多次反射波才能实现对焊接接头的 100% 声束覆盖。为保证超声波定位的准确性,声速、探头楔块延迟等关键参数必须精确校准,尤其在检测薄板角焊缝时更为重要。有时为提高特定缺陷的检出率,会将聚焦深度设置在相应位置。

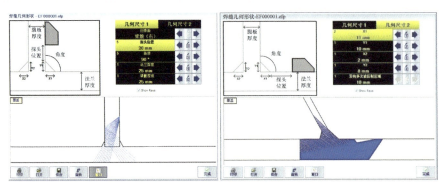

图 3-132　角焊缝结构设置和声束覆盖模拟

(1)钛合金 T 形焊缝的检测。T 形焊接接头常用于加强支撑结构中,如耐压壳体中的加强肋骨腹板与筒体的连接、肋骨腹板与肋骨翼板的连接,都属于 T 形焊接结构。T 形焊接接头通常在肋骨(腹板)上开坡口,采用双面焊接工艺实现全熔透。T 形焊缝中最常见的缺陷为钝边未熔合、坡口未熔合和气孔,在焊接工艺不当时极易出现钝边未熔合缺陷,在全焊透结构中是不允许存在的。钝边未熔合与坡口未熔合缺陷的取向不同,不可能采用单一的扫查方法准确地检出两种类型缺陷。与常规超声的扫查要求相同,相控阵超声检测 T 形焊缝时,通常也需要在翼板和腹板上分别扫查,以提高各类缺陷的检出率[34]。

图 3-133 所示为最常用的 T 形焊缝相控阵超声扫查位置示意图,翼板扫查侧重于检测钝边未熔合缺陷,腹板扫查(A 和 B 两侧分别扫查)侧重于检测坡口未熔合缺陷。气孔基本不受扫查方向的影响,在任意一种扫查方式下均可检测,但要注意由于气孔对超声波的曲面散射作用,小直径气孔是不易检出的,即使检出一般也被归类为点状缺陷。有时为保证检测效果,翼板和腹板的扫查又被细化为多个位置分别扫查,必要时也要进行横向扫查。

相控阵超声在翼板扫查钝边未熔合缺陷时,通过扇扫描声束能覆盖整个接头体积,焊缝余高也能成像显示,很容易辨识出未熔合缺陷,这是与常规超声相比最关键的优势。由于钝边未熔合缺陷的位置是固定的,为提高检测灵敏度,可将聚焦深度设置成翼板厚度。除此之外,也可采用全聚焦成像技术,分辨力更高,结构轮廓的表征能力更强[35]。

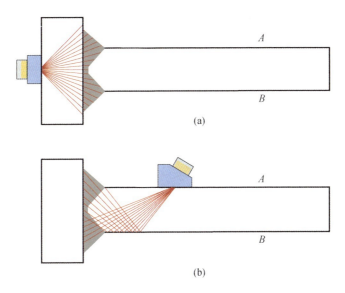

图 3-133　T 形焊缝扫查示意图

(a)翼板扫查；(b)腹板扫查。

图 3-134 所示为某钛合金 T 形焊接件钝边未熔合缺陷的解剖结果和相控阵超声在翼板扫查时的成像结果。扇形扫描和全聚焦成像均能显示出钝边未熔合和焊缝余高,缺陷的显示特征明显,易于识别,全聚焦成像的余高轮廓显示更接近真实情况,更有优势。相控阵超声翼板扫查时,根据焊缝余高的显示就能定位探头是否处于焊缝中心位置,扫查和评定非常高效。钝边未熔合缺陷的检测灵敏度很高,将焦点深度设置在钝边位置时,能检出亚毫米级的缺陷。

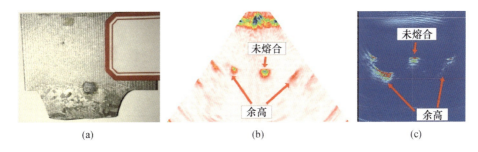

图 3-134　T 形焊缝缺陷解剖与相控阵超声检测结果

(a)钝边未熔合缺陷解剖；(b)扇形扫描显示；(c)全聚焦成像显示。

图 3-135 所示为钛合金 T 形焊缝相控阵超声翼板检测的 3D 成像,3D 成像显示的结果更加直观,缺陷在焊缝长度方向上的分布特征更突出。

坡口未熔合的定性要更加依赖于结构仿真成像功能,在焊接结构几何参数精

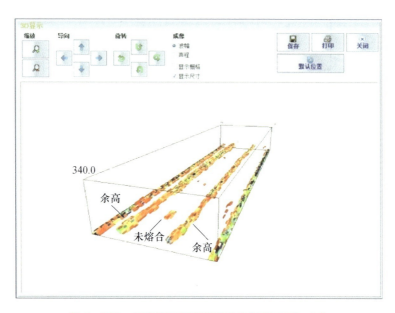

图3-135 T形焊缝相控阵超声翼板检测3D成像

确设置和检测系统校准的条件下,坡口未熔合缺陷显示和坡口位置有较好的对照性,且反射波波幅较高,通常有一定的长度。气孔的显示位置则比较随机,单个气孔呈点状,反射波较低,无指示长度。图3-136所示为T形焊缝坡口未熔合和气孔的相控阵超声成像显示,坡口未熔合具有很典型的位置特征,实际检测中应充分利用这一特点定性评判缺陷。

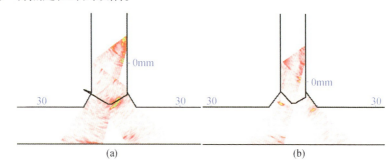

图3-136 坡口未熔合与气孔的相控阵超声成像显示
(a)坡口未熔合;(b)气孔。

（2）钛合金其他类型角焊缝的检测。除T形焊缝外,常见的角焊缝还包括L形、K形和Y形等结构形式。这些结构形式的角焊缝检测方法与T形类似,首先要根据焊接缺陷特点确定基本的检测方案,其次再根据结构形式选择合适的扫查参数,保证对焊缝体积的声束覆盖。

某钛合金浮标的底板与舣板的焊接属于非对称角焊缝,如图 3-137 所示,底板的厚度远大于舣板厚度。由于舣板的厚度较小,常规超声检测的焊缝轮廓干扰波将完全覆盖焊缝体积内的异常反射波,射线检测又受限于结构形式、透照角度、操作空间、检测效率等因素,检测效果并不理想,采用相控阵超声则能解决该焊接结构的检测难题。

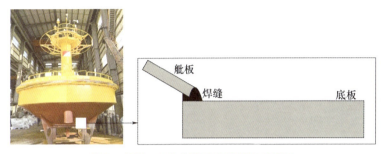

图 3-137 钛合金浮标底板与舣板结构

根据底板与舣板的结构形式,舣板和底板均可作为扫查面,但由于舣板厚度小于焊缝宽度,舣板扫查时,在采用二次波、三次波的条件下仍然不能保证对焊缝体积的全覆盖,因此选择底板扫查方案。底板扫查分为两种情况,如图 3-138 所示,在底板位置 1 采用直楔块纵波扇扫描检测,位置 2 采用斜楔块横波检测,通过底面反射完成对焊缝的声束覆盖。两种扫查方案既能独立应用,也可结合应用,达到对焊接接头多次声束覆盖的目的。

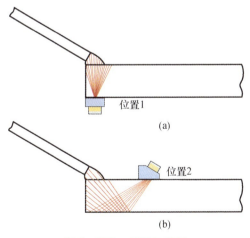

图 3-138 扫查示意图
(a)底板外部扫查;(b)底板内部扫查。

由于焊缝截面尺寸较小,检测灵敏度的设置可采用模拟焊接件设置,预制常见类型的缺陷,或在特定位置加工孔、槽作为参考反射体调节灵敏度,但检测系统的校准仍然要在标准规定的试块上进行。图 3-139 所示为两种扫查方式下的缺陷显示,均能显示出预制的典型缺陷,在位置 2 扫查时,必须采用结构仿真成像功能才能准确地评判缺陷。

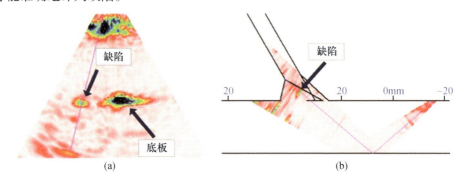

图 3-139 底板与舭板焊接缺陷显示
(a)位置 1 扫查;(b)位置 2 扫查。

3)相控阵超声缺陷定量

常规超声检测用的缺陷定量方法在相控阵超声检测中同样适用,且声束聚焦对提高分辨力和散射信号强度有重要作用,故相控阵超声在缺陷定量上更有优势。在 3.4.6 节中已介绍了相控阵超声在表面开口缺陷定量中的应用,本部分简要介绍几种典型的定量方法。

图 3-140 所示为相控阵超声检测缺陷定量示意图,采用 S 扫描图像与 A 扫描

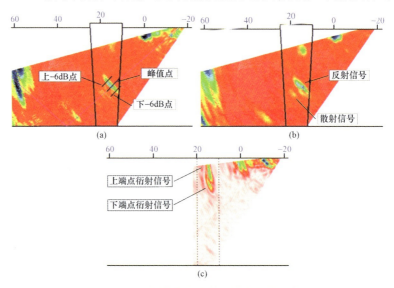

图 3-140 相控阵超声检测缺陷定量示意图
(a)6dB 法定量;(b)孔形缺陷散射波定量;(c)面状缺陷衍射波定量。

信号结合的方式测量缺陷尺寸,具体操作与常规超声相同。当焦点设置在缺陷位置时,即使缺陷的取向不利于接收反射波,但缺陷端点的衍射信号强度较大,成像显示较为清晰,定量较为准确[36-37]。

3.5.2 衍射时差法超声检测

衍射时差法超声检测(time of flight diffraction technique)是一种基于衍射信号实施检测的技术,简称TOFD技术。TOFD技术是20世纪70年代由英国哈威尔国家无损检测中心提出,经过近10年时间的研究建立的一套能够检测缺陷和确定缺陷尺寸的新方法。

TOFD检测需要采集大量的A扫描信号,并对信号进行处理,模拟设备显然不具备这样的功能,限制了技术的应用。随着计算机技术和数字技术的应用,TOFD检测系统才迎来了关键的发展期。早期的TOFD检测系统体积较大,携带和使用不够方便,功能和性能指标也存在不足。在21世纪初,多种功能强大、性能优良,配备有各种机械扫查装置,以及各种数据分析软件的便携式多通道TOFD检测仪器系统先后问世。国内外的检测标准也先后发布,TOFD检测技术开始在工程中广泛应用。

与常规超声相比,TOFD技术有两个显著的特点:一是采用衍射波检测,检测的可靠性和精度几乎不受缺陷取向的影响;二是根据衍射信号时差定位、定量缺陷,不依靠信号振幅。

TOFD技术的优点主要体现在以下几个方面。

(1)检测结果可靠性高。试验研究表明,TOFD技术的缺陷检出率远高于常规手动超声波检测技术,通常也高于射线照相检测技术。

(2)缺陷高度的定量精度高。对于常见的线性缺陷或面积类缺陷,TOFD测高误差小于1mm,缺陷高度较大时,误差甚至能达1mm以下。

(3)结果显示丰富。TOFD技术将大量A扫描信号转换为TOFD图像,信息量远大于A型显示,更有利于缺陷的识别和分析。

(4)检测过程可记录。TOFD采用自动或手动扫查架扫查,能全过程记录和保存信号,提高了追溯性。

TOFD技术也有以下不足。

(1)存在检测盲区,对近表面缺陷的检测可靠性不够。受直通波和脉冲宽度影响,近表面缺陷很可能隐藏在直通波中而漏检,即使能检出也很难精确测量,下表面由于轴偏离也存在一定的盲区。

(2)缺陷定性困难。能区分上下表面开口和内部缺陷,但难以判断缺陷性质。

(3)只能用于声学性能较好的材料。粗晶材料中信噪比低,检测困难。

（4）通常只用于结构规则的对接焊缝中，复杂形状的工件检测有一定的困难。

1. TOFD 技术基础

在 3.4.6 节中，已经介绍过基于衍射波的双斜探头缺陷高度定量方法，TOFD 技术可看作是该方法的系统化升级，如图 3－141 所示，同样采用双探头布设方式检测。只不过 TOFD 技术采用的探头和检测系统都进行了专门的改进，在检测效率和定量准确性上有了质的提高。TOFD 探头晶片采用复合材料，具有更好的发射和接收性能，灵敏度很高。还有一个重要的特点是，TOFD 探头的晶片直径通常只有几毫米，发射的超声波声场非常分散，如图 3－142 所示，能覆盖更大的深度范围，无须调节探头间距就能同时接收到缺陷的上下端点衍射波。

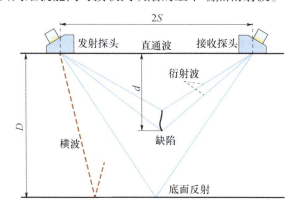

图 3－141　TOFD 原理示意图

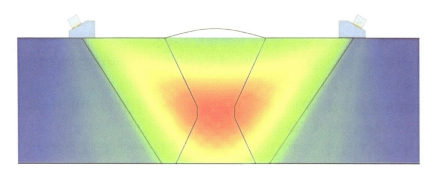

图 3－142　TOFD 探头声场分布

TOFD 检测采用纵波，主要是因为纵波的声速远大于横波，这样就能在更短的时间内被接收探头接收，无须考虑变型横波的干扰。若采用横波，则变型纵波就有可能在横波之前到达接收探头，这时就会因两种波的存在而变得混乱，无法准确评判。TOFD 检测的特征信号包括直通波信号、缺陷衍射波信号、纵波底面发射信号、波型转换波的缺陷衍射信号、波型转换波的底面反射信号和波型转换波的底面反射信号之后的信号。直通波信号的相位与缺陷的上尖端衍射信号的相位相反,与缺陷的下尖端衍射信号的相位相同,与底面回波信号的相位相反,相位特征有助于识别缺陷。

1) TOFD 技术定量原理和盲区

TOFD 技术的核心是精确测量信号的时间差,这要求检测系统要有足够的时间精度,而且测量信号的时间差时要与相位特征相结合,有时测量点相差半个信号周期就能造成非常大的误差。在测量时间差的基础上,根据材料的纵波速度就能计算出相应的声程,根据几何关系即可计算出缺陷深度和高度。如图 3-143 所示,假设探头间距为 $2S$,又称为探头中心距(PCS),衍射点的深度为 d,衍射信号传播时间为 Δt,纵波声速为 c,这样衍射点深度可用下式表示:

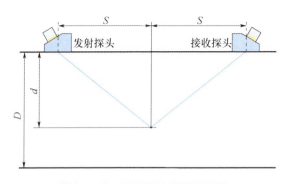

图 3-143 缺陷深度测量示意图

$$d = [(c\Delta t/2)^2 - S^2]^{1/2} \quad (3-20)$$

通过计算缺陷上下端点对应的深度就能获得缺陷高度。

因此,为保证计算的准确性,声速就很重要,在检测前,通常需要根据实际厚度进行深度校准,检测系统就自动修正探头延时和声速,建立起图像中任意一点的深度关系。为提高时间测量精度,通常使用短脉冲探头和高频率探头,减小 PCS 也是常用的手段,理论上也可增加数字化频率,但常用检测设备的数字化频率可调范围有限,通常采用前两种方法。

上述原理建立在衍射点恰好位于两探头之间对称中心点的基础上,实际检测时,缺陷可能分布在焊接接头的各个位置,这时采用式(3-19)计算就会存在一定的误差。实际上,在大多数情况下,缺陷偏离焊缝中心线并不会太大,计算的误差很小,一般在 ±1mm 内,这种误差通常是可忽略的。同时要注意的是,TOFD 检测中深度和时间的关系不是线性的,而是成平方关系的,故在近表面区域,信号在时间上的微小变化转换成深度就变成较大变化。因此,TOFD 对近表面缺陷检测的可靠性和准确性会受到影响。

TOFD检测时,存在上表面盲区和底面盲区,如图3-144所示,在盲区内的缺陷不能被有效检测。上表面盲区就是直通波信号所覆盖的深度范围,这个深度取决于直通波脉冲时间宽度,与探头频率、带宽和探头中心间距有关,通常盲区高度为5~15mm,不容忽视。下表面盲区主要是指轴偏离底面盲区,即偏离两探头中心位置的底面区域存在的盲区。按TOFD检测一发一收的探头布置,超声衍射信号传播时间相等的位置构成一个椭圆轨迹。在椭圆轨迹上的衍射信号的传播时间相等,若缺陷在椭圆以下区域,则信号就出现在底面反射波之后,无法被检出。因此,焊缝的宽度越大,则下表面盲区越大,钛合金焊接接头的宽度一般较小,底面盲区也相对较小(1mm以下)。

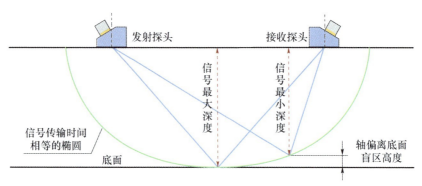

图3-144　TOFD检测盲区示意图

上表面盲区虽然能根据探头的标称频率计算,但不够准确,检测时,一般需要采用盲区试块实测。下表面盲区则可直接按照椭圆的几何特征计算。在TOFD检测标准中,对于盲区的大小有明确的规定,盲区较大时,需要采用有效的方法补充检测。

2) TOFD技术关键参数的选择

(1) 探头的选择。TOFD探头的基本要求是宽频带和窄脉冲,一组探头中,两个探头的参数应尽可能一致,中心频率的偏差不能大于10%。为了减小盲区、提高分辨力,TOFD探头要结合频率、晶片尺寸和角度等多个因素综合选择。

从TOFD原理角度考虑,频率增高有利于提高分辨力,同时采用小晶片探头获得较大的扩散角实现大范围覆盖。但结合钛合金材料的声学特性考虑,为提高超声波的穿透力和缺陷衍射信号的信噪比,就应该采用较低的频率,同时采用大直径晶片、入射角较小的探头[38]。

图3-145所示为典型钛合金组织的TOFD扫查图像,探头频率为5MHz,晶片直径为9mm,入射角度为60°,试样厚度为40mm。扫查图像中均存在散射杂波干扰,其中等轴和双态组织的TOFD图像的杂波干扰相对较小,而网篮和魏氏组织的

TOFD 图像的杂波干扰较为严重,已很难通过工艺手段优化,不符合基本的检测条件。

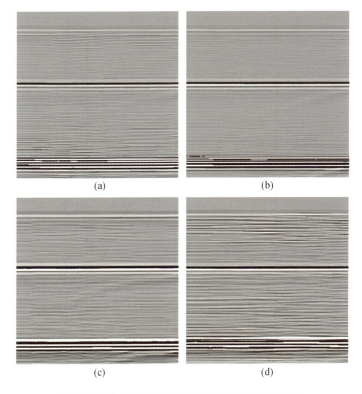

图 3-145 典型钛合金组织的 TOFD 扫查图像
(a)等轴组织;(b)双态组织;(c)魏氏组织;(d)网篮组织。

(2)PCS 的选择。在探头参数固定的条件下,PCS 对覆盖区域和分辨力有直接影响,需要综合考虑。当前的检测标准中,PCS 的选择通常采用 2/3T 法则,即探头波束中心线交叉点在 2/3T 深度,这一法则更多地应用在非平行扫查中。当重点检测某一深度缺陷时,也可不采用该法则,将波束中心线交叉点设置在检测深度附近。

(3)检测系统的校准。虽然 TOFD 检测并不采用幅值的方法评判缺陷,但衍射波信号的幅值要在满足一定高度时才能被识别,因此需要对检测系统设置合适的增益,这也相当于对检测系统灵敏度的设置。目前常用的增益设置方法有直通波法、晶粒噪声法、底面反射波法、尖角槽衍射波法和侧孔反射波法。具体的增益设置方法应按照执行标准的要求实施。

(4)扫查方式的选择。TOFD 检测有 4 种扫查方式:非平行扫查、偏置非平行扫查、平行扫查和斜向扫查,如图 3-146 所示。非平行扫查用于大范围快速扫查,是最常用的扫查方式;偏置非平行扫查主要为了解决底面轴偏离导致盲区增大的问题,在焊接接头宽度较大时,作为补充扫查;平行扫查和斜向扫查可用于横向缺陷的检测,或用在检出缺陷后的补充扫查。

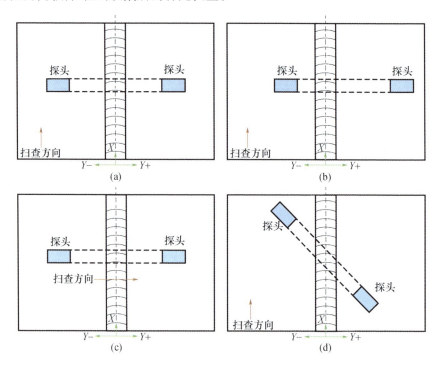

图 3-146 TOFD4 种扫查方式

(a)非平行扫查;(b)偏置非平行扫查;(c)平行扫查;(d)斜向扫查。

TOFD 扫查可采用手动扫查器或自动扫查器,配备编码器,采样间距通常设置在 1mm 左右。扫查过程中应保证良好的耦合,在固定的路径上稳定行进。

2. TOFD 技术的应用

由于钛合金材料声学性能的特殊性,TOFD 技术的适用性要通过试验验证,在钛合金声学性能较差时,散射杂波信号会严重干扰缺陷衍射波信号,导致无法实施检测。应用经验表明,对于钛合金材料,既不能完全否定 TOFD 技术的适用性,又不能完全按照细质钢的要求执行。为提高信噪比,检测钛合金焊缝时,要适当降低频率,采用较大晶片的探头,提高激励脉冲的幅值,减小入射角等措施,但也会造成分辨力降低、盲区增大等弊端。

TOFD 主要应用在较为重要的钛合金对接接头中,常用于检测中等厚度的焊缝,最大检测厚度通常不超过 70mm。图 3-147 所示为大口径钛合金环焊缝的 TOFD 检测过程和结果,能检出焊接接头中的未熔合与密集气孔。

通过优化检测工艺,虽然能将 TOFD 用于一些钛合金焊缝检测,但由于钛合金焊接面状缺陷尺寸较小、杂波信号干扰较大等原因,实际应用中 TOFD 技术缺陷检出率高的优势往往得不到体现。因此,目前 TOFD 技术在船用钛合金焊接接头中的应用比例不高,通常作为补充方法对尺寸较大的缺陷进行高度测量。

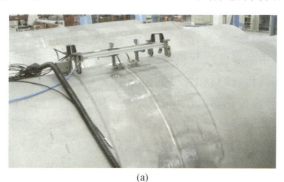

(a)

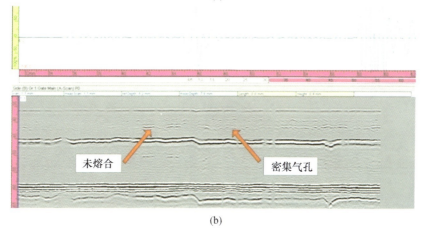

(b)

图 3-147 钛合金焊缝 TOFD 检测

(a)钛合金环焊缝 TOFD 检测;(b)TOFD 检测缺陷显示。

3.5.3 其他超声检测新技术

1. 超声导波检测

常用的超声检测方法在检测大面积构件时,需要反复扫查才能完成整个检测区域的覆盖,而导波的出现颠覆了传统的扫查模式,大幅提高了检测效率。导波的传播距离很远(某些在役管道检测系统单次检测长度能达数十米),只需要在很小的范围内扫查就能实现相当大区域范围的检测。导波检测技术刚起步时,对其认识并不全面,经过 20 余年的发展,关于导波的基本理论、数值计算和模拟取得了长足的进步。与之相应的导波换能器、检测系统也迎来了快速的发展和进步。

导波可以视为是由于声波在介质中的不连续交界面间产生多次往复反射,并进一步产生复杂的干涉和几何弥散而形成的。传声介质如果是细棒材、管材或薄板,且当壁厚与波长相近时,则纵波和横波受边界条件的影响,不能按原来的波传播,而是按照特定的形式传播,这种定向引导特定频率超声波的结构称为波导,以频率高于 20 kHz 声波频率在波导中平行于边界传播的弹性波就称为超声导波。导波主要分为圆柱体中的导波以及板中的 SH 波、SV 波、兰姆波和漏兰姆波。因此,导波也主要应用在薄板、棒材和管材的检测中。

目前,常用的导波传感器有压电式、电磁式和脉冲激光式:压电式传感器与常规超声检测换能器相同,基于压电材料的压电效应;电磁式基于电磁超声原理;脉冲激光利用激光照射材料表面,通过烧蚀或热弹效应产生超声波。压电式传感器应用最为常见,探头晶片激发的超声波倾斜入射到工件中,进而形成相应的超声导波模态,如图 3-148 所示。检测管道时,传感器还常以周期阵列的形式均匀布置在管道周向,用于激励纵向模态和扭转模态。

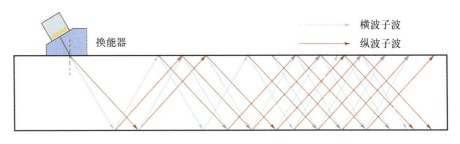

图 3-148 压电式超声导波原理

导波技术最早应用在管道检测中。长距离的输送管道不仅检测距离长,且多数管道深埋地下并带有包覆层,若采用常规的点对点检测,检测效率和成本都是难以接受的。采用导波检测,只需在间距数十米甚至百米的位置开挖检测点就能完成管道的检测,通常用于检测管道的腐蚀状况。目前,国外多家公司推出有商用的管道导波检测系统,国内石油、石化行业已开始应用。除在役检测外,导波还可用于板材、棒材等原材料的检测。检测板材时,利用导波传播距离远的特点,探头只需在板材的一端扫查就能实现整张板的检测,配合成像系统还能实现可视化检测。图 3-149 所示为钛合金板材试样的超声导波检测结果,板材中的人工平底孔显示清晰,实现了整块板的完整检测。

导波检测技术仍然在不断发展,国内外学者已开始研究相控阵导波检测技术,这对提高检测灵敏度有重要意义。同时,由于导波具有远距离传播的特点,目前导波也已开始进入结构健康监测领域,用于对缺陷和结构失效的早期预警。

由于导波的模态较复杂,在复杂结构中很难求解导波的传播问题,因此导波主

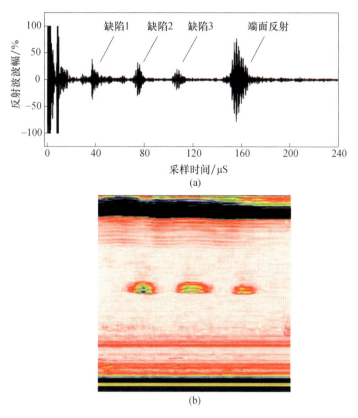

图3-149 钛合金板材试样导波检测结果
(a)导波检测缺陷波形;(b)导波检测缺陷成像。

要应用于特定结构的工件检测。在实际检测中,导波检测的灵敏度和各类缺陷的检出率仍是需要重点关注的问题,且在缺陷的定量方面仍需进一步研究,标准和规范也有待完善,这些问题在某种程度上制约了导波检测技术的大范围应用。

2. 非接触电磁超声检测

传统的超声检测都需要耦合剂,否则超声波就无法进入到工件中,而非接触式超声检测就是无须耦合剂,甚至传感器与工件保持一定距离的条件下也能实施检测的方法。由于无须直接耦合,非接触超声就降低了对待检工件表面状况的要求,也能适用于高温环境。与此同时,非接触检测不存在耦合接触压力变化问题,检测灵敏度稳定,检测结果重复性高。基于这些优点,非接触式超声检测技术一直是国内外研究的热点,受到国内外学者的广泛关注,目前已推出有商用的检测设备,开始在越来越多的领域中发挥作用。

电磁超声、激光超声和空气耦合超声是非接触式超声的典型代表:电磁超声基于电磁作用原理在材料中激发出超声波；激光超声利用激光的热弹和烧蚀作用激发出超声波；空气耦合超声则仍然是换能器直接发射超声波，通过大功率激发、降低频率等手段穿过空气层进入工件。空气耦合超声的波长较长，主要用于非金属材料的检测，激光超声检测在应用中存在效率低、表面烧损等一系列需要解决的问题，相对而言电磁超声的应用更具有代表性。

电磁超声检测技术也称为涡流-声检测（EMAT），其物理基础包括洛伦兹力、磁致伸缩力和电磁力，电磁力相对较小，一般不起主要作用。在检测非铁磁性材料时，洛伦兹力机理起主要作用，在检测铁磁性材料时，还会受到磁致伸缩力的作用。检测钛合金材料时，线圈激发的交变磁场会使材料表面感应出涡流场，与施加的恒定磁场相互作用，则金属材料中的带电质点在磁场中流动时，受到垂直于磁场方向和质点运动方向的力（洛伦兹力）的作用而发生位移，使涡流进入的体积元发生振动，从而激发出超声波。这就是非铁磁性金属材料的电磁超声检测原理。

电磁超声换能器由磁铁和线圈两部分组成，在适当的磁铁和线圈的组合情况下，能够激发出纵波、横波、瑞利波和兰姆波。外加磁场的方向、线圈的几何形状、线圈的激励频率和被检工件的几何形状共同决定了声波的波型。如图3-150所示，当磁铁产生的磁力线垂直于金属表面时，涡流受力方向平行于金属表面，质点产生与作用力垂直的超声横波。当磁力线平行于金属表面时，涡流受到垂直金属表面的往复作用力，质点在作用力方向产生超声纵波。其他类型的声波也是通过调整线圈和磁铁实现的。

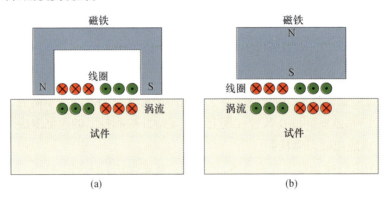

图3-150　电磁超声激发超声原理

(a)纵波激发；(b)横波激发。

电磁超声的声波接收则是发射过程的逆过程。反射或折射后回到接收区域的声波导致质点在磁场中振动，产生感应电流，在检测线圈中感应出脉冲电压而被仪器接收、放大并显示。因此，电磁超声检测必须具备3个条件：一是用于产生高频激发磁场的高频线圈；二是提供恒定磁场的磁铁，通常采用永久磁铁或直流电磁铁;三是要有导电性或铁磁性的工件。

由于电磁超声能够激发不同的超声波型,这就决定了其应用的广泛性,目前国内外的应用研究对象已涵盖管材检测、板材检测、高温检测、焊缝检测、铁轨检测、胶接质量检测等。但目前电磁超声技术还存在几个关键问题:①环能效率低,EMAT 环能效率比压电式换能器低至少 20dB,收到的超声波信号幅值小;②接收信号能量弱,容易受噪声影响;③辐射模式宽,回波信号分辨率较低。

从应用角度看,EMAT 测厚技术最为成熟,目前已开始进入到工业应用阶段。图 3-151 所示为武汉中科创新技术股份有限公司研制的电磁超声检测设备和测厚仪。HS900H 集成了压电导波检测、电磁超声导波检测和测厚功能,可用于板材、棒材和管材的检测。HS F1 型电磁超声测厚仪是一款采用 EMAT 探头,可检测各类金属或磁性材料的电磁超声测厚仪,适用于高温工件检测,在表面粗糙或存在油漆、锈蚀等覆材时也能得到准确的检测结果。

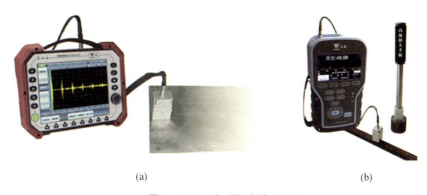

图 3-151　电磁超声检测设备

(a)HS900H 型电磁超声检测仪;(b)HS F1 型电磁超声测厚仪。

3. 非线性超声检测

常规超声检测中,通常利用超声波的反射、衍射和衰减等特性检测缺陷,检测最小缺陷的能力与波长和信噪比有关。为了检测尺寸较小的缺陷,就需要采用较高的频率,通常认为:主要用于检测宏观缺陷,微观缺陷的检测能力不足。随着质量要求的提高,微观缺陷检测的需求越来越多,如疲劳损伤缺陷、增材制造缺陷等,这些缺陷的尺寸多为微米级,就需要采用新的检测方法。非线性超声就是一种检测微小缺陷的有效方法。

在线性声学中,声波的振幅较小,质点运动服从胡克定律,在声波传播过程中,声波能量会衰减,但其频率和波形是不变的。在非线性声学中,声波的振幅太大而不能忽略非线性项,并且质点运动不符合胡克定律,在声波传播过程中,波形会畸变失真并引入更高次的谐波成分。当微小缺陷与大振幅的超声波相互作用时,会发生强非线性失真效应,产生高次谐波,非线性超声就是利用这一特点实现微小缺陷的检测和评价的[39]。

非线性超声检测方法包括有限幅度法、双频谱分析法和振动调制法等,检测时,可采用纵波、横波、兰姆波等类型的超声波。非线性超声检测的关键是要激发高能量有限振幅的声波,并结合滤波和信号放大系统才能有效提取到谐波信号,因此,必须采用专用的检测系统。图 3 – 152 所示为基于美国 RITEC 公司的 RAM – 5000 – SNAP 平台的检测系统原理框图,该系统具有测量声衰减、基波幅度、谐波幅度和声非线性参数等功能,是目前主流的非线性超声试验系统。普通的超声换能器通常采用宽频带窄脉冲提高分辨力,非线性超声检测则采用脉冲串激励窄带换能器,期望获得频带尖锐的纯净频率响应。

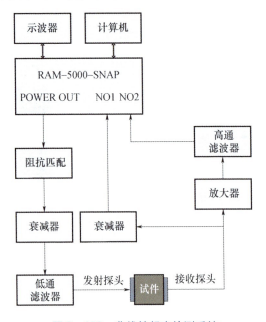

图 3 – 152　非线性超声检测系统

近些年,非线性超声的研究在国内外都非常热门,方向涵盖非线性机理研究、信号提取和处理方法研究等,应用上主要分为缺陷检测和性能评价两个方向。对于钛合金材料,同样可采用非线性超声技术解决微小缺陷检测难题,如扩散焊接中的紧贴型缺陷、增材制造中的微小缺陷等采用非线性超声的缺陷检出率会优于常规超声。在性能评价方向,非线性超声提供了更丰富的信息,在系统化试验的基础上,能建立起材料性能与非线性参数的对应关系,在损伤评价、寿命预测等领域有重要的参考意义。

虽然非线性超声填补了常规超声在微小缺陷检测方面的劣势,但非线性超声存在很多先天性的不足:①谐波提取难度大,与基波信号相比,谐波信号非常弱,极易受到干扰而被湮没在噪声中;②检测过程非线性干扰较多,系统各个模块都会产生非线性干扰,甚至工件本身也会产生非线性干扰,这无疑进一步增大了非线性信号提取的难度;③非线性超声虽然在微小缺陷检测上有很高的精度,但在缺陷定位上存在不足。这些问题导致非线性超声现阶段仍然只能在理想的试验条件下检测,难以进行工程化应用。目前,已开展有非线性超声与相控阵技术相结合的研究,如果未来能够在这些方面取得突破性进展,将会解决很多无损检测中的关键问题。

4. 声发射检测

材料中局域源快速释放能量产生瞬态弹性波的现象称为声发射(acoustic emission,AE),有时也称应力波发射。声发射检测就是利用传感器探测并分析声发射源的一种动态无损检测方法,如图 3-153 所示,检测过程涉及声发射源、波的传播、声电转换、信号处理、数据显示与记录、解释与评定等。与常规超声相比,声发射信号的频域分布范围很宽,小到几赫兹的次声频,大到几兆赫兹的超声频都可能存在,而且幅度的变化也非常大,这里的幅度既指振动的位移,又指传感器接收的信号幅值。

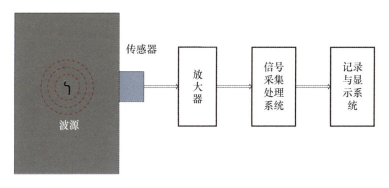

图 3-153 声发射检测原理框图

声发射检测的探测目标是声发射源。缺陷可能是声发射源,但信号的强度取决于缺陷扩展的速率,与缺陷的尺寸无关,这是声发射检测与常规超声检测最大的不同。声发射检测的主要目的是确定声发射源的部位、分析声发射源的性质、确定声发射发生的时间或载荷和评定声发射源的重要性。通常情况下,对于评定较严重的声发射源,要采用其他无损检测方法复验。作为一种动态检测方法,声发射传感器接收的信号来自工件本身,具有以下特点。

(1)对线状缺陷较为敏感,能探测到在外加结构应力下,这类缺陷的活动情况,稳定的缺陷并不产生声发射信号。

(2) 覆盖范围大,一次试验就能够整体探测和评价整个结构中缺陷的状态。

(3) 能提供缺陷随载荷、时间、温度等外变量而变化的实时或连续信息,适用于工业过程在线监控及早期或邻近破坏预警。

(4) 能用于产品生产过程和在役定期检测,且对构件的几何形状不敏感。

(5) 可进行远距离检测,适用于其他方法难以实施的高温、辐射、极毒等恶劣环境。

声发射检测通常并不会单独使用,虽然检测结果能给出声发射源的部位、活性和强度,但不能给出声发射源内缺陷的性质和大小,这时就需采用常规的无损检测方法复验,并依据相应的标准进一步评价。

声发射技术早在20世纪60年代就已开展应用研究工作,早期的应用受限于模拟设备功能,应用效果并不能让人满意。随着数字化设备的发展,多通道设备的实时性大幅提高,当前的设备信噪比高、抗干扰强、动态范围宽,并具有多种数据分析功能,能满足数十通道甚至上百通道检测的需求。声发射技术的应用范围很广,在石油、化工、航空、航天、特种设备等行业中均有应用,通过过程监测获得所需要的评价结果。如在材料试验、焊接、承压构件的压力试验和装备服役过程中都可采用声发射检测,用于被检工件的状态评价和预警。图3-154所示为钛合金球形容器的声发射检测示意图,在压力试验过程中,采用声发射检测评价结构完整性,对于产品的质量控制有重要意义。

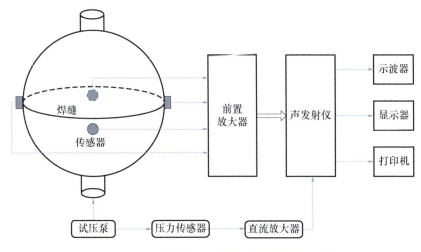

图3-154 钛合金球形容器声发射检测示意图

实施声发射检测的关键在于合理地布设传感器并提取到有效的声发射信号,但多数活性缺陷的声发射信号本身就比较微弱,加上检测过程中干扰信号的影响,信号提取的难度进一步加大。例如,焊接过程中采用声发射监测的目的是及时发现缺陷,避免焊接完成后再进行返修的复杂工序,但无论是采用自动焊接还是手工焊接,焊接过程本身就有很多的声发射源,这无疑会对信号的识别造成强烈的干扰。理论上,声发射能够用于装备的在役实时监测,及时地预警结构损伤,但如何抑制装备运行过程中的环境噪声就成了关键技术,装备的工况越恶劣,信号处理的难度也就越大。针对这一问题,国内外开展了大量研究,目前已有成熟应用的案例,使得声发射检测的优势得到进一步体现。

参考文献

[1] 应崇福. 超声学[M]. 北京:科学出版社,1993.

[2] 史亦伟. 超声检测[M]. 北京:机械工业出版社,2005.

[3] 美国无损检测学会. 美国无损检测手册(超声卷)[M]. 上海:世界图书出版公司,1996.

[4] 丁辉. 计算超声学——声场分析及应用[M]. 北京:科学出版社,2010:64-65.

[5] 郑晖,林树青. 超声检测[M]. 北京:中国劳动社会保障出版社,2008.

[6] JR L. Fundamentals of ultrasonic nondestructive evaluation[J]. Springer,2016,122(5):85-140.

[7] 于漫漫. TC4 钛合金组织超声信号特征研究[D]. 南昌:南昌航空大学,2014.

[8] 王弘,梁菁,史亦韦,等. 大型钛合金锻件厚度对超声杂波水平的影响[J]. 无损检测,2014,36(9):14-18.

[9] 卢超,邬冠华,王伏喜,等. 船用 TA2 钛合金晶粒尺寸的超声声速评定[J]. 舰船科学技术,2005,27(4):78-80.

[10] 夏纪真. 工业无损检测技术(超声检测)[M]. 广州:中山大学出版社,2017.

[11] 王海登,王伏喜,孙鹏远,等. 钛合金超声检测的信号特征与处理方法[J]. 无损检测,2019,41(10):58-62.

[12] 陈建忠,史耀武,史淑. 粗晶材料超声检测信号处理[J]. 核动力工程,2000,21(2):183-186.

[13] 王柄方,韩赞东,原可义,等. 基于时频分析的奥氏体焊缝超声检测信号处理[J]. 焊接学报,2011,32(5):25-28.

[14] AHN B, Lee SS, Hong ST, et al. Application of the acoustic resonance method to evaluate the grain size of low carbon steels[J]. NDT&E International,1999,32(2):85-89.

[15] 董金龙,陈昊,陈曦,等. 面向映射单调性的 TC4 初生 α 相晶粒尺寸超声评价方法[J]. 航空学报,2018,39(12):414-427.

[16] 沈建中. 超声探伤灵敏度与灵敏度上限[J]. 无损检测,2002,24(10):418-421.

[17] 王小民,廉国选,安志武. 裂纹尖端超声散射场及动应力集中的动态光弹观测[J]. 仪器仪表学报,2016,41(5):549-554.

[18] 单洪彬,李明,陈怀东,等. 国外超声检测仿真软件的研究进展[J]. 无损检测,2008(07):446-450.

[19] 胡宏伟,彭凌兴,周正干,等. 曲面构件水浸超声检测缺陷定量研究[J]. 航空学报,2014, 35(11):3166-3173.

[20] 马小怀,郭永清,吕刚,等. 截面厚度小于13mm的钛合金棒材超声波检测[J]. 无损探伤, 2005,29(4):43-45.

[21] 李斌,边传新,范伟利,等. 钛合金油井管超声检测工艺研究[J]. 无损探伤,2018,42 (1):45-46.

[22] 王伏喜,李斌,王海登,等. 大厚度钛合金窄间隙 TIG 焊缝的超声检测[J]. 无损检测, 2017,39(3):74-76.

[23] 高双胜,王军,郭小罗,等. 电子束焊缝超声无损检测声场特性及回波特征[J]. 焊接学报, 2006,27(2):93-96.

[24] 凡丽梅,史亦韦,任吉林. 应用超声多区聚焦技术检测大厚度电子束焊缝[J]. 材料工程, 2009(6):73-77.

[25] 王敬钊,林莉,李喜孟. 双晶纵波斜探头设计参数对聚焦区声场特性定量影响分析[J]. 无损探伤,2012,36(4):5-8.

[26] 周冉辉,高福洋,刘向前,等. 钛及钛合金搅拌摩擦焊接技术综述[J]. 材料开发与应用, 2018,33(4):127-136.

[27] 张弛,栾亦琳,罗志伟,等. 扩散焊接头缺陷超声 C 扫描检测能力分析[J]. 焊接学报, 2016,37(9):83-86.

[28] 应崇福,张守玉,王丽生. 固体中圆柱形空腔上爬波的光弹法实验研究[J]. 中国科学, 1981(06):681-686,785-788.

[29] 陈振华,许倩,卢超. 基于相控阵超声衍射波图像的缺陷测量方法[J]. 应用声学,2018,37 (4):447-454.

[30] SCHMERR W. Fundamentals of Ultrasonic phased arrays [M]. New York: Springer, 2015.

[31] 王悦民,李衍,陈和坤. 相控阵超声检测技术与应用[M]. 北京:国防工业出版社,2014.

[32] 王伏喜,周晓峰,鄂楠,等. 超声波相控阵检测技术在钛合金厚板焊缝中的应用[J]. 中国有色金属学报,2010,20(1):964-966.

[33] 赵晓鑫,王伏喜,鄂楠,等. 相控阵检测与射线检测的缺陷识别对比[J]. 无损检测,2016, 38(1):41-43.

[34] 王海登,荀华宝,王伏喜. 窄翼板钛合金 T 型焊缝的相控阵超声检测[J]. 无损检测,2018, 40(4):41-44.

[35] 章东,桂杰,周哲海. 相控阵超声全聚焦无损检测技术概述[J]. 声学技术,2018,37(4): 320-325.

[36] 陆铭慧,潘文超,刘勋丰. 基于衍射波的孔类缺陷相控阵超声定量方法研究[J]. 应用声学,2015,34(5):385-390.

[37] Chengguang Fan, Mihai Caleap, Mengchun Pan, et al. A comparison between ultrasonic array beamforming and superresolution imaging algorithms for non-destructive evaluation [J]. Ultrasonics,2014, 54(7): 1842-1850.

[38] 陈振华,张翀,卢超,等. 奥氏体不锈钢焊缝超声 TOFD 检测中声波传播特性分析及其应用[J]. 焊接学报,2016,37(8):91-95.
[39] 周正干,刘斯明. 非线性无损检测技术的研究、应用和发展[J]. 机械工程学报,2011,47(8):2-11.

第 4 章

船用钛合金涡流检测

涡流检测是基于电磁感应原理的一种无损检测方法,适用于钛合金材料,对工件表面和近表面缺陷有较好的检出能力,是船用钛合金最重要的检测方法之一。涡流检测过程中不需要与工件耦合,无污染,甚至在有一定提离高度的情况下也能实施检测,易于实现自动化,适用于船舶钛合金管材、棒材等产品的批量化检测。随着微型计算机和传感器技术的进步,涡流检测的应用范围不断扩大,突破了检件类型单一的限制,将在船用钛合金装备制造和在役检测中发挥更重要的作用。

4.1 涡流检测基础知识

4.1.1 金属的电导率与磁导率

1. 金属的电导率

不同材料具有不同的导电能力,为了便于评价材料的导电性能,用电导率表征电子在导体中运动的容易程度,它与电阻率 ρ 互为倒数,用符号 σ 表示[1],单位是 S/m(西门子/米)。电导率可表示为

$$\sigma = 1/\rho \tag{4-1}$$

为了便于比较,电导率常采用相对值,应用最广泛的是国际退火铜标准 IACS 单位,规定退火工业纯铜(电阻率在 20℃ 时为 $1.7241 \times 10^{-8} \Omega \cdot m$)的电导率为 100% IACS,则其他金属的电导率 σ_x 用它的百分数表示为

$$\sigma_x = \frac{\text{标准退火铜电阻率}}{\text{金属电阻率}} \times 100\% \text{ IACS} \tag{4-2}$$

涡流检测技术中通常以电导率(或电阻率)作为检测变量,当导电材料发生变化时,电导率也随之发生改变,通过工件电导率变化来判断材料的有关物理参数或

工艺性能。涡流检测技术中的材质分选正是利用了不同合金成分的材料具有不同的电导率这一特性。

影响金属电导率变化的因素有很多,主要有温度、化学成分、应力、形变及热处理等,见表4-1。

表4-1 金属电导率变化的影响因素

影响因素	影响结果
温度	金属材料温度升高,晶格原子热运动剧烈,自由电子与其碰撞的机会增加,电阻率增大,电阻与温度成一定的线性关系
化学成分	金属材料化学成分不同,其电导率不同,纯金属具有规则的晶格,其电导率较大;金属中的杂质会导致金属晶格畸变,影响金属原子的排序,造成电子散射,使其电导率减小[2]。合金原子排列是无规则的无序固溶体,其电导率一般随合金成分的增加而减小;合金原子以规则的晶格形式排列的有序固溶体,其电导率会随合金成分的变化而有极大值
应力	金属材料弹性范围内的单向拉伸或者扭转应力会导致金属晶格变形,增加了电子碰撞的机会,从而增大了电阻率;在单向压应力作用下,对于大多数金属来说会使电阻率减小
形变	金属冷加工引起的变形使得原子排列结构发生变形,电子碰撞机会增加,导致电子波散射增加,电阻率增大。当冷变形度超过10%时,电阻稍有增加,通常纯金属由冷变形引起的电阻率增加2%~6%
热处理	经过退火之类的长时间高温加热,消除晶格变形后,电阻率又降低到接近原来的值。相同材料在不同热处理状态下,其电导率会有差异,单晶金属或经过充分退火的高纯度金属往往电导率较高,而合金的电导率较低

2. 金属的磁导率

物质的磁性是由电子循规和自旋运动产生的,在无外加磁场时,物体本身内部电子的自旋和轨道磁矩为零,对外不显磁性。当对物体施加一个外磁场,物体被磁化后,会表现出一定的磁性。通常用磁导率表征不同磁介质的导磁能力,用 μ 来表示,单位为 H/m(亨/米),不同磁介质具有不同的磁导率。对于铁磁性材料而言,它被用来表示材料被磁化的难易程度[3]。磁导率与磁场强度 H 和磁感应强度 B 的关系为

$$\mu = \frac{B}{H} \qquad (4-3)$$

磁导率 μ 又称为绝对磁导率,不是常数,随着外加磁场强度大小的不同而发生变化,通常有最大值和最小值。真空中的绝对磁导率是常数,用 μ_0 表示,$\mu_0 = 4\pi \times$

10^{-7} H/m。实际应用中常使用相对磁导率 μ_r，它等于被磁化的磁介质材料的绝对磁导率 μ 和真空中的绝对磁导率 μ_0 之比，即

$$\mu_r = \frac{\mu}{\mu_0} \qquad (4-4)$$

相对磁导率 μ_r 是一个无量纲的常数，方便用于比较各种材料的导磁能力。根据磁介质被磁化时对磁场的影响程度，可以分为抗磁性介质、顺磁性介质和铁磁性介质。在一定温度下，铁磁性介质、顺磁性介质和抗磁性介质的磁化强度 M 随外磁场强度 H 的变化规律，如图 4-1 所示。

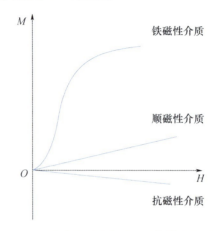

图 4-1　磁化强度随外磁场强度的变化曲线

从图 4-1 中可以看出，铁磁性介质、顺磁性介质和抗磁性介质随外磁场强度的变化有较大的差异性，铁磁性介质的磁化强度随着外磁场强度的增加而迅速增大，当磁化强度到达一定值时，增大速率逐渐减小（图中只画出了铁磁性介质变化规律的一部分），存在磁滞现象，其变化规律称为磁滞回线；顺磁性介质的磁化强度随着外磁场强度的增加而增大，具有一定的线性关系；抗磁性介质的磁化强度随着磁场强度的增加而减小，也呈现出一定的线性关系。

纯钛的磁化率为 3.2×10^{-6}，在外加磁场作用下表现出顺磁性特性，钛合金和纯钛具有相似的性质，都属于顺磁性介质。图 4-2 所示为钛合金的磁化曲线。

铁磁性材料的相对磁导率 μ 远大于 1，检测时，涡流只能集中在表面，无法渗透到材料内部，由于磁畴结构的存在，对涡流检测信号产生极大的干扰，足以把缺陷信号完全淹没。而钛合金材料的相对磁导率约等于 1，在外加磁场的作用下，正向磁化曲线和逆向磁化曲线近似为一条直线，涡流检测前，无须进行磁饱和处理。

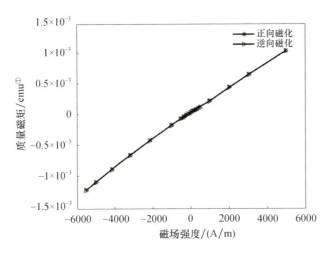

图4-2 钛合金的磁化曲线

4.1.2 电磁感应

电磁感应现象是指电与磁之间的相互感应现象,包括电感生磁和磁感生电两种情况。在任何电磁感应现象中,只要闭合路径内的磁通量发生变化,就会有感应电动势产生,其大小等于磁通量 Φ 的变化率,即

$$E_i = -\frac{d\Phi}{dt} \tag{4-5}$$

其中,负号表示感应电动势方向与原始电势方向相反,即闭合回路中感应电流所产生的磁场总是阻碍产生感应电流的磁通的变化,这个方程称为法拉第电磁感应定律[4]。如果是缠绕紧密的多匝线圈,可以看作是多个回路串联。其中线圈匝数为 N,则线圈总的感应电动势为

$$E_i = -N\frac{d\Phi}{dt} \tag{4-6}$$

1. 自感现象

一个线圈在通过交变电流时,其产生的交变磁通量会在线圈自身回路中产生感应电动势,这就是自感现象,产生的感应电动势称为自感电动势,用 E_L 表示。自感电动势表示为

$$E_L = -\frac{d f}{dt} = -L\frac{dI}{dt} \tag{4-7}$$

式中:L 为自感系数(H),它与线圈的几何形状、尺寸大小、匝数以及线圈中的磁介

---

① 1emu = 10^{-3} A·m²。

质有关,与线圈中通过的电流无关,当这些条件一定时,L 为常数。

式(4-7)中的负号表示在电流增加时,感应电动势的方向与电流方向相反,阻碍电流的增大;在电流减小时,感应电动势的方向与电流方向相同,阻碍电流的减小。

2. 互感现象

当两个各自通有交变电流 I_1 和 I_2 的线圈互相接近时,线圈 1 中交变电流 I_1 所产生的交变磁场在线圈 2 中产生感应电动势;线圈 2 中的交变电流 I_2 所产生的交变磁场同样在线圈 1 中产生感应电动势,这种两个载流线圈相互激励起感应电动势的现象称为互感现象,产生的感应电动势称为互感电动势。相互的感应电动势表示为

$$E_{21} = -M_{21}\frac{\mathrm{d}\phi_{21}}{\mathrm{d}t} \quad (4-8)$$

$$E_{12} = -M_{12}\frac{\mathrm{d}\phi_{12}}{\mathrm{d}t} \quad (4-9)$$

式中:M_{21} 为线圈 1 对线圈 2 的互感系数;M_{12} 为线圈 2 对线圈 1 的互感系数。

当线圈 1 和线圈 2 的几何尺寸、尺寸大小、匝数以及线圈中的磁介质一定时,有 $M_{21} = M_{12}$。互感系数越大,互感电动势越大,互感现象越强。互感现象不仅与线圈的尺寸大小、匝数以及线圈中的磁介质有关,还与线圈间的相互位置有关。当两个线圈产生耦合时,它们之间的耦合程度用耦合系数 K 来表示:

$$K = \frac{M}{\sqrt{L_1 L_2}} \quad (4-10)$$

式中:L_1 为线圈 1 的自感系数;L_2 为线圈 2 的自感系数;M 为线圈 1 和线圈 2 的互感系数。

两个线圈轴线一致的线圈,靠得越近,耦合就越紧密,互感系数 M 值越大,耦合系数 K 也就越大,K 为小于 1 的正数。

4.1.3 涡流及趋肤效应

1. 涡流

导体在变化的磁场中或相对于磁场运动时,由于电磁感应现象的存在,导体内部会感应出电流,这些电流在导体内部成闭合回路,呈旋涡状流动,称为涡流电流,简称涡流。线圈在通有交变电流时,试件感应出的涡流分布示意图如图 4-3 所示。

涡流检测是涡流效应的一项典型应用。当通有交变电流的线圈接近导电工件时,在激励线圈磁场的作用下,工件中感生出涡流,其大小、流动形式以及相位会根据工件导电性能的不同而不同。同时,这个涡流场会形成一个磁场,这个磁场反过来又会影响检测线圈阻抗的变化。因此,通过检测线圈阻抗的变化就可以判断出被检测工件的性能及结构的连续性。

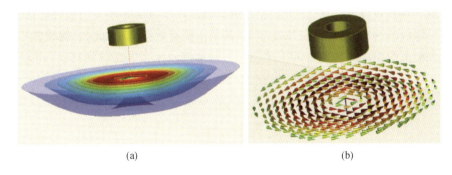

图4-3 涡流分布示意图

2. 趋肤效应

趋肤效应是指当导体中有交流电或交变电磁场时,导体内部的电流分布不均匀,且电流集中在导体的"皮肤"部分的一种现象。交流电或交变磁场形成的感应电流在导体表面的电流密度最大,按负指数规律从表面向内部衰减,尤其是当交流电频率较高时,电流几乎在导体表面附近的薄层中流动,交流电频率越高,趋肤效应越明显。

在涡流检测中,工件不同深度的涡流场都会产生一个与原磁场方向相反的磁场,因为随着深度增加磁场和感生电流都逐渐减小,所以,随着深度增加涡流场逐渐减弱。涡流透入导体的距离称为透入深度。随着激励电流频率的增加,透入深度减小[5]。在半无限大的导体中,距离导体表面深度 x 处的涡流密度 I_x 为

$$I_x = I_0 \mathrm{e}^{-x\sqrt{\pi f \mu \sigma}} \tag{4-11}$$

式中: I_0 为导体表面的涡流密度(A); f 为交流电流频率(Hz); μ 为导体材料的磁导率(H/m); σ 为导体材料的电导率(S/m)。

假设该导体表面的涡流密度为1,导体中涡流密度随透入深度增加的变化曲线如图4-4所示。

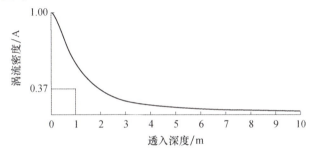

图4-4 涡流密度与透入深度的关系

由于趋肤效应的存在,使得涡流检测只能适用于金属导体表面和近表面检测,对于导体内部的缺陷,检测灵敏度较低,甚至不能有效检出,因此,涡流检测中透入导体表面下的距离是检测中的关键指标。通常将涡流密度衰减到其表面的 $1/e$ 时的透入深度称为标准透入深度,也称为趋肤深度,用符号 δ 表示,单位是 m。趋肤深度表示为

$$\delta = \frac{1}{\sqrt{\pi f \mu \sigma}} \qquad (4-12)$$

从式(4-12)中可以看出,激励电流频率越高、导电性能和导磁性越好的材料,趋肤效应越显著,即透入深度越小。

在工程计算中,钛合金材料的标准透入深度为

$$\delta = \frac{503}{\sqrt{f\sigma}} \qquad (4-13)$$

标准透入深度在半无限厚的材料和平面激励磁场的条件下是成立的,但实际情况中工件厚度是有限的,激励磁场也并非是平面磁场。探头直径越大,激励磁场就越接近平面磁场,通常我们认为材料厚度大于 5 倍标准透入深度、涡流探头直径大于 10 倍标准透入深度时,式(4-13)也近似成立。在实际应用时,探头直径不能太大,因为探头直径太大,对小缺陷的检测灵敏度降低。工程中通常定义 2.6 倍标准透入深度为涡流的有效透入深度[6](在 2.6 倍透入深度处,涡流密度已衰减了约 90%),对于大直径探头和厚工件还可加大到接近 3 倍的标准透入深度。

对于板材和管材,涡流密度随深度减弱但不至于衰减到零,因为涡流虽然被限制在工件中流动,但磁场还会穿过工件延伸到空间或第二层工件,所以涡流检测可应用于有空气分隔的多层工件。对于实心导体(如棒材),涡流密度会在导体中心衰减到零。

4.1.4　涡流检测的基本原理

被检工件自身的电导率、磁导率、形状、尺寸和缺陷等因素的变化会导致涡流的强度、相位以及流动形式发生变化。而涡流本身产生的磁场会减弱激励线圈产生的原磁场,使激励线圈的阻抗发生变化。通过涡流检测仪测定激励线圈阻抗的变化情况,就可以判断被检工件的导电性能、状态以及是否有缺陷存在,从而达到检测目的。

1. 线圈的阻抗

检测线圈是用金属导线绕制而成的,导线具有电感、电阻,各匝线圈之间还有电容。通常我们将匝间的分布电容忽略,用电阻和电感的串联电路来表示,如图 4-5 所示。

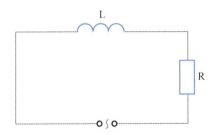

图 4-5　单个线圈的等效电路

线圈的复阻抗为

$$Z = R + jX = R + j\omega L \qquad (4-14)$$

式中：R 为线圈电阻；X 为线圈电抗；ω 为交流电角频率。

当两个线圈互相耦合时见图 4-6(a)，在一次线圈中通以交变电流 I_1，根据前面的分析可以等效为图 4-6(b)。由于电磁感应作用，二次线圈中会产生感应电流，影响一次线圈中的电流和电压，这种影响可以用二次线圈电路阻抗通过互感反映到一次线圈电路的折合阻抗来体现，如图 4-6(c)所示。折合阻抗 Z_e 为

$$Z = R_e + jX_e, \quad R_e = \frac{X_M^2}{R_2^2 + X_2^2} R_2, \quad X_e = -\frac{X_M^2}{R_2^2 + X_2^2} X_2 \qquad (4-15)$$

式中：R_2 为副边线圈的电阻；X_2 为副边线圈的电抗，$X_2 = \omega L_2$；X_M 为互感抗，$X_M = \omega M$；R_e 为折合电阻；X_e 为折合电抗。

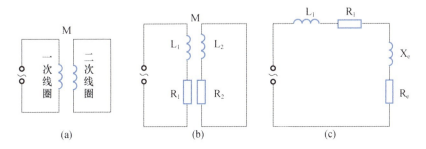

图 4-6　线圈耦合的等效电路

将二次线圈的折合阻抗与一次线圈自身的阻抗相加得到的和称为视在阻抗 Z_s，即

$$Z_s = R_s + X_s = R_1 + R_e + X_1 + X_e \qquad (4-16)$$

式中：R_1 为一次线圈的电阻；X_1 为一次线圈的电抗，$X_1 = \omega L_1$；R_s 为视在阻抗；X_s 为视在电抗。

应用二次线圈折合到一次线圈后得到的视在阻抗的概念后，可以认为一次线圈电路中的电流和电压的变化是由电路中视在阻抗的变化引起的。根据电路中视

在阻抗的变化,可以推知二次线圈对一次线圈的影响,从而推知二次线圈电路中的阻抗变化,进而得出线圈的阻抗平面图,经过归一化处理后可应用于涡流检测中的线圈阻抗分析。因此,被检工件可以看作是一组平面线圈,如果用被检工件代替二次线圈,利用上述耦合线圈的视在阻抗的讨论,就能够近似地应用于涡流检测线圈与被检工件耦合的情况。

如果把二次线圈电阻 R_2 由 ∞ 逐渐递减到 0,或者把二次线圈电抗 X_2 由 0 逐渐增大到 ∞,就可以得到一系列相对应的一次电路中视在电阻 R_s 和视在电抗 X_s 的值,再把这些值在以 R_s 为横轴、以 X_s 为纵轴的坐标平面内连接起来,便可以得到图 4 – 7 所示的一条半径 $K^2\omega L_1/2$ 的半圆形曲线,这个曲线就称为线圈阻抗平面图,其中 $K = M/(L_1 L_2)^{1/2}$ 为耦合系数[7]。从图 4 – 7 中可以看出,随着二次线圈电阻 R_2 由 ∞ 逐渐递减到 0,或者是二次线圈电抗 X_2 由 0 逐渐增大到 ∞,视在电抗 X_s 从 $X_1 = \omega L_1$ 单调减小到 $\omega L_1(1-K^2)$,而视在电阻 R_s 从 R_1 开始增大,直至极大值点 $R_1 + K^2\omega L_1/2$ 后,又逐渐减小返回到 R_1。工件上各种因素、参数的变化都会引起该曲线发生变化,这些曲线图形称为视在阻抗平面图,如图 4 – 7(a)所示。为了消除原边线圈阻抗以及激励频率对曲线位置的影响,便于对不同情况下曲线进行比较,通常采用阻抗归一化方法,图 4 – 7(b)所示为经过归一化法处理后的阻抗平面图。

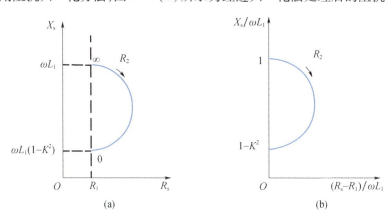

图 4 – 7 线圈阻抗平面图

(a)视在阻抗平面图;(b)归一化后的阻抗平面图。

由图 4 – 7 可知,阻抗平面图具有统一的形式,仅与耦合系数 K 有关,因而具有很强的可比性,具有以下特点。

(1)它消除了一次线圈电阻和电感的影响,具有通用性。

(2)阻抗平面图以电导率、磁导率等一系列影响阻抗的因素作为参量。

(3)阻抗图形可以形象化地定量表示出影响阻抗的各种因素的效应大小和方

向。为涡流检测时选择检测方法和条件、减少各种效应的干扰提供了参考依据。

（4）各种类型的工件和检测线圈有各自对应的阻抗图。

1）穿过式线圈的阻抗分析

影响穿过式线圈阻抗的主要因素包括电导率、磁导率 μ、工件几何尺寸、缺陷以及试验频率等。

（1）电导率。电导率 σ 的变化对阻抗的影响主要反映在有效磁导率 μ_{eff} 上，即 σ 只决定影响 μ_{eff} 的参变量 f/f_g（见式（4-25）），因而 σ 的变化只影响阻抗值 f/f_g 曲线（见图4-8）上的位置，引起的变化效应处于阻抗曲线的切线方向，最终导致线圈阻抗改变。不同工件的电导率不同，在对工件进行涡流检测时，检测线圈的阻抗会不同，因此，可以通过涡流检测的方法测量材料的电导率和材料的分选，并且材料的某些工艺性能（如强度、硬度）也与电导率有对应关系，可以通过测定电导率的变化来判断某些工艺性能。

（2）磁导率。钛合金为非铁磁性材料，其相对磁导率近似等于1，磁导率对检测线圈的阻抗没有影响。而铁磁性材料相对磁导率远大于1，所以要考虑磁导率的影响，这里不再详细介绍。

（3）填充系数。填充系数用于描述被检工件与检测线圈之间的耦合程度。设检测线圈外径为 D_1、内径为 D_2，管子外径为 d_1、内径为 d_2，对于外穿过式线圈，其填充系数为

$$\eta = \left(\frac{d_1}{D_2}\right)^2 \quad (4-17)$$

对于内穿过式线圈，其填充系数为

$$\eta = \left(\frac{D_1}{d_2}\right)^2 \quad (4-18)$$

填充系数是影响管、棒、线材涡流检测灵敏度的重要因素，一般希望填充系数尽可能高。填充系数越大，检测灵敏度越高，也可理解为填充系数越大，提离效应的影响越小。不同填充系数的线圈阻抗变化如图4-8所示。

（4）工件几何尺寸。工件的几何尺寸通常以直径的变化来描述，工件直径的变化不仅影响频率比 f/f_g（可改变有效磁导率）的大小，而且影响填充系数的大小。对于钛合金材料（非铁磁性材料），直径的增加会引起有效磁导率的降低，而铁磁性材料则相反。直径变化和磁导率变化所引起的线圈阻抗变化是相似的，利用相敏技术可以鉴别磁导率的变化和直径的变化，一般频率比大于4时，具有良好的分辨力。

（5）缺陷。缺陷对线圈阻抗的影响可以看作是电导率和几何尺寸两个参数影响的综合作用结果，工件中缺陷出现的位置、深度和形状是随机的，因此，缺陷对检

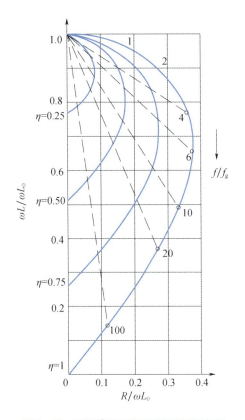

图 4-8 不同填充系数的线圈阻抗变化

测线圈阻抗的影响是无法通过计算获得的,通常是借助模型进行试验。例如,以各种材料中不同形状、尺寸和位置的人工缺陷在不同试验频率下的试验结果制成参考图表,为实际检测提供依据。

缺陷的宽度(如裂纹的开口宽度,称为开隙度)与延伸深度之比称为缺陷的宽深比。宽深比越大,其对线圈阻抗的影响就越趋向于直径效应的方向。利用这一特点,可以对缺陷的危害性做出评估。例如,涡流检测时发现缺陷效应与直径效应之间的取向夹角很大,表明可能存在深度大而开隙度小的裂纹,属于危害性较大的缺陷;如果是宽深比大的缺陷,缺陷效应与直径效应之间的夹角很小,属于非危险性缺陷。

(6)试验频率。试验频率对线圈阻抗的影响表现在频率比 f/f_g 上,有效磁导率以频率比 f/f_g 为参变量,随着试验频率的不同,线圈在阻抗曲线上的位置也会发生变化,如图 4-8 所示。试验频率和电导率在阻抗图上的效应方向是一致的。阻抗图是以频率比 f/f_g 为参数描绘出来的,一般取 10~40。若频率比过小,电导率变化方向与直径变化方向的夹角很小,很难用相位法进行分离,但频率比也不宜过大。

为了提高检测灵敏度和有效分离各种影响,需要选择最佳试验频率,检测目的和对象不同,最佳试验频率也不同。通常最佳试验频率要比特征频率大很多。当试验频率增大时,由于趋肤效应的存在,涡流会局限于表层流动;当试验频率减小时,透入深度增大,阻抗值沿曲线向上移动。

(7)端头效应。当涡流检测线圈接近工件的始末两端时,会有大的干扰信号,称为端头效应或末端效应。端头效应产生的干扰信号往往远大于检测信号,离端头近的缺陷信号通常不能有效识别,通常称为盲区。为消除末端效应的干扰,减小盲区长度,一般会利用一些电学方法(例如,在检测线圈上加磁屏蔽)或机械方法(例如,减小检测线圈尺寸或缩短线圈长度)辅助进行检测。

2)放置式线圈的阻抗分析

影响放置式线圈阻抗的主要因素包括提离效应、边缘效应、电导率、磁导率、工件几何尺寸、试验频率等。

(1)提离效应。提离效应是指应用点式线圈时,线圈与工件之间的距离变化会引起检测线圈阻抗的变化。当放置式线圈提离时,会产生很大的阻抗变化,这是由于线圈和工件之间距离的变化会使到达工件的磁力线发生变化,因此改变了工件中的磁通,从而影响了线圈的阻抗。涡流检测仪上多采用电学方法抑制提离效应。此外,提离效应还可用于测量金属表面涂层或绝缘覆盖层的厚度。

(2)边缘效应。当检测线圈靠近工件边缘或不同金属的接合处时,涡流场会发生畸变,称为边缘效应。边缘效应一般为一个大的干扰信号,远远超过检测信号,通常采用一些电的或机械的方法来消除边缘效应的干扰。

(3)电导率、磁导率。电导率对检测信号有较大的影响,检测线圈放在不同电导率的工件上,会获得不同的检测信号,线圈阻抗随电阻率的变化如图4-9所示。随着电阻率的增加,阻抗值沿着阻抗曲线向上移动。

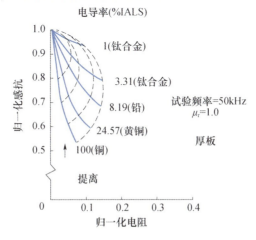

图4-9 电阻率对阻抗的影响

非铁磁性材料的相对磁导率约等于1，磁导率对检测线圈的阻抗没有影响。铁磁性材料相对磁导率远大于1，对阻抗的影响显著。在检测高磁导率铁磁性材料时，微小的磁导率变化都会引起很大的本底噪声，即使是大的缺陷信号也不能有效识别检出。通常采用直流磁化对工件进行饱和磁化，从而使磁导率减小，减小磁导率变化的影响。

（4）工件厚度。工件厚度对阻抗的影响如图4-10所示。从图4-10中可以看出，当工件变薄时，与电阻率增大对阻抗的影响基本一致，阻抗值沿着曲线向上移动。

（5）线圈直径。线圈直径对阻抗的影响如图4-11所示。当线圈直径增加时，阻抗值沿曲线下移动，工件磁通密度增大，增大了涡流值，与频率增大的效应相似。实际检测中也通过改变线圈直径选择最佳工作条件。

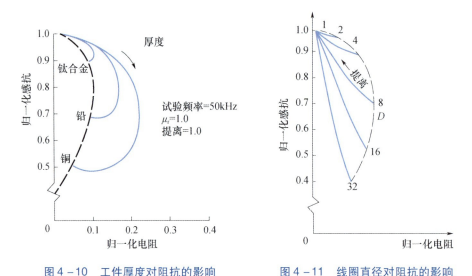

图4-10 工件厚度对阻抗的影响　　图4-11 线圈直径对阻抗的影响

（6）试验频率。频率对阻抗的影响与电导率基本一致，一般以f/f_g来描绘阻抗的变化，频率比选定在10~40范围内。如果频率比较小，电导率变化方向与直径变化方向夹角很小，用相位分离法难以区分，但也不宜过大。当频率增大时，由于趋肤效应的影响，涡流会限于表层流动；当频率减小时，透入深度增大，实际检测中通过调节频率选定适合的工作参数。

2. 有效磁导率和特征频率

1）有效磁导率

引起检测线圈阻抗发生变化的直接原因是被检工件上涡流磁场的变化，但是被检工件上涡流的磁场分布是不均匀的，并且实际检测中影响线圈阻抗的因素纷繁复杂,这给理论计算带来了极大困难,为了将涡流检测中的阻抗分析问题简化,福斯特提出了有效磁导率的概念。他把工件中实际变化着的磁感应强度但具有恒定磁导率的情况,假设为工件中具有恒定的磁感应强度但具有变化着的磁导率,这个变化着的磁导率就是有效磁导率,用 μ_{eff} 表示,它是一个复数,对于非铁磁性材料来说,其模小于 1。

有效磁导率 μ_{eff} 的数学表达式为

$$\mu_{eff} = \frac{2}{\sqrt{-j}kr} \times \frac{j_1(kr\sqrt{-j})}{j_0(kr\sqrt{-j})} \quad (4-19)$$

式中:k 值为 $\sqrt{\omega\mu\sigma}$;r 为圆柱体半径;$j_0(kr\sqrt{-j})$ 为零阶贝塞尔函数;$j_1(kr\sqrt{-j})$ 为一阶贝塞尔函数;$kr\sqrt{-j}$ 为贝塞尔函数的虚宗量。

由此可见,磁导率 μ_{eff} 不是一个常量,而是一个与激励频率 f,以及导体半径 r、电导率 σ、磁导率 μ 相关的复变量。

2) 特征频率

在福斯特的有效磁导率 μ_{eff} 的数学表达式中,贝塞尔函数的虚宗量($kr\sqrt{-j}$)的模为 1 时所对应的激励电流频率为特征频率或界限频率,用 f_g 表示,单位为 Hz,则有

$$f_g = \frac{1}{2\pi\mu\sigma r^2} \quad (4-20)$$

式(4-20)的物理意义是:和工件紧密耦合的检测线圈,当断开激励电流时,线圈与工件组成的系统依靠本身储存的电磁能量而发生电振荡的频率就是特征频率 f_g。当激励电流的频率与特征频率相同时,系统自身消耗的能量最少。因此,特征频率是工件的固有特性,取决于材料自身的电磁特性和几何尺寸,既不是涡流检测试验频率的上限或下限,也不一定是应采用的最佳试验频率。

对于非铁磁性材料,$\mu \approx \mu_0 = 4\pi \times 10^{-9} H/cm$,可得特征频率:

$$f_g = \frac{5066}{\sigma d^2} \quad (4-21)$$

式中:σ 为材料的电导率(MS/m);d 为圆柱导体的直径(cm),$d = 2r$。

电导率以国际退火铜单位百分比(单位是%IACS)表示时为

$$f_g = \frac{8734}{\sigma d^2} \quad (4-22)$$

从式(4-22)中可以看出,电导率、磁导率、管材内径、壁厚对阻抗都有影响,除此之外,内表面缺陷、管材偏心度以及检测频率也对阻抗有影响。

对于一般的试验频率 f 而言,贝塞尔函数变量 kr 可表示为

$$kr = \sqrt{\frac{f}{f_g}} \qquad (4-23)$$

$\mu = \mu_r \mu_0$,因此有

$$\frac{f}{f_g} = 2\pi f \mu_r \sigma r^2 = \omega \mu_r \sigma r^2 \qquad (4-24)$$

在分析检测线圈阻抗时,常把实际的涡流检测频率与特征频率的比值作为一个参考值,表示为f/f_g,有效磁导率μ_{eff}随着f/f_g的不同而变化。

3)涡流相似定律

有效磁导率μ_{eff}完全取决于频率比f/f_g,而μ_{eff}又决定了工件内涡流和磁场强度的分布,因此工件中涡流和磁场强度的分布仅仅是f/f_g的函数(理论分析和推导可以证明)。由此可以得出,对于两个形状相似但大小不同的工件,如果二者各自对应部位的实际涡流试验频率f与特征频率f_g之比相同,则两个工件的有效磁导率、涡流密度和磁场强度的几何分布均相同,即涡流试验的相似律。

根据涡流相似律可以知道,只要频率比相同,几何相似的不连续性缺陷将引起相同的涡流效应和相同的有效磁导率变化,这就是我们平时将带有人工缺陷的对比试块作为实际涡流检测时评定缺陷影响的参考依据。

4.2 涡流检测设备与器材

常用的涡流检测设备与器材主要包括涡流检测仪、检测线圈、标准试样、对比试样和辅助装置等。

4.2.1 涡流检测仪

1. 涡流检测仪的基本原理

涡流检测仪的原理大致相同:先由激励单元(信号发生器)产生具有一定频率的交流电供给激励线圈,线圈产生交变磁场并在被检工件中感应产生涡流,涡流受到工件性能的影响而发生磁场变化,从而使线圈阻抗发生变化;然后通过信号检出电路检测出线圈阻抗的这些变化,以电压信号输送到放大单元,电压信号经过放大并传送给处理单元,抑制或消除干扰信号,提取有用信号;最后通过显示单元显示检测结果。归纳起来,涡流检测仪的检测过程包括产生激励、信号拾取、信号放大、信号处理、消除干扰和显示检测结果。涡流检测系统原理如图4-12所示。

涡流检测仪的振荡器产生一定频率的交流电流并通过检测线圈,探头紧贴被检工件进行扫查,工件上无缺陷部位感应产生的磁场是大致均匀的,涡流产生的磁场对探头线圈阻抗的影响也大致是均匀的;当线圈移动至缺陷处时,产生的涡流会

发生畸变,此处的涡流产生的磁场对探头线圈阻抗的影响将发生变化,通过信号检出电路、放大器、信号处理器、显示器反映出探头线圈感应电动势的变化。涡流检测仪的基本组成如图 4-13 所示。

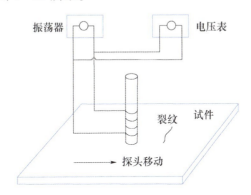

图 4-12　涡流检测系统原理

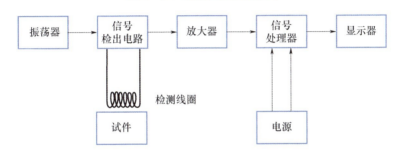

图 4-13　涡流检测仪的基本组成

在检测过程中,信号检出电路将检测线圈中各种待检测信息的电性能变化转换成电信号输出。信号检出电路一般采用差动式电路或电桥电路,差动式电路的信号处理方式有电差式和磁差式两种。差动式电路的灵敏度主要取决于检测线圈性能的好坏,因此差动式检测线圈一般都有比较高的性能指标和工艺要求;电桥电路的灵敏度与线圈阻抗变化率、桥臂系数及激励电源电压有关。

电桥电路输出的信号通常比较微弱,放大器将信号进行放大,便于接收识别,最大放大倍数可达 10 万倍。通常放大倍数很高的放大器要具有输入噪声低、放大倍数足够大、动态范围宽、失真小、稳定性强等特点。

信号处理器对干扰信号有抑制或消除的作用,并能够有效识别和提取有用信号。干扰因素多种多样,所形成的噪声特征又各不相同,因此,涡流检测仪中设计有多种处理不同信号的处理单元,如相敏检波器、滤波器、幅值鉴别器等。

涡流检测仪的显示器对经过处理的检测信号进行显示和记录,由于仪器设计和制造上的不同,显示单元多种多样,目前采用较多的是液晶显示屏。

2. 涡流检测仪的分类与发展

目前,市面上的涡流检测仪有很多种,按照检测目的和对象分类,涡流检测仪分为涡流探伤仪、涡流电导仪和涡流测厚仪;按照检测结果显示方式分类,可分为阻抗幅值型和阻抗平面型;按照工作频率特征分类,可分为单频涡流检测仪和多频涡流检测仪,这也是实际生产应用中常用的分类方式。单频涡流检测仪同一时刻只能以单一的选定频率工作,但是其激励频带很宽,可以给激励线圈提供不同频率的电流;多频涡流检测仪是可以同时选择两个或两个以上激励频率工作的涡流探伤仪或涡流电导仪,具有两个或两个以上信号激励与检测工作通道的多频涡流探伤仪,又称为多通道涡流探伤仪,如4通道、8通道。

近年来,计算机技术飞速发展,微型计算机在各个领域中得到广泛应用,也使得涡流检测技术的智能化变为现实,涡流检测设备从多频涡流技术为基础的智能化仪器升级为无损检测技术、网络技术、多信息融合技术集于一体的智能多功能综合型检测仪器。智能型涡流检测仪包括自检、管理、智能分析、自学、检测、帮助、数据库等部分,以其高精度的运算、便捷的控制和强大的逻辑判断能力代替了大量的人工劳动,减少了人为因素造成的误差。智能涡流检测系统的结构如图4-14所示。

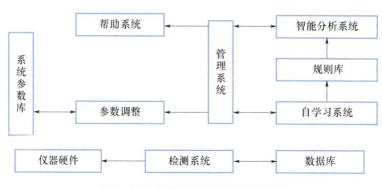

图4-14 智能涡流检测系统的结构

因为智能化涡流检测仪能自动设定仪器频率、增益、相位、采样速率等,所以对操作人员的要求相对较低,检测过程中抗干扰能力强,检测速度快,精度高,采集的数据可存档并进行再处理。智能涡流检测仪已成功投入实际应用中,例如,综合涡流检测、金属磁记忆检测、低频涡流检测、远场涡流检测、漏磁检测等多种电磁检测方法融为一体的检测设备,可对被检工件进行较为全面的检测;出现了视频涡流检测系统,该检测系统由涡流检测仪器和探头组成,探头为涡流传感器与工业内窥镜探头一体化探头,同时获取涡流传感器检测的电磁信号和光电传感器传送的视频信号,经高速数字化处理后,能够实时显示检测过程,同时检测被检工件表面和近表面的缺陷。

3. 检测信号分析与处理

涡流检测仪的处理单元对拾取的信号进行分析和处理,常用的分析与处理方法主要有相位分析法、频率分析法和幅度鉴别法。

1)相位分析法

缺陷产生的信号和干扰因素产生的信号通常是有差异的,根据这种差异,可通过改变相位来抑制干扰因素的影响。常用的相位分析法有相敏检波法和不平衡电桥法。

相敏检波法是通过移相器以选定相位的电压作为控制电压来抑制检测线圈桥路输出的干扰信号,通过选择相差 90°的控制信号和干扰信号进行检波,就能在输出信号中消除干扰信号,保留缺陷信号。但实际应用中干扰信号电压为曲线变化,所以用相敏检波法抑制干扰信号很难达到理想效果。

不平衡电桥法是通过调节电桥参数,使参考电压与干扰信号电压相位相反抵消,使电桥的输出电压与干扰电压无关,输出电压紧随缺陷引起的电压发生变化,电桥输出的电压幅值与提离变化无关,仅受缺陷的影响,从而可以抑制阻抗平面中电压变化轨迹呈近似圆弧形的干扰信号(抑制提离效应的干扰),提取缺陷存在的有用信息,这是利用桥路在特定的不平衡状态下实现的,所以称为不平衡电桥法。

2)频率分析法

频率分析法是根据检测信号中干扰信号与缺陷信号的频率差异实现对干扰信号抑制和缺陷信号提取的信号处理方法。频率分析法通常采用滤波器将各种干扰信号过滤掉,滤波器能使某一种或某一频率范围内的信号通过,而其他频率的信号极大的衰减。滤波器分为高通滤波器、低通滤波器和带通滤波器。高通滤波器只允许某一频率及该频率以上的高频信号通过而阻碍该频率以下的低频信号通过;低通滤波器只允许某一频率及该频率以下的低频信号通过而阻碍该频率以上的高频信号通过;带通滤波器只允许高通滤波器和低通滤波器两者频率范围之间的信号通过。现代涡流检测仪除采用硬件实现滤波功能之外,还采用软件程序来实现滤波,或者软件与硬件结合实现滤波功能。检测过程中要正确使用滤波功能,否则有用的信号可能会被过滤掉,影响检测结果的正确判断。

3)幅度鉴别法

幅度鉴别法是根据检测信号中缺陷信号与干扰信号的幅度差异来实现对干扰信号的抑制和提取缺陷信号的一种信号处理方法。幅度鉴别法通常利用幅度鉴别器来实现,通过门槛触发电路预置一个鉴别电平,抑制幅度低于缺陷信号的干扰信号,从而改善信噪比,便于缺陷信号的识别,提高检测结果判断的准确性。在涡流检测实际应用中,常用的缺陷信号与作为参考基准的标准信号作比较,拾取信号幅度低于标准检测信号幅度的为合格,高于标准信号幅度的为不合格。

4.2.2 检测线圈

在涡流检测中,被检工件的质量情况是通过涡流检测传感器上的变化反映出来的,线圈、霍耳元件、磁敏二极管等都可被用作涡流检测传感器,但是目前应用最多的是检测线圈,又称为涡流探头。检测线圈一般用直径非常小的铜线按一定方式缠绕而成,可根据工件的外形结构、尺寸和检测目的设计制作不同的检测线圈,它受温度影响较小,可同时具备激励和拾取信号两种功能。

1. 检测线圈的分类

检测线圈是涡流检测系统不可缺少的一部分,对检测结果的评判起着至关重要的作用。检测线圈的形式和结构不同,其性能和适用范围也存在很大差异,通常以感应方式、应用方式和比较方式对检测线圈进行分类。

1) 按感应方式分类

检测线圈按感应方式不同,可分为自感式线圈和互感式线圈,如图4-15所示。

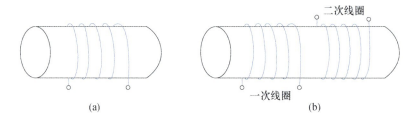

图4-15 不同感应方式的检测线圈
(a) 自感式线圈;(b) 互感式线圈。

自感式线圈由单个线圈构成,既作为激励线圈,产生激励磁场,在导体中形成涡流,又是检测线圈,感应、接收被检工件再生涡流磁场信号。自感式线圈绕制简单,输出的信号是多种影响电磁性能因素综合作用的结果,因为该线圈集激励和检测于一体,对单一影响因素作用难以区分,所以通常用于管、棒、线材直径变化的检测。

互感式线圈一般由两个线圈组成:一个线圈用于产生激励磁场,在导体中形成涡流(又称为一次线圈、初级线圈);另一个线圈用于感应、接收被检工件中再生磁场的涡流信号(又称为二次线圈、次级线圈)。激励线圈和检测线圈相互独立、各司其职,对不同影响因素响应信号的提取和处理比较方便。互感式线圈的两个线圈之间要加以静电屏蔽,以减少静电感应引起的噪声,以保证工作性能的稳定。

2) 按应用方式分类

检测线圈按应用方式不同,可分为外穿过式线圈、内穿过式线圈和放置式线圈,如图4-16所示。

(a)　　　　　　　　　(b)　　　　　　　　　(c)

图4-16　不同应用方式的检测线圈

(a)外穿过式线圈；(b)内穿过式线圈；(c)放置式线圈。

外穿过式线圈又称为外穿探头(见图4-17),是被检工件插入检测线圈内部,通过工件与线圈相对移动进行检测,这种检测方式适用于管、棒、线材等形状规则的工件。由于形状规则的管、棒、线材可以非接触式的通过线圈,因此可以实现大批量的高速自动化检测,检测效率较高。

图4-17　外穿过式线圈

由于趋肤效应的存在,外穿过式线圈对工件外表面和近外表面缺陷的检出效果较好,对空心薄壁工件的内表面缺陷检测灵敏度较外表面低一些。涡流磁场对工件透入深度有限,所以外穿过式线圈对厚壁管材内表面缺陷无法有效检出。外穿过式线圈在工件外壁产生的涡流沿圆周方向流动,所以,对工件上周向延伸的缺陷不能有效检出,对轴向延伸的缺陷有较高的检测灵敏度。

内穿过式线圈又称为内穿探头(见图4-18),是将检测线圈插入工件内部(一般为管材或管道),通过工件和检测线圈相对移动进行检测,这种检测方法对内表面及近内表面的检测效果较好,对薄壁管外表面缺陷检测灵敏度较内表面相对较低,对厚壁管外表面缺陷无法有效检出。换热器安装完成后,检测线圈在管材外部无法通过,所以,内穿过式线圈在在役检测中应用较为广泛。

图 4-18　内穿过式线圈

内穿过式线圈一般通过手动或驱动装置匀速从工件内部拉出。内穿过式线圈在工件内壁感应产生的涡流同样沿工件圆周方向流动,因此对工件上周向延伸的缺陷不敏感,对纵向延伸的缺陷较敏感,特殊的内穿过式线圈除外。

放置式线圈又称为放置式探头(图 4-19),是把检测线圈放在被检工件表面上,利用工件上涡流的变化对线圈阻抗产生的影响进行检测。大多数放置式线圈直径较小,磁场作用范围小,为了增强磁场强度,线圈内部一般带有铁氧体磁芯,有利于集中磁场能量,因此具有较高的检测灵敏度。常用的放置式探头有平面探头、笔式直探头、弯头探头、旋转探头。

图 4-19　放置式线圈

放置式线圈检测过程中线圈轴线垂直于被检工件表面,在工件表层感应产生圆形涡流场,受裂纹取向影响小,不仅适用于形状简单的板材、带材、管材、棒材等,还适用于型材以及形状较为复杂的机械零件的检测。穿过式线圈作用范围为环状区域,放置式线圈检测范围为较小的点状区域,因此,与穿过式线圈相比,放置式线圈的检测效率要低很多。

3) 按比较方式分类

检测线圈按比较方式不同,可分为绝对式线圈、他比式线圈和自比式线圈,如图 4-20 所示。

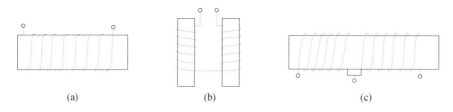

图 4-20 不同比较方式的检测线圈
(a)绝对式线圈;(b)他比式线圈;(c)自比式线圈。

绝对式线圈由一个同时承担激励和检测功能的线圈,或者两个分别承担激励和检测功能的线圈构成。绝对式线圈可以在没有标准试件可供直接参考比较的情况下,直接测量线圈阻抗的变化。绝对式线圈一般用于针对被检工件某一位置的电磁特性直接进行检测,但由于只有一个检测线圈,因此受温度、探头抖动、外界电磁干扰等因素影响较大。

他比式线圈又称为他比差动式线圈,是用两个线圈反向连接成差动形式,一个放在标准参考工件上,另一个放在被检工件上,通过比较两个线圈产生的电磁感应差异来对被检工件进行评价。标准参考工件与被检工件材质、形状、尺寸相同,当两者电磁特性相同时,信号抵消,没有信号输出,如果被检工件中存在缺陷,两者电磁特性出现差异,检测线圈就有信号输出,从而实现检测的目的。在涡流检测时,采用这种检测线圈具有能够发现外形尺寸、化学成分缓慢变化的优点。

自比式线圈具有两个线圈:一个是激励线圈;另一个是检测线圈。通常两个线圈很近,采用被检工件的不同部分作比较,针对被检工件相邻两处位置电磁特性差异的比较进行检测。由于自比式线圈输出端的感应电压是检测线圈中感应涡流与线圈阻抗乘积的差值,因此又称为差动式线圈。自比式线圈对温度变化和探头颤动不敏感,同时对工件材质、形状缓慢变化不敏感,如管材壁厚逐渐减薄、直径或电导率逐渐变化等。因此,自比式线圈有利于抑制因环境温度、工件外形及尺寸等缓慢变化引起的线圈阻抗变化,易于检出裂纹、凹坑和凸起边缘等小缺陷,但要注意,长度较大的缓变缺陷可能存在漏检的情况。

2. 检测线圈的选择

检测线圈是涡流检测的信号传感器,其制造工艺和性能直接影响检测的精度和检测结果的可靠性。生产中常用的涡流检测线圈有穿过式线圈、平面组合式线圈、阵列式线圈和旋转式线圈等,根据不同的检测目的和检测对象选用不同的涡流检测线圈。在检测线圈选择时,一般考虑以下几点因素。

(1)根据工件可能产生的缺陷类型选择合适的检测线圈,如轴向缺陷或周向缺陷、长条形缺陷或点状缺陷、面积型腐蚀或点蚀。需要检测的缺陷类型不同,选择的检测线圈也不同。

（2）根据被检工件的几何形状选择探头类型,如放置式线圈（板材、形状复杂零件）、外穿过式线圈和旋转探头（管材、棒材、丝材）、内穿过式线圈（管材内壁、螺栓孔）、阵列式线圈（板材、焊缝、管道元件）。

（3）被检工件的尺寸大小,如果有需要可以根据工件形状定制专用检测线圈。例如,直径较小的管材选用穿过式线圈；直径较大的管材选用平面组合式线圈或旋转式线圈。

（4）检测线圈的参数以及拾取信号的方式与涡流检测仪适配,根据检测目的选择绝对式线圈或差动式线圈。尤其是在使用穿过式线圈时,要考虑填充系数,填充系数过大,容易造成探头损坏；填充系数过小,会产生较大的提离信号,影响检测结果的判断。

3. 涡流信号的形成

涡流信号的形成是一个复杂的过程,检测线圈与工件之间在相互作用下发生电磁感应现象,形成稳定的涡流场,如图4-21所示。如前所述,检测线圈一般分为绝对式线圈和差动式线圈,两者的线圈结构不同,涡流信号在形成过程中也存在一定的差异。

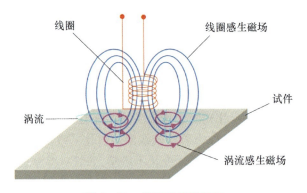

图4-21 涡流信号的形成

对于绝对式线圈,当激励线圈通有交变电流时,激励线圈周围产生大小和方向交替变化的磁场,并作用于检测线圈,线圈闭合回路中产生感应电动势,由法拉第电磁感应定律可以计算出感应电动势的大小。检测线圈在感应电动势的作用下,线圈内部形成感应电流。当探头接近工件时,工件在激励线圈和检测线圈的共同作用下感应产生涡流,涡流以再生交变磁场的形式反作用于激励线圈和检测线圈,阻碍其磁场发生变化,同时线圈内的电流随之发生变化,探头线圈和工件在如此作用下迅速达到一种稳定状态,检测线圈内的感应电流也达到稳定状态。当工件存在缺陷、边缘、台阶等不连续时,检测线圈中的电流发生变化,探头输出信号随之发生改变,从而达到检测目的。实际生产钛合金管材和钛合金换热管的涡流检测多采用差动式线圈,对比试样加工的人工缺陷以通孔缺陷居多,人工缺陷的阻抗响应信号为"8"字形,如图4-22所示。

对于差动式线圈,其检测线圈是由两个匝数相同、绕制方向相反的二次线圈组成的,当激励线圈通有交变电流时,二者所形成电动势大小相等,方向相反,相互抵消。当检测线圈接近工件时,工件在激励线圈和检测线圈的共同作用下产生涡流,涡流以再生交变磁场的形式反作用于激励线圈和检测线圈,同样,由于在两个形状和匝数相同而缠绕方向相反的二次线圈两端形成大小相等、方向相反的感应电动势,检测线圈中无电流,没有输出信号。当工件存在缺陷、边缘、台阶等不连续时,检测线圈的两个二次线圈在不连续处涡流场感应出大小不等的电动势,从而在检测线圈中形成感应电流信号[8]。该信号大小不仅与检测线圈的相关参数有关,还与工件电磁特征的不连续密切相关。

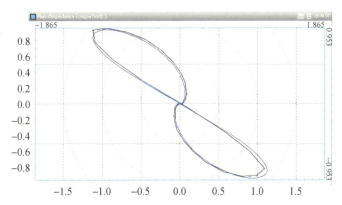

图4-22 差动式线圈扫查通孔缺陷时的涡流响应信号

4.2.3 标准试样与对比试样

与超声检测相同,涡流检测也采用标准试样和对比试样,以完成检测系统性能测试、灵敏度较准和结果评定。

1. 标准试样

标准试样是按照涡流检测相关技术标准规定的技术条件加工、制作,并经过得到授权的技术权威机构书面确认和批准的用于评价系统检测性能的试样。技术要求对标准试样做了详细要求,如标准试样的规格尺寸,以及人工缺陷的形式、位置、数量、大小等,且标准试样在长期反复使用的过程中,需定期由经认可的专业机构校验认证。

标准试样一般用于评价涡流检测系统的性能,并不直接与被检工件的材质相关,也不用于产品的实际检验。例如,《无损检测仪器 涡流检测设备 第1部分:

仪器性能和检验》(GB/T 14480.1—2015)和国家计量检定规程《涡流探伤仪检定规程》(JJG 0061—2001)对用于涡流检测系统性能测试的标准试样进行了详细规定,通过标准试样对涡流仪的灵敏度、信噪比、提离效应、分辨力、端部盲区进行调试和测定。下面列举了几种对涡流检测系统不同性能评价的标准试样。

图4-23所示为检测涡流检测系统端部效应的标准试样,用于评价涡流探伤仪对靠近管材端部缺陷的检测分辨力。

图4-24所示为评价涡流检测系统对缺陷深度响应性能的标准试样。

图4-25所示为评价涡流检测系统对缺陷间距分辨能力的标准试样。

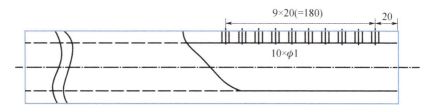

图4-23 检测涡流检测系统端部效应的标准试样(单位:mm)

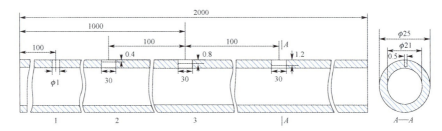

图4-24 评价涡流检测系统对缺陷深度响应性能的标准试样(单位:mm)

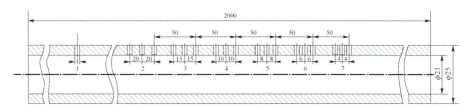

图4-25 评价涡流检测系统对缺陷间距分辨能力的标准试样(单位:mm)

2. 对比试样

对比试样是针对被检工件和检测要求按照相关标准规定的技术条件加工制作,并经相关部门确认的用于被检对象质量符合性评价的试样。对比试样的材料特性(材料牌号、热处理状态、制造工艺、形状、规格尺寸等)与被检工件的材料特性必须相同或相近,通常可以直接在被检工件上截取。对比试样一般不允许带有干扰检测评定的自然缺陷。人工缺陷是综合考虑了最有可能存在的自然缺陷的种类、方向、位置,以及对产品使用可靠性影响等因素加工制作而成的。人工缺陷的形式、形状和规格尺寸应符合涡流检测相关规范及技术文件要求。为了防止端头效应的影响以及相邻人工缺陷之间的相互干扰,人工缺陷距端头和相邻两个人工缺陷之间的距离都应在 200mm 以上。

常见的人工缺陷有通孔、平底孔、轴向槽和周向槽等形式。通孔能较好地代表穿透性孔洞,虽然穿透性孔洞在管材中较少出现,但是通孔最容易加工,因此被广泛采用。平底孔能较好地代表腐蚀性坑洞,因此在在役管材涡流检测中较多采用。轴向槽和周向槽能较好地代表折叠、条状伤痕和裂纹等缺陷,但是其加工和尺寸测量难度相对较大,因此实际检测中较少采用。人工缺陷一般采用钻孔、线切割和电化学加工等方法制作。图 4 – 26 所示为几种常用钛合金管材涡流检测用对比试样。

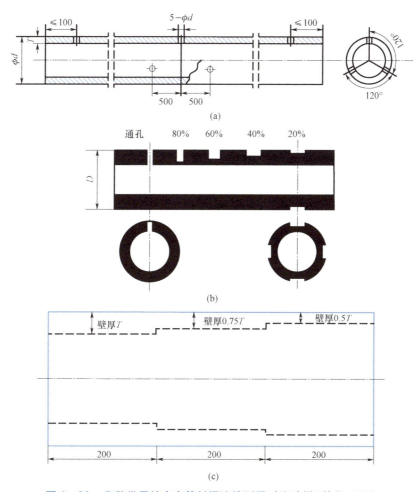

图 4 – 26　几种常用钛合金管材涡流检测用对比试样(单位:mm)

(a)钛合金管材涡流检测用对比试样;(b)在用钛合金换热管涡流检测用对比试样;(c)涡流测厚用对比试样。

对比试样的主要用途有以下两个。

(1) 调节和检验涡流检测设备。检测前,对比试样用于调试设备,设定相关参数,如检测频率、相位、机械系统传送速度、稳定度等,确保设备处于最佳工作状态;在检测过程中,用对比试样确认涡流检测系统是否工作正常,保证涡流检测结果的一致性。

(2) 确定质量验收标准。对比试样在实际检测中作为被检对象质量评定的依据,通常以对比试样人工缺陷信号为基准来判定被检工件是否合格。

4.2.4 辅助装置

船用钛合金涡流检测装置除了涡流检测仪和检测线圈,还包括工件传动装置、探头驱动装置、报警装置和标记装置等辅助装置。

1. 工件传动装置

工件传动装置主要用于形状规则产品的自动化检测,在管材、棒材生产线上应用最多。传动装置一般要求如下。

(1) 传动速度稳定,保证传动过程中尽可能减少产生各种频率的杂波干扰信号。

(2) 传动速度可调,现在生产中电动机采用可控硅调速的较多,它操作简单方便,可实现无级调速。

(3) 对于穿过式线圈检测,要求工件和检测线圈保持同心,避免因提离度改变产生干扰信号。

2. 探头驱动装置

探头驱动装置是为了实现对不同检件检测区域的扫查而采用的用于驱动探头移动的装置。为了便于检测,针对不同类型的检测对象和要求,采用不同的探头驱动方式。图4-27(a)所示为管道在役检测时,用于远场管道检测的探头推拔器。这种探头驱动装置由非电刷耦合式的直流伺服电动机提供动力,通过示踪编码器对检测线圈实施精确定位,可以匀速、稳定地将探头传送到管道内部的任何位置,传送速度快,检测效率高。图4-27(b)所示为用于孔壁检测的旋转装置。这种装置可以控制探头的旋转方向、给进位置,探头旋转速度可根据需要进行选择,但是这种驱动装置长时间使用后会出现偏心摆动,由于线圈的提离效应,会对检测信号幅值判断有一定的影响。

3. 报警装置和标记装置

自动化涡流检测系统中通常设有报警装置和标记装置,当检测到超出验收标准的缺陷信号时,会触发音响或灯光指示信号报警,并通过标记装置对被检测对象出现异常信号的位置自动实施记录和标识,便于操作人员及时判断检测结果,对不符合质量要求的工件进行处理。随着设备智能化水平的提高,仪器可根据传动装置的进给速度和时间准确计算信号超标的位置,及时传输给涡流检测仪并显示其坐标位置。

(a)　　　　　　　　　　　　　　　(b)

图 4-27　探头驱动装置
(a)探头推拔器;(b)旋转装置。

4.3　钛合金管材涡流检测

钛合金管材广泛应用于石油化工、航空航天、船舶、核电、化工等各个领域中。由于涡流检测适用性强、非接触耦合、检测效率高,在批量化的生产中可形成自动化生产线,因此涡流检测在管材质量控制上应用较为广泛。

4.3.1　直管涡流检测

常用的钛合金直管主要有无缝管和焊接管两种。两者相比较,钛合金无缝管的制造工艺相对复杂一些,通常是先将钛合金锭开坯锻造成圆管毛坯,之后经穿孔机或挤压机反复热挤压加工成一定尺寸厚的毛坯管,再经轧管机多次反复热挤压,压延成各种直径、壁厚、形状的小直径管和薄壁管,通过反复的冷挤压或冷轧达到尺寸精度,最后经退火热处理形成一定规格尺寸的无缝管产品。钛合金无缝直管常见的缺陷有裂纹、夹渣、折叠、翘皮、凹坑、划痕和制造缺陷等。

钛合金焊接管是将金属板材或带材经变形加工成管状,在结合部位焊接成形,如螺旋焊管、直缝焊管等。钛合金焊接管常见的自然缺陷除了钛合金板材和带材可能带有的孔洞、夹杂、裂纹、起皮、折叠、抽裂、黑点、氧化、分层等,还包括焊缝中的夹渣、裂纹、气孔,以及焊接不良引起的表面裂纹、未熔合、未焊透、咬边、错层等。

从检测原理上说,穿过式线圈和放置式线圈适用于各种直径的管材,但实际检测中要综合考虑检测效率、缺陷检测灵敏度、适用性等因素。穿过式线圈主要用于直径为 4~65mm 的管材检测;放置式线圈主要用于直径较大的管材或换热管的胀接区检测。对于大批量的钛合金管材一般采用自动化涡流检测设备进行检测,采用外穿过式线圈居多,钛合金焊接管在涡流检测时,还要增加管材焊缝专项检测,如采用马鞍式线圈检测管材焊缝。当钛合金管材数量少时,也可采用手动式涡流检测。船用钛合金管材一般采用钛合金无缝管居多,为保证钛合金管材的质量,在出厂前和产品使用前都要求进行涡流检测。

1. 关键参数的选择

管材缺陷的可检出性取决于检测线圈在管材上产生的涡流密度,以及涡流方向与缺陷延伸方向的垂直程度。影响管材涡流检测的关键参数有检测线圈的选择、检测频率、填充系数、传送速度等,要结合管材特点综合选择。

1) 检测线圈的选择

检测线圈是涡流检测的信号传感器,其性能的好坏直接影响检测的精度和检测结果的可靠性。管材上形成的涡流方向和分布与检测灵敏度密切相关,为了获得较高的检测灵敏度,必须尽可能使涡流方向垂直于缺陷延伸方向。直管涡流检测中应用最多的是穿过式线圈,穿过式线圈一般适用于直径为 4~65mm 的管材。如果管材直径过大,缺陷面积和体积在整个被检区域中占据的比例很小,检测灵敏度显著降低,因此,外径较大的管材不宜采用穿过式线圈检测,通常采用平面组合探头或旋转探头。穿过式线圈的形状一般为环形,与管材圆截面形状吻合,对管材表面和近表面缺陷有较高的检测灵敏度,并且穿过式线圈可以实现高速进给以提高检测效率。穿过式线圈在管材上形成的涡流沿管材圆周方向流动,对工件上周向延伸的缺陷不敏感,对纵向延伸的缺陷较敏感。

线圈的几何尺寸对检测灵敏度和分辨力具有较大的影响,一般来说,线圈越长,检测灵敏度越高,但是分辨力相对较低。所以,分辨力和信号幅度之间最好的选择是使线圈的长度和厚度等于缺陷深度。但是,实际缺陷的深度是无法预测的,所以,线圈的长度和厚度一般取约等于管材壁厚的值。对于差动式线圈,两个线圈之间的间距也应该约等于管材壁厚的值[9]。

绝对式线圈受检测对象材质、尺寸变化的影响更加敏感,检测时选择能够较好克服这两项影响因素的差动式线圈。采用差动式线圈具有较高的检测效率,但对于沿管材轴向的条状缺陷,如果缺陷较长且深度基本一致,那么采用差动式线圈检测时容易造成漏检,因此必要时可增加放置式线圈扫查。

2) 检测频率

涡流检测的灵敏度在很大程度上依赖于检测频率,要获得较高的灵敏度,就要求采用较高的检测频率;要获得较大的透入深度,就要求采用较低的检测频率。由于高灵敏度和较大的透入深度是相矛盾的,因此,在涡流检测时,要综合考虑透入深度和对表面及近表面的检测灵敏度以同时满足两个指标的要求。除此之外,选择的检测频率还应使缺陷信号和其他非相关信号之间要有足够的相位差,便于相位鉴别;管材内壁缺陷和外壁缺陷之间有一定的相位差,便于进行区分。通常检测频率通过以下两种方式获得。

(1)特征频率计算法。

当填充系数为1时,薄壁管的特征频率为

$$f_{g1} = \frac{5066}{\mu_r \sigma d_i t} \tag{4-25}$$

厚壁管的特征频率为

$$f_{g2} = \frac{5066}{\mu_r \sigma d_i^2} \tag{4-26}$$

式中:μ_r 为相对磁导率;σ 为电导率($m/(\Omega \cdot mm^2)$);d_i 为管材的内径(cm);t 为管材的壁厚(cm)。

实际应用中为了简便计算,还常用到检测频率的经验计算公式,即

$$f = \frac{3\rho}{t^2} \tag{4-27}$$

式中:ρ 为电阻率,$\rho = 1/\sigma$;t 为壁厚。

例如,某 $\phi 16mm \times 1mm$ 规格的钛合金管,相对磁导率 $\mu_r = 1$,电导率 $\sigma = 0.58 m/(\Omega \cdot mm^2)$,采用内穿过式线圈检测,则其特征频率为:

$$f_g = \frac{5066}{\mu_r \sigma d_i t} = \frac{5066}{1 \times 0.58 \times 1.4 \times 0.1} \approx 62389 Hz$$

在涡流检测中,f/f_g 值的范围为 5~150,即 312~9358kHz 的频率范围具有实用意义。根据经验,通常将 f/f_g 选取的范围为 10~40,此时检测效果较好。检测频率 f 还可采用经验计算公式(式(4-27))计算得到。

(2)对比试样对比法。

根据涡流对对比试样上人工缺陷的响应情况确定检测频率是最可靠的确定方式,因为对比试样和被检管材的材质、性能基本一致,频率选取时更能反映出管材检测时的状态。通常最简便的做法是在最难检测的管壁上加工人工缺陷,人工缺陷的类型视具体情况而定。通过改变检测频率,观察人工缺陷响应情况,根据响应信号的大小确定合适的检测频率。

例如,采用差动式线圈按《钛及钛合金管材涡流探伤方法》(GB/T 12969.2—

2007)对 $\phi 12mm \times 1mm$ 的钛合金管材进行涡流检测。根据标准要求制作通孔为 $\phi 0.7mm$ 的对比试样,分别采用70kHz、100kHz、130kHz、160kHz频率对对比试样进行检测。检测结果如图4-28所示。

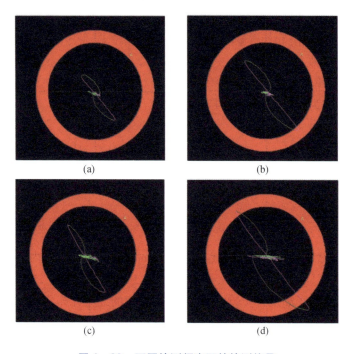

图4-28 不同检测频率下的检测信号
(a)70kHz;(b)100kHz;(c)130kHz;(d)160kHz。

从图4-28中可以看出,检测频率不同,检测信号"8"字的形状各异,当频率为100kHz时,"8"字更加饱满,符合通孔标准响应信号的特征,所以最佳检测频率选取在100kHz左右。

3) 填充系数

填充系数是影响管材涡流检测灵敏度的重要因素,填充系数不是检测线圈的属性,而是相对于被检管材而言,它的大小取决于检测线圈和被检管材的尺寸大小。从电磁感应的原理来说,检测线圈与管材贴合程度越高,检测灵敏度越高,但是钛合金管材的平直度、轴对称性和椭圆度总是存在一定的偏差,加上传送装置(或手动)运行中可能造成钛合金管材出现微小的偏离,如果填充系数过高,必然会增大检测线圈与高速运行的管材撞击的概率,造成磨损,产生大量的噪声信号,影响检测信号质量。通常选择的检测线圈内径略大于管材外径(内穿时检测线圈外径略小于管材内径),以使稍不规则的管材能顺利通过。一般来说,钛合金直管涡流检测填充系数在85%~90%为宜,检测过程中要定时检查线圈的磨损情况。

4）传送速度

检测线圈对缺陷的响应与传送速度有关,在检测钛合金管材时,应保持与采用对比试样调整检测灵敏度时所选择的速度相同。如果对比试样上的缺陷很短,为保持有较高的检测灵敏度,应适当控制传送速度。钛合金管材在运行过程中应保持相对稳定的匀速运动,速度变化的波动不应超过平均速度的±10%。此外,传送装置应保持钛合金管材在运行过程中在穿过式线圈中心轴线上平直移动,尽量减小在线圈中心线上的上下左右偏移。

2. 对比试样

对比试样用于涡流检测仪的调节和检测结果的评判。在制作时,一般应选用与被检管材的材质、几何尺寸、表面状态及热处理工艺一致,且没有干扰人工标准缺陷信号识别的管材;检测对象和检测要求不同,对比试样上的人工缺陷也会有所不同。钛合金管材在制作过程中容易形成条状缺陷(如折叠、翘皮、裂纹等),在制作对比试样时,试样上的人工缺陷建议加工成对此类缺陷具有代表性的人工槽形缺陷。虽然槽形缺陷的代表意义和对质量控制的重要性日渐突出,但是,现行有关标准对钻孔仍在推荐和认可之列,同时钻孔加工更简便、易行。近年来,部分行业已注意到槽形缺陷对于质量控制的重要意义,在订购管材时开始向材料供应方提出选用槽形缺陷对比试样的要求。

不同标准对对比试样的要求也有较大的差异,但人工缺陷大多以钻孔和刻槽为主,一般要求人工缺陷的数量为3~5个,径向分布间距为120°,也有部分标准要求人工缺陷排成一列。各人工缺陷的轴向间距及与管端的距离,应能保证在检测时足以辨认各个人工缺陷信号,一般不小于100mm。孔径根据被检管材的管径和壁厚而定;刻槽有U形、⊔形或V形3种,宽度不大于0.8mm,深度根据被检管材的管径和壁厚或者验收要求而定。

在钛合金管材的实际生产中,常用的涡流检测标准主要有《钛及钛合金管材涡流探伤方法》(GB/T 12969.2—2007)、《承压设备无损检测 第6部分:涡流检测》(NB/T 47013.6—2015)和《ASME Ⅴ 第8章 涡流检测》,因为每个标准对管材的质量要求不同,所以其对比试样人工缺陷加工时也存在差异。

例如,《钛及钛合金管材涡流探伤方法》(GB/T 12969.2—2007)主要适用于外径为4~65mm、壁厚为0.5~4.5mm的冷凝器和热交换器用无缝或焊接钛及钛合金管材,其他用途的钛及钛合金管材也可参照本标准使用。本标准中规定的人工标准缺陷有两种:钻孔和刻槽。其中,钻孔要求在对比试样管材上垂直钻3个直径相同的径向通孔,通孔尺寸如表4-2所示。钻孔的垂直度允许偏差应不大于5°,钻孔时不得引起管材变形,钻孔的毛刺应清除干净。

表 4-2　人工标准钻孔尺寸

管材外径/mm	人工标准钻孔尺寸/mm
φ4 ~ φ10	φ0.6
φ10 ~ φ18	φ0.7
φ18 ~ φ24	φ0.8
φ24 ~ φ38	φ1.0
φ38 ~ φ55	φ1.2
φ55 ~ φ65	φ1.4

纵向刻槽方向要求平行于管材轴向,刻槽横截面形状为 U 形、凵形或 V 形,U 形为仲裁试验标准缺陷,U 形、凵形刻槽的宽度不大于 0.8mm ± 0.05mm,V 形刻槽的夹角为 60°±2°,刻槽长度和深度如表 4-3 所示。

表 4-3　刻槽长度和深度

人工标准尺寸	A 级	B 级
长度	25mm	10mm
深度	管材名义壁厚的 12.5% 或 0.1mm,两者选取大者	管材名义壁厚的 10% 或 0.1mm,两者选取大者

注:深度允许偏差为 ±0.02mm。

钻孔和刻槽的周向间隔为 120°,轴向间隔及与管端的距离,以在探伤条件下能清楚地分辨、报警为准,一般推荐 300 ~ 700mm。

3. 检测程序

检测程序共有检测前的准备、设备调试、检测、评定、记录和报告几个步骤。

1)检测前的准备

涡流检测前需进行相关准备工作,包括涡流检测仪的选择、对比试样的制作、检测线圈的选择、现场环境选择及检测前的清洁等。

涡流检测仪的性能应满足相关标准和技术条件的要求,批量化的产品涡流检测时,选择带自动化装置的涡流检测仪;对于数量少、规格不统一的,选择不带自动化装置的涡流检测仪。此外,还要结合检测目的、检测要求、验收标准和等级选择合适的涡流检测仪。对于数字涡流检测仪还要考虑其采样速率,一般技术标准要求每毫米长度至少 1 个采样点,采样率高对检测结果的评判有正面影响,但是其对涡流检测仪的内存也有了较高的要求,设备价格也相对高一些。

对比试样是调节涡流检测仪和检测结果评判的重要工具,对检测结果的影响极大,一般根据技术要求或检测技术标准、规范的规定制作相应的对比试样,对比试样和被检管材的材质、批号、热处理状态、制造工艺应尽可能保持一致。

根据管材的规格尺寸,选择合适的检测线圈。此外,还应考虑填充系数,既要保证不产生较大的提离干扰信号,又能使管材顺利通过线圈不会有较大的磨损。一般填充系数保持在85%~90%为宜。

涡流检测现场环境中应无大功率设备,或者检测过程中避免涡流检测与大功率设备同时用电。因为与大功率设备交叉作业时,会导致电源电压大幅波动,并且有较大的电噪声干扰。此外,应保证涡流检测仪接地良好,做好线缆屏蔽,防止受到电磁干扰。

检测前需对被检工件和线圈彻底进行清洁,清除黏附在工件和线圈上的金属碎屑、氧化皮、油脂等附着物,特别是磁性黏附物,因为这些附着物会干扰涡流检测仪拾取检测信号,产生噪声,降低信噪比,影响检测结果。对挠曲程度较严重的被检管材进行校直处理,防止管材挠曲处通过线圈时损坏线圈,也避免管材偏离线圈中心,导致圆周方向不同部位对跟线圈的距离不同而产生不同的提离效应,影响检测结果。除此之外,还应对管材端口进行平口处理,以免管口有毛刺或不规整,从而造成检测线圈的损伤,影响线圈的使用寿命。

2) 设备调试

检测前需对各个检测设备预热;根据涡流检测仪的使用说明分别对检测参数中的信号、滤波、时基速度因子、显示模式、消隐因子等进行设置调试,确保整个系统的各个部件连接完好,功能相适应;要尽可能减少管材、棒材工件通过线圈时的偏向和振动。首先根据频率计算公式计算出检测频率的大致范围;然后利用按照技术标准规定制备的对比试样调整检测灵敏度,调整时注意应转动对比试样使人工缺陷处在不同位置上进行测试,保证对比试样位于线圈中心,其各方向上的检测灵敏度尽可能一致。管材涡流检测通常选用差动式线圈,由前文对差动式线圈的介绍可知,差动式线圈的电压信号通常以"8"字形阻抗曲线形式表现出来,所以调试过程中可根据"8"字形状选用合适的检测频率。

以选定的检测频率对对比试样进行扫查,根据标准要求以及人工缺陷响应信号进行调试。例如,《承压设备无损检测 第6部分:涡流检测》(NB/T 47013.6—2015)中规定调试涡流检测仪使得通孔信号刚好报警且幅度在仪器荧光屏满屏刻度的50%~70%,中间3个通孔的显示幅度应基本一致,相差不大于平均幅度的10%,选取其最低幅度作为检测设备的触发-报警电平,并将对比试样上人工缺陷的涡流响应信号的相位角设定为40°。

3) 检测

检测时,给进速度应与调试灵敏度时的速度保持一致,根据涡流检测仪的结果显示,以及记录器、报警器对缺陷进行标记,分选出带有缺陷的工件。

在检测过程中,每隔两个小时对检测系统进行校准,校准时,如果发现灵敏度数据与调试时不一致,应对上一次至本次校准之间的管材进行复验。

在检测过程中,怀疑仪器上出现的缺陷信号是否确由缺陷产生,或者检测条件发生了变化,使检测灵敏度受到影响,应及时进行检测系统灵敏度的校验和复验。

4) 评定、记录和报告

根据检测标准或技术要求,对检测结果进行评定,并对被检管材进行记录和标记,待复验的产品要重新进行检测和评定。

检测结束后,需要根据技术标准、规范、合同等要求做好原始检测记录及签发检测报告。

4.3.2 波浪管涡流检测

换热器传热管采用钛合金材料的加工技术已经成熟,各种钛质换热设备已在多个领域中得到应用,为了提高设备的使用效能,现在先进的换热器设计采用了钛合金波浪管作为换热原件,设备制造过程中要求对管材在原材料供货时及弯管成型后分别进行涡流检测。

由于波浪管存在多个弯曲部位,会在涡流检测时产生大的结构干扰信号,给检测结果的评判带来了极大的干扰。此外,由于弯曲部位的存在,常规涡流探头无法通过,因此,钛合金波浪管涡流检测的难点主要在于检测信号的识别和探头的可通过性。

1. 检测设备与器材

与钛合金直管相比,波浪管的形状和检测信号都比较复杂,所以对涡流检测的设备与器材要求较高。

1) 涡流检测仪

因为检测对象为钛合金波浪管,结构形式复杂,所以使用的涡流检测仪较检测直管使用的涡流检测仪应具有更高的灵敏度和综合性能。涡流检测仪应能够在检测线圈中产生频率范围较宽的谐波电流,一般要求频率范围为 100Hz ~ 1000kHz;可同时激励 4 个或 4 个以上的检测频率,避免缺陷信号较小造成漏检;可以在 0° ~ 360°范围内调整相位角,便于调整检测信号,对结构信号和缺陷信号进行识别。

2) 检测探头

考虑到在役检查与制造检查和材料检测技术的一致性,对弯管前的钛合金直管和弯曲后的钛合金波浪管均采用内穿过式探头进行涡流检测。所使用的涡流探头应能通过全管,并且需灵敏度尽量高,至少要检测出对比试样上规定尺寸的人工缺陷。对内穿过式涡流检测而言,填充系数是涡流线圈包围面积与管子内表面截面积之比。一般而言,填充系数越大,检测灵敏度越高,因此,应尽可能地选择填充系数高的探头。

钛合金管材常用的涡流检测探头主要分为两类：第一类是直管段涡流检测常规探头（图4-29），该类探头由于材料结构的柔性程度有限，因此难以通过弯管段；第二类是弯管段涡流检测柔性探头（图4-30），虽然该探头尼龙管前部采用珠状柔性结构，但在通过弯头较多的管材时，由于作用于该柔性结构上的推力在探头前进方向的分量有限，因此使其无法检测全管长度。

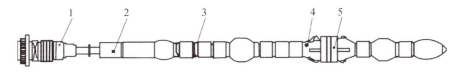

图4-29　直管段涡流检测常规探头

1—接头；2—尼龙管；3—波纹管；4—花瓣；5—线圈。

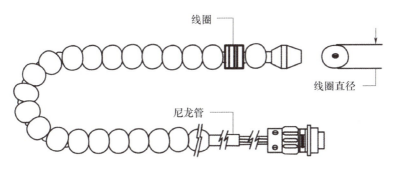

图4-30　弯管段涡流检测柔性探头

针对钛合金波浪管的特殊结构，需选用特殊结构柔性内穿过式轴绕探头进行涡流检测，旨在保证检测灵敏度的基础上，同时具有较好的可通过性。图4-31所示为一种钛合金波浪管涡流检测的专用探头。该探头的填充系数可达80%，除线圈接头部分之外，全部由尼龙环紧密排布，探头前进过程中可进行弯曲；每隔一段距离增加了固定装置，使整个探头具有一定硬度，这样在扫查过程中既弥补了第一类探头尼龙直管无法正常通过小弯管的缺憾，又改进了第二类探头珠状结构推力不足的现象[10]。该探头已成功应用于钛合金波浪管换热器产品的检测中。

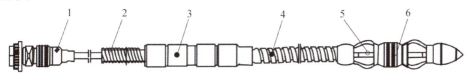

图4-31　钛合金波浪管涡流检测的专用探头

1—接头；2—弹簧；3—尼龙环；4—波纹管；5—花瓣；6—线圈。

3)对比试样

钛合金波浪管为换热器传热管的新型结构形式,目前尚无专用的涡流检测标准,故对比试样通常参考《钛及钛合金管材涡流探伤方法》(GB/T 12969.2—2007)、《ASME Ⅴ 第8章 涡流检测》、《承压设备无损检测 第6部分:涡流检测》(NB/T 47013.6—2015)等标准,以及技术要求制作。现以规格为 $\phi16mm \times 1.5mm$、长度为2600mm的TA2钛合金波浪管为例进行介绍。

与钛合金直管相比,钛合金波浪管涡流检测时探头不易通过,弯曲部位干扰信号多,不利于缺陷信号的识别,所以钛合金波浪管对比试样的人工缺陷加工尺寸要相对大一些。根据钛合金波浪管的结构特点共设计制作了5支对比试样(表4-4),对比试样上人工缺陷为通孔或外壁槽,均进行了准确测量。其中,BL-1和BL-2为直管;BL-3、BL-4和BL-5为波浪管。检测时,选取3个人工缺陷中最低的幅值作为记录标准。

表4-4 对比试样及人工缺陷尺寸

序号	编号	缺陷类型	人工缺陷尺寸及数量	分布
1	BL-1	通孔	共3个:均为$\phi0.5mm$通孔	长度为1200mm,通孔间隔为300mm,互成120°
2	BL-2	通孔	共3个:均为$\phi0.6mm$通孔	长度为1200mm,通孔间隔为300mm,互成120°
3	BL-3	通孔或外壁槽	共4个:3个$\phi1.0mm$通孔;1个5mm×1.5mm外壁轴向槽	长度为1330mm,有1个通孔位于两弯头之间,其余3个人工缺陷位于弯头顶部
4	BL-4	通孔	共9个:均为通孔,$\phi0.5mm$、$\phi0.7mm$、$\phi0.9mm$各3个	长度为2615mm,每种尺寸的通孔分布于直管段、直管与弯管相切处、弯管顶部,每个位置各1个
5	BL-5			

钛合金波浪管及人工缺陷分布如图4-32所示。为验证波浪管不同部位的涡流检测灵敏度,在编号为BL-4和BL-5的两个波浪管对比试样不同部位的直管段、直管与弯管相切处,以及弯头顶部分别制作了3种不同孔径的通孔。

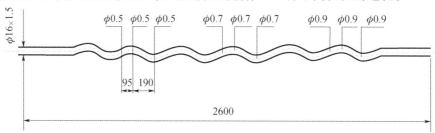

图4-32 钛合金波浪管及人工缺陷分布(编号:BL-5)(单位:mm)

2. 检测

1）信号识别

钛合金直管和钛合金波浪管的涡流检测信号有较大的差异，即直管比较平整，无弯曲部位，所以其涡流检测信号质量较好，信噪比满足检测要求，对于直径不小于0.5mm的人工缺陷均能形成规则完整的缺陷响应信号；波浪管存在多个弯曲部位，每个弯头部位均会产生4个弯管结构信号，并且信号幅值都大大超过了幅值基准，当拐点附近存在缺陷时，拐点信号可能与缺陷信号复合叠加，严重影响检测结果的评定，在检测结果评定时应尽可能将弯管信号相位调整一致。在钛合金波浪管涡流检测时，现行检测技术可以达到《钛及钛合金管材涡流探伤方法》(GB/T 12969.2—2007)、《承压设备无损检测 第6部分：涡流检测》(NB/T 47013.6—2015)等规定的质量水平，对于直径为0.7mm及以上的通孔缺陷均能有效检出，对于直径为0.7mm以下的通孔缺陷，因弯管信号的影响而难以检出，有待继续研究。

现以表4-4中带有人工缺陷的TA2钛合金管材涡流检测为例进行介绍。首先根据钛合金波浪管的材料和规格进行理论计算，确定检测频率的范围；然后在编号为BL-2的直管对比试样上进行实测验证；最后选取200kHz作为检测频率。根据选用的检测频率和探头对检测设备进行调试，调试完成后，对表4-4中制备的对比试样进行涡流检测试验，检测结果如下。

(1) BL-1和BL-2直管对比试样。

编号为BL-1和BL-2的两个直管对比试样的涡流检测信号如图4-33和图4-34所示。从图4-33和图4-34中可以看出，两个直管对比试样上所加工的每个人工缺陷的信号均清晰可见，基本成"8"字形状，且信噪比满足检验要求。

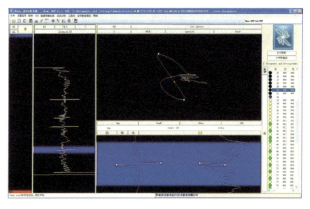

图4-33 直管对比试样(编号：BL-1)上人工缺陷涡流检测信号图

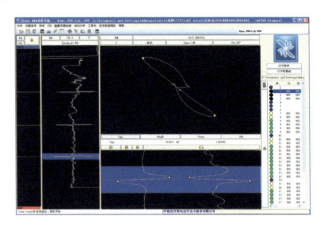

图4-34 直管对比试样(编号:BL-2)上人工缺陷涡流检测信号图

(2) BL-3波浪管对比试样。

编号为BL-3的波浪管对比试样的涡流检测信号如图4-35所示。图中对比试样上所加工的人工缺陷信号均清晰可见,且信噪比满足检测要求。因为波浪管上存在弯曲部位,并且每个弯曲部位均有4个幅值较大的弯管信号(均位于拐点处),所以在检测期间需由有经验的检测人员进行辨识。

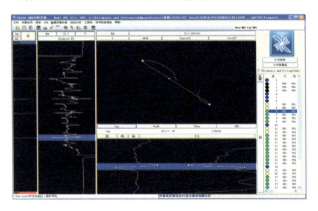

图4-35 波浪管对比试样(编号:BL-3)上人工缺陷涡流检测信号图

(3) BL-4和BL-5波浪管对比试样。

编号为BL-4的波浪管对比试样共检测出9处缺陷显示,与对比试样上实际加工的人工缺陷情况一致。编号为BL-4的波浪管对比试样的涡流检测信号如图4-36所示。

编号为BL-5的波浪管对比试样共检测出10处缺陷显示,与对比试样上实际加工的人工缺陷情况不一致,经目视核查,9处人工缺陷肉眼可见。经仔细对比涡流检测信号,确认所加工的9个通孔中可检测出其中的8个,还有1个位于弯头顶

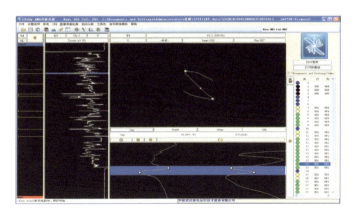

图4-36　波浪管对比试样(编号:BL-4)上ϕ0.5mm通孔涡流检测信号图

部直径为0.5mm通孔的信号因被弯管信号湮没而无法识别。编号为BL-5的波浪管对比试样的涡流检测信号如图4-37所示。另外,还检测出两个设计加工范围外的缺陷显示(外表面目视不可见),经视频内窥镜补充检验,疑似内壁紧密附着的金属外来物。外来物视频图片如图4-38所示。

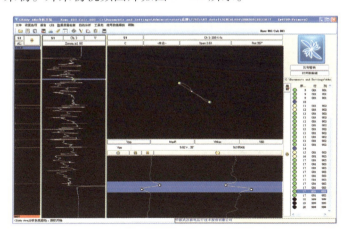

图4-37　波浪管对比试样(编号:BL-5)上ϕ0.5mm通孔涡流检测信号图

2)检测应用

钛合金波浪管涡流检测目前在产品中已得到应用,能达到良好的检测效果。图4-39所示为在对钛合金波浪管涡流检测有缺陷信号显示时,采用视频内窥镜对疑似有问题的波浪管进行的检验结果,经对比,视频内窥镜缺陷位置与涡流响应信号位置基本一致,也证明了该套检测系统及检测参数的有效性和可靠性。

钛合金波浪管的弯管部分的缺陷识别和判定标准是波浪管检测的关键所在,有待进一步研究,并制定相关检测标准。虽然钛合金波浪管涡流检测已成功应用,

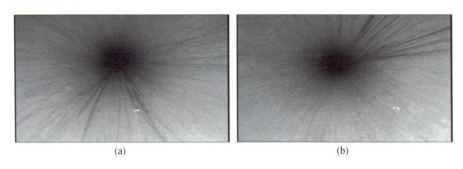

图4-38 波浪管对比试样(编号:BL-5)上外来物视频图片

(a)位于 ϕ0.9mm 通孔至管端间；(b)位于 ϕ0.5mm 通孔至管端间。

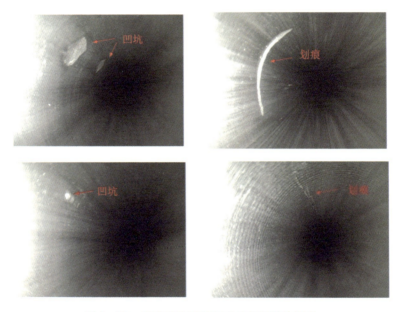

图4-39 波浪管缺陷视频内窥镜的检验结果

但仍处于初步研究阶段,当前的检测方法效率较低,也存在极大的误判和漏检风险,所以,亟待开发出新的检测设备,进一步优化对比试样和检测参数。

4.3.3 在制换热器传热管涡流检测

钛合金换热器在轻量化与耐蚀性方面优于钢制换热器,目前已逐步应用到海洋、核电等领域,但由于钛合金成本较高,总体应用比例尚偏小,生产过程检测与质量控制手段也在不断进步。传热管是换热器的重要组成部分,在进行热交换的同时,承担着冷却系统压力边界的责任,其重要性不言而喻。在制换热器的传热管在装配、胀接、焊接等工艺过程中可能会产生划伤、凹坑、裂纹等缺陷,所以在研制过程中对传热管进行涡流检测是十分有必要的。根据传热管的结构特点,通常将其分为换热区和胀接区两部分,并分别进行涡流检测,如图4-40所示。

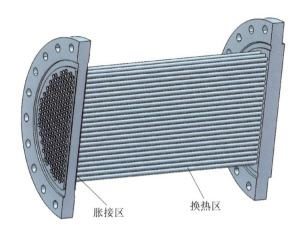

图4-40 换热器传热管的结构示意图

1. 换热区

换热区为传热管的工作区域,因为其已经固定安装在换热器的管板上,在检测时,外穿过式线圈无法通过,所以只能采用内穿过式线圈进行涡流检测。目前换热器常用的钛合金传热管有直管和波浪管两种。对已装配或胀接完成的传热管换热区涡流检测的影响因素及检测过程与管材的涡流检测基本一致,但由于有管板和支撑板的存在,因此对比试样的选用、检测系统的调试以及检测结果的分析又存在一定的差异。

1)对比试样

在制换热器因为未投入运行当中,所以传热管中出现的缺陷与在用换热器有较大的差异。在用换热器的传热管最常出现的缺陷是内壁腐蚀、磨损、疲劳、裂纹等;而在制换热器的传热管易出现凹坑、划伤、裂纹等缺陷。虽然在制换热器传热管与在用换热器传热管的涡流检测方法基本一致,但是对比试样有一定的差别。在制换热器传热管的涡流检测常用的标准主要有《承压设备无损检测 第6部分:涡流检测》(NB/T 47013.6—2015)和《ASME V 第8章 涡流检测》,两者虽都用于在制换热器的涡流检测,但是对比试样的制作有较大的区别。

《承压设备无损检测 第6部分:涡流检测》(NB/T 47013.6—2015)标准适用于外径为10~200mm、壁厚为0.75~8.0mm的钛合金传热管,该标准中的对比试样适用于在用和在制的非铁磁性传热管的涡流检测。该标准中的对比试样共有3种:Ⅰ型,用于调整检测系统;Ⅱ型,用于测试缺陷深度与相位关系的曲线;Ⅲ型,用于测试系统检出壁厚均匀减薄、长条形缺陷的能力。Ⅰ型对比试样不常用,Ⅲ型对比试样检测的缺陷在换热器制造过程中一般不会出现,所以Ⅱ型对比试样是换热器在制过程中最常用的对比试样,下面对Ⅱ型对比试样进行介绍。

Ⅱ型对比试样如图4-41所示,其上人工缺陷的位置和尺寸如下。

(1)A是1个穿透壁厚的孔,管子外径小于或等于20.0mm,孔径为1.3mm;管子外径大于20.0mm,外径为1.7mm。

(2)B是1个外壁面平底孔,孔径为2.0mm,深度为壁厚的80%。

(3)C是1个外壁面平底孔,孔径为2.8mm,深度为壁厚的60%。

(4)D是1个外壁面平底孔,孔径为4.8mm,深度为壁厚的40%。

(5)E是4个外壁面平底孔,孔径为4.8mm,环绕管子的圆周并在同一截面上成90°±5°分布,深度为壁厚的20%。

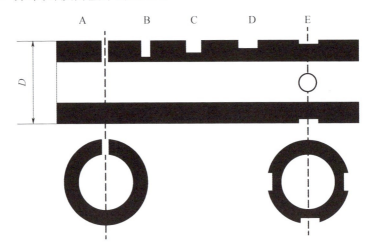

图4-41 Ⅱ型对比试样上人工缺陷的形状及位置

所有人工缺陷的轴向间隔及与管端的距离,以在检验条件下能清楚地分辨为准,一般推荐距端头200mm,相互间隔为100~300mm。人工缺陷平底孔中心或刻槽的深度,其误差不超过规定深度的±20%,或者是±0.08mm,取两者中的较小值,其他所有人工缺陷的加工尺寸误差都应小于±0.25mm。

《ASME Ⅴ 第8章 涡流检测》强制性附录Ⅷ适用于已安装的非铁磁性热交换器管涡流检测,它对对比试样的规定如下。

(1)单一孔100%钻穿管壁,对外径不大于10mm的管子孔径为0.8mm;外径大于10mm小于等于19mm的管子孔径为1.2mm;外径大于19mm的管子孔径为1.5mm。

(2)4个平底孔,直径为5mm,在沿管子圆周一个平面上90°分布,从管子外表面钻孔,孔深为壁厚20%。

(3) 一个360°圆周槽,宽3mm,位于管子外壁,深度为壁厚10%。

(4) 一个360°圆周槽,宽1.5mm,位于管子内壁,深度为壁厚10%,对于直径较小的管子不强制加工。

(5) 检验不连续的深度,在不连续的中心,应精确到规定深度的±20%,或者0.076mm,二者取其较小者。校验不连续的所有其他尺寸应精确到0.25mm。

在换热区涡流检测时,一般采用的检测线圈有差动式线圈和绝对式线圈两种。选用不同的探头,调试方法也不同,具体调试过程如标准中所述,但不论使用哪种探头,主频率选定后,还应选定辅助检测频率(一般为主频率的1/2或1/4)以抑制管板和支撑板信号。管板和支撑板样管由与实际管板和支撑板的材质、热处理状态相同的材料制成。增加支撑板后,在混频通道中,每个人工缺陷信号的相位和幅值应能清晰地显示。

2) 检测过程

检测前应准备好涡流检测仪、内穿过式探头、对比试样以及其他辅助工具,检测现场应无影响涡流检测仪等设备正常工作的磁场、振动、腐蚀性气体及其他干扰。检测使用的涡流检测仪能够在测试线圈中产生频率范围为1~2000kHz的谐波电流,可同时激励至少4个检测频率,并且可以在0°~360°范围内调整相位角。使用的内穿过式探头填充系数应不小于80%,当被检传热管的尺寸或内表面状态发生变化,且正常探头无法通过时,可适当降低填充系数,并在检测报告中加以说明。

钛合金换热器通常由成百上千支传热管组成,各管之间有一块或多块钛合金板支撑以保持管子整齐、稳固排列。当采用单一工作频率检测时,由于支撑板的存在,检测线圈扫查至支撑板所在位置时,会受到来自支撑板感应产生的电磁信号干扰,如图4-42所示。这种干扰信号足以覆盖该位置传热管内外壁可能存在的缺陷所引起的相应信号,因此,必须消除支撑板的干扰信号,才能够正确地检测和评价传热管的质量。在这种情况下,通常采用两个或两个以上的检测频率进行检测,通过调整不同检测频率的涡流对支撑板产生响应信号,再经过混频通道使不同通道的支撑板响应信号叠加抵消,从而消除来自支撑板的干扰信号[11],达到提取缺陷信号的目的。

例如,采用差动式线圈对在制的钛合金传热器传热管进行检测,检测标准采用《承压设备无损检测 第6部分:涡流检测》(NB/T 47013.6—2015)。根据标准要求采用Ⅱ型对比试样对检测系统进行校准,Ⅱ型对比试样上人工缺陷的形状及位置如图4-41所示。主检测频率选择200kHz,辅助检测频率选择100kHz,保证对比试样上4个深度为20%壁厚的平底孔的涡流信号与通孔的涡流信号相位角沿顺时针方向差为20°-50°。调节涡流检测仪的相位使通孔信号的相位角在40°±5°范围内,调节增益,使通孔信号的幅值相当于水平满刻度的40%左右,幅值设为定值(如 8V)。对添加支撑板后的对比试样进行扫查,人工缺陷响应信号如图 4-43 所示,其中 TSP 为支撑板信号。

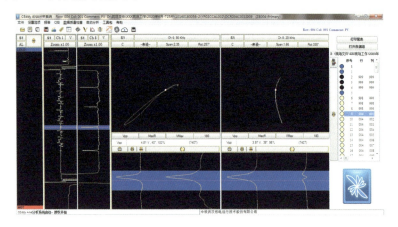

图 4-42 支撑板响应信号

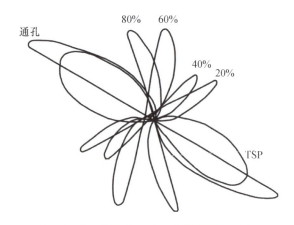

图 4-43 对比试样上人工缺陷响应信号

对检测信号进行混频处理,并将混频后的信号相位调整为 40°,幅值设置为同样的定值。待调试完成后,对添加支撑板的对比试样进行扫查,根据不同深度的人工缺陷响应信号的幅值和相位制作缺陷深度与响应信号相位角的关系曲线。随着人工缺陷深度的减小,响应信号相位角逐渐增大,根据人工缺陷深度和相位角绘制的缺陷深度与响应信号相位角的关系曲线如图 4-44 所示。

检测系统校准完成后,采取与扫查对比试样相同的检测速度对钛合金换热器传热管进行检测,现场检测过程如图 4-45 所示。对于内穿过式探头检测传热管发现的异常不确定显示,可采用旋转式涡流探头和阵列式涡流探头进行补充检测,以确认显示性质。

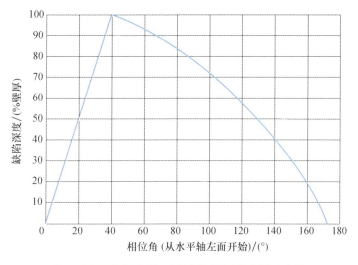

图4-44 缺陷深度与响应信号相位角的关系曲线

图4-45 传热管换热区涡流检测图

在检测结果分析时,记录的缺陷信号内容包括两项内容:相位和幅值。相位角在0°~40°范围内的阻抗信号表示管材内壁上深度不同的缺陷,相位角在40°~180°范围内的阻抗信号值表示外壁上深度不同的缺陷。根据图4-44所示的缺陷深度与响应信号相位角的关系曲线,通过相位角可以判断出缺陷的深度,根据缺陷响应信号的形状可以对缺陷类型进行初步判断。在制换热器钛合金传热管涡流检测的过程中,可能出现的缺陷主要有凹痕、打磨痕迹、噪声、降质、密集型显示等。

报告应按照标准要求进行记录,除了通用的记录要求,一般还应包括管子长度、支撑板位置、检测频率、缺陷信号幅值和相位,以及缺陷的深度、类型和位置等。对于不能定量的信号,在用其他方法做出判定之前,应将信号看作是缺陷,并根据标准要求对缺陷以及换热器进行评定。

2. 胀接区

钛合金换热器传热管与管板的胀接为制造换热器的关键工序,它的好坏直接影响设备的可靠性、安全性。传热管在胀接过程中容易产生裂纹、微裂纹等缺陷,实际运行中这些缺陷很可能演变为大的超标缺陷,而传热管一旦出现超标缺陷是无法进行替换的,只能对其进行封堵。所以,针对胀接区实施针对性的检测是很有必要的。

换热区通常采用内穿过式涡流检测,穿过式线圈的轴线平行于管子轴线,线圈感生的主磁场沿管材轴线方向,磁场感应生成的涡流沿管子周向流动,且平行于检测线圈内的电流,因此,穿过式线圈对阻抗涡流的轴向裂纹非常敏感。但是胀接区因几何形状发生缓慢变化,穿过式线圈对缓变信号存在一定的检测盲区。此外,内穿过式线圈只能沿传热管纵向移动检测,不能实施360°周向精细扫查,纵向裂纹的定位与检出率均难以满足需求,因此需对胀接区增加旋转涡流检测。

1)旋转涡流检测

旋转涡流检测采用的是点式旋转探头,属于放置式探头结构的延伸,在检测时,在线圈激发的交变磁场作用下,被检工件表面感应出涡流。涡流场的分布由线圈激励信号、线圈直径、被检材料情况等多种因素决定。管材属于规则结构,点式线圈的涡流场分布不受所处周向位置的影响,在激励信号保持不变的条件下,其接收的信号相对稳定,具备实施检测的基本条件。管材的壁厚 T、半径 R、提离度 h、电导率和磁导率的变化,以及缺陷均会影响线圈的阻抗。若保持其他因素不变,仅将缺陷引起阻抗变化的信号取出,经仪器放大并予以检测,则能达到探伤目的。检测原理如图 4-46 所示。

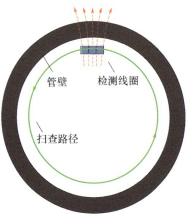

图 4-46 检测原理

在检测过程中,旋转装置(马达单元)为探头提供旋转动力,点式旋转探头和自动旋转装置如图4-47所示。点式旋转探头通常采用栅格式扫查方式进行扫查,探头线圈垂直于被检测零件的表面,旋转装置提供旋转动力实现对被检管材圆周方向进行的扫查,该次扫查周期完成后,探头向前步进,实现下一个周期的扫查。扫查过程中控制步进的长度,以保证扫查区域边界重叠覆盖,防止检测过程中出现漏检的情况。探头线圈通常设计的非常小,具有较高的检测灵敏度,但这种探头覆盖区域狭小且检测速度较轴绕式探头大为下降,因此,点式旋转探头通常用于对轴绕式探头检测盲区的补充检测,或者对轴绕式探头发现的可疑信号进行确认[12]。此外,该种探头可以测量缺陷的轴向长度和周向宽度,但不具备对缺陷深度精确定量的能力。

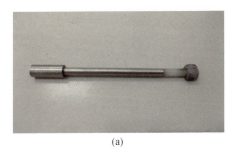
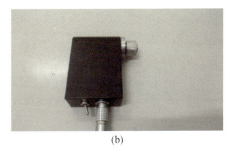

(a) (b)

图4-47 点式旋转探头和自动旋转装置

(a)点式旋转探头;(b)自动旋转装置。

点式旋转探头检测效果的好坏很大程度上取决于线圈外形与被检测零件形面的吻合状况,良好的吻合是保证检测线圈平稳扫差、与被检测零件形成最佳电磁耦合的重要前提,实际应用中,可通过定置专用探头解决与被检测零件形面吻合的问题。涡流检测中的提离效应、边缘效应等都会对点式旋转探头的阻抗产生较大影响,实际应用中采用适当的电学方法抑制磁通量的变化,从而降低提离效应的影响;边缘效应会引发涡流流动路径的畸变,这种干扰信号很强,一般会远远大于所要检测的信号,涡流检测中往往会利用一些电的或机械的方法来消除边缘效应。

随着涡流检测技术的发展,旋转涡流也朝着可视化的方向发展,扫查信号经过处理能形成直观C扫描(C-Scan)三维图。该种探头一般由一个屏蔽扁平式线圈和两个定向线圈组成。扁平式线圈能量集中,对于裂纹的检测灵敏度较高;定向线圈是将沿轴向和周向绕制的两个线圈按差分方式进行连接,两个线圈的磁场方向与被检材料中的缺陷方尽可能相互垂直,从而增强对缺陷的定位和定性的能力。这种线圈的差分连接方式可以抑制缓慢变化的干扰信号,如胀接区的直径变化等;线圈的不同排列方式可以抑制线圈的提离效应和几何尺寸变化所造成的影响。

2) 对比试样

钛合金传热管的胀接区涡流检测属于涡流检测技术的新应用,目前尚未检索到国内外有针对胀接区涡流检测的相关标准,所以,在对胀接区涡流检测时无检测标准可供参考,制作对比试样也就成了钛合金传热管胀接区涡流检测中最重要的一环。制作对比试样时通常要参考《钛及钛合金管材涡流探伤方法》(GB/T 12969.2—2007)、《承压设备无损检测 第6部分:涡流检测》(NB/T 47013.6—2015)等相关检测标准,并根据胀接过程中易出现的缺陷类型设计加工人工缺陷。由于涡流检测仪灵敏度、探头稳定性以及外部因素的影响,现有的旋转涡流检测技术通常对深0.2 mm以下的缺陷不能有效检出,实际检测时一般选择0.3 mm的刻槽作为点式涡流探头检测的对比试样。

例如,采用点式旋转探头检测规格为 $\phi 16 mm \times 1.5 mm$ 钛合金(TA2)传热管胀接区。采用与传热管相同材料、同一批次的钛合金管制作对比试样,对比试样规格为 $\phi 16 mm \times 1.5 mm$ 钛合金管,刻槽为V形槽,槽深分别为0.1 mm、0.2 mm、0.3 mm、0.4 mm、0.5 mm。在实际检测中,点式旋转探头的有效工作频率一般不小于200 kHz,选择550 kHz的工作频率分别对制作的对比试样进行涡流检测,检测结果如图4-48所示。图4-48中仅给出了无缺陷,以及0.1 mm、0.2 mm、0.3 mm槽深的对比试样涡流检测结果。

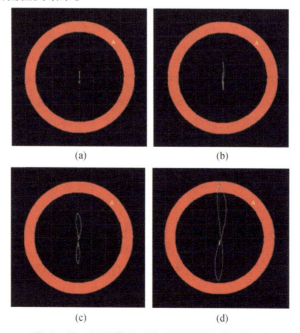

图4-48 不同槽深对比试样的涡流检测信号

(a)无缺陷;(b)槽深0.1 mm;(c)槽深0.2 mm;(d)槽深0.3 mm。

从图4-48中可以看出,无缺陷的对比试样检测过程中未发现缺陷信号;当槽深为0.1mm时,检测信号在S1.Y轴上的幅值虽然有所增加,但未发现缺陷信号;当槽深为0.2mm时,有缺陷信号显示,由于检测设备及检测系统灵敏度不高,缺陷信号幅值不大;当槽深为0.3mm时,已有明显缺陷信号且超标。表4-5所列为不同槽深的对比试样涡流检测信号幅值。

表4-5 不同槽深的对比试样涡流检测检测信号幅值

槽深度/mm	0	0.1	0.2	0.3	0.4	0.5
幅值/V	—	—	0.069	0.226	0.335	0.394

从表4-5中可以看出,在无刻槽和槽深为0.1mm时,未发现缺陷信号;在槽深为0.2mm时,幅值较小,为0.069V;在槽深大于等于0.3mm时,涡流检测信号有较大的幅值,所以实际检测应用中选择0.3mm槽深的对比试样作为参照。

3)关键参数选择

旋转涡流检测效果的好坏受很多因素的影响,如检测频率、填充系数、扫查速度等。在检测时,要根据工件的具体情况和技术要求选择合适的检测参数。现以手动式旋转涡流检测为例进行介绍。

(1)检测频率。检测频率是旋转涡流检测的一项重要工作参数,材质不同,检测频率就有较大的差异。钛合金传热管胀接区旋转涡流检测的频率范围为100~1000kHz,具体数据可通过对比试样获得。例如,采用点式旋转探头检测 $\phi16$mm×1.5mm 的钛合金(TA2)管材传热管胀接区,通过在胀接区对比试样上试验来选择合适的工作频率,选择的胀接区对比试样槽深为0.4mm,采用的试验频率范围为250~1000kHz。图4-49所示为在不同频率下检测对比试样的涡流检测信号幅值。

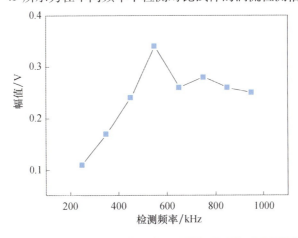

图4-49 在不同频率下检测对比试样的涡流检测信号幅值

从图4-49中可以看出,在250~1000kHz的频率范围内,缺陷涡流检测信号的幅值随着频率的升高逐渐增大,当频率达到550kHz左右时,缺陷信号的幅值达到最大,为0.335V,此时检测灵敏度较高,缺陷容易检出;在650~1000kHz频率范围内,随着频率的增大,检测信号幅值有所减小,并趋于稳定趋势,灵敏度较频率550kHz时有所降低。因此,对钛合金(TA2)管材传热管胀接区进行点式旋转涡流检测的最佳工作频率范围为500~600kHz。

(2)填充系数。点式旋转探头和穿过式探头一样对填充系数有一定的要求,检测线圈与胀接区管壁接触越紧密,检测灵敏度越高。胀接区的平直度、对称性、光滑度存在一定的偏差,且胀接后管材内壁表面的光滑度欠佳,在填充系数过大时,探头不易通过,且增大探头表面磨损,甚至可能损坏探头。当磨损严重时,探头在胀接区内偏心摆动加剧,线圈与管壁之间的提离度不能保持一致,噪声信号增大,影响检测结果的正确判断。通常选择的点式旋转探头外径略小于胀接区内径,在保证探头能顺利通过胀接区的情况下,减小探头的磨损。一般来说,填充系数在85%~90%为宜,并且检测过程中要定时检查线圈的磨损情况,对磨损严重的探头适时更换。

(3)扫查速度。点式旋转探头在扫查过程中做周向旋转运动的同时,具有一定的扫查速度,呈螺旋式扫查,其扫查轨迹的螺距取决于放置式线圈的旋转速度和扫查速度。如果探头旋转速度慢而扫查速度快,扫查螺距过大,会出现扫查不到的区域,可能会造成缺陷漏检;如果探头旋转速度快而扫查速度慢,扫查螺距过小,就会有较大的重复扫查区域,检测效率大大降低,所以要选择合适的旋转速度和扫查速度。在手动式旋转涡流检测时,不仅要保持探头的稳定性,而且需要控制扫查速度。扫查时保持匀速,扫查速度由选择探头转速 n 及线圈有效覆盖范围直径 d 决定。图4-50所示为扫查示意图。图4-50中线圈以螺旋状路径覆盖整个检测区域,一般应保证20%的重叠覆盖,故扫查速度 v 可由下式得出:

$$0.5nd \leqslant v \leqslant 0.8nd \tag{4-28}$$

式中:n 为转速(r/min);d 为线圈有效覆盖范围直径(mm)。

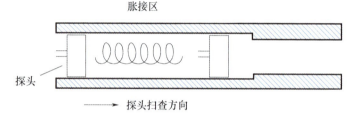

图4-50 扫查示意图

例如，对 $\phi16\text{mm}\times1.5\text{mm}$ 的钛合金传热管胀接区检测时，所用旋转装置的旋转速度为 300r/min，检测线圈的有效覆盖范围直径约为 5mm，通常情况下，检测过程中既要保证缺陷的检出率又要保证检测效率，重叠覆盖范围一般为 20% ~ 50%[13]。由式(4-28)可计算 v 应不小于 12.5mm/s、不大于 20mm/s，所以检测过程中扫查速度应控制在 12.5 ~ 20mm/s 范围内。

4）检测应用

换热器用途不同，其传热管的胀接区数量不同。对于胀接区数量少的换热器，一般采用手动驱动旋转装置进行涡流检测；对于数量多或批量化生产的换热器，采用自动化驱动旋转装置进行涡流检测。图 4-51 所示为采用手动驱动的检测装置图。点式旋转探头的直径一般较小，探头检测线圈直径约为 5mm。例如，采用点式旋转探头对钛合金换热器管板试样进行检测。设备和装置采用图 4-51 中的爱德森 EEC-39TG 涡流检测仪，探头规格为 $\phi16\text{mm}$ 点式旋转探头，探头线圈直径为 5mm，自动旋转装置提供旋转动力。

采用图 4-51 中的检测装置对规格为 $\phi16\text{mm}\times1.5\text{mm}$ 的钛合金（TA2）管材的换热器胀接区进行旋转涡流检测，选取槽深为 0.3mm 的对比试样，工作频率为 550kHz，点式旋转探头扫查速度为 15mm/s。图 4-52 所示为现场检测图。

图 4-51　采用手动驱动的检测装置图　　图 4-52　现场检测图

图 4-53(a) 所示为检测过程中出现的异常信号。将该传热管从管板上拆下来解剖并进行渗透检测。图 4-53(b) 所示为渗透检测结果。从图 4-53(b) 中可以看出，在胀接区有缺陷显示，缺陷位置与点式旋转探头检测信号显示位置基本一致，进一步分析该缺陷为裂纹。

点式旋转探头涡流检测已成功应用于换热器产品的检测中，检测过程中能够有效地发现胀接过程中形成的超标缺陷。图 4-54 所示为胀接区涡流检测中发现的超标缺陷传热管的外观及剖开后表面显示图。

从图 4-54 中可以清楚观察到，胀接区存在裂纹和孔式缺陷，由此证明了点式旋转探头及该套检测系统的可靠性。对发现问题的传热管更换后，按照原涡流检

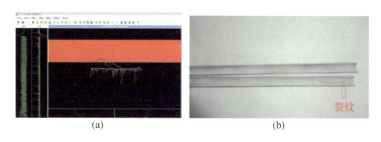

图4-53 结果对比

(a)检测过程中出现的异常信号;(b)渗透检测结果。

图4-54 传热管的外观及剖开后表面显示图

测工艺进行了检测,未发现任何超标缺陷,在后续换热器水压试验、泄漏检测中,未发现泄漏现象,再次证明了点式旋转涡流不受管板结构干涉影响,能够检测出胀接区裂纹、孔洞等缺陷,且具有较高的灵敏度,该检测工艺具有较高的安全可靠性。

与渗透检测相比,点式旋转探头涡流检测不仅安全环保,而且具有较高的表面缺陷检测灵敏度,对表面及近表面缺陷有一定的检测能力。点式旋转探头涡流检测除了具备穿过式涡流的检测优点,还对胀接区有较高的检测灵敏度,对常规涡流检测技术是一个很好的补充。

4.4 钛合金棒材及管道元件涡流检测

4.4.1 棒材涡流检测

钛合金棒材因材料本身的诸多优点而广泛应用于舰船零、部件的制造,生产过程中对其表面质量有较高的要求,所以,使用之前也要求进行涡流检测,以保证其表面及近表面的质量。

钛合金棒材通常由坯材轧制而成,工件中的缺陷既可能是坯材本身存在的缺陷,也可能是轧制加工过程中造成的。常见的缺陷主要有折叠、重皮、裂纹等。在制作对比试样时,人工缺陷形式可以选择钻孔、周向刻槽或轴向刻槽等方式。对于采用拉拔工艺产生的钛合金小直径棒材,产生长条状缺陷的概率大于点状缺陷和周向缺陷,因此,在棒材表面制作轴向刻槽最为合理。槽形缺陷的深度对涡流响应信号的影响远大于缺陷长度和宽度对涡流响应信号的影响,因此缺陷的深度是制作对比试样的重点。《钛及钛合金棒、丝材涡流探伤方法》(GB/T 23601—2009)中规定人工刻槽尺寸有 4 种:0.1mm、0.2mm、0.3mm、0.4mm,刻槽宽度不大于0.2mm,刻槽长度不大于20mm,选用哪种尺寸根据具体情况而定。根据实际检测经验,涡流检测方法可检出最小深度约为 0.1mm 的槽形缺陷,从而也可以反映出若产品表面不允许有深度小于0.1mm 的缺陷,则不适合采用涡流方法进行检测。

棒材直径不同,涡流检测采用的探头不同。对于小直径棒材一般采用穿过式探头;而对于直径较大的棒材,则采用平面组合式探头或旋转式探头。为减少棒材材质或尺寸的影响,探头线圈通常采用差动式线圈,这种线圈具有较高的检测效率,但对于沿棒材轴向的条状缺陷,如果其深度比较一致,那么采用该线圈容易造成漏检,必要时应增加放置式探头扫查。此外,棒材表面一般比较粗糙,检测时应选用对棒材表面轻微凹凸不太敏感的探头。

棒材中的涡流分布与管材不一样,透入深度更小,在检测棒材时,为了提高检测灵敏度,达到良好的检测效果,选择的检测频率一般比管材低[14]。棒材检测频率的确定通常有以下 3 种方式。

(1)利用线圈内钛合金棒材的尺寸和特征频率参数公式(式(4-21))计算,对于钛合金棒材 f/f_g 取值一般为 5~50。

(2)利用"频率选择图"进行钛合金棒材检测频率选择。

(3)利用对比试样上不同人工缺陷的涡流响应情况确定。

填充系数也是影响钛合金棒材涡流检测的重要因素,检测线圈与棒材表面接近程度越高,检测灵敏度越高。对于平直度、表面粗糙度、同心度较好的棒材,在检测系统稳定性和精确度较高的情况下,可选择较大的填充系数。

直径较小的棒材可通过自动化设备进行涡流检测,选用的频率往往较高,可以达到10MHz 乃至上百兆赫兹,为了保证外穿过式线圈导孔不易磨损,常采用红宝石等耐磨材料制成导孔。

图 4-55 所示为自动化涡流检测设备。该设备用于小直径钛合金棒材的涡流检测,采用的对比试样人工缺陷为纵向刻槽。图 4-56(a)所示为棒材对比试样无缺陷处的涡流响应信号,图 4-56(b)所示为对比试样上人工刻槽处的涡流响应信号。从图 4-56 中可以看出,该设备对棒材表面有较高的检测灵敏度和信噪比,人工缺陷信号清晰可辨。

图4-55 自动化涡流检测设备

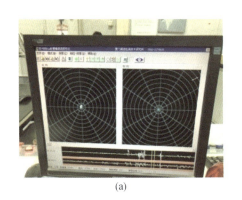
(a)

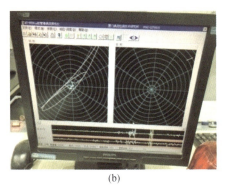
(b)

图4-56 棒材涡流检测的涡流响应信号

(a)无缺陷处的涡流响应信号；(b)人工刻槽处的涡流响应信号。

4.4.2 管道元件涡流检测

钛合金管道元件（简称管件）检测主要是在原材料状态时进行超声波和渗透检测，管件成型后一般要进行表面渗透检测，而涡流检测一般不作为管件质量检验优先选用的无损检测方法，大多数情况下是作为其他常规无损检测方法难以有效实施的补充手段。钛合金管件相对于管材、棒材及制件而言，属于非规则形状，在涡流检测时，穿过式线圈对其并不适用，只能通过放置式线圈（俗称点式探头）进行检测。放置式线圈的涡流场分布如图4-57所示。

应用放置式线圈检测效果的好坏很大程度上取决于线圈外形与被检工件的吻合状况，良好的吻合是保证检测线圈平稳扫查与被检工件形成最佳电磁耦合的重要前提[15]。采用放置式线圈检测一般效率较低，检测过程中只能采用基础的阻抗图对

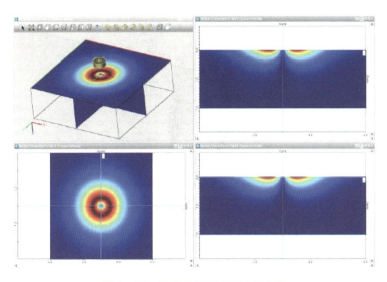

图4-57 放置式线圈的涡流场分布

信号进行解释,无法对缺陷深度进行测量,所以对检测人员的技术水平要求较高。

生产中实际应用的钛合金管件形式多种多样,常见的有法兰、三通、弯头、管段、凸缘等。图4-58中列举了3种管件。为了保证有好的检测效果,常根据管件的结构和缺陷易出现的位置特点定制专用的放置式线圈,所以检测应用中的放置式线圈的形状各异。图4-59所示为针对法兰以及曲率较大的管件定制的专用笔式探头(放置式线圈)。

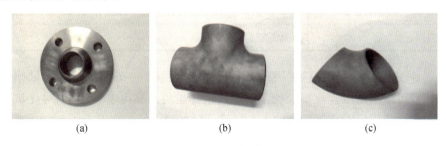

图4-58 管件
(a)法兰;(b)三通;(c)弯头。

1. 对比试样

对管件进行涡流检测常用的标准有《承压设备无损检测 第6部分:涡流检测》(NB/T 47013.6—2015)和《ASME V 第8章 涡流检测》,本章节以《承压设备无损检测 第6部分:涡流检测》(NB/T 47013.6—2015)为例进行详细介绍。

《承压设备无损检测 第6部分:涡流检测》(NB/T 47013.6—2015)对放置式

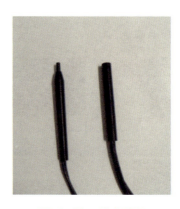

图 4-59 笔式探头

线圈管件涡流检测的对比试样材料有较高的要求,要求电导率、热处理状态、表面状态及结构和人工缺陷位置应与被检工件相同或相近,对比试样的材料可按表 4-6 选用。

表 4-6 对比试样材料的选用

被检工件的材料	对比试样的材料
电导率大于 15% IACS 的非铁磁性合金	电导率在被检材料电导率 ±15% IACS 范围内且不小于 15% IACS 的非铁磁性合金
电导率为 0.8% ~ 15% IACS 的非铁磁性合金	电导率不高于被检材料电导率 0.5% IACS,且不小于 0.8% IACS 的非铁磁性合金
高磁导率钢和不锈钢合金	4130、4330、4340 材料,或者任何热处理状态的类似高磁导率合金
低磁导率合金	退火状态的 17-7PH

管件及局部区域涡流检测用的对比试样可参照图 4-60 制作,人工缺陷的数量和深度可依据检测验收要求确定。对比试样也可由实际管件制成,对比试样的表面粗糙度应满足对比试样上的人工缺陷信号与噪声信号比不小于 5∶1。

2. 检测应用

在钛合金管道元件涡流检测时,应选取与被检工件电导率、热处理状态、表面状态和结构相同或相近的管道元件制作对比试样,人工缺陷采取刻槽的形式,为保证检测结果的准确性和有效性,通常采取在与被检工件相同的部位加工人工缺陷。调试时需通过调节人工缺陷响应信号的垂直、水平比来增大人工缺陷响应信号与提离信号间的相位差,便于进行区分,因为对比试样人工缺陷响应信号与噪声信号之间的相位角较小,会导致缺陷信号与噪声信号不易区分,增大缺陷漏检的风险。

第4章 船用钛合金涡流检测

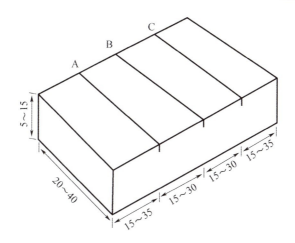

图4-60 对比试样的形式与尺寸（单位：mm）

放置式线圈的检测灵敏度较高，但由于仪器设备的适配性、探头的制作工艺差别和外部因素影响，放置式线圈对钛合金管件中深度0.2mm及以下的缺陷响应信号极小，缺陷检测信号和噪声信号难以区分；对于深度较大的缺陷有较好的响应信号，呈"8"字形状，缺陷所处的结构位置不同，"8"字形状可能略有差异。

例如，采用放置式线圈依据标准《承压设备无损检测 第6部分：涡流检测》（NB/T 47013.6—2015）对钛合金法兰进行涡流检测。根据标准要求，选取合适的涡流检测仪以及放置式线圈（笔式探头），并对检测系统进行调试。选取与被检工件电导率、热处理状态、表面状态和结构相同或相近的钛合金法兰制作对比试样，在法兰底盘和法兰颈部分别加工两组人工缺陷，槽宽为0.05mm，深度分别为0.2mm、0.5mm、1.0mm。

综合检测深度、检测灵敏度、表面和近表面缺陷相位差、信噪比等考虑，并在法兰上试验验证，选择200kHz为检测频率。扫查过程中扫查方向垂直于人工缺陷方向，人工缺陷信号的响应幅度不低于满刻度的40%，人工缺陷信号与噪声信号比不小于5。检测过程如图4-61所示。

涡流检测系统调试完成后，分别对法兰底盘和法兰颈部进行检测。图4-62所示为法兰底盘检测结果。图4-62(a)~(d)分别为无缺陷和不同深度人工缺陷的涡流响应信号图。

从图4-62中可以看出，图4-62(a)中无缺陷的涡流响应信号只有水平的噪声信号；图4-62(b)中0.2mm的刻槽虽然有缺陷响应信号，但是幅值相对较小，缺陷响应信号和噪声信号难以区分；图4-62(c)和图4-62(d)中0.5mm和1.0mm的刻槽有明显的缺陷响应信号，幅值相对较大，呈"8"字形状，容易进行识别。

309

图4-61 检测过程图

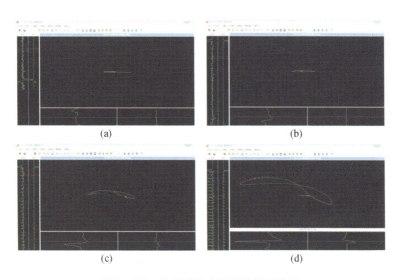

图4-62 法兰底盘人工缺陷响应信号

(a)无缺陷;(b)槽深0.2mm;(c)槽深0.5mm;(d)槽深1.0mm。

图4-63所示为法兰颈部涡流检测结果。图4-63(a)~(c)分别为不同深度缺陷的涡流响应信号图。

从图4-63中可以看出,图4-63(a)中0.2mm刻槽无明显的缺陷响应信号,图4-63(b)和图4-63(c)中0.5mm和1.0mm的刻槽有明显的缺陷响应信号,幅值较大,呈"8"字形状。因为法兰颈部和法兰底盘结构有差异,所以呈现的"8"字形状也不同。

放置式线圈的缺陷响应信号与钛合金法兰涡流检测时缺陷响应信号基本一

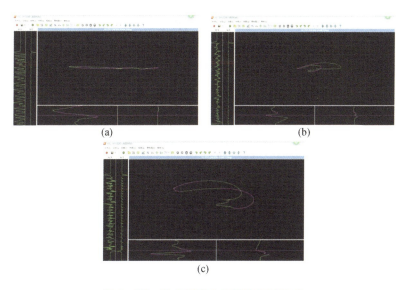

图 4-63 法兰颈部人工缺陷响应信号

(a)槽深 0.2mm;(b)槽深 0.5mm;(c)槽深 1.0mm。

致,其他结构的管件可以通过制作相应的放置式线圈,参照法兰的放置式线圈涡流检测过程实施检测。

4.5 阵列涡流检测技术在钛合金产品中的应用

阵列涡流(array eddy current,AED)检测技术的研究始于 20 世纪 80 年代中期,它采用经过特殊设计的涡流检测线圈,借助计算机化涡流检测仪的分析、计算及处理功能,提供检测区域实时图像,实现对材料和零件的快速、有效的检测。

近 10 年来,随着高性能信号处理芯片的出现和传感器加工工艺水平的提高,阵列涡流检测技术得到了快速的发展,不仅用于钛合金管材、棒材、条型材的大面积表面快速探伤,而且根据其具有同时检测多个方向缺陷和可以灵活应用异性与柔性探头等优点,被广泛应用于船舶金属焊缝、导电部件的疲劳和腐蚀损伤,以及涡轮机、换热器以及压力容器管道等的无损检测。

4.5.1 阵列涡流检测

1. 阵列涡流检测的原理

阵列涡流检测技术是涡流检测技术中的新兴分支,融合了最新传感器技术、计算机技术和数字信号处理技术,检测灵敏度与效率有了大幅提高。与传统的涡流检测技术相比,阵列涡流检测探头是由多个独立工作的线圈构成的,并且激励线圈和检测线圈形成两种方向相互垂直的电磁场传递方式。实际上,阵列涡流技术并非是简单的由单通道向多通道的升级,而是在多种激励-接收方式的基础上结合数据融合技术与成像技术实现结果可视化的新型检测技术。

绝对式线圈的自激励-接收方式的抗干扰能力较弱,阵列涡流中一般不采用这种工作方式。图4-64所示为加拿大 Eddyfi 公司阵列涡流检测设备中最为常见的两种激励-接收方式示意图。传感器中线圈排布为 A、B、C 三行,各行空间位置不同。图4-64(a)所示为长单激励(long single driver,LSD),图4-64(b)所示为短双激励(short double driver,SDD)。LSD 为单个线圈激励,多个线圈接收,接收线圈与激励线圈的间距较大,特别适用于表面大缺陷检测,并且受提离的影响较小;SDD 为双线圈激励,双线圈接收,小缺陷检测灵敏度高,但在相同数量线圈下的通道数较少[16]。在实际检测时,可根据检测条件选择不同的工作方式。

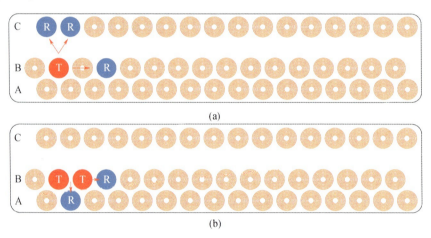

图4-64 阵列涡流线圈激励-接收方式示意图
(a)LSD;(b)SDD。

与传统涡流检测相比,具有以下优点。

(1)改善缺陷检测能力。传统涡流检测线圈对缺陷方向性较敏感,不同应用方式的检测线圈对缺陷的检出能力不同;阵列涡流检测线圈由多个按特殊方式排布、独立工作的线圈构成,激励线圈与检测线圈之间形成两种方向相互垂直的电磁场传递方式,对于不同方向的线性缺陷具有一致的检测灵敏度,可同时检测多个方向的缺陷(包括纵向裂纹、横向裂纹、短小缺陷、腐蚀、老化等)。除此之外,发射和接收线圈的布局模式能大大提高对材料的检测透入深度。

(2)检测效率提高。阵列涡流检测信号的响应时间极短,只需激励信号的几个周期,并且探头的单元切换速度可以很快;阵列涡流不像超声和常规涡流检测那样需要经过反复扫查,而是检测线圈一次穿过管材就能形成扫查图像。此外,阵列涡流检测线圈的尺寸较大,检测时,在保证高分辨率和高灵敏度的同时,覆盖更大的检测范围,所以检测效率相对较高。阵列涡流可实现大面积金属表面的接近式高速测量,其检测效率可达到常规涡流检测方法的 10~100 倍。

(3) 检测探头多样化。阵列涡流探头的结构形式灵活多样,根据被检测零件的尺寸和型面进行探头外形设计,可直接与被检测零件形成良好的电磁耦合,易于克服提离效应。环形或弧形阵列涡流探头甚至可以取代旋转探头,或者以单轴扫查代替双轴面扫查。

(4) 检测结果更直观。阵列涡流检测为数字化检测,能够将检测数据进行实时存储,并能对检测结果进行分析处理,形成二维或三维 C 扫描图像,直接提供图像显示,可根据需要对视图显示方式进行调整,便于对检测结果进行分析判定。此外,阵列涡流可对检测结果进行全记录,便于再现及其他处理。

2. 阵列涡流检测设备

目前,国内各行业科研、生产所采用的阵列涡流检测设备主要由 OLYMPUS NDT 公司和 EDDYFI 公司提供,OLYMPUS NDT 公司的阵列涡流检测设备主要用于航空领域,如飞机蒙皮铆钉检测、表面裂纹检测、腐蚀检测等。图 4 – 65 所示为 OLYMPUS NDT 公司的 OmniScan MX ECA 阵列涡流检测设备及探头,该设备为通用型设备,可同时集成超声相控阵、TOFD 等检测功能模块。OmniScan MX ECA 在使用外部多路器的条件下可支持的感应线圈多达 64 个,操作频率范围为 20Hz~6MHz,并能在同一采集中使用多频。配备的标准探头可检测如裂纹、点蚀等缺陷,以及多层结构中裂纹及腐蚀等近表面的缺陷。

图 4 – 65　OLYMPUS NDT 公司的 OmniScan MX ECA 阵列涡流检测设备及探头
(a) OmniScan MX ECA 设备;(b) 常用探头。

EDDYFI 公司得益于其在阵列涡流探头上的优势,其技术应用领域较广,可用来检测发动机叶片、变形管材等复杂结构的产品。图 4 – 66 所示为 EDDYFI 公司的 Ectane 阵列涡流检测设备及探头。最新设备可支持的最大通道数可达 256 个,内部集成了多种涡流检测技术，如常规涡流、远场涡流、近场涡流等。EDDYFI 专注于电磁检测，开发出种类齐全的阵列涡流探头，能够对异形构件进行检测，其产品广泛应用在电力、石油、航天、重工等行业。

图 4-66　EDDYFI 公司的 Ectane 阵列涡流检测设备及探头
(a) Ectane 设备；(b) 常用探头。

虽然阵列涡流探头均是多个线圈的集成，但线圈的数量、排布方式，甚至是探头的基材都有很大的区别，不同类型的探头有各自的用途。图 4-67 汇总了常见的几种阵列涡流探头。其中图 4-67(a) 所示为 DefHi 探头，主要用于管材的检测，相比常规涡流灵敏度更高；图 4-67(b) 所示为 I 型柔性探头，可用于检测板材、管材或者均匀过渡曲面型产品；图 4-67(c) 所示为 Swmi-Flexible 探头，也是柔性探

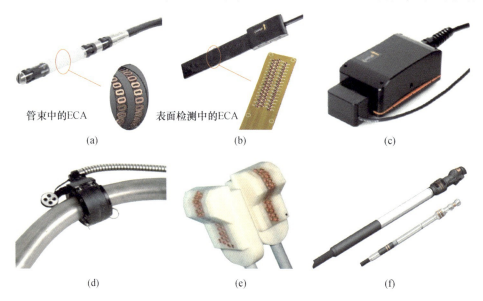

图 4-67　常见的几种阵列涡流探头
(a) DefHi 探头；(b) I 型柔性探头；(c) Swmi-Flexible 探头；(d) 专用探头 1；(e) 专用探头 2；(f) 专用探头 3。

头可检测带有一定余高的焊缝;图 4-67(d)、(e)和(f)所示为定制的专用探头,用于检测弯管、螺旋扁管及复杂几何体等。除此之外,还有很多其他类型的专用探头。

阵列涡流为新型涡流检测技术,应用比例相对较小,国内目前尚无阵列涡流检测技术的相关标准。ASTM 于 2016 年颁布的《E3052-2016 碳钢焊缝阵列涡流检测操作规程》中规定了碳钢焊缝阵列涡流检测的范围、人员资质、干扰因素、设备校准、检测程序和报告等。该标准适用于碳钢焊缝检测,可参考用于钛合金焊缝,但并不适用于钛合金板材检测。

3. 设备校准与参数选择

与放置式线圈较为类似,在阵列涡流检测时,缺陷信号强弱不仅取决于工件本身的电导率、磁导率、厚度及缺陷类型等因素,还受检测设备的校准、探头激励电压和激励频率影响。

1) 设备校准

阵列涡流检测设备校准包括提离校准和平衡校准。当提离高度发生变化时,阵列涡流信号拾取线圈的阻抗也随之发生变化,会产生影响缺陷信号识别的干扰信号。为了避免因工件表面结构产生干扰信号,可采用柔性探头检测,能够保证各个通道与工件表面的均匀接触,消除提离干扰。很多阵列涡流检测设备自带平衡校准功能,设备的平衡校准相对简化了很多。

2) 激励电压

阵列涡流探头的激励电压可以调节,电压越高检测线圈的感应电动势也就越大,但由于线圈集成在柔性基材上,较为脆弱,采用过大电压激励很容易影响使用寿命,因此检测时采用相对较低的电压。

3) 激励频率

根据涡流检测理论,频率越高,趋肤效应越强,表面缺陷的检测灵敏度也就越高,但近表面缺陷检测的灵敏度下降,实际检测中往往要通过检测试验选择合适的检测频率。例如,采用 200～600kHz 的激励频率对 E4-1 试板中行 1 缺陷进行检测,选择缺陷信号的电压幅值作为对比参数。图 4-68 所示为缺陷感应信号电压幅值与频率的关系曲线[17]。

从图 4-68 中可以看出,缺陷 1 和缺陷 2 的信号幅值明显高于其他缺陷,这是因为缺陷 1 和缺陷 2 为圆形缺陷,圆形缺陷不受方向性的影响,缺陷 3 虽为圆形缺陷,但是尺寸较小,信号较弱,所以幅值较小,随着激励频率的增大圆形缺陷的幅值增大很快。缺陷 4~7 为条形缺陷,扫查方向与条形缺陷方向垂直,此时 A 轴获取的信号较弱,随着激励频率的增大缺陷信号幅值增大不明显。考虑到信噪比及对近表面缺陷的检测能力,检测激励频率选定为 300kHz。

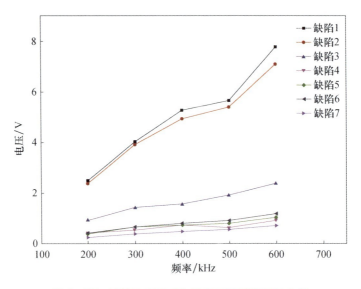

图 4-68 缺陷感应信号幅值与激励频率关系曲线

4.5.2 板材阵列涡流检测

在生产过程中,一般厚度小于 6mm 的钛合金板材称为薄板,通常采用冷轧或热轧工艺制造。钛合金薄板大量用于舰船结构件的制作,质量要求高,不允许存在裂纹、起皮、氧化皮、压折、分层等缺陷,对于这类缺陷的检测普遍采用目视法和渗透法检测,但这两种方法在应用中均存在弊端。目视检测容易受操作人员经验影响,难以发现微小缺陷;而渗透检测过程烦琐,不利于环保,且二者均属于表面缺陷检测方法,无法检测内部缺陷,极易留下安全隐患,导致板材在卷制、压制、焊接成型时出现表面开裂,甚至断裂等严重问题。

阵列涡流检测适用于钛及钛合金材料,能够检测表面、近表面缺陷,传统的轴绕式线圈能够快速检测小直径薄壁管材,但检测大面积或复杂形状构件较为困难。随着传感器技术与计算机技术的发展,最大集成线圈数量超过 100 个的阵列涡流技术开始取代传统涡流检测,在换热器、汽轮机检测领域发挥出独特的优势,检测效率提升了数十倍。阵列涡流检测技术能够用于钛合金薄板检测,且检测效果优于目视与渗透检测。

1. 阵列涡流对钛合金板材中不同缺陷的检出能力

阵列涡流检测的表面缺陷检测灵敏度很高,不仅能够检测窄而深的条状缺陷,还能够检测开口宽大的坑状缺陷;并且具有近表面缺陷检测能力,能够检测出部分埋藏深度达到 3mm 的缺陷,但随着埋藏深度的增大,灵敏度也逐渐减小。板材阵列涡流检测无检测标准作为参考,所以根据钛合金薄板中常见的缺陷类型制作对比试样。

钛合金薄板中的人工缺陷通常设计为条形和圆形。条形用于模拟裂纹、起皮等缺陷;圆形用于模拟分层、夹杂等缺陷。例如,图4-69(a)所示为一种试验阵列涡流检测钛合金板材缺陷能力试板,钛合金试板分为2mm、4mm和6mm厚3种,分别命名为E2-1、E4-1和E6-1,试板规格均为400mm×300mm,每块试板加工两行缺陷,其中2mm厚试板中每行包括2个圆形缺陷、3个条形缺陷,4mm和6mm厚试板中每行包括3个圆形缺陷和4个条形缺陷,条形缺陷宽度均为0.1mm。图4-69(b)所示为对比试样试板实物图。各个试板的人工缺陷参数如表4-7所列。

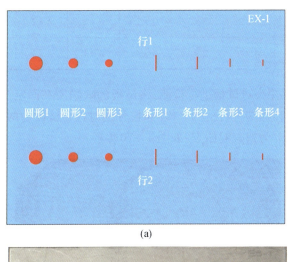

(a)

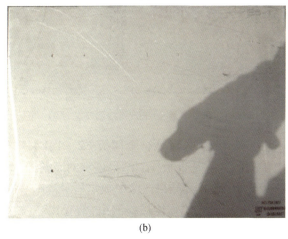

(b)

图4-69 试板缺陷分布及实物图

(a)试板缺陷分布;(b)试板实物图。

表4-7 人工缺陷参数

试板编号	缺陷位置	圆形缺陷(直径×深度)/mm			条形缺陷(长度×深度)/mm			
		圆形1	圆形2	圆形3	条形1	条形2	条形3	条形4
E2-1	行1	2×0.5	1×0.5	—	4×0.5	2×0.5	1×0.5	—
	行2	2×1	1×1	—	4×1	2×1	1×1	—
E4-1	行1	4×1.5	2×1.5	1×1.5	6×1.5	4×1.5	2×1.5	1×1.5
	行2	4×2	2×2	1×2	6×2	4×2	2×2	1×2
E6-1	行1	4×2	2×2	1×2	6×2	4×2	2×2	1×2
	行2	4×4	2×4	1×4	6×4	4×4	2×4	1×4

采用Ⅰ型柔性探头对试板进行检测,将试板的缺陷所在面定为近端,背面定为远端,分别从近端和远端进行检测。检测时,分别对各个试板的两行人工缺陷进行扫查,且圆形缺陷1为扫查起始点,如图4-70所示。

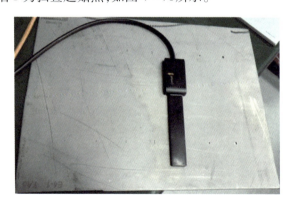

图4-70 试板涡流阵列检测工艺试验

图4-71(a)~(c)所示分别为对钛合金薄板E2-1、E4-1、E6-1人工缺陷试板阵列涡流检测的结果,为保证试板检测结果显示的完整性,对两行分别扫查的结果图进行了拼接。阵列涡流检测结果图像中缺陷显示清晰,其中在近端检测时,各个规格试板中的圆形和条形缺陷均能被检测出,信噪比高,缺陷轮廓清晰;在远端检测时,灵敏度降低,缺陷的检出率受缺陷自身尺寸和埋藏深度影响较大,信噪比低,根据图像显示统计,能够检测出直径不小于2mm或长度不小于4mm,且埋藏深度不大于2mm的圆形或条形缺陷。

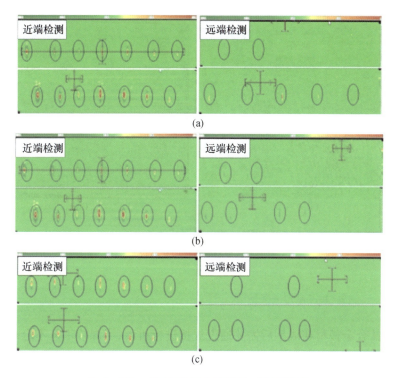

图4-71 人工缺陷试板涡流阵列检测结果
(a)E2-1;(b)E4-1;(c)E6-1。

2. 阵列涡流检测与渗透检测比较

与渗透检测相比,阵列涡流检测技术不仅具有较高的表面缺陷检测灵敏度,而且有一定的近表面缺陷检测能力。除此之外,数字化成像显示降低了结果评判的难度,使得检测结果的实时存储与分析成为可能,而且检测效率高、无污染。

在工程应用中,阵列涡流技术能够取代渗透检测对钛合金薄板(原材料或成型板)进行检测,只不过检测时要采用双面扫查法实施检测,基本能够实现对厚度不大于4mm的钛合金薄板表面、内部的全覆盖检测,检测效率和效果都优于渗透检测。

例如,采用I型柔性探头对一块存在自然缺陷的弧状成型钛板(4mm厚)进行阵列涡流检测,发现两处条形缺陷(命为缺陷1和缺陷2),如图4-72(a)所示,C扫描成像结果显示较为直观,能够反映缺陷的几何形态,缺陷1与缺陷2的成像显示尺寸均超过了30mm。对该成型钛板进行渗透检测,图4-72(b)所示为渗透检测结果,在相同位置发现缺陷1和缺陷2,缺陷长度和形态与涡流阵列C扫描成像结果显示基本一致,进一步分析两个缺陷均为表面裂纹。

图 4-72 检测结果对比
(a)阵列涡流检测结果;(b)渗透检测结果。

4.5.3 焊缝阵列涡流检测

多数钛合金板材在成型后需要通过焊接进行拼装,当焊接工艺不合理、焊接应力较大或焊接参数不当时,可能会产生裂纹、气孔、未熔合、未焊透等缺陷,这些缺陷都会对产品的性能造成一定影响。通常裂纹、未熔合、未焊透是钛合金焊接结构件中不允许存在的缺陷,除严格按照工艺文件要求实施焊接之外,重要结构的焊接接头必须采用相应的无损检测方法确认最终的焊接质量。

对于结构复杂、厚度 6mm 以下的焊接接头,受检测条件限制不能进行射线检测,目前一般只进行表面缺陷的检测,最常用的方法是渗透检测。渗透检测是以毛细作用原理为基础的表面开口缺陷检测方法,适用于非多孔性构件,检测灵敏度高但检测过程烦琐,易污染环境。涡流检测技术虽然在焊缝检测中也有相关的研究和应用,但受焊缝表面状况影响导致检测灵敏度低、缺陷判别难度大,可操作性差,故一直未得到大范围的应用[18]。

与常规涡流相比,阵列涡流检测效率和数字化程度较高,功能强大,缺陷显示直管,是在涡流检测基础上综合电子集成技术、信号处理技术发展起来的新技术。针对不同的检测对象,可通过控制工艺参数结合后期数据分析来达到检测目的,实现对焊接接头及热影响区的可视化检测。

1. 探头及参数选择

钛合金手工焊接接头余高约 1.5mm,属于非平滑过渡型结构,焊缝宽度及余高变化均会导致传感器与检测面的贴合不良,产生提离干扰信号,干扰信号较强时,会湮没小缺陷信号,造成灵敏度的降低。此时,需要选择专用的柔性检测探头。

图4-73所示为一种可伸缩式柔性阵列涡流检测探头。检测时,探头能根据焊缝的余高进行自主伸缩调节,确保焊接接头、热影响区与探头的可靠接触。该型可伸缩式柔性阵列涡流检测探头共48通道,检测面覆盖宽度为34mm,检测时,沿焊缝方向直线扫查,应使得探头中心与焊缝中线的对应,确保检测面对焊缝两侧热影响区的均匀覆盖。扫查时,还应保持传感器的稳定,避免晃动与偏移,并保证编码器计数轮与焊接板的良好接触。

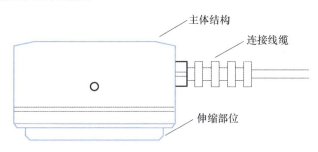

图4-73 可伸缩式柔性阵列涡流检测探头

激励频率和电压是焊缝阵列涡流检测的关键参数。增大激励频率,趋肤效应增强,检测灵敏度提高,但由于焊缝表面不平整,电磁涡流路径较为复杂,频率过高时,因结构原因产生的干扰信号也就越强,因此根据钛合金板材焊缝阵列涡流检测时,应适当降低频率,一般选用的频率小于400kHz。激励电压决定了线圈感应电动势的大小,即与最终提取到的缺陷信号幅值存在关系,电压过高时噪声信号幅值也较大,影响检测结果的判断,因此,要采用较低的电压,一般5V左右。在设置工艺参数的基础上,按照设备校准程序在焊接试板表面进行提离校准。校准时探头沿焊缝直线扫查,如图4-74所示。

图4-74 探头沿焊缝直线扫查

涡流检测过程中电磁信号易受非恒定因素干扰,拾取到的分析信号中含有多重噪声,导致信号特征的识别度降低。对于焊接结构,涡流检测的噪声来源主要包括测量电子噪声和伸缩式探头的振动噪声,噪声所在频带并不固定,既有低频又有高频,可采用小波分析法对检测信号进行处理。

2. 检测应用

在钛合金焊缝检测时,要求不仅能够检测出焊缝上的缺陷,而且要检测出热影响区及附近区域的缺陷,这相对于钛合金板材来说,对阵列涡流检测有了更高的要求。阵列涡流应用于钛合金焊缝检测有诸多优点,如检测灵敏度高,对焊缝和热影响区的缺陷有较高的检出能力;对相邻缺陷识别能力很强,对于距离大于两倍线圈直径的缺陷均能够有效识别;边缘效应影响小等。这些优点为阵列涡流在钛合金焊缝检测中广泛的应用奠定了基础。当然,阵列涡流在钛合金焊缝检测中也存在一些不足,如阵列涡流检测受焊缝位置和工件结构影响较大;缺陷的形状和方向对阵列涡流检测有一定的影响。

图 4 - 75 所示为钛合金焊接试板。焊缝、热影响区和母材部位分别制作的有条形与圆形人工缺陷,试块尺寸和人工缺陷分布如图 4 - 75(b)所示。

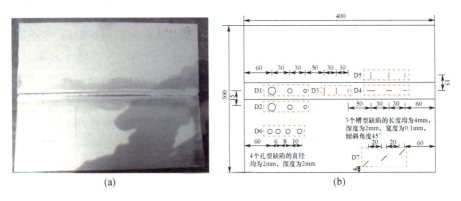

图 4 - 75 钛合金焊接试板
(a)焊接试板实物图;(b)缺陷分布。

试板中共 7 组缺陷(D1 ~ D7),每组缺陷包含尺寸不同的 3 个缺陷,分布于焊缝、热影响区及母材上,各组缺陷的深度相同,但长度或直径不同,详细规格尺寸见表 4 - 8。其中,D1 ~ D5 组缺陷用于验证阵列涡流对焊缝本身和热影响区的缺陷检出效果及阵列涡流对缺陷的检出能力;D6、D7 组缺陷用于验证阵列涡流对相邻缺陷的分辨能力、边缘效应影响。各组缺陷的位置设在不同的部位,同时,考虑到条形缺陷方向对检测效果存在较大影响,对其设置了不同的方向。

表4-8 人工缺陷规格尺寸

性质	组别	序号	直径(长度)/mm	深度/mm	宽度/mm	倾斜度/(°)
圆形缺陷	D1、D2	①	4	2	—	—
		②	2	2	—	—
		③	1	2	—	—
条形缺陷	D3、D4、D5	①	4	2	0.1	—
		②	2	2	0.1	—
		③	1	2	0.1	—
圆形缺陷	D6	①	2	2	—	—
		②	2	2	—	—
		③	2	2	—	—
		④	2	2	—	—
条形缺陷	D7	①	4	2	0.1	45
		②	4	2	0.1	45
		③	4	2	0.1	45

1) 阵列涡流对焊缝和热影响区缺陷的检出能力

阵列涡流技术并非单纯多通道的组合,丰富的激励接收模式实现最佳检测效果,通常单次检测即可采集两组数据。通过可伸缩式柔性阵列涡流探头对图4-75所示的焊接试板中的D1~D5组人工缺陷进行扫查,利用成像算法对消噪后的信号进行处理。图4-76所示为两个方向阵列涡流检测数据的成像结果。由于条形缺陷的检出率受方向性影响较大,因此两组成像结果中条形缺陷的显示存在较大差异。

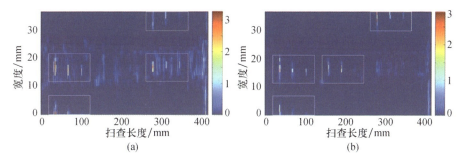

图4-76 两个方向阵列涡流检测数据的成像结果
(a) 平行方向成像显示;(b) 垂直方向成像显示。

检测时采用的阵列涡流探头有效覆盖宽度为34mm,未能完全覆盖热影响区缺陷,故D2和D5组缺陷只显示了一部分,但并不影响对检测效果的评价。参照试板缺陷分布示意图对成像显示结果进行分析,D1 和 D2 组缺陷为圆形缺陷,不受方向影响,故在两个方向的成像显示中均较为清晰。D3、D4 和 D5 组缺陷为条形缺陷,检出率受方向性影响较大,位于焊缝上的 D3 和 D4 组缺陷仅能在有利检测方向的成像结果中显示,而位于热影响区的 D5 组由于检测表面较为平整,干扰信号小,在两组成像显示中均能有效的显示。

经过阵列涡流数据采集、数据处理和成像,焊接试板中的 5 组形态、尺寸、位置不同的缺陷均能被有效识别,且单次扫查即可实现两个方向条形缺陷的检测,不需要从多方向进行扫查,从而提高了检测效率。

2) 阵列涡流对缺陷分辨能力以及边缘效应的影响

对焊接试板中的 D6、D7 组人工缺陷从近端进行扫查,扫查结果如图 4 - 77 所示。

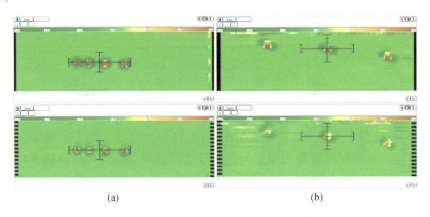

图 4 - 77　缺陷分辨力及边缘效应检测结果
(a) 相邻缺陷识别;(b) 边缘效应影响。

图 4 - 75 中的 D6 组缺陷为圆形缺陷,其方向性对阵列涡流检测结果无影响,图 4 - 77(a) 中从 A 轴和 T 轴方向都可以清楚观察到 4 个缺陷信号,且信号大小基本一致,说明阵列涡流检测相邻缺陷识别能力很强,对于圆形缺陷边缘距离大于两倍线圈直径的缺陷均能够有效识别,也证明了圆形缺陷对阵列涡流检测无方向性的影响。

D7 组缺陷为条形缺陷,其检出率受缺陷方向的影响较大,图 4 - 77(b) 中从 A 轴和 T 轴方向都可以清楚观察到 3 个缺陷信号。D7 组缺陷中最左端的缺陷,距试板边缘的最近距离为 4mm,从 A 轴和 T 轴方向都可以观察到此缺陷,说明边缘效应的影响很小,试板边缘的缺陷也能够检测。此外,T 轴方向的响应信号强度小于 A 轴方向的,也间接证明了缺陷的检出率受方向性的影响。因此,在实物检测中应尽可能地从多个方向进行扫查。

3) 对比验证

与渗透检测相比,阵列涡流检测不但能够检出钛合金焊缝中窄而深的缺陷,而且对于宽而浅的缺陷较为敏感,在一定程度上可以代替渗透检测。图4-78(a)所示为对焊接试板进行渗透检测时发现的一处裂纹缺陷。对存在缺陷的部位进行阵列涡流检测,检测结果如图4-78(b)所示。

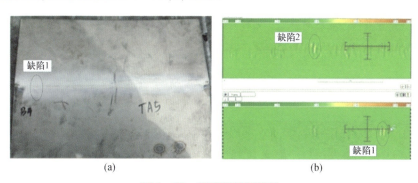

图4-78 焊接板检测结果

(a)渗透检测缺陷;(b)阵列涡流检测结果。

从图4-78(b)中可以看出,共两处缺陷,经确认,缺陷1与图4-78(a)中的缺陷1对应,为横向裂纹。阵列涡流对于焊接不均匀部位也较为敏感,也会形成显示,图4-78(b)中缺陷2为焊接时更换焊丝产生的凹坑。

4.5.4 阵列涡流检测的其他应用

阵列涡流检测技术在钛合金工件中应用较为广泛,除了检测钛合金板材、焊缝,还应用于钛合金管道元件、各种规则或异形管,也可以应用于钛合金或其他材质的风电叶片、发动机齿轮、蒸汽发生器、热交换器、压力管道等的检测。

图4-79(a)所示为法兰的阵列涡流检测过程。法兰底盘表面加工的有人工缺陷宽度为0.1mm,深度分别为0.2mm、0.5mm、1.0mm,阵列涡流检测结果如图4-79(b)所示。

从图4-79(b)中可以看出,0.5mm、1.0mm的人工缺陷都比较明显,0.2mm的人工缺陷响应信号相对较弱,但仍能清晰辨出。与图4-62中采用笔式探头检测结果比较可以发现,阵列涡流对小缺陷的灵敏度高于笔式探头,且检测结果更直观。

图4-80(a)所示为三通的阵列涡流检测过程。三通容易出现缺陷的位置分别加工的有3个宽度为0.1mm、深度为0.5mm的人工缺陷,但由于三通颈部曲率问题导致不能与阵列涡流探头有较好的吻合,致使两处人工缺陷不能有效检出。曲率较小的位置检测结果如图4-80(b)所示。

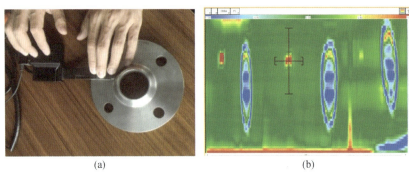

图4-79　钛合金法兰的阵列涡流检测

(a)检测过程；(b)检测结果。

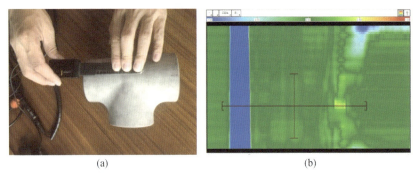

图4-80　钛合金三通的阵列涡流检测

(a)检测过程；(b)检测结果。

由图4-80可知，阵列涡流检测探头需与工件形状相吻合，在保证一定提离度的前提下才能正常进行整理涡流检测，所以检测不同形状的零、部件需定制与工件形状相吻合的专用阵列涡流探头。从图4-80(b)中能观察到人工缺陷的响应信号，但是受提离度的影响，与图4-79(b)相比缺陷信号相对较弱。

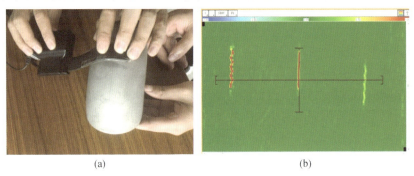

图4-81　钛合金弯头的阵列涡流检测

(a)检测过程；(b)检测结果。

图 4-81(a)所示为弯头的阵列涡流检测过程。弯头容易出现缺陷的外弧位置加工的有人工缺陷,缺陷宽度为 0.1mm,深度分别为 0.2mm、0.5mm、1.0mm,阵列涡流检测结果如图 4-81(b)所示。

从图 4-81 中可以观察到,3 个人工缺陷的响应信号,随着缺陷深度的减小缺陷信号依次减弱,深度为 0.2mm 的人工缺陷信号最弱,但仍能清晰辨别,说明该探头与弯头有较好的耦合度,适用于弯头的阵列涡流检测。

图 4-82(a)所示为钛合金管材的阵列涡流检测过程。采用的是内穿式阵列涡流探头,为保证检测结果的有效性,要求填充系数要达到 80% 以上。图 4-82(b)所示为阵列涡流检测结果。

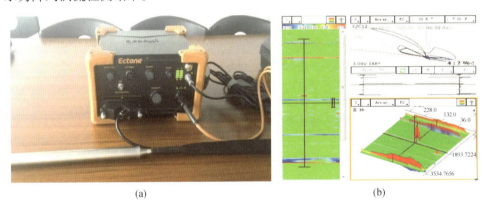

(a)   (b)

图 4-82　钛合金管材的阵列涡流检测
(a)检测过程;(b)检测结果。

与常规涡流检测相比,从图 4-82 中不但能清楚观察到钛合金管材中的缺陷幅值和相位,而且能直接得到缺陷的深度和缺陷的位置所在。此外,C 扫描图中能清晰直观地观察到缺陷,并对缺陷的形状和相对大小有了初步了解。

阵列涡流还可用于蒸汽发生器、热交换器和压力管道等的检测,对管壁上的贯穿性缺陷、裂纹、凹坑、划伤等缺陷都有较好的检测效果。阵列涡流探头价格相对较高,实际生产中为了节约成本多用于对其他涡流检测方法的补充,如用于对钛合金换热器传热管胀接区的检测,阵列涡流与旋转涡流检测对直管段和胀接区缺陷检出能力基本相当。旋转涡流检测发现缺陷后,需要通过 C 扫描图辅助观察确定缺陷的取向、性质,进而对其定位和定量。而在阵列涡流检测时,观察数据直接用 C 扫描图扫查,发现显示时,可在 C 扫描图中找出相应通道的显示进行定位和定量,并且阵列涡流的检测效率高于旋转涡流检测[19]。除此之外,阵列涡流还用于对常规涡流检测时检测盲区的补充检测,或者对检测过程中发现的可疑信号进行确认。

参考文献

[1] 徐可北,周俊华. 涡流检测[M]. 北京:机械工业出版社,2004.

[2] 夏纪真,黄建明. 工业无损检测技术(涡流检测)[M]. 广州:中山大学出版社,2018.

[3] 李家伟,陈积懋. 无损检测手册[M]. 北京:机械工业出版社,2002.

[4] 任吉林,林俊明,高春法. 电磁检测[M]. 北京:机械工业出版社,2000.

[5] 中国机械工程学会无损检测学会. 涡流检测[M]. 北京:机械工业出版社,1986.

[6] 任吉林,林俊明,徐可北. 涡流检测[M]. 北京:机械工业出版社,2013.

[7] LI J,WU X,ZHANG Q,et al. Measurement of lift – off using the relative variation of magnetic flux in pulsed eddy current testing[J]. NDT&E International,2015,75:57 – 64.

[8] CHENG L,TIAN G Y. Surface crack detection for carbon fiber reinforced plastic(CFRP) materials using pulsed eddy current thermography[J]. IEEE Sensors Journal,2011,11(12):3261 – 3268.

[9] 杨宝初. 我国核蒸汽发生器传热管在役检测现状[J]. 无损探伤,2000,22(5):215 – 216.

[10] 王伏喜,袁骊,王蓉,等. 钛合金波纹管涡流检测[J]. 无损检测,2015,37(6):92 – 95.

[11] 韩捷,廖述圣. 蒸汽发生器传热管涡流检验中多缺陷信号判别的可靠性[J]. 无损检测,2010,32(12):935 – 939.

[12] 王家建,韩捷. 蒸汽发生器传热管胀管区旋转涡流探头检查技术研究[J]. 机械工程师,2016(1):147 – 149.

[13] 孙鹏远,李斌,王伏喜,等. 钛合金换热器传热管胀接区的涡流检测[J]. 无损检测,2020,42(5):10 – 13.

[14] 张开良,林发炳,林春景,等. 金属管棒材高速旋转涡流自动检测系统的研制与应用[C]//2013远东无损检测新技术论坛论文集. 济南:远东无损检测新技术论坛会务组,2013:246 – 252.

[15] 张东利,武美先,王闯龙. 基于涡流线圈提离效应的深裂纹检测方法研究[J]. 传感技术学报,2019,32(9):1289 – 1296.

[16] 张卫民,岳明明,庞炜涵,等. 涡流阵列检测技术的研究进展现状分析[J]. 电气与自动化,2018,01(49):181 – 183.

[17] 王伏喜,张代国,王海登,等. 钛合金薄板的涡流阵列检测[J]. 无损检测,2017,39(12):44 – 47.

[18] 张一平,罗雄,杨开宇,等. 涡流阵列技术在焊缝检测上的应用初探[J]. 中国特种设备安全检测技术,2018,34(3):42 – 46.

[19] 杨崇安. 蒸汽发生器传热管旋转探头与阵列探头涡流检测技术对比[J]. 无损检测,2017,39(4):64 – 66,71.

第 5 章

船用钛合金渗透检测

渗透检测是船用钛合金中最常用,也是最重要的表面检测方法。虽然渗透检测只能检测表面开口缺陷,但检测灵敏度高,应用时几乎不受检测设备、工件结构和现场条件限制,广泛应用于钛合金原材料和焊接件的检测。对于结构复杂的焊接件,渗透检测是评价焊接质量首选的无损检测方法,而对于结构规则且质量要求较高的焊接件,渗透检测又是超声检测和射线检测的重要补充,从而实现对被检工件表面和内部的全覆盖检测,保证工件质量。

5.1 渗透检测概述

5.1.1 渗透检测物理基础

1. 润湿现象

在自然界中,当液体接触固体表面时,会出现扩展覆盖物体表面(润湿)和在物体表面聚拢形成液珠(不润湿)的两类现象。例如,将水银滴在玻璃板上,它总是收缩成球形而不润湿玻璃;而将水银换成水,则非但不收缩成球形,反而要向外扩展,形成一薄膜润湿玻璃。润湿或不润湿现象在生活中非常常见,如图 5 - 1 所示为液体滴在不同植物叶面上的润湿和不润湿现象。

润湿作用,是一种流体从固体表面置换另一种流体的过程。对于气体、液体、固体三相共存的界面,润湿现象是固体表面的结构与性质,固 - 液两相分子间相互作用等微观特性的宏观表现[1]。液体滴在固体界面上,存在液 - 气、固 - 气和固 - 液 3 种界面,并对应的存在 3 个界面张力,在 3 个界面张力的作用下达到平衡状态,如图 5 - 2 所示。

图 5-1 液体滴在不同植物叶面上的润湿和不润湿现象

(a)不润湿;(b)润湿。

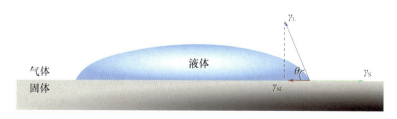

图 5-2 液体在固体表面的受力状态

将液-固界面与界面处液体表面的切线所夹的角 θ 定义为接触角,则可用润湿方程描述各界面张力与接触角的关系即

$$\gamma_S - \gamma_{SL} = \gamma_L \cos\theta \tag{5-1}$$

式中:γ_S 为固-气界面的张力;γ_L 为液-气界面的张力;γ_{SL} 为固-液界面的张力;θ 为接触角。

在工程上,常用完全润湿、润湿、不润湿和完全不润湿 4 个等级,来表示不同的润湿性能。如图 5-3 所示,当 θ = 0°,即 cosθ = 1 时,为完全润湿;当 0° < θ < 90°,即 0 < cosθ < 1 时,为润湿;当 90° < θ < 180°,即 -1 < cosθ < 0 时,为不润湿;当 θ = 180°,即 cosθ = -1 时,为完全不润湿。

对于渗透检测,渗透剂对被检工件表面的良好润湿是进行渗透检测的先决条件。只有当渗透剂充分润湿被检工件表面时,才能渗入狭窄的缺陷中,同时,要求渗透剂对显像剂具有良好的润湿作用,从而被其吸出,方能完成显像。目前,工业用渗透剂对工件的润湿接触角一般不大于 5°。

2. 毛细现象

将毛细管插入润湿液体中,管内液面上升高于管外液面,而插入不润湿液体中,管内液体下降,低于管外液面,这种现象就称为毛细现象,如图 5-4 所示。

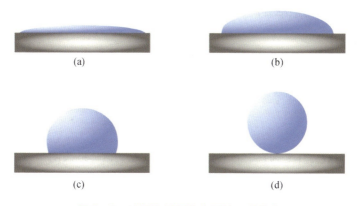

图 5-3 液体接触固体表面的 4 种状态
(a)完全润湿;(b)润湿;(c)不润湿;(d)完全不润湿。

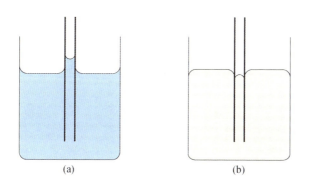

图 5-4 毛细现象
(a)水(润湿);(b)水银(不润湿)。

毛细现象可结合润湿(或不润湿)特性描述。在润湿液体中,由于润湿作用,靠近管壁的液面就会上升,形成表面凹下,从而扩大液体表面。在弯曲液面的附加压强的作用下,液体表面向上收缩,而又形成平面。随后,润湿作用又起主导作用,靠近管壁的液面又向上升,重新形成表面凹下,而弯曲液面的附加压强又使其收缩成平面。最终,使毛细管的液面逐渐上升,直到向上的弯曲液面附加压强的作用力与毛细管内升高的液柱重量相等时,达到平衡,才停止上升。对于不润湿液体,最终的结果使得毛细管内的液面低于管外液面直到平衡稳定在一定高度,并且形成凸液面。

毛细管内液面上升或下降的高度与表面张力系数、接触角、毛细管内径、液体密度以及重力加速度有关,可用下式描述。

$$h = \frac{2\alpha\cos\theta}{r\rho g} \quad (5-2)$$

式中:h 为润湿液体在毛细管中的上升高度(cm);α 为液体的表面张力系数(mN/m);

θ 为接触角(°);r 为毛细管内径的半径(cm);ρ 为液体密度(g/cm³);g 为重力加速度(cm/s²)。

实际上,毛细作用并不局限于特殊的毛细管,如两平板间的夹缝、各种棒、纤维或颗粒堆积物中的空隙等都是特殊形式的毛细管,其至将一片固体插入润湿液体时的边界情况也可以用毛细现象研究。平行板间液面高度可采用下式描述：

$$h = \frac{2\alpha\cos\theta}{d\rho g} \tag{5-3}$$

式中：h 为润湿液体在毛细管中的上升高度(cm);α 为液体的表面张力系数(mN/m);θ 为接触角(°);d 为两平行板的间距(cm);ρ 为液体密度(g/cm³);g 为重力加速度(cm/s²)。

毛细现象是渗透检测的物理基础。气孔缺陷类似于毛细管,而裂纹缺陷类似于平板夹缝,渗透剂渗入量和液面高度取决于渗透剂性能、缺陷直径或间隙、表面粗糙度等因素。图 5-5 所示为平板间隙渗透现象的演示。利用透明玻璃板模拟平板间隙并保持竖直状态,在间隙边缘分别施加红色渗透剂和普通黑色溶液,二者均能克服重力作用深入间隙内,且渗透剂的渗透能力(上升高度和分布均匀性)明显优于普通黑色溶液。

图 5-5 平板间隙渗透现象的演示

渗透检测中的渗透和显像两个步骤与毛细现象密切相关。渗透剂对被检工件表面开口缺陷的渗透,实质是渗透剂的毛细作用,在渗透剂良好润湿工件的条件下,渗透剂进入缺陷内部直到张力与渗入的渗透剂重量、气体压力达到平衡。显像是利用显像剂吸附从缺陷中回渗到被检工件表面的渗透剂,形成一个肉眼可见的缺陷显示。显像剂的显像过程与渗透剂的渗透过程一样,都是由于毛细现象,来源于液体与固体表面分子间的相互作用力。

3. 渗透检测原理与特点

渗透检测本质上是一种以毛细作用原理为基础的检测方法。在液体毛细作用下,利用渗透检测材料实现渗透剂在表面开口缺陷的渗入与渗出,并通过显像形成与缺陷位置和尺寸具有对应关系的可视化痕迹的检测方法。渗透检测的基本程序包括渗透、去除、显像和观察,如图 5 – 6 所示。

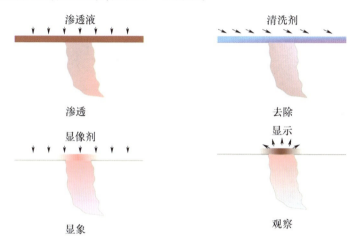

图 5 – 6　渗透检测过程

渗透检测的分类见表 5 – 1。根据渗透剂所含染料成分,渗透检测分为荧光渗透检测法、着色渗透检测法和荧光着色渗透检测法三大类。根据渗透剂去除方法,渗透检测分为溶剂去除型、后乳化型和水洗型三大类。根据显像剂类型,渗透检测分为干式显像法、湿式显像法两大类。渗透检测方法可用代号表示,如ⅡCd 表示溶剂去除型着色渗透检测。

表 5 – 1　渗透检测的分类

根据渗透剂所含染料成分分类		根据渗透剂去除方法分类		根据显像剂类型分类	
分类	名称	分类	名称	分类	名称
Ⅰ	荧光渗透检测	A	水洗型渗透检测	a	干粉显像剂
Ⅱ	着色渗透检测	B	亲油型后乳化渗透检测	b	水溶解显像剂
Ⅲ	荧光着色渗透检测	C	溶剂去除型渗透检测	c	水悬浮显像剂
		D	亲水型后乳化渗透检测	d	溶剂悬浮显像剂
				e	自显像

渗透检测的关键流程包括预清洗、渗透、去除、显像等,不同检测方法的实施流程又有些区别,各类检测方法的基本步骤见图 5 – 7。

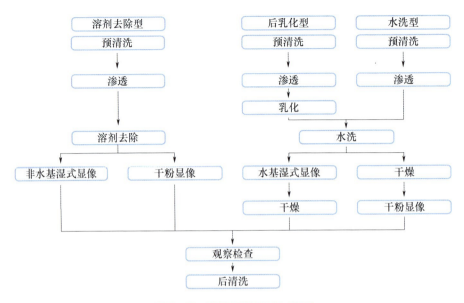

图 5-7 渗透检测的基本步骤

作为船用钛合金最重要的表面检测方法,渗透检测具有一系列的优点。

(1) 应用范围广;适用于原材料、焊接件和铸件的检测,且基本不受工件结构限制。

(2) 检测灵敏度高;目前最高检测灵敏度能检出亚微米级开口宽度的缺陷,能覆盖工件在制和在用过程中产生的绝大多数表面开口缺陷,且不受缺陷形状和方向的限制。

(3) 操作简单;采用喷罐检测时无须特殊的设备,适用于现场检测。

(4) 缺陷显示直观;结果容易判断和解释。

渗透检测也存在一些不足,具体如下。

(1) 只能用于检测表面开口缺陷;对于带漆层或被污染物堵塞的缺陷需要进行预清洗才能得到理想的检测效果。

(2) 深度定量困难;虽然缺陷显示直观,颜色深浅和缺陷深度有一定的对应关系,但难以准确的定量评价。

(3) 检测效果受操作者的操作技术水平影响较大。

(4) 检测工序烦琐,效率低,部分化学药剂对人体有害,产生的废液污染环境。

5.1.2 渗透检测材料与设备

1. 渗透检测材料

渗透检测剂是渗透检测的核心材料,主要是指渗透剂、清洗剂和显像剂。

1) 渗透剂

渗透剂是一种含有有色染料或荧光染料,且具有很强的渗透能力的溶液,它能渗入表面开口缺陷并以适当的方式显示缺陷的痕迹。渗透剂是渗透检测中所使用的最关键的材料,其性能直接影响检测灵敏度。

大多数渗透剂是由溶质及溶剂组成的溶液,主要组成成分为染料、溶剂和表面活性剂,以及其他多种用于改善渗透剂性能的附加成分。着色染料常见的有苏丹红Ⅳ、油基红、丙基红等,荧光染料较为常见的有荧光黄、YJP-15、YJP-43等。溶剂是渗透剂中百分比含量最大的成分,在渗透剂中起到渗透和溶解染料的作用。在多数情况下,渗透剂中的溶剂是由几种溶剂组合而成的,以平衡各种成分的特性。渗透剂中的溶剂分为基本溶剂和辅助溶剂。基本溶剂起渗透和溶解染料的作用,辅助溶剂则用来调整渗透剂的黏度、流动性等性能。渗透剂中的溶剂分为无机溶剂和有机溶剂两大类。使用无机溶剂的为水基渗透剂,溶剂为水;水洗型、后乳化型和溶剂去除型渗透剂使用有机溶剂,常用的有机溶剂有无味煤油、5#机械油。

渗透剂的分类与渗透检测方法的分类是对应的,如按染料成分分类、按溶剂分类、按渗透剂去除方法分类等。渗透剂还可按灵敏度水平分类,分为很低、低、中、高与超高5类。除此之外,还有一些特殊用途的渗透剂,主要考虑与被检材料的相容性,钛合金检测需要采用低氯、低氟的渗透剂。

为保证渗透检测的效果,渗透剂的基本要求是渗透力强,容易进入工件的表面开口缺陷。同时,要求渗透剂具有色泽鲜艳、清洗性好、稳定性好、毒性小、对工件无腐蚀等特性。

渗透剂的渗透能力用渗透剂在毛细管中上升的高度来衡量。渗透剂的渗透能力与表面张力 α 和接触角的余弦 $cos\theta$ 的乘积成正比,采用静态渗透参量 SPP 表示,即 $SPP = \alpha cos\theta$。静态渗透参量可表征渗透剂渗入缺陷的能力。实验表明,当渗透剂的接触角 $\theta \leq 5°$ 时,渗透性能较好,使用此类渗透剂进行渗透检测,可得到满意的检测结果。测试结果显示,常用的渗透剂在钛、钢和铜材上的接触角均小于 $5°$,渗入缺陷的能力强。

静态渗透参量可用于表征渗透剂的渗透能力,但在检测中还要考虑渗透时间的问题,故引入动态渗透参量 KPP,用来表征渗透剂的渗透速率。定义渗透剂的黏度为 η,则 $KPP = \alpha cos\theta/\eta$。动态渗透参量越小,渗透剂渗透表面开裂缺陷所需的时间越长。黏度过低或过高都会影响渗透检测效果;黏度过低的渗透剂虽然可以缩短渗透时间,但在清洗过程中容易将深宽比小的缺陷中的渗透剂洗出,导致检测灵敏度降低;黏度过高的渗透剂由于渗透速率低,使渗透时间大幅增长,降低检测效率,同时会让表面多余渗透剂的清洗更加困难。因此,渗透剂的黏度一般控制在合理的范围内。

除渗透参量之外,渗透剂还有一些其他物理和化学性能的要求[2],见表 5-2。

表 5-2 渗透剂的其他物理和化学性能的要求

性能	影响	要求
密度	密度越小,毛细作用越强,渗透能力越强	后乳化型渗透剂不易被水污染;水洗型渗透剂易被水污染,导致密度增大,渗透能力降低,要尽量避免
酸碱度	过高或过低都会腐蚀工件,对人员身体健康不利	通常要求酸碱度呈中性
卤素	氟、氯等会使钛合金及奥氏体钢产生应力腐蚀裂纹	要严格控制卤素含量,NB/T 47013.5—2015 中要求对钛合金材料检测中,总含量质量比应小于 200×10^{-6}
挥发性	挥发性高时溶解度好,但过高容易导致渗透剂干涸,影响回渗吸附显像,对环境也有一定毒性,火灾风险较大	要求渗透剂具有一定挥发性,但挥发性不能过高
闪点、燃点	闪点和燃点较低时,容易引发火灾	出于使用和储存的安全性考虑,希望渗透剂的闪点越高越好
清洗性	清洗性决定了清除多余渗透剂的难易程度,若清洗性差则会出现不良背景,影响检测效果	要求渗透剂具有良好的清洗性:水洗型或后乳化型在特定清洗条件下达到不残留背景或底色的效果;溶剂去除型要求能被溶剂溶解
含水量和容水量	针对水洗型渗透剂。含水量超过限值时,会出现分离、浑浊、凝胶和灵敏度下降	含水量越小越好。容水量指标越高,抗水污染性能越好
稳定性	指对光和温度的耐受能力。稳定性差时影响检测效果	荧光渗透剂在 $1000\mu W/cm^2$ 的黑光灯下照射 1h,稳定性在 85% 以上,着色渗透剂在强白光照射下应不褪色。在高、低温下,渗透剂都应具有良好的溶解度,无变质、沉淀等
毒性	渗透剂的毒性会损害检测人员健康,增加检测过程的实施难度	渗透剂应是无毒或低毒的,与其接触,不得引起皮肤炎症或其他症状。检测人员要尽量避免皮肤接触和吸入渗透材料

2) 清洗剂(去除剂)

渗透检测的清洗依据"化学结构相似相溶"法则,即化学结构相似的溶剂和溶质可以互溶。对于水洗型渗透剂,清洗剂是水,去除时直接用水清洗。后乳化型渗透剂,清洗剂为乳化剂和水,先用乳化剂乳化,再用水清洗去除。溶剂去除型渗透剂,要使用专用的有机溶剂作为清洗剂,但在清洗时不能将清洗剂直接喷涂在待清洗的工件表面,须防止清洗剂将缺陷内渗透剂冲出,造成过清洗。

3)显像剂

渗透检测中常用的显像方法有干式显像、湿式显像和自显像3种。自显像依靠渗透剂回渗至工件表面显示,不使用显像剂。

(1)干式显像剂。干式显像使用的显像剂为干粉显像剂,常用的显像粉末有氧化镁、氧化锌、二氧化钛、碳酸钠等。干粉显像剂通常与荧光渗透剂配合使用,有粒度、密度或松散度以及在黑光照射下有无荧光的检查要求。干粉显像剂吸湿能力强,在储存中应注意防潮,避免显像剂吸附渗透剂的性能下降,又因为干粉显像剂为细微粉末,使用中存在严重粉尘污染的缺点,需要注意粉尘防护。

(2)湿式显像剂。湿式显像剂分为水悬浮显像剂、水溶解显像剂和溶剂悬浮显像剂。

水悬浮显像剂是干粉显像剂按一定比例加入水中配制而成的,同时添加有润湿剂、分散剂、限制剂和防锈剂。该类显像剂一般呈弱碱性,对一般的钢制、钛制工件不会造成腐蚀,但长时间残留在铝、镁合金零件上容易引起腐蚀麻点,用后要及时清理。水悬浮显像剂不适用于水洗型渗透检测剂体系中,对工件表面的粗糙度要求较高。

水溶解显像剂是将显像剂粉末溶解在水中配制而成,克服了水悬浮显像剂易沉淀、结块的缺点,同时具有不可燃、使用安全的优点。该类显像剂也不适用于水洗型渗透检测体系,对工件表面的粗糙度的要求也很高。

溶剂悬浮显像剂是将显像剂粉末添加在丙酮、苯及二甲苯等有机溶剂中配制而成。由于有机溶剂有较强的渗透能力,有利于渗入缺陷,显像灵敏度高,且溶剂挥发快,缺陷显示扩散小,轮廓显示清晰,分辨力高。该类显像剂通常装在喷罐中使用,而且与着色渗透剂配合使用。

除此之外,还有塑料薄膜显像剂和化学反应显像剂两种较特殊的显像剂。

4)渗透检测剂系统

渗透检测剂系统是指由渗透剂、清洗剂和显像剂所构成的特定组合系统。系统中每种材料不仅需要满足各自特定的要求,而且作为一个整体,需要做到系统内部相互兼容。对于渗透检测材料,还有一个关键的概念,即"同组族"。同组族是指完成一个特定的渗透检测过程所必需的完整的一系列材料,包括渗透剂、乳化剂、去除剂、显像剂等,作为一个整体,它们必须是相互兼容的,才能满足检测灵敏度的要求。一般而言,同一渗透材料制造厂提供的同一品牌型号的产品是属于同组族的渗透检测材料,不同牌号或不同厂家的材料就可能不是同组族的。

渗透检测剂系统应同组族。检测灵敏度和可靠性应满足检测要求,根据被检工件的表面状态选择适当种类,在满足检测灵敏度要求的前提下,尽量选择价格低、毒性小、易清洗,对被检零件无腐蚀,化学稳定性好,使用安全的渗透检测材料组合系统。

2. 渗透检测装置

渗透检测装置可分为便携式和固定式两大类。根据渗透检测工序,又可分为预清洗装置、渗透装置、清洗装置、干燥装置和显像装置。

便携式渗透检测装置主要是指便携式压力喷罐,分为渗透剂、清洗剂和显像剂3种,如图5-8所示。喷罐一般由盛装容器和喷射机构两部分组成,容量为500mL左右,携带方便,适用于现场检测。

图5-8 MARKTEC公司的Eco Check系列喷罐式渗透检测剂

固定式渗透检测装置主要以渗透检测流水线形式使用,多用于水洗型荧光渗透检测方法,根据检测流程又可分为预清洗装置、渗透装置、清洗装置、干燥装置和显像装置。

1) 预清洗装置

预清洗装置用于被检工件渗透检测前的表面清洗,起到去除工件表面油污、清除缺陷内堵塞的污物、改善被检面表面状态的作用。典型的预清洗装置有三氯乙烯蒸汽除油装置、超声波清洗装置、酸性或碱性腐蚀槽等。钛合金工件经常采用酸洗法预处理,能有效去除铸件、焊接件表面污迹和缺陷堵塞物,能有效提高缺陷检出率。酸洗槽尺寸要与被检工件相适应,既可与流水线检测结合,也可用于普通工件的预清洗。

2) 渗透装置

固定式渗透装置依据渗透剂的施加方式分为渗透剂浸槽(被检工件浸泡在渗透剂中)和渗透剂喷淋装置(对被检工件表面喷洒渗透剂)。渗透剂浸槽适用于小规格大批量工件,浸槽装置可以做到较为良好的封闭,阻止渗透剂挥发和灰尘等物质污染渗透剂,并且可以增加温度控制系统,在冬季也能让渗透剂保持在适宜检测的温度区间。喷淋装置采用喷洒的方式浸润被检工件表面,所需渗透剂较浸槽更少,能够用来对难以进入浸槽的大型工件施加渗透剂,喷涂完成后即可转移至滴落架(滴落渗透剂可回收),对渗透装置占用时间较短。

3)清洗装置

对于后乳化渗透检测,清洗装置包含有乳化装置(乳化槽),分为乳化剂槽和滴落架。施加乳化剂可采用浸入法或喷涂法,在使用乳化装置进行乳化时应严格控制时间,防止过乳化。

乳化完成后(水洗型渗透剂无乳化工序)进入水洗工序,水洗工序使用的清洗方法有水洗槽、喷淋等,在清洗时应注意水温、水压和喷淋角度,防止过清洗。

4)干燥装置

用于完成水洗工序的被检工件表面干燥,多采用热风循环干燥室或室温下干燥,也有采用经过滤的干燥、清洁的压缩空气喷吹。干燥时要注意温度和干燥时间的控制,防止因干燥过度导致缺陷内的渗透剂干涸。

5)显像装置

在采用干式显像剂时,通常使用显像粉槽或喷粉柜,将工件放入并附着一层薄显像剂粉层后即可快速取出。在采用湿式显像剂时,可使用与渗透剂槽类似的显像剂槽。

6)静电喷涂装置

渗透剂、干式显像剂和湿式显像剂均可采用静电喷涂装置施加,其工作原理是在喷嘴和工件之间形成负高压静电场,利用静电吸引,使喷出物质比较精准地落在工件上。由于喷出物超过70%能滴落在工件上,喷涂效率高,节约喷涂材料,并且喷涂均匀,是一种较为理想的渗透检测剂施加装置。

3. 渗透检测辅助设备

1)白光灯

着色渗透检测用日光或白光照明。当环境光照不足时,要采用白光灯作为补充光源。在固定检测场所可以使用日光灯补充照明,若需要对某些工件特定角度进行观察或有携带需求时,则可使用便携式LED灯作为补充光源。在着色渗透检测中进行结果观察和评定时,通常工件被检面处可见光照度应不小于1000lx,现场检测或条件有限时可放宽至500lx。

2)黑光灯

黑光灯发出波长范围为320~400nm的长波紫外线(UV-A),俗称"黑光",用于荧光渗透检测。黑光灯由高压水银蒸汽弧光灯、紫外线滤光片和电感性镇流器组成。高压水银蒸汽弧光灯点亮时,发出很宽的光谱,为保证检测效果和避免对人体的伤害,需要使用滤光片保留特定波长范围的紫外线。黑光灯在正式检测前应预热 10min 以上,使用中尽量减少开关次数,以延长其寿命。黑光灯使用一定时间后,黑光辐射强度会下降,当其发出的黑光强度低于检验标准要求的黑光强度时,应予以报废。

3)测量设备

渗透检测测量设备主要是指测量环境因素的设备,包括白光照度计、黑光辐射照度计和荧光亮度计等。在进行着色渗透检测时,必须配备白光照度计,在进行荧光渗透检测时,还要配备黑光辐射强度计。在着色渗透检测时,白光照度计用于测定被检工件表面白光照度值是否满足最低照度的要求,在荧光检测时,要控制可见光照度,以提高缺陷显示的对比度。黑光强度计主要用于校验黑光源性能和测定被检工件表面的黑光辐射强度。

4. 渗透检测试块

渗透检测试块是指带有人工缺陷或自然缺陷的试件。它是用于衡量渗透检测灵敏度的器材,因此也称为灵敏度试块。

1)铝合金淬火裂纹试块(A 型试块)

A 型试块的制作:通过对铝合金板材(规格:50mm × 80mm × 10mm)进行非均匀加热,然后在冷水中淬火,从而使板材表面产生热裂纹的方法制作而成。A 型试块一半以"A"标记,一半以"B"标记,A 区和 B 区的缺陷情况相近,如图 5-9 所示。铝合金淬火裂纹试块主要用于灵敏度对比,如用于两种不同渗透剂在互不污染的情况下的灵敏度比较、同种渗透材料在不同工艺或环境下的适用性等。在非标准温度下渗透检测时,就要采用 A 型试块进行验证试验。A 型试块是使用频率略低于不锈钢镀铬三点试块的常用试块。

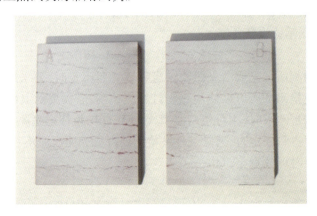

图 5-9 铝合金淬火裂纹试块

铝合金淬火裂纹试块制作简单,同一块试块上可具有不同规格的裂纹,但制作产生的裂纹尺寸较大且难以控制,无法用于高灵敏度渗透剂的性能检测。此外,试块清洗困难,多次使用后重复性差,所以使用寿命较短。

2)不锈钢镀铬裂纹试块(三点式 B 型试块)

B 型试块的制作:在不锈钢材料(规格:100mm×70mm×4mm)上镀铬并退火,然后从未镀面以直径 10mm 的钢球,在布氏硬度机上分别以 750kg、1000kg 和 1250kg 压力打三点硬度,从而形成三处辐射状裂纹。B 型试块也称为三点试块(图 5-10),主要用于校验某一种渗透检测操作方法或工艺的灵敏度和鉴定渗透剂的渗透性能。B 型试块适用于低、中、高灵敏度要求的渗透检测。三处辐射状裂纹区,从大到小依次为 1 号、2 号和 3 号,其中当显示 1~2 号时(2 号可以显示不完整)为低灵敏度(A 级灵敏度),显示 1~3 号时(3 号可以显示不完整)为中灵敏度(B 级灵敏度),完整显示 1~3 号时为高灵敏度(C 级灵敏度)。

不锈钢镀铬三点试块的裂纹开隙度为 0.5~10μm,裂纹深度不大,使用后易于清洗,不易堵塞,可多次重复使用。B 型试块检测显示结果重复性好,是渗透检测中使用最多的灵敏度试块。

图 5-10 不锈钢镀铬裂纹试块

3)黄铜板镀镍铬层裂纹试块(C 型试块)

C 型试块的制作:在黄铜板或紫铜板(规格:100mm×70mm×4mm)上依次镀镍和铬,然后在悬臂靠模上反复弯曲形成多条垂直于 100mm 边长的平行条状裂纹,最后在垂直于裂纹的方向上将试块从中切开成两块,两块板裂纹相互对应。C 型试块用途与 A 型试块类似,但裂纹深度和宽度可控,可用于高灵敏度渗透剂的性能鉴别,也可以进行不同渗透检测系统间的比较或某一渗透检测系统的校验。

C 型试块使用性能好,裂纹较浅不易堵塞容易清洗,多次使用重复性好。由于镀层表面粗糙度低,渗透剂易于洗去,与渗透检测中实际工件的表面状况有较大差异,因此并不能等同于工件检测结果。C 型试块的制作也比较困难。

4）其他类型试块

除上述 3 种常用的试块之外，还有一些其他类型的渗透检测试块，如不锈钢镀铬 5 点试块，可用于校验中、高、超高灵敏度，而且增加了评定渗透检测剂系统和某渗透检测程序对某粗糙表面的清洗能力的功能。除此之外，还会采用带自然缺陷的试块，能保证试块和工件的表面状态一致，清洗状况相同。通常结合被检工件的缺陷特征，选择带有典型缺陷（裂纹）的工件作为试块。

5）试块的保存和使用要求

由于着色染料对荧光染料有"猝灭效应"的影响，因此，着色渗透检测用的试块和荧光渗透检测用的试块不能混用，在生产管理中应将两种渗透检测方法使用的试块分别管理。

在初次使用试块时，应将显示的状态照相保存以作对比。在试块显示检测灵敏度下降时，需注意是否存在因试块保管和使用不当（使用后清洗不彻底等）的可能，当怀疑试块存在使用性能下降的可能性时，应使用相同类型的完好试块重复试验进行结果对比，对于失效试块做报废处理。

试块使用过程中应尽可能避免触碰缺陷区域，防止油脂或污物阻塞试块。不要打击、磕碰和弯曲试块，防止裂纹缺陷扩大导致灵敏度鉴定不准确。在试块使用后应尽快进行清洗，一般使用丙酮进行清洗后再浸泡在丙酮溶剂中 1~2h，或者用丙酮擦拭干净后使用超声波清洗，之后可以选择浸泡在丙酮和无水乙醇 1∶1 溶剂中密封保存或保证彻底清洗干净的情况下晾干保存。

5.2 渗透检测质量影响因素

5.2.1 缺陷检出能力

渗透检测的缺陷检出能力取决于渗透剂染料中分子大小、缺陷显示图形色差反差，以及形成目视可见显示所需的渗入缺陷的最小渗透剂量等因素。在理想条件下，渗入缺陷的渗透剂量等于表面开口缺陷的容积，缺陷容积越大，容纳的渗透剂就越多，留在缺陷中输送给显像剂形成显示的渗透剂就越多，缺陷显示越明显。总之，表面开口缺陷的宽度、长度和深度均是影响缺陷检出的重要因素。

缺陷开口宽度的检出下限与渗透剂染料分子尺寸量级相当，目前渗透检测的最高灵敏度能达到亚微米级，基本上能满足大多数表面开口缺陷的检测要求。缺陷的开口宽度并不是越大越有利于检出，在宽度过大时，虽然渗入剂量较大，但在清除多余渗透剂的过程中很容易被去除，影响显像效果。缺陷长度是肉眼可观察的最重要尺寸，对于常见的表面开口缺陷，缺陷的深度和长度对渗入渗透剂量的影响更加明显。美国无损检测手册中提供了不同尺寸的铝板疲劳裂纹的荧光渗透检测检出率试验结果[3],如图 5-11 所示。试验结果表明,在缺陷长度变化试验中,缺陷长度达到 1.5mm 时,检出率能达到 90%;在缺陷深度变化试验中,缺陷深度达到 0.38mm 时,检出率能达到 90%。

缺陷的开口越窄,深度越浅,长度越短,越不易被发现,所需的渗透停留时间越长。例如,细小疲劳裂纹、应力腐蚀裂纹及晶间腐蚀裂纹等,能提供的缺陷显示尺寸太小,肉眼很难发现,不仅渗透停留时间常常需要长达数小时,而且需要选择高灵敏度等级的渗透剂。

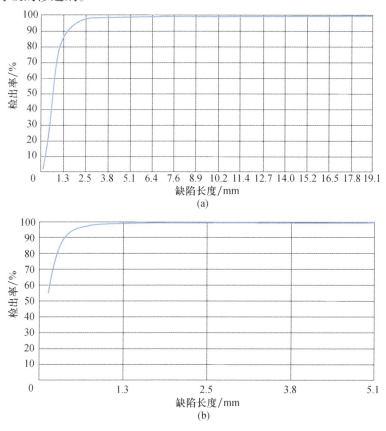

图 5-11 渗透检测裂纹检出率
(a) 裂纹长度变化与检出率关系;(b) 裂纹宽度变化与检出率关系。

5.2.2 缺陷检出影响因素

在渗透剂检出能力一定的条件下,缺陷的检出与否还与工件表面状态、环境条件、检测人员经验等因素有关。

1) 工件表面状态

在工件表面状态理想的条件下,渗透剂能够完全润湿受检表面,渗透剂能最大程度的渗入到开口缺陷中,且在清除后不易残留在工件表面,显像时,渗透剂能反渗到工件表面,缺陷显示痕迹清晰,易于观察。在工件表面状态达不到理想条件时,就可能会对渗透检测产生影响[4],可归纳为以下几个方面:其一,存在于表面或缺陷体积内的污染物的化学效应影响,污染物与渗透剂发生反应降低检测灵敏度,影响显示效果;其二,污染物可能掩盖缺陷或占据缺陷体积,影响渗透和显像效果;其三,表面过于粗糙时,会降低渗透剂的润湿性能,影响清洗效果;其四,工件表面污染物或残留物会产生伪显示,干扰对缺陷痕迹的判断与评定。

不同类型的钛合金工件的表面状态往往与其制造工艺密切相关,如铸件表面的粗糙度明显不如锻件、板材等工件,且几乎不可能采取机械手段改善其表面状态,检测效果必然会受到一定的影响[5]。因此,对工件表面状态的处理更多是指对表面污染物、附着物的清理。工件表面的附着物主要分为3类:第一类为固态类附着物,包括焊接飞溅、氧化皮、热处理涂料、漆层、铸造熔渣等;第二类为液态类附着物,包括其他工序残留的油脂、润滑剂、水迹等;第三类为混合类附着物,包括杂质与液体的混合物、前期渗透检测残留物、超声耦合剂等。对不同类型的附着物要采取不同的清理方法,如洗涤剂清洗、漂洗、酸洗、喷砂、打磨等都是检测过程中常用的手段。

钛合金铸件和焊接件通常利用喷砂改善表面状态,能有效清理表面污物,但要特别注意砂末对开口缺陷的阻塞。根据钛合金铸件渗透检测经验,喷砂和喷丸容易造成缺陷堵塞,影响缺陷检出,而酸洗则会将缺陷暴露出来,有利于缺陷检测,但酸洗的次数和酸洗量要有严格的限制[6-7]。

2) 环境条件

渗透检测环境条件主要是指环境温度,同时包括着色渗透检测时的白光强度,荧光渗透检测的紫外线波谱范围、辐射强度及环境黑暗度等。渗透检测对温度的限制比较严格,理想的温度为 10~50℃,超出该温度范围就会对渗透材料的性能和检测灵敏度造成不利影响[8]。在冬季检测时,室外温度一般会低于10℃,渗透剂变稠,动态渗入参量受到影响;夏季暴晒、高温设备在役检测、焊接或热处理后的温度就可能高于50℃,容易造成渗透剂成分蒸发,渗透剂可能会在工件表面或缺陷内干涸。因此,在非理想温度区间检测时,就不得不采取相应的措施来保证检测灵敏度。

表5-3所列为某牌水洗型渗透剂在不同温度条件下的检测5点试块的试验结果。在温度低于10℃时,显像结果受到明显影响,而在温度不小于10℃时,显像结果基本一致。实际上,不同品牌的渗透剂的低温适应性差别也很大。表5-4所示为随机抽取的5组市面上常见品牌渗透材料在较低温度(0~5℃)和常温(10~40℃)环境条件下的试验对比结果。部分渗透材料在常温和低温条件下均能表现出较高的

检测灵敏度,部分渗透材料在低温条件下的检测灵敏度明显低于常温条件。

表5-3 不同温度条件下的检测与总试块的试验结果

温度/℃	0	5	10	15	20	30	40
显像结果	无显示	3点模糊	3点清晰 1点模糊	3点清晰 1点模糊	3点清晰 1点模糊	3点清晰 1点模糊	3点清晰 1点模糊

表5-4 不同品牌渗透材料在常温和低温条件下的试验对比结果

品牌编号	材料喷涂状态		试块缺陷轮廓显示		检测灵敏度	
	常温	低温	常温	低温	常温	低温
A	雾状	非雾状	模糊	模糊	一般	较低
B	雾状	雾状	很清晰	很清晰	较高	较高
C	非雾状	非雾状	很清晰	模糊	较高	一般
D	雾状	雾状	清晰	清晰	较高	较高
E	雾状	雾状	模糊	模糊	一般	一般

低温环境检测是现场检测中经常遇到的问题,为保证检测灵敏度,就需要采取特殊的检测措施,如选择低温性能较好的渗透材料、采用温差法检测工艺(高温渗透、低温显像)、延长渗透和显像时间等。同时,要求在低温检测时应对检测方法进行鉴定。鉴定的方法为:利用分体式铝合金试块,在试块和渗透材料都降低到预定温度后,将拟采用的低温条件检测方法用于B区;而在标准温度下,采用标准方法对A区进行检测;比较A、B两区的裂纹显示痕迹,若显示痕迹基本相同,则可以认为准备采用的温度低于10℃条件下的渗透检测方法,经过鉴定是可行的。

高温环境检测同样要进行鉴定试验,鉴定方法与低温鉴定方法类似。目前,有厂家研制出高温检测用渗透材料,耐高温点达到200℃,必要时可选择该类型的渗透材料。高温在役检测是很难改善检测条件的,但制造过程中的焊接、热处理等工序引起的高温是可以合理避免的,在渗透检测时,应与上述工序保持一定的时间间隔,尽量避免高温检测。

3) 其他因素

渗透检测缺陷的检出同时会受到工艺优化程度、操作人员经验等因素的影响。根据缺陷的特点优化检测工艺能在一定程度上提高缺陷检出率,如检测细小缺陷时就要适当延长渗透时间,而检测开口宽度较大的缺陷就要严格控制清洗时间[9-10]。操作人员的经验体现在操作过程的细节控制和缺陷辨识方面,有经验的操作人员能准确辨识虚假显示和缺陷显示,避免缺陷漏检。

5.2.3 渗透检测的质量控制

渗透检测的质量控制是为了保证检测工作本身的可靠性,通常围绕"人""机""料""法""环"几个方面开展,主要包括检测人员的技术资格控制、渗透检测材料的性能校验、渗透检测设备和试块的质量控制、渗透检测工艺操作的质量控制、渗透检测剂系统灵敏度的质量控制。

(1)检测人员的技术资格控制。检测人员要具备渗透检测相关的理论知识、实际操作技能,必须持有相关行业认定的渗透检测资格证书,且只能从事与其资格证书等级相适应的工作。检测人员同时要有一定的渗透检测实践经验,尤其在检测一些特殊产品或特殊类型的缺陷时,实践经验的指导作用非常重要。

(2)渗透检测材料的性能校验。性能校验的对象包括新购渗透材料和在用渗透材料。新购渗透材料应由厂家提供合格证书,投入使用前根据渗透检测技术要求、标准规定进行校验,确认符合要求后才能投入使用。新购渗透材料的性能校验项目见表5-5,具体项目和测试方法应依据所执行的检测标准。在用渗透材料的检查包括渗透剂的污染、荧光渗透剂的荧光亮度、渗透剂的灵敏度、乳化剂的可去除性等项目,各个项目的定期检查周期不同,具体要求仍然要依据相关标准。

表5-5 新购渗透材料的性能校验项目

渗透材料	测试项目
着色渗透剂	外观、黏度、密度、表面张力、闪点、着色强度、染色均匀性、白点直径、比色消光值、灵敏度、清洗性、槽液寿命
荧光渗透剂	外观、密度、黏度、表面张力、闪点、荧光色、荧光亮度、黑点直径、腐蚀性、灵敏度、含水量、清洗性、稳定性、槽液寿命
乳化剂	外观、清洗性、含水量、闪点、黏度
清洗剂	外观、去除性能
显像剂	外观、荧光污染、可清除性、再分散性、显像性能

(3)渗透检测设备和试块的质量控制。渗透检测中采用的白光照度计、紫外线辐照计、荧光亮度计等计量器具应定期由相关计量部门鉴定性能,并出具鉴定合格证书。渗透检测试块应有经认可制造厂家出具的试块鉴定合格证书,且要正确使用和保存。

(4)渗透检测工艺的质量控制。渗透检测前,要根据产品的技术要求和执行标准制定渗透检测工艺文件(工艺规程和操作指导书)。工艺规程是用于指导技术人员和操作人员正确进行渗透检测的重要技术文件,应针对某类产品或工程项目,并结合本单位检测条件编制,具有一定的通用性。操作指导书要在工艺规程的基础上针对具体的产品或部位制定,应覆盖渗透检测实施过程的各个步骤,明确表面状态要求、预处理要求、渗透时间、干燥方式等工艺参数,可操作性强。在检测过程中,要严格按照工艺文件的要求操作。

(5)渗透检测剂系统灵敏度的质量控制。渗透检测剂系统灵敏度的质量控制通过灵敏度鉴定试验实现,即按规定工艺对标准试块进行处理,将检测结果(人工缺陷显示的点数、亮度或颜色深度等)与未使用过的合格渗透检测剂系统的检测结果相比较,以评定当前渗透检测剂系统的灵敏度。对于低灵敏度渗透检测剂系统,一般采用 A 型试块进行鉴定;对于中、高和超高灵敏度渗透检测剂系统,采用 C 型试块进行鉴定。

5.3 渗透检测在钛合金产品中的应用

渗透检测是钛合金材料中应用最广泛的表面缺陷检测方法,灵敏度高,适应性好,能用于不同结构形式的工件。针对不同类型的工件或不同的检测需求选择相适应的渗透检测方法,可获得较高的检测灵敏度,保证产品的质量。钛合金渗透检测的应用对象包括原材料、零部件、铸件和焊接结构,本节主要针对这 4 类钛合金产品介绍检测方法的选择和注意事项。

5.3.1 原材料渗透检测

1. 板材渗透检测

从检测效率和经济性角度考虑,渗透检测并不适用于大批量板材的检测,通常只在有特殊质量要求的情况下采用,如特殊用途的板材、受力成形后的曲面板材、怀疑有质量问题的板材等。渗透检测主要用于检测钛合金板材表面夹皮、裂纹、划伤等缺陷。

1)检测方法的选择

由于批量板材的数量多,面积大,为满足检测效率的要求,主要采用水洗型着色渗透检测(ⅡAd),有时也会采用溶剂去除型着色渗透检测(ⅡCd)。

2)预处理

板材渗透检测应在目视检测合格后进行,同时要求进行超声检测时,为避免超声耦合剂的污染,通常按照"先渗透、后超声"的工序。对于普通的板材,一般不需要进行特殊的预处理,但要保证板材表面洁净;对于进行过二次加工成形的板材,要采用打磨、酸洗、丙酮擦洗等手段清除表面的氧化皮和油污。

3)渗透

可采用喷涂或刷涂的方式将渗透剂均匀的覆盖在板材表面,板材的两面通常分开实施检测。在渗透时间内,保证板材表面完全被渗透剂覆盖并处于润湿状态,渗透时间不小于10min。在单次检测多块板材时,要注意控制施加渗透剂的时间和顺序,避免出现最早施加渗透剂的板材渗透时间过长难以去除,而最后施加渗透剂的板材渗透时间太短导致灵敏度低的情况。

4) 去除渗透剂

采用水洗型着色渗透检测时直接用水清洗。在用水清洗过程中,水束倾斜喷射,与板材表面夹角以30°为宜,且冲洗装置喷嘴处的水压应不超过0.34MPa,喷嘴与板材表面的距离可根据操作的便捷性适当调整。

在采用溶剂去除型着色渗透检测时,通常要先采用干净不脱毛的布或纸擦去板材表面多余的渗透剂,再用溶剂擦除。清洗剂应喷涂在干净不脱毛的布或纸的表面,不能直接喷洒在板材表面,并且只能沿一个方向擦拭,不能往复擦拭。

5) 干燥

水洗清洗后,将板材表面的水迹擦干,可采用布或纸直接擦拭,或者采用压缩空气吹干。在溶剂清洗时,可采用自然干燥。板材面积相对较大,干燥的时间也相对较长,要严格控制板材表面温度,尽可能地缩短干燥时间。

6) 显像与观察

采用压力喷罐直接将显像剂喷在板材表面,喷洒前应摇动喷罐中的弹子,使显像剂重新悬浮,固体粉末重新呈细微颗粒均匀分散状。喷嘴与板材表面距离应为300~400mm,喷涂方向与板材表面夹角应为30°~40°,在喷洒显像剂时,应保证显像剂层薄而均匀。显像时间一般为10min。

观察时,要保证白光照度不低于1000lx(条件受限时可放宽至500lx),当环境亮度不足时,要采取补光措施。对于异常显示的缺陷,要标记、记录,并按技术要求评定,对显示有怀疑时,可采用二次显像的方式进一步确认。

图5-12所示为钛合金板材渗透检测的典型缺陷。图5-12(a)和图5-12(b)所示均为二次曲面成形后的板材缺陷,缺陷既可能为片状分布又可能为单个分布,缺陷深度有时能达到几毫米。其中,长度较大的裂纹呈现出端点显像颜色深度大、中间部位显像颜色浅的特征,这主要是因为裂纹中间部位的宽度最大,渗入的渗透剂容易被清除掉导致渗透剂截留量小于端点位置。图5-12(c)所示为板材的小范围裂纹缺陷,大多数缺陷的深度不大于1mm,呈分散状,中心点深度最大,显像颜色最深,分散延伸时深度和宽度均变小,显像颜色变浅。图5-12(d)和图5-12(e)所示均为板材中的大面积夹皮和裂纹缺陷,缺陷深度无规律(有时可能不足1mm,有时可能达到几毫米)。夹皮和裂纹一般是在板材轧制过程中产生的,与成形工艺或轧制坯料有关,往往会出现在同一批次板材中。图5-12(f)所示为点坑状缺陷,直径小且深度大时,检出率较高,但缺陷直径大且深度小时,就不易检出。

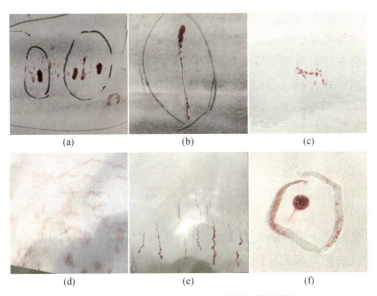

图5-12 钛合金板材渗透检测的典型缺陷

(a)片状加工缺陷;(b)单个加工缺陷;(c)分散状裂纹;(d)大面积夹皮;(e)大面积裂纹;(f)点坑。

2. 管材渗透检测

钛合金管材渗透检测分为两种:一种为采用拉拔工艺制成的小口径无缝管,外径一般不大于30mm,主要应用于换热器,作为传热管使用;另一种为大口径管,包括无缝管和卷制而成的有缝管,外径范围较大(几十毫米到一米以上),主要用作气瓶、压力管道等。小口径无缝管主要采用涡流检测,渗透检测只是作为补充手段,且只能检测外壁。大口径焊管在轧制或卷制过程中可能会出现开裂,常采用渗透检测控制质量,检测的范围包括管材的外壁和管端内壁。

1)检测方法的选择

小口径无缝管采用溶剂去除型着色渗透检测(ⅡCd)。大口径管材主要采用水洗型着色渗透检测(ⅡAd),有时也会采用溶剂去除型着色渗透检测(ⅡCd)。

2)预处理

小口径管材表面状态较好,无须进行表面预处理。大口径管材根据表面状态进行适当处理,保证被检面的洁净。

3)渗透

管材渗透的要求与板材相同,可采用喷涂或刷涂将渗透剂均匀的覆盖在管材表面,渗透时间不小于10min。小口径管材渗透时要将管材放置在软座支架上,不能叠放,避免在渗透过程中对管壁造成二次损伤。

4)去除渗透剂

小口径管材采用干净不脱毛的布沿着管长擦去多余的渗透剂,再用溶剂擦除,不得往复擦拭,同时要注意控制擦拭力度,避免将深度较浅的缺陷中的渗透剂擦除。除了要去除外壁的渗透剂,小口径管材还要重点清除附着在管口内壁的渗透剂,否则,就会在管口附近出现大面积的显像,干扰判断。大口径管材水洗的要求与板材的要求一致,注意控制水压和水束入射角度。

5) 干燥

干燥要求与板材的干燥要求相同。

6) 显像与观察

显像要求与板材显像要求相同。

小口径管材观察时,可同时观察多根管材,通过同步转动角度分次观察实现对整个周向的观察,一般分为3次。

小口径管材的表面缺陷大多数为线状,极少为点状。图5-13所示为小口径管材渗透检测的典型缺陷。图5-13(a)所示为管口内壁线状缺陷,缺陷深度较浅,一般产生于管材拉拔过程,受管口效应影响,穿过式涡流检测可能会漏检。图5-13(b)所示为内壁线状缺陷,但该缺陷是在管材胀接过程中产生的,具有裂纹特征,实际产品中应采用旋转涡流检测。图5-13(c)和图5-13(d)所示均为外壁线状缺陷,缺陷既可能是断续的也可能是连续的。当线状缺陷长度较大时,能贯穿整个管长,对于穿过式涡流检测,几乎不存在结构不连续,很难检出这种类型的缺陷。

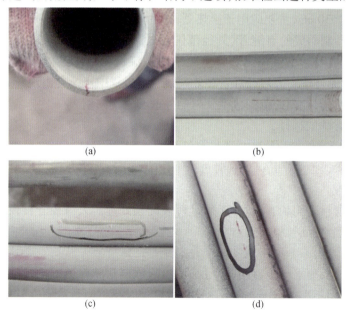

图5-13 小口径管材渗透检测典型缺陷

(a)管口内壁线状缺陷;(b)内壁线状缺陷;(c)外壁连续线状缺陷;(d)外壁断续线状缺陷。

大口径管材的表面状态不如小口径管材的好,缺陷类型也相对较多。图 5-14 所示为大口径管材的渗透检测典型缺陷。图 5-14(a)~(c)所示为采用卷制工艺制造的有缝管材渗透检测缺陷,常见于管材外壁,既有线状缺陷又有点状缺陷,线状缺陷通常平行于管材轴线,缺陷通常产生于卷制过程。图 5-14(d)所示为大口径无缝管材内壁渗透检测缺陷,缺陷大量存在于管材内壁,均为线状缺陷,且平行于管轴方向,该类缺陷的产生与制造工艺和材料特性有关,有时也采用超声检测。图 5-14(e)和图 5-14(f)所示为大口径无缝管材的外壁渗透检测缺陷,一般为线状缺陷,缺陷并无明显的方向性,缺陷深度相对较浅。

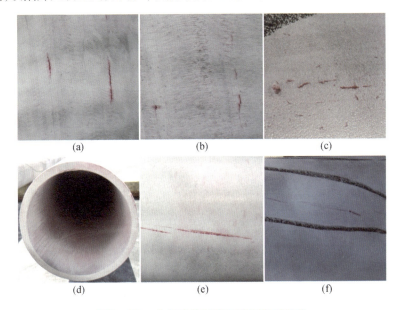

图 5-14 大口径管材渗透检测典型缺陷

(a)外壁连续线状缺陷;(b)外壁断续线状缺陷;(c)外壁点状与线状缺陷;
(d)内壁线状缺陷;(e)外壁直线型线状缺陷;(f)外壁弯曲型线状缺陷。

3. 棒材渗透检测

棒材渗透检测以溶剂去除型着色渗透检测(ⅡCd)为主,当数量较大时,也会采用水洗型着色渗透检测(ⅡAd)。当棒材表面存在氧化皮时,要在机加工去除氧化皮后检测,其他检测要求与管材一致。棒材通常要进行超声检测,是否进行渗透检测主要取决于棒材的用途,当棒材直接用于受力结构时,就要进行渗透检测,而用于加工零部件时,应在零部件加工完成后对零部件进行渗透检测。

棒材表面缺陷多见于大直径棒材中,其产生原因是棒材的规格尺寸较大,制造难度也相对较大所致。图 5-15 所示为钛合金棒材渗透检测典型缺陷。图 5-15(a)和图 5-15(b)所示分别为棒材端头和中心位置的纵向缺陷,缺陷深度较小,显像颜色浅,一般为机械划伤所致。图5-15(c)所示为横向开裂,开裂方向斜向下,缺陷内部截留的渗透剂较多,显像颜色较深。在图5-15(d)和图5-15(e)中,既有点状缺陷又有线状缺陷,线状缺陷形态无规律,缺陷深度和宽度相对较大,显像颜色很深。图5-15(f)所示为贯穿型缺陷,棒材端头严重开裂,缺陷由棒材端面贯穿到圆周面,由于缺陷内部空间较大,在多次擦拭重新显像后仍然非常清晰。

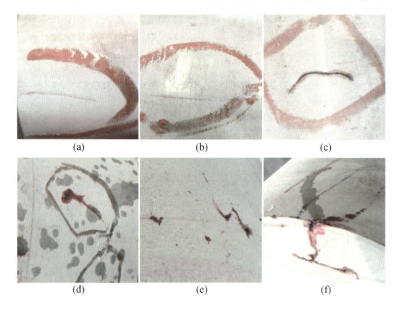

图5-15 钛合金棒材渗透检测典型缺陷
(a)端头纵向缺陷;(b)中心纵向缺陷;(c)横向缺陷;
(d)点状与线状缺陷;(e)点状与线状缺陷;(f)贯穿型缺陷。

4. 锻件渗透检测

钛合金锻件缺陷通常产生于锻造加工形变过程中,既有可能是原始锻坯缺陷的二次形变,也有可能是锻造过程中产生的新缺陷,常见的缺陷有疏松、夹杂、折叠和裂纹等。锻件主要用于承载能力要求较高的构件,质量要求较高,因此,主要采用溶剂去除型着色渗透检测(IICd),有时也会采用灵敏度更高的后乳化荧光渗透检测(IDa)。

渗透检测一般在锻件机械加工后进行,此时锻件表面粗糙度小,容易清除多余的渗透剂,且有利于显像观察。考虑到锻件的一些表面缺陷较为细小,渗透的时间可适当延长,但要避免渗透剂干涸在工件表面。干燥、显像等其他检测程序的要求与其他原材料的要求相同。

图5-16所示为钛合金锻件渗透检测典型缺陷。图5-16(a)所示为折叠缺陷,形态不规则,显像颜色深且宽度较大。图5-16(b)所示为辐射状微裂纹,辐射范围只有几毫米,在显像时间较长时,反渗出的渗透剂不断扩展,变成点状显像,在

观察时要仔细识别缺陷的轮廓。图 5-16(c)所示为疏松缺陷,源于锻坯中的原始缺陷,显像为密集点状,大小不一,颜色较深。图 5-16(d)所示为加工过程中的机械损伤缺陷,缺陷长度较大,与裂纹相比,开口宽度大,渗入的渗透剂容易被清除掉。

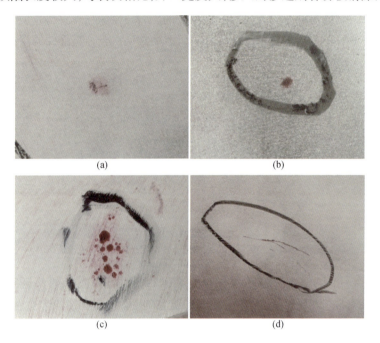

图 5-16 钛合金锻件渗透检测典型缺陷
(a)折叠缺陷;(b)辐射状微裂纹;(c)疏松缺陷;(d)机械损伤缺陷。

5.3.2 零部件渗透检测

本节所述的零部件,主要是指在原材料的基础上利用冲压、机加工等方法将材料加工到特定形态的工件,如封头、弯头、法兰等工件。在加工过程中,原材料的内部缺陷有可能变成表面缺陷,同时,在受力加工时可能产生新的缺陷。因此,在进入下一道工序前,要对零部件进行渗透检测。

零部件渗透检测方法取决于原始加工料状态、零部件规格和数量。加工件的渗透检测灵敏度一般应不低于原始坯料的检测灵敏度,如原始板材采用水洗型着色渗透检测,冲压成封头后就要考虑采用溶剂去除型着色渗透检测。当零部件规格尺寸较小且数量较多时,就要考虑采用水洗型着色渗透检测或水洗型荧光渗透检测。钛合金零部件常用的渗透检测方法主要有水洗型着色渗透检测(ⅡAd)、溶剂去除型着色渗透检测(ⅡCd)和水洗型荧光渗透检测(ⅠAa),有特殊要求时也会采用后乳化荧光渗透检测(ⅠDa)。

机加工而成的零部件表面状态良好,检测前清除表面的油污即可。对于采用加热、加压制造的零部件,表面可能存在氧化皮和其他附着物,要经打磨、酸洗等预处理后再进行渗透检测。大型零部件的渗透采用喷涂或刷涂的方式,小规格大批量零部件的渗透采用喷涂或浸涂的方式。去除渗透剂、干燥、显像与观察等检测步骤的要求与原材料检测的要求基本相同。图5-17所示为常见钛合金零部件的渗透检测。

图5-17 常见钛合金零部件的渗透检测

(a)弯头着色渗透检测;(b)封头着色渗透检测;(c)螺栓荧光渗透检测。

与原材料相比,零部件的结构相对复杂,如螺栓检测时,既要保证对螺纹处渗透剂的彻底清洗,又要避免过清洗,在显像观察时,要仔细观察各个位置,避免缺陷漏判。对于机加工而成的零部件,出现表面缺陷的可能性相对较小,但对于冲压、弯折等受力加工的零部件,很可能会出现表面缺陷,且缺陷的分布通常具有一定的规律。图5-18(a)所示为板材加热后冲压成形的钛合金封头渗透检测缺陷,封头的直边段过渡部位的变形量较大,外壁容易出现开裂,缺陷长度方向一般垂直于冲压方向。图5-18(b)所示为板材弯折而成的角形结构零部件渗透检测缺陷,缺陷为纵向裂纹,只出现在弯角部位,其他部位一般不会出现。对丁这种受力加工的零部件,检测前要结合其变形特征分析可能出现的缺陷位置,在渗透和显像观察时重点关注。

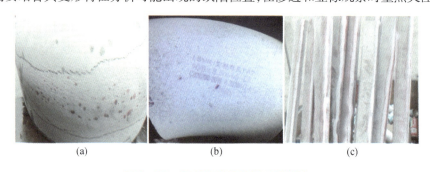

图5-18 零部件渗透检测典型缺陷

(a)封头裂纹;(b)弯头裂纹;(c)角型材裂纹。

5.3.3 铸件渗透检测

铸件表面粗糙,形状复杂,给渗透剂清除带来了一些困难。钛合金铸件最常用的渗透检测方法为水洗型着色渗透检测(ⅡAd)和水洗型荧光渗透检测(ⅠAa),水洗型着色渗透检测用于一般铸件的检测,水洗型荧光渗透检测用于质量要求较高的铸件的检测。对于表面质量较好或机加工后的铸件,有时也会采用溶剂去除型渗透检测(ⅡCd)。

铸件的表面预处理要比原材料复杂得多,检测前,要进行喷砂处理,清除铸件表面的石墨灰、铸造氧化皮和铸造留痕,并利用压缩空气吹去表面灰尘。在采用水洗型荧光渗透检测时,还要进行超声波预清洗,洗去铸件表面灰尘,且要彻底烘干表面多余的水分,防止污染荧光渗透剂。经烘干处理的铸件,必须要将铸件温度冷却到正常温度范围内才能进入渗透工序。

钛合金铸件施加渗透剂的方法有喷涂法、刷涂法、浸涂法和浇涂法,具体采用的方法可结合铸件规格和数量选择。

在铸件清洗时,要控制清洗时间。既要保证将多余的渗透剂去除干净,又要避免过清洗。图5-19所示为荧光渗透检测在不同的清洗时间下的试验对比。结果表明,冲洗时间越长,检测灵敏度越低[10]。因此,在保证清洗质量的前提下,应尽可能地缩短清洗时间。对于荧光渗透检测,可将铸件置于紫外线光源下进行清洗,及时观察工件表面多余荧光渗透剂残留情况。

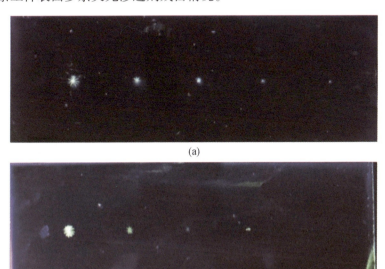

(a)

(b)

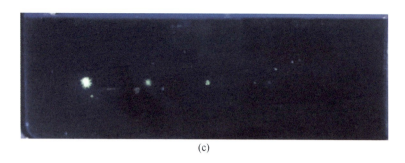

(c)

图 5-19 荧光渗透检测在清洗时间下的试验对比

(a)清洗时间 15min；(b)清洗时间 20min；(c)清洗时间 40min。

当铸件的结构过于复杂时，如多腔体结构，普通的清洗方法很难有效清除某些结构面上的多余渗透剂，造成显像背景不良，尤其在采用荧光渗透检测时，背景不良的影响更加普遍。为解决这一问题，可改进冲洗流程或采用特殊设计的冲洗装置改善对不易冲洗结构面的冲洗效果。当结构面影响观察视线时，显像观察宜采用内窥镜，且要配备专用的光源。

钛合金铸件常见缺陷有表面流痕、气孔、裂纹和补焊裂纹等。图 5-20 所示为钛合金铸件着色渗透检出的裂纹缺陷。图 5-20(a)和图 5-20(b)所示均为铸造

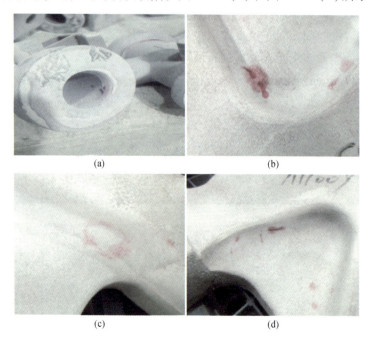

图 5-20 钛合金铸件着色渗透检出的裂纹缺陷

(a)阀体铸造裂纹；(b)支撑件铸造裂纹；(c)补焊裂纹；(d)补焊裂纹。

裂纹,产生于铸造过程,常常出现在铸件结构过渡部位。图 5-20(c)和图 5-20(d)所示均为补焊裂纹,产生于铸件补焊过程,由于钛合金铸件的焊接性较差,补焊裂纹通常出现在补焊熔合线上。图 5-21 所示为钛合金铸件荧光渗透检出的典型缺陷。

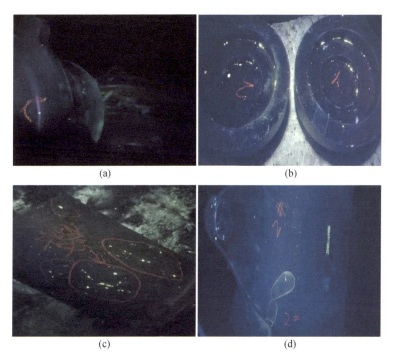

图 5-21 钛合金铸件荧光渗透检出的典型缺陷
(a)安装座气孔;(b)泵壳铸造裂纹;(c)轴承座裂纹;(d)球罩裂纹。

5.3.4 焊接件渗透检测

由于钛合金的无磁特性,焊接接头的表面缺陷检测主要依赖渗透检测,几乎所有的钛合金焊接接头都要进行渗透检测。渗透检测主要用于焊后检测,但在焊前和焊接过程中也能发挥重要作用。在焊接前,通常要对坡口进行渗透检测,避免因存在坡口缺陷,而降低焊接质量。质量要求较高的焊接接头,在焊接过程中,每焊完一层可进行一次渗透检测,及时发现焊接过程中的缺陷,保证焊接质量。

钛合金焊接接头的渗透检测主要采用溶剂去除型着色渗透检测(ⅡCd)和水洗型着色渗透检测(ⅡAd)。溶剂去除型着色渗透检测用于规则结构焊接接头的检测,水洗型着色渗透检测用于复杂结构焊接接头的检测。

钛合金焊接接头的表面清理要求与焊接方法有关。在 TIG 焊接时,表面质量良好,不需要进行清理;而在 MIG 焊接、电子束焊接时,飞溅较为严重,需要打磨;当焊缝表面成形较差时,还要进行补焊。热处理后的焊接结构要清除焊缝及热影响区的涂料。其他渗透检测步骤的要求取决于具体的检测对象。

1. 常见类型的焊接件渗透检测

常见类型的焊接件是指焊接方法常见、结构较为简单的结构件。渗透方法采用刷涂或喷涂,要保证渗透剂对焊缝和热影响区的完整覆盖。在渗透过程中,可补充施加一次渗透剂,保证渗透效果。采用溶剂擦拭或水洗去除多余的渗透剂后,可采用自然干燥或压缩空气吹干。焊缝显像采用喷涂法,利用压力喷罐将溶剂悬浮显像剂均匀喷洒于检测面上。

图 5-22 所示为常见典型焊接件的渗透检测缺陷。图 5-22(a)所示为熔合线开裂,在钛合金管材纵缝中较为常见,大多产生于管材几何校形过程中。图 5-22(b)所示为密集性横向裂纹,并不常见,在焊接工艺或焊接材料存在问题时才有可能出现。图 5-22(c)所示为点状缺陷,实际上是电子束焊接的根部钉尖缺陷,在去掉锁底并修磨后才能实施检测。

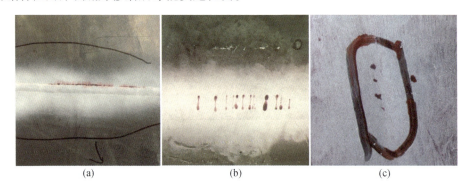

图 5-22 常见典型焊接件的渗透检测缺陷
(a)熔合线开裂;(b)密集性横向裂纹;(c)点状缺陷。

2. 特殊焊接件渗透检测

1)搅拌摩擦焊接检测

渗透检测可用于搅拌摩擦焊接根部未焊透的检测。当焊接结构带有锁底时,要去除锁底,并对检测区域适当修磨,条件允许时可进行酸洗。由于在搅拌摩擦焊接过程中根部会发生塑性变形,缺陷间隙很小,为保证检测灵敏度,通常采用溶剂去除型着色渗透检测。渗透时,要间隔多次喷涂渗透剂,保证渗透时间内接头根部处于润湿状态,渗透时间可延长到 20~30min。图 5-23 所示为钛合金搅拌摩擦焊接根部未焊透渗透检测结果。受搅拌影响,未焊透并不一定位于接头中心线上,显像呈断续或连续状直线形态。

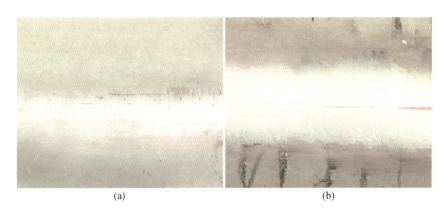

图5-23 钛合金搅拌摩擦焊接根部未焊渗透检测结果

(a)断续未焊透;(b)连续未焊透。

2)扩散焊接检测

扩散焊接是在加热、加压的条件下利用原子扩散实现界面的结合,整体焊接质量可采用超声检测评价,但在焊接边界部位可采用渗透检测。扩散焊接缺陷具有紧贴型属性,缺陷间隙通常为微米级,要选择灵敏度等级较高的渗透检测方法,如溶剂去除型着色渗透检测、后乳化荧光渗透检测。与搅拌摩擦焊接相同,也要采取间隔多次喷涂渗透剂、延长渗透时间等措施提高渗透效果。图5-24 所示为多层扩散焊接渗透检测结果。在焊接良好部位,原子扩散实现焊层紧密结合,无任何显示;而焊接异常部位,沿焊接界面呈单条或多条线状显示。

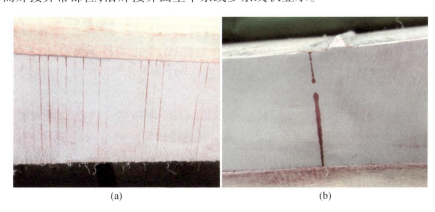

图5-24 多层扩散焊接渗透检测结果

(a)多条线状缺陷;(b)单条线状缺陷。

3)管板焊接检测

当换热管内径小于12mm时,很难对管板焊接实施射线检测,渗透检测就成了评价管板焊接质量的最重要的无损检测方法。管板焊接渗透检测的关键在于其结构的特殊性,通常采用溶剂去除型着色渗透检测。要采用刷涂的方式施加渗透剂,并且要控制刷涂量,避免渗透剂大量进入换热管内。在去除渗透剂时,先采用干净不脱毛的布整体擦拭,再蘸取清洗剂二次擦拭,还要对管口特殊处理。即使采用刷涂法施加渗透剂,仍会有大量的渗透剂进入传热管,需要清除。管口的清理可沿着顺时针或逆时针的方向手工擦拭,也可采用包覆有洁净布的旋转枪清理。图5-25所示为钛合金换热器管板焊接渗透检测与缺陷显示。

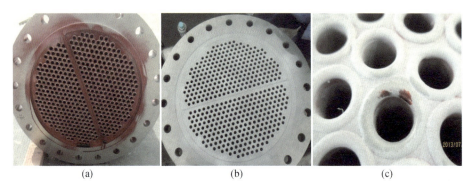

图5-25　钛合金换热器管板焊接渗透检测与缺陷显示
(a)渗透;(b)显像;(c)缺陷显示。

3. 大型焊接结构渗透检测

大型钛合金焊接结构渗透检测要考虑操作的便捷性和检测的效率。由于焊接接头数量多,且大多数为角接接头,因此,常采用通用型着色渗透剂,既可采用溶剂擦拭去除,也可采用洁净的水清洗。在实际检测时,通常先对结构整体进行水洗,再对结构较为复杂的部位补充擦拭,保证清洗质量。对于大型焊接设备,可能已安装了精密部件,如电缆线、密封圈等附件,在检测前要采取隔离防护措施。

渗透检测场地应满足大型焊接结构吊装、清理、渗透废水收集和排放要求,同时要配备升降架、防护栏等安全防护实施。在检测密闭空间结构时,还要配备测氧仪、照明装置和通风设施。

图5-26所示为大型焊接结构渗透检测,其检测对象为钛合金潜水器框架和耐压壳体。图5-26(a)所示的框架结构规格尺寸较大、焊接接头数量多,采用刷涂和喷涂的方式渗透。在清除渗透剂时,先用洁净的水清洗整体结构,再用洁净不脱毛的布擦拭角接位置,并去除表面积水。部分焊接位置容易阻挡光线,显像观察时,要采取补光措施。图5-26(b)所示为潜水器耐压壳体,在内部渗透检测时,要增加安全措施,且采用刷涂法施加渗透剂,减小对密闭空间的污染,并采用擦拭法去除渗透剂。

图 5-26　大型焊接结构渗透检测
（a）潜水器框架渗透检测；（b）耐压壳体渗透检测。

5.4　渗透检测安全与环保要求

5.4.1　渗透检测安全防护

渗透检测过程中使用的渗透材料、器材等会带来一些不安全因素，如渗透材料的毒性、黑光灯的紫外线辐射等。与此同时，渗透检测过程中大型工件吊运、登高作业、密闭空间作业等也存在一些安全风险。这些安全隐患要在日常管理中严格把控，在操作规程中着重体现，并制定有效的防护措施。

1. 防毒安全

渗透检测材料使用的有机溶剂、化学试剂、化学药品及其挥发物有些对人体有毒，或者本身无毒，但遇明火燃烧会产生极毒气体。渗透检测造成的人体毒害以慢性毒害居多，而且多数为累积性毒性，对人体的危害途径包括呼吸道、消化道和皮肤。因此，要采取积极的卫生安全防护措施来隔断有毒物质。

防毒安全的主要措施包括几个方面：首先，从技术层面考虑，应尽可能采用低毒或无毒的渗透材料，前提是不影响检测灵敏度并满足工件技术要求；其次，要强化相应的安全设施，如针对批量化零部件，采用自动化检测线替代手工作业，增设通风装置降低空气中的毒物浓度等；最后，要从管理层面规范渗透检测的要求，制定并严格遵守操作规程，要求检测人员正确使用防护用品，并建立作业人员健康档案，定期体检。

2. 防火安全

渗透检测使用的渗透检测剂，除干粉显像剂、乳化剂以及金属喷罐内使用的氟利昂气体是不可燃性物质之外,其他大部分都是可燃性有机溶剂。因此,在存储和使用这些可燃性渗透检测剂时,一定要和使用普通油类或有机溶剂一样,应采取必要的防火措施。

防火安全的主要措施包括:①承装渗透检测材料的容器应加盖密封,存储地点应挑选阴暗处,避免烟火、热风和阳光直射,渗透材料应由专人管理,建立台账;②严禁与打磨、焊接等有明火和热源的工序交叉作业,夏季高温条件下,压力喷罐要避免长时间暴晒;③渗透检测现场应配备灭火器材;④压力喷罐用完后要刺破罐体之后回收或废弃。

3. 紫外线辐射

荧光渗透检测用的紫外线为长波紫外线,正常情况下不会对人体造成损伤,不过长期暴露在黑光灯下可能会引起恶心、头痛,但都属于短期反应,无累积效应。在检测过程中,要避免黑光直接照射眼睛,通常要求佩戴紫外线防护镜,这种眼镜不允许紫外线通过,只允许可见黄绿色光通过。

若黑光灯滤光片或屏蔽罩破裂,则短波紫外线会泄漏出来,从而会对人体造成伤害,操作人员可能会患上光角膜炎或结膜炎。因此,在使用过程中应注意观察高压汞灯黑光灯滤光片或屏蔽罩是否破损,一旦发现破损就应该立即停止使用。

4. 其他安全

大型工件在检测时,对工件的吊运和翻转,要由有相关资质的人员操作天车或吊车等设备,并严格执行相关的安全管理规定。在登高作业时,要搭设有防护装置的脚手架,检测人员要佩戴安全帽、安全带等防护用具。在密闭空间检测时,更要严格执行密闭空间作业的管理规定。在实际检测中,不同的检测对象、检测环境和技术要求可能会涉及不同的现场安全问题,检测人员要在检测前认真辨识,并制定相应的解决措施。

5.4.2 渗透检测环保要求

渗透检测过程中造成环境污染的主要污染物有各种脂类、油类、有机溶剂、非离子型表面活性剂、着色燃料与荧光燃料等。以溶剂去除型着色渗透检测为例,渗透剂中含有红色染料、植物油、脂肪族碳氢化合物、表面活性剂、无水乙醇、乙二醇及乙醚;显像剂中含有无机粉末、乙醇、脂肪族碳氢化合物、无水乙醇、丙酮及胶棉液;清洗剂中含有脂肪族碳氢化合物、无水乙醇及丙酮。

经过分析,渗透检测废水的主要成分为矿物油,具有有机物浓度高、含油量高、色度高、间歇排放等特点。废水 COD 值一般为 8000~15000mg/L,矿物油含量为 150~300mg/L,色度在 600 倍左右。这些废液会污染环境,不能直接排放,而必须经过净化处理达到国家规定的排放标准要求后,才能排放。目前,针对渗透检测的污染问题,主要有3种解决方案,即净化过滤法、药剂处理法和绿色检测法[11-13]。

1. 净化过滤法

净化过滤法采用专门的废水处理装置对渗透废液进行多重处理,处理后的水质满足国家排放标准《污水综合排放标准》(GB 8978—1996)中一级排放标准要求。图5-27所示为废水净化过滤的基本流程。废水处理后直接排放,同时会产生一定的污泥,需要定期装袋统一处理。

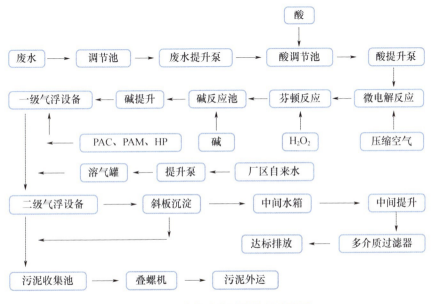

图5-27 废水净化过滤的基本流程

这种废水处理法的优点是处理效果好,效率高,可根据检测工作量定制不同功率的处理装置。由于废液处理的步骤较多,废液需经不同的罐体分次处理,装置占地面积超过$100m^2$,要设置专门的废水处理区,成本较高。图5-28(a)所示为渗透废水处理装置,日处理能力不低于$2m^3$,图5-28(b)所示为废液处理效果。

2. 药剂处理法

中和法是根据废水污染物的特征,通过添加处理剂与废水发生化学反应,实现沉淀净化的目的。目前,市面上有多种化学药剂,早期的化学药剂需要按比例调配,最新的药剂都是合成药剂,直接按比例添加到废液中即可。采用中和法,通常要建造废液收集池,定期对废液进行处理,有的药剂的中和时间可能需要数天,有的药剂可在几十分钟内完成。图5-29所示为某型渗透污水处理剂的处理效果。

图 5-28 处理装置和处理效果
(a)渗透废水处理装置；(b)废液处理效果。

图 5-29 某型渗透污水处理剂的处理效果

药剂处理法的优点是无须额外增加专门的净化设备，整个过程在净化池内进行，处理过程简单。但药剂处理后的沉淀物需要定期清理，并统一处理，虽然节约了处理装置的成本，但药剂本身的价格偏贵，废水量较大时，药剂消耗成本也是要考虑的重要因素。

3. 绿色检测法

渗透检测的污染问题越来越受到重视，为从源头上解决该问题，渗透材料研制机构长期致力于绿色检测材料的研发。例如，以水为溶剂，环保型红色染料为溶质的渗透剂能直接或静置一段时间后直接排放，达到了环境友好的目的。这种水基型渗透剂具有清洗性好，以及无毒、无味的特点，且检测灵敏度能满足常见类型工件的检测需求。目前,环保型渗透检测材料仍处于研制、推广阶段,尚未在各行业中大范围应用,更高灵敏度等级要求的环保渗透材料还有待进一步研究。

参考文献

[1] 胡学知. 渗透检测[M]. 北京:中国劳动社会保障出版社,2007.
[2] 夏纪真. 工业无损检测技术(渗透检测)[M]. 广州:中山大学出版社,2013.
[3] 美国无损检测学会. 美国无损检测手册(渗透卷)[M]. 上海:世界图书出版公司,1996.
[4] 杨波,胡学知,龚固,等. 工件表面状态对渗透检测的影响及对策[J]. 无损检测,2016,38(8):55-59.
[5] 王树志,刘广华,王本志,等. 表面状态对钛合金铸件荧光渗透检测结果的影响[J]. 无损检测,2017,39(10):54-58.
[6] 张军威,钟建兰,王本志,等. 酸洗对钛合金铸件荧光渗透检测结果的影响[J]. 无损检测,2020,42(5):5-9.
[7] 苏清风,习小文,石剑,等. 铸造闭式叶轮内型面荧光渗透检测[J]. 失效分析与预防,2018,13(6):367-372.
[8] 顾彬,曹金龙,孙志琴,等. 温度对渗透检测灵敏度的影响研究:中国铁道学会材料工艺委员会第五届无损检测学组磁粉、渗透、涡流及射线无损检测学术交流会论文集[C]. 济宁:中国铁道学会,2018:384-390.
[9] 富阳. 渗透检测渗透剂渗入速度拐点和提高渗入量研究[J]. 中国特种设备安全,2012,28(1):52-54.
[10] 张军威,王本志,杨硕,等. 清洗时间对钛合金铸件荧光渗透检测的影响[J]. 精密成形工程,2018,10(3):122-125.
[11] 金宇飞. 一种无色渗透检测新技术[J]. 无损检测,2018,40(2):42-45.
[12] 张鹏珍,赵成,等. 环保可排放型水基着色渗透剂的研制及应用[J]. 无损检测,2019,41(3):6-8.
[13] 姚力. 承压设备渗透检测技术发展现状[J]. 无损检测,2014,36(10):10-14.

第 6 章

船用钛合金泄漏检测

泄漏检测是一种发现设备、容器、管道等密封性发生异常变化的检测方法,作为常用的密封性检测方法,它的种类多种多样,如气泡检漏、压力变化检漏、卤素检漏、氦质谱检漏等,在检测过程中,可根据工件结构和检测灵敏度的要求选用或组合使用,实现密封性的检测与定量评价。漏是绝对的,不漏是相对的,绝对不漏是不存在的,我们通常所说的"不漏"是相对检漏仪器的检测灵敏度而言的,所以,即使产品加工质量再高也无法做到绝对无泄漏发生。泄漏检测主要用于检查金属结构或焊缝中的贯穿性缺陷,受工件材料影响较小,广泛用于船用钛合金产品的密封性检测,是其他无损检测方法无法替代的重要检测方法。

6.1 泄漏检测基础知识

6.1.1 漏率

1. 漏率的定义及单位

在压力或浓度差的作用下,使气体从壁的一侧流到另一侧的孔洞、孔隙、渗透元件或一个封闭器壁上的其他结构,我们称之为漏孔。表示漏孔大小最直观的方法是漏孔的几何尺寸,但是漏孔极其微小且形状不规则,漏气的路径也各式各样,很难测量。实际应用中用单位时间内流过漏孔的气体量表示漏孔的大小,也就是漏率,即单位时间内流过漏孔的物质的质量或分子数,它能够直观地反映漏孔的大小,用 Q 表示[1]。由理想气体状态方程可知,对某一质量 m 的气体就有确定的 pV 值,pV 值也称为气体量,所以漏率 Q 可以表示为

$$Q = \frac{\mathrm{d}(pV)}{\mathrm{d}t} \tag{6-1}$$

在环境温度为23℃±7℃,入口压力为100kPa(±5%),出口压力低于1kPa时的干燥空气(露点温度低于-25℃)通过漏孔的漏率,称为标准漏率。常见漏率单位有 Pa·m³/s、Pa·L/s、Torr·L/s、mbar·L/s、mol/s 等,我国法定的漏率单位为 Pa·m³/s,美国真空协会推荐使用 mol/s,主要漏率单位之间的换算关系见表6-1。

表6-1 漏率单位换算表($T=0℃$)

单位	换算值						
	Pa·m³/s	Pa·L/s	Torr·L/s	mbar·L/s	mol/s	μmHg·L/s	μmHg·ft³/s
Pa·m³/s	1	1.0×10^3	7.50062	1.0×10^1	4.40319×10^{-4}	7.50062×10^3	2.64882×10^2
Pa·L/s	1.0×10^{-3}	1	7.50062×10^{-3}	1.0×10^{-2}	4.40319×10^{-7}	7.50062	2.64882×10^{-1}
Torr·L/s	1.33322×10^{-1}	1.33322×10^2	1	1.33322	5.87044×10^{-5}	1.0×10^3	3.53147×10^1
mbar·L/s	1.0×10^{-1}	1.0×10^2	7.50062×10^{-1}	1	4.40319×10^{-5}	7.50062×10^2	2.64882×10^{-2}
mol/s	2.27108×10^3	2.27108×10^6	1.70345×10^4	2.27108×10^4	1	1.70345×10^7	6.01568×10^5
μmHg·L/s	1.33322×10^{-4}	1.33322×10^{-1}	1.0×10^{-3}	1.33322×10^{-3}	5.87044×10^{-8}	1	3.53147×10^{-2}
μmHg·ft³/s	3.77527×10^{-3}	3.77527	2.83168×10^{-2}	3.77527×10^{-2}	1.66232×10^{-6}	2.83168×10^1	1

注:本表数值为从纵列换算到横列。

2. 影响漏率大小的因素

对于密封结构来说,影响漏率大小的因素有很多,主要包括间隙的大小、内外的压差、气体的黏度及分子质量、密封长度、环境温度、密封材料本身的性能、密封面的加工精度、机械振动或冲击等。

漏孔几何尺寸一定时,漏孔的漏率与以下因素有关。

(1)漏孔两端的压差。只有当漏孔两端存在压差时,才会出现气体从高压侧向低压侧流动,压差越大,其流量越大。在分子流状态下,漏孔的漏率与漏孔两端的压差成正比;在黏滞流状态下,漏孔的漏率与漏孔两端的压力的平方差成正比。

(2)气体的分子量和黏滞系数。不同气体通过漏孔的难易程度不一样,在分子流状态下,漏孔的漏率与气体分子量的平方根成反比;在黏滞流状态下,漏孔的漏率与气体的黏滞系数成反比。

(3)环境温度。环境温度不同,气体分子热运动的平均速度不同,漏率也就不同。

实际上,温度发生变化时,漏孔的几何尺寸也会随之发生改变,从而导致漏率发生改变,所以,为了客观地反映漏孔的大小,必须指出该漏率是在何种环境温度、压力、压差下对何种气体的漏率。

3. 允许漏率

设备功能不同,其密封性要求就不一样,而密封性合格与否都是相对允许漏率而言的。允许漏率是根据气密性要求设计和计算提出来的,它不仅是设备设计的一项主要指标,也是对设备进行泄漏检测的依据。下面针对动态真空系统、静态真空系统、压力系统的允许漏率进行讨论。

动态真空系统是指工作时真空泵仍然对其进行抽气,如粒子加速器、真空冶炼炉等。动态真空系统对气密性要求较低,一般利用抽速较大的真空泵来维持其真空度,即使系统上存在较大的漏孔也能正常工作。在真空系统设计时要求进入系统空间的气体量不大于被真空泵抽走的气体量,即

$$Q \leqslant Sp_0 \tag{6-2}$$

式中:Q 为气体流量,包括漏气和放气两部分;S 为真空泵对系统的有效抽速;p_0 为系统所能达到的极限压力。

一般选取 $1/10Q$ 作为允许漏率 Q_L,则动态系统的允许漏率为

$$Q_L = \frac{1}{10}Q \leqslant \frac{1}{10}Sp_0 \tag{6-3}$$

静态真空系统是指工作时系统已与真空泵隔离,又称密闭容器或密闭器件,如电子管、显像管、灯泡等。静态真空系统体积较小,极限压力低,要求与真空泵隔离相当长时间内其真空度仍能满足工作要求。设器件封离时的压力为 p_0,器件正常工作需要的最高压力为 p_t,器件容积为 V,封离后工作时间为 t,则器件的总气载 Q 为

$$Q \leqslant \frac{V(p_t - p_0)}{t} \tag{6-4}$$

器件允许漏率 Q_L 为 $1/10Q$,即

$$Q_L = \frac{1}{10}Q \leqslant \frac{V(p_t - p_0)}{t} \tag{6-5}$$

压力系统是指储存气体的容器、气瓶和要求高压下工作的高压设备等,对其提出的密封性要求一般为压力下降或气体损失量不能大于多少,假设压力系统的容积为 V,充入的气体压力为 p_0。

(1) 如果要求在时间 t 内压力下降不得大于 Δp,则该系统的允许漏率 Q_L 为

$$Q_L \leqslant \frac{\Delta p V}{nt} \tag{6-6}$$

(2) 如果要求在时间 t 内压力不得下降到 p_t,则该系统的允许漏率 Q_L 为

$$Q_L \leqslant \frac{V(p_0 - p_t)}{nt} \tag{6-7}$$

(3) 如果要求在 t 时间内气体量损失不得大于 q,则该系统的允许漏率 Q_L 为

$$Q_L \leqslant \frac{q}{nt} \tag{6-8}$$

上述式中的 n 为安全系数,建议 n 取值为 2~5。

6.1.2 理想气体状态方程

理想气体是建立气体分子运动理论的基础,通常将理想气体的气体分子看成是有质量的几何点,分子之间没有相互作用力,且分子与分子和器壁之间发生的碰撞是完全弹性碰撞,无动能损失。理想气体状态方程可以表述为:一定质量的气体,不管其状态如何变化,它的压力和体积的乘积除以绝对温度,所得的商始终不变,即

$$\frac{p_1 V_1}{T_1} = \frac{p_2 V_2}{T_2} \tag{6-9}$$

对于 1mol 的气体,表达式为

$$\frac{pV}{T} = R \tag{6-10}$$

对于质量为 m,摩尔质量为 M 的气体,则表达式为

$$pV = \frac{m}{M}RT \tag{6-11}$$

式中:R 为气体普适常量,$R = 8.3144 \text{J}/(\text{mol} \cdot \text{K})$;$p$ 为气体压力(Pa);V 为气体体积(m^3);m 为气体的质量(kg);M 为气体的摩尔质量(kg/mol);T 为气体热力学温度(K)。

稀薄气体与理想气体很接近,在真空技术中可以作为理想气体对待;当气体压力不太高(与大气压相比),温度不太低(与室温相比)时可以看作是理想气体;蒸气未达到饱和状态之前,也可以看作是理想气体,这些都遵守理想气体的基本定律。

6.1.3 气体的运动

1. 气体在管道内流动

一个气体分子与其他气体分子每连续两次碰撞走过的路程称为自由程,相当多的不同自由程的平均值,称为平均自由程,用 λ_a 表示,自由程有长有短,差异很大,但是平均自由程是一定的。平均自由程与气体的温度 T 成正比,与气体的压力 p 成反比,当 T 一定时平均自由程 λ_a 与压力 p 的乘积为常数。平均自由程在检漏中是很重要的参数,因为它决定了示踪气体或加压气体经过漏孔或其他通道时的气体的流动状态。对于一个在很大压差下通过气体的漏孔来说,漏孔内气体的平均自由程一般由漏孔内的平均压力(漏孔的内侧和外侧压力的平均值)来确定。

1)气体的流动状态

气体沿管道的流动状态分为四种:湍流、黏滞流、分子流、黏滞 - 分子流。

(1)湍流。当气体的压力和流速较高时,气体流动是惯性力在起作用,气体流

线不规则,形成旋涡,且旋涡处于不规则状态,管路中气体的压力和流速随时间而变化。处于湍流状态下的气体分子的运动速度和方向与气流的平均速度和气流方向大致相同,管道中的流量与气体压力梯度的平方根成正比,即 $q \propto \sqrt{dp/dx}$。

湍流仅在粗抽泵开始工作时的一瞬间才出现,一般持续时间很短,计算时通常不考虑这一流动状态。

(2)黏滞流。在气体压力较高、流速较小的情况下会出现黏滞流,它的惯性力很小,气体的内摩擦力起主要作用,此时流线的方向变为直线,只在流道的不规则处发生弯曲。流道中流动层次分明,各层气体具有不同的速度,管道中心的流速最大,管道壁附近的气体几乎不流动,在管道的横截面上呈一个抛物面状的流动速度分布。气体分子的平均自由程比管道截面线性尺寸小得多[2],即 $\lambda_a < d$,此时流量与漏孔两侧压力的平方差成反比,即

$$q \propto p\frac{dp}{dx} \propto (p_1^2 - p_2^2) \tag{6-12}$$

所以当被检漏孔处于层流范围时,增加检漏灵敏度最简单的方法是增加漏孔两侧的压力差,实践证明漏孔两侧的压力差增加3倍左右时,通过漏孔的流量将增加10倍。

(3)分子流。分子流出现于管道内压力很低、气体分子平均自由程 $\lambda_a > d$(管道直径)的情况下。此时气体分子的内摩擦已不存在,分子间的碰撞可以忽略,分子与管壁之间碰撞频繁。气体分子在管道内做热运动,独立地通过管道,通过的气体量与管道两端的压力差成正比,即 $q \propto (p_1 - p_2)$。分子流中漏率与压差成正比,多发生在真空检漏中。

(4)黏滞-分子流。介于黏滞流和分子流之间的流动状态称为黏滞-分子流,也称为过渡流。它在压力不太高、气体分子平均自由程 $\lambda_a \approx d$ 时发生。

2)气体流动状态的判别方法

(1)湍流与黏滞流。湍流与黏滞流之间通常用雷诺数(Re)来判别(见表6-2),计算公式如下:

$$Re = \frac{dv'\rho}{\eta} = \frac{4Mq}{\pi R\eta dT} \tag{6-13}$$

式中:v' 为气体流速(m/s);d 为管道直径(m);ρ 为气体质量密度(kg/m³);η 为气体的黏滞系数(Pa·s);q 为气体流量(Pa·m³/s)。

表6-2 气体流动状态的判别

气体的流动状态	湍流	黏滞流
雷诺数	>2200	<1200

若管道直径为 d，通过的气体量为 q，则

$$\begin{cases} q \geqslant 1.44 \times 10^4 \left(\eta \dfrac{T}{M}\right) d & \text{（湍流）} \\ q \leqslant 7.84 \times 10^3 \left(\eta \dfrac{T}{M}\right) d & \text{（黏滞流）} \end{cases}$$

对于 20℃ 的空气，$\eta = 1.829 \times 10^{-5} \text{Pa} \cdot \text{s}$，则

$$\begin{cases} q \geqslant 2.67 d & \text{（湍流）} \\ q \leqslant 1.45 d & \text{（黏滞流）} \end{cases}$$

（2）黏滞流、黏滞-分子流和分子流的判别。根据气体分子的平均自由程和管道直径比来判别，即

$$\begin{cases} \dfrac{\lambda_a}{d} < 0.01 & \text{（黏滞流）} \\ 0.01 < \dfrac{\lambda_a}{d} < 1 & \text{（黏滞-分子流）} \\ \dfrac{\lambda_a}{d} > 1 & \text{（分子流）} \end{cases}$$

根据管道中气体的平均压力和直径的乘积来判别，即

$$\begin{cases} P_a d > 0.67 & \text{（黏滞流）} \\ 0.02 < P_a d < 0.67 & \text{（黏滞-分子流）} \\ P_a d < 0.02 & \text{（分子流）} \end{cases}$$

影响气体流过漏孔的因素有很多，如漏孔的形状、气体的相对分子质量、气体的动力黏度、引起气体流动的压差、系统中的绝对压力和漏气通道的长度和横截面等，所以通过上面的方法判别漏孔的气流状态是比较困难的。因此，在实际生产应用中当漏孔直径大于 5μm 时，可以认为是黏滞流，漏率为 $10^{-6} \text{Pa} \cdot \text{m}^3/\text{s}$ 以上；当漏孔直径小于 1μm 时认为是分子流，漏率为 $10^{-9} \text{Pa} \cdot \text{m}^3/\text{s}$ 以下；对于铂丝-玻璃标准漏孔来说，当漏率小于 $10^{-7} \text{Pa} \cdot \text{m}^3/\text{s}$ 时为分子流。

3）管道流导

处于平衡状态的理想气体所占有的体积 V 同其压力 p 的乘积称为气体量，用符号 G 表示[3]，单位为 $\text{Pa} \cdot \text{m}^3$。在时间间隔 t 内通过漏孔的气体量除以该时间称为流量，又称漏率，用符号 Q 表示，单位 $\text{Pa} \cdot \text{m}^3/\text{s}$，即

$$Q = \frac{G}{t} = \frac{pV}{t} \tag{6-14}$$

在等温条件下，气体通过导管或漏孔流动时，其流量与导管的两规定截面或漏孔两侧的压差之比称为流导，用符号 U 表示，单位为 m^3/s，即

$$U = \frac{q}{p_1 - p_2} \tag{6-15}$$

管道串联的总流导的倒数等于各段管道流导倒数之和,即

$$\frac{1}{U} = \frac{1}{U_1} + \frac{1}{U_2} + \cdots + \frac{1}{U_n} \tag{6-16}$$

管道并联的总流导等于各分支管道流导之和,即

$$U = U_1 + U_2 + \cdots + U_n \tag{6-17}$$

几根尺寸相同的管道并联时的总流导大于串联时的总流导。

黏滞流下各种气体之间的流导关系可用下式表示:

$$U_2 = \frac{\eta_1}{\eta_2} U_1 \tag{6-18}$$

式中:U_1 为管道对第一种气体的流导;U_2 为管道对第二种气体的流导;η_1 为第一种气体的黏滞系数;η_2 为第二种气体的黏滞系数。

因此,黏滞流时,气体流导与其黏滞系数成反比。黏滞流时,管道对各种气体的流导为空气流导的倍数见表 6-3。

表 6-3 黏滞流时各种气体流导为空气流导的倍数

气体	Ne	Hg	Ar	O_2	He	CO	N_2	CO_2	水蒸气	H_2
倍数	0.58	0.79	0.82	0.90	0.93	1.02	1.04	1.24	1.90	2.10

分子流下各种气体之间的流导关系可用下式表示:

$$U_2 = \sqrt{\frac{M_1}{M_2}} U_1 \tag{6-19}$$

因此,分子流下气体流导与其相对分子质量的平方根成反比。分子流时,各种气体流导为空气流导的倍数见表 6-4。

表 6-4 分子流时各种气体流导为空气流导的倍数

气体	Ne	Hg	Ar	O_2	He	CO	N_2	CO_2	水蒸气	H_2	NH_3
倍数	1.20	0.38	0.85	0.95	2.67	1.02	1.02	0.81	1.26	3.78	1.30

2. 吸附

真空系统中的气体分子分为三部分:在空间中做无规则运动的气体分子、材料表面附着的气体分子、材料内部溶解的气体分子。气体分子在运动中与固体表面碰撞时,或是由表面弹性反射回来,或是附着在表面上一段时间,然后按余弦定律逸回空间。气体分子在重新逸回空间之前要在固体表面上停留一段时间,故气体在界面上的浓度必将高于其在气相中的浓度,表现为一部分气体分子附着于固体

表面上,这种现象称为"吸附"。这些被吸附的分子重新返回空间的现象称为"脱附"。经研究表明,在真空度很高的情况下,表面吸附的分子数仍大于空间的气相分子数。因此,为了获得尽量高的真空,必须尽可能除去表面吸附的分子或抑制其逸回空间。

按照气体分子与固体表面之间的相互作用力的性质,表面吸附可以分为物理吸附和化学吸附。

物理吸附的作用力是范德瓦尔斯引力,这种力来源于分子偶极矩的涨落,存在于任何分子之间,它使气体分子在表面上凝聚,吸附分子和固体表面的化学性质都保持不变。物理吸附过程中位能发生变化,变化曲线如图6-1所示。由图可以看出,在距离较远时,分子受到的是吸引力,当过了位阱以后,分子受到的是斥力。物理吸附是一个放热过程,吸附过程中放出的热量称为物理吸附热q_p。

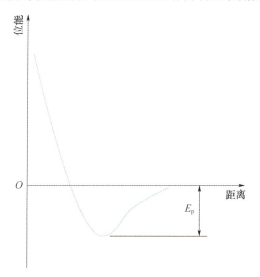

图6-1 物理吸附的位能曲线

化学吸附的作用力与化合物中原子之间的作用力相似,是化学键力,比范德瓦尔斯力大得多,在作用过程中气体分子与固体表面原子之间会发生电子转移或分子离解,并被化合键束缚在表面上,相当于固体表面发生了化学反应。化学吸附过程中的位能变化曲线如图6-2所示。在发生吸附过程中,分子先发生物理吸附,当获得的能量大于化学吸附激活能E_a时,就转变为化学吸附[4]。化学吸附热用q_c表示,一般大于41.868kJ/mol。

物理吸附和化学吸附的主要区别如下。

(1)吸附的选择性。物理吸附无选择性,任何气体在任何固体表面上都可以发生;化学吸附具有选择性,一种固体表面只能对特定的某一种或几种气体具有吸附性。

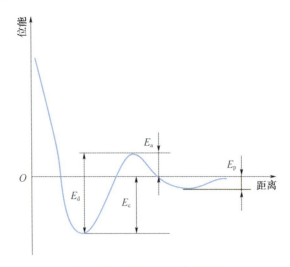

图 6-2 化学吸附的位能曲线

(2) 吸附作用范围。化学吸附只能作用于与表面接触的单分子层;物理吸附既能作用于与表面接触的单分子层,也可以作用于其他分子层。

(3) 吸附热。物理吸附的吸附热较小,一般在几百至几千焦每摩尔,与气体的液化热接近;化学吸附热一般大于上百千焦每摩尔,与化学反应的反应热接近。

(4) 吸附温度。物理吸附温度较低,一般接近于气体的沸点温度,真空技术中的低温吸附大多属于物理吸附;化学吸附温度较高,真空技术中吸气剂和吸气泵的吸附、电离规灼热灯丝的化学清除作用通常为化学吸附。

(5) 吸附的稳定性。物理吸附为可逆过程,不稳定,易出现脱附现象;化学吸附较稳定,不易脱附。

(6) 吸附和脱附的速度。物理吸附类似于凝聚现象,无须激活能,所以吸附和脱附速度都很快;化学吸附类似于化学反应,需要一定的激活能,因而吸附和脱附速度比物理吸附慢。

物理吸附和化学吸附在一定条件下可以相互转化,两者在实际吸附过程中并没有严格的界限,不能简单地认为某一种吸附过程只有化学吸附或物理吸附,而应当考虑两种吸附在整个吸附过程中的作用。

3. 气体在固体中的运动

气体在固体中的运动有三种形式:溶解、渗透和扩散。

气体吸附在固体表面上,在固体表层达到与环境气压相对应的溶解浓度,由于表层浓度比较高,在浓度梯度的作用下气体分子向固体深部扩散,直到浓度均匀为止。有的气体分子在固体表面上解离为原子,有的与固体分子发生化学反应形成化合物。在一定温度和气压下,固体能溶解气体的饱和浓度称为该温度及气压下的"溶解度",气体在固体中的溶解度一般是很小的。从宏观来看,溶解度与气体-固体组合的性质、气体压力、温度有关,在一定温度下,气体在固体中的溶解度与环境气体压力成正比。如果环境气氛是多种气体的混合物,则每种气体成分的溶解度与相应的气体分压成正比,这个规律称为亨利定律。

任何固体材料都能够或多或少地渗透一些气体,气体通过吸附、解离、扩散、再结合、脱附等一系列步骤完成在固体材料中的渗透过程,如图 6-3 所示。通常扩散是渗透过程中最慢的步骤,因此渗透率主要由扩散速率决定。

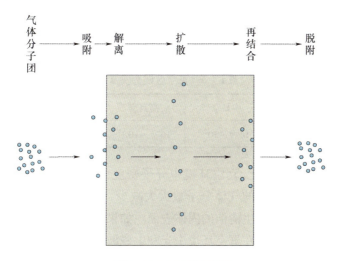

图 6-3 吸附和脱附图

渗透系数的大小与固体材料及气体种类有关。不锈钢、铜、钼等材料对气体的渗透率很小,实际上可忽略不计,可以充当真空系统的构造材料。一般的硬玻璃对大多数气体(氦、氢除外)渗透系数也较小,也可充当真空系统或真空器件的材料。橡胶、塑料等有机材料对气体的渗透系数很大,所有气体均能渗透,这类材料不能充当器壁材料。有些材料对气体的渗透具有一定的选择性,仅对某种气体或某些气体渗透系数特别大,如钯(Pd)特别容易透过氢,银特别容易透过氧等,可以利用这些性质进行气体提纯以及真空检漏等。

气体的扩散伴随着气体的溶解和渗透发生,它遵循菲克的扩散定律,温度越高,扩散越快。

6.1.4 真空技术

1. 真空环境

真空是指气体压力低于地面上人类环境气压的状态,我们把真空状态下气体的稀薄程度称为真空度,通常用压力值来表示,我国的法定计量单位制度规定的压力单位为帕(Pa)。在真空状态中,真空度越高,气体状态就越稀薄。真空技术中使用的压力范围很宽,从 10^{-11} Pa 到 10^5 Pa,目前划分真空区域的方法有很多,GB/T 3163—1993 中将真空分为 4 个区域,见表 6-5。

表 6-5 真空区域分类 I

真空程度	低真空	中真空	高真空	超高真空
压力/Pa	$10^2 \sim 10^5$	$10^{-1} \sim 10^2$	$10^{-5} \sim 10^{-1}$	$<10^{-5}$

随着真空技术的发展,很多领域将真空技术分为 5 个区域,见表 6-6。

表 6-6 真空区域分类 II

真空程度	低真空	中真空	高真空	超高真空	极高真空
压力/Pa	$10^2 \sim 10^5$	$10^{-1} \sim 10^2$	$10^{-5} \sim 10^{-1}$	$10^{-9} \sim 10^{-5}$	$<10^{-9}$

与常压下气体状态相比,真空环境中分子密度低,平均自由程大,压力较小。当气体处于高真空时,空间的气体分子数大大减少,气体流动状态是分子流,形成单分子层的时间长,容易产生清洁的固体表面。如果气体各部分温度不同,还会出现热流逸、热辐射等现象。在真空环境中光和电磁波的传播受影响较小,其传播性能优于在大气中。

在工程应用中通常采用真空泵获得、改善和维持真空环境,利用真空泵系统能把一个容器抽至 10^{-11} Pa 以下的真空度,但至今尚未有一种真空泵能直接从大气抽至高真空或超高真空,所以抽至高真空时真空泵需要组合使用。按气体传输原理真空泵可以分为机械泵、喷射真空泵、扩散泵、分子泵等,常用的真空泵有旋片真空泵、罗茨真空泵和涡轮分子泵,其中旋片真空泵和罗茨真空泵属于机械泵,工作压力分别为 $10^{-2} \sim 10^5$ Pa 和 $10^{-2} \sim 10^3$ Pa,涡轮分子泵属于分子泵,工作压力为 $10^{-8} \sim 5 \times 10^{-1}$ Pa。

2. 真空度测量

真空计是测量真空度的设备,根据其工作原理分为绝对真空计和相对真空计。绝对真空计用于直接测量压力高低,如 U 形真空计、压缩式真空计;相对真空计不能直接测量压力的数值,只能测量与压力有关的物理量,再与绝对真空计相比较进行标定,如热传导真空计、电离真空计等。在检漏技术中应用最多的是热传导真空计、热阴极电离真空计和潘宁真空计。

热传导真空计是低真空计,它通过测量保持在不同温度的两固定元件表面间热能的传递来测量压力。当压力 p 降低时,气体热传导散失的热量 Q 也随之减少,当热丝加热电流恒定时,热丝温度 T 上升,热丝的电阻 R 就增大,通过测量热丝电阻值 R 的大小间接地确定压力 $p^{[5]}$。热传导真空计能连续测量,并能远距离读数,即使突然遇到大气,也不易烧坏,测量范围为 0.1~100Pa,但是这种真空计受外界温度影响较大,所以规管必须安装于不易受辐射热或对流热的地方,此外,这种真空计老化较严重,必须经常校准。

热阴极电离真空计是中真空计,它通过待测气体在控制条件下电离所产生的离子流来测定压力。在低压力的气体中,具有足够能量的电子与气体分子碰撞时,能引起气体分子电离(可采用加速电子轰击或放射性物质放出的一定能量的粒子轰击),产生正离子与电子。电子在一定的运行路程中与气体分子的碰撞次数正比于气体分子的密度,其产生的正离子数也正比于气体压力,故测出离子流,就可得知气体的压力。这种真空计反应迅速,对机械振动不敏感,可连续读数,能够测量很低的压力,但是当压力高于 0.1Pa 时,钨灯丝很容易烧毁,故需要设置专用的保护线路。

潘宁真空计是高真空计,又称冷阴极磁控放电真空计,它利用磁场和电场中的冷阴极放电现象来测量压力。潘宁真空计灵敏度高,没有热阴极,不怕突然暴露大气,使用寿命长,受化学性活泼气体影响小,但是其精度差,不稳定,严重的电清除作用会导致其较大的测量误差。

3. 放气对真空系统的影响

气体从材料中自然解吸的现象称为放气,真空中放气的主要来源有熔炼和铸造过程中熔于材料的空气;材料在大气环境中存放时表面吸附的气体;材料表面污染物、材料本身非致密性引起的气体渗透等。这种放气在检漏时会造成漏气的假象,称为虚漏。对一般真空设备来说,材料放气是真空系统最主要的气源,对真空系统的主要影响如下。

(1)影响真空室的极限压力和工作压力。

(2)有些放气会污染系统,如污染质谱检漏仪的质谱分析室。

(3)在真空机组停止抽气后,造成真空室压力升高。

(4)影响真空泵的性能和寿命。

为使真空系统在较短的抽气时间内达到工作压力,应尽可能减少放气的影响,所以一般选用放气速率低的材料制作零部件,如不锈钢、铝、玻璃等;检漏之前,应对被检工件表面进行处理,如抛光、清洗等,减少材料放气面积和清除污染物;抽真空之前尽量缩短系统暴露大气的时间;真空系统停止运转时,注意关闭阀门,保持其真空状态。

6.2 泄漏检测方法的分类及选择

6.2.1 泄漏检测方法的分类

泄漏检测技术已广泛应用于船舶、航空、航天、核、电子等国防工业及石油、化工、汽车、食品等行业,为保证产品质量、保障生产安全、提高企业经济效益发挥着重要的作用。随着计算机、电子、传感技术的飞速发展,泄漏检测技术的发展将迎来新的发展契机,未来密封性检测技术将向高精度、高效率、智能化的方向进一步发展。泄漏检测的方法有很多,按照泄漏检测时被检件内部所处的状态将检漏方法分为加压检漏法和真空检漏法两类,如图6-4所示。

图6-4 泄漏检测的分类

加压检漏法是将被检件内部充以高于外部压力的示漏气体,当被检件存在漏孔时,示漏气体通过漏孔漏出,采用适当的方法从外面判断有无示漏气体漏出,从而实现对漏孔的定位、定量。真空检漏法是将被检工件内部抽成真空,将示漏气体施于被检件外部,当被检件有漏孔存在时,示漏气体通过漏孔进入被检件内部,利用适当的方法将漏进的示漏气体检测出来,从而判断漏孔的位置和大小。图6-4中列出了加压检漏法和真空检漏法常见的几种方法,但有些方法纵横交错,很难严格加以分类,如荧光法、背压法等。

在实际生产中,被检工件的形式多样,其用途不同,密封性设计要求往往也有较大的差异,泄漏检测时通常根据被检件的形式结构和密封性要求选择合适的检漏方法。目前常用的检漏方法主要有气泡检漏、压力变化检漏、卤素检漏、氦质谱检漏、渗透和化学示踪物检漏等。

1. 气泡检漏

当漏孔两侧存在压力差时,示漏气体通过漏孔从高压侧向低压侧流动,如果在低压侧有显示液体(如水、氟油、无水乙醇、气泡液等),低压侧漏孔处将有可能产生一个个气泡,从而显示漏率的大小及漏孔的位置。气泡检漏设备和操作相对简单,所以在粗检漏中气泡检漏应用相对较广。气泡检漏需要有一个压差环境,常用的产生压差的方法有3种:充气法、热槽法和抽真空法。

1)充气法

直接对被检容器内部充入干燥而清洁的高压气体来产生压差,常用的气体为空气和氮气。在被检容器内部充入高于一个大气压的气体后,将该容器浸入液体中进行检漏,此时液面处的压力是一个大气压,与被检容器内的高压气体形成压力差。

2)热槽法

在大气压下将示漏气体封入被检工件内腔中,或者在高压下利用轰击法将示漏气体或低沸点液体压入密闭的被检件内腔,然后将被检工件浸入装有预先加热好的高沸点显示液的热槽中。被检工件中原有气体或低沸点液体汽化出的气体受热后压力上升,使工件内外产生压差。要注意,显示液不能因温度过高而出现强烈蒸发或沸腾现象,以免干扰观察气泡。

3)抽真空法

在大气压下将示漏气体封入被检工件内腔中,或者在高压下利用轰击法将示漏气体或液体压入密闭的被检件内腔,然后将被检工件浸入装有显示液的容器内,将显示液上方抽成真空,从而使工件内外产生压差。注意,抽真空时不可使真空度太高,以免显示液沸腾,影响观察气泡。

气泡检漏中常采用打气法和抽真空法提供压差,热槽法多应用于微型密闭电子器件的检漏中,气泡检漏方法有浸泡法、刷涂液体法、真空罩盒法等,测量漏率的方法有排液集气法、数泡法。在实际生产中气泡检漏的应用也较多,如阀门内外泄漏的气泡法检漏、飞机油箱的气泡检漏、浮筒的热槽法检漏等。

2. 压力变化检漏

压力变化检漏广泛地应用在航空、航天、仪器、仪表、兵器等行业,是行之有效且简单实用的检漏方法之一。按照被检工件的压力变化形式,压力变化检漏分为静态压升法和压降法两种。

静态压升检漏法是一种常用的判断真空容器是否有漏,并能测出其总漏率的一种方法,它是将被检容器抽真空到一定压力后,关闭阀门将被检容器与泵隔开,通过测定时间间隔 Δt 内压力变化值 Δp 来计算容器的总漏率。实际上真空容器与泵隔开后,容器中的压力上升除了由漏气引起,还可能因容器材料的放气所致。因此,在检测过程中必须区别漏气和放气。如果用真空计每隔一定时间测量一次容器的压力,就可绘出压力随时间变化的曲线,如图 6-5 所示。

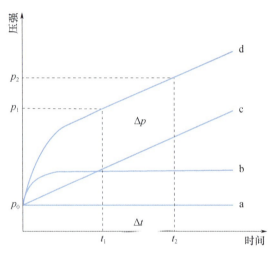

图 6-5 压强-时间($p-t$)曲线

直线 a:是一条平行于时间坐标的直线,压力不变,说明被检容器密封性良好,漏气很小,放气也很小。

曲线 b:表示容器中的压力上升速度开始较快,然后逐渐减慢,最后趋于平衡,说明容器放气较大,漏气很小。

斜线 c:是一条斜率为($\Delta p/\Delta t$)的斜线,说明漏气是主要因素。

曲线 d:开始压力上升较快,然后变缓,变成斜率为($\Delta p/\Delta t$)的一条斜线,说明容器漏气和放气都较大,曲线是由漏气和放气共同形成的,斜线部分是由漏气决定的。

如果出现斜线 c 和曲线 d 的情况,都说明容器有漏。利用直线部分的斜率,便可以计算出容器的总漏率。这种方法的检漏灵敏度除了与容器本底压力、真空计的灵敏度有关,还与测量时间、容器的容积大小有关。本底压力低、检测时间长、容积小,检漏灵敏度就高。

静态压降检漏法用于测量压力容器的总漏率,通常将被检容器充气到一定压力,隔断气源,通过观察容器内压力随时间的下降情况来测量总漏率。与静态压升法一样,这种方法的检漏灵敏度与被检容器的容积、测量时间以及压力计的最小可检压力有关。

3. 卤素检漏

利用卤素气体(卤素、氟氯烷类、氢氟卤烃、六氟化硫气体等)在高温时会分解产生正离子的性质进行检漏,当有泄漏发生时,正离子量会急剧增加,从而仪器发生响应并显示,也就是所谓的"卤素效应"。卤素检漏响应速度快,灵敏度高,但是在检漏完成后示漏气体会进入大气,在紫外线的作用下破坏臭氧层,对环境造成极大影响,所以该检漏方法已逐渐被淘汰。

4. 氦质谱检漏

氦质谱检漏是以氦气为示漏气体,利用氦质谱仪测量氦分压,实现被检工件泄漏量的测量。质谱室将不同质量的气体变成离子后,在场中彼此分开,同质量的离子在场中聚集在一起,质谱室内的挡板仅能使氦离子通过,并被接收极接收形成离子流,由测量仪器指示出来,而其他离子则被该挡板挡掉,使其到达不了收集极上。检漏时,氦气通过漏孔进入检漏系统,氦质谱仪中的指示仪表立即反应,从而达到检漏的目的。检测原理图如图6-6所示。

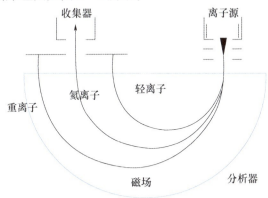

图6-6 检测原理图

氦质谱检漏的示漏气体为氦气,与其他气体相比氦气有诸多优点,如氦气的相对分子小,易于穿过漏孔,灵敏度高;空气中含量少,检测时本底噪声小;氦气是惰性气体,不影响被检工件的真空卫生且使用安全;氦离子质量在氢和双原子碳之间,且与两者相差较大,调氦峰时,不易受其他离子的干扰等,这些优点致使氦质谱检漏在密封性检测中广泛应用,且检测灵敏度高。

氦质谱检漏的方法有很多种,根据检漏原理和检漏方式分为喷氦法、氦罩法、吸枪法、真空室法、检漏盒法、真空室累积法、吸枪累积法、背压法等。

1) 喷氦法

喷氦法是最简单、最常用的检漏方法,属于真空检漏法的一种,检漏示意图如图6-7所示。通过氦检漏仪对被检容器抽气,氦检漏仪处于检漏工作状态,用喷枪对可疑泄漏部位喷吹氦气,如果有漏孔存在,氦气通过漏孔迅速进入氦检漏仪,由输出仪表指示出来,从而确定漏孔的漏率。当被检工件存在大漏时,单用氦检漏仪抽被检容器,真空度抽不上去,需配备辅助泵、次级泵协助进行抽气,以维持氦检漏仪的正常工作压力。

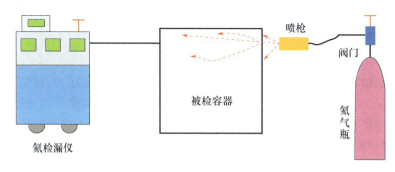

图6-7 喷氦法检漏示意图

喷氦法的最大优点是可以对泄漏位置准确定位,其检测灵敏度与喷氦时间有关,时间越长,有效灵敏度越高,但是检测效率大大降低,在保证检测灵敏度的同时,提高检漏效率,采用喷氦时间为反应时间的3倍。此外,喷出的氦气立即向周围环境扩散,喷出的氦气过多时,会增大环境中的氦气浓度,影响氦检漏的本底值,并且使有效检测灵敏度降低。

2) 氦罩法

氦罩法是真空检漏法的一种,它在增加氦气浓度和提高氦分压的同时,延长了施氦时间,不但提高了检漏灵敏度,还提高了检漏速度,氦罩法检漏系统示意图如图6-8所示。检漏时,用一个氦气罩(有一定弹性和韧性且能承受一定压力的工装)把被检工件的可疑部位包覆起来,然后把氦罩内空气排出,充入一定压力的氦气。此时,氦检漏仪输出指示如有增大,便表示被氦罩罩住的部位存在漏孔,仪器指示的漏率即为被氦气所罩住的全部区域的总漏率。

这种方法的检漏灵敏度高,有效最小可检漏率基本上等于仪器的最小可检漏率,但是氦罩法只能测出所罩部位的总漏率,不能确定漏孔位置。因此,检漏时通常先用氦罩法确定总漏率,如果总漏率超出允许范围,再用局部氦罩法或喷氦法查找漏孔的确切位置。对于大批量的小零件,也可制作专用耐高压的氦罩,增大充氦

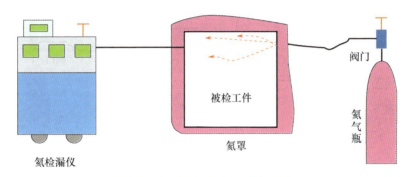

图 6-8　氦罩法检漏系统示意图

气的压力,以提高检漏灵敏度。

3)吸枪法

吸枪法是压力检漏法的一种,它是将被检容器内部充入高于大气压力的氦气,用与氦检漏仪质谱室相连的吸枪(限流的针阀、膜孔或毛细管)在容器外面进行扫查,如图 6-9 所示。当被检容器壁上存在漏孔时,氦气通过漏孔向外逸出,吸枪扫查到正对漏孔位置时,氦气随同周围空气一起被吸枪吸入到质谱室中而产生漏气指示,达到检漏目的。

吸枪法能够对发生泄漏的位置进行定位,但检测灵敏度较低,最小可检出漏率为 $10^{-7}\mathrm{Pa}\cdot\mathrm{m}^3/\mathrm{s}$ 量级,一般比仪器最小可漏率低 3 个数量级。

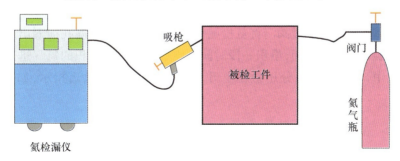

图 6-9　吸枪法检漏示意图

4)真空室法

真空室法也是真空检漏法的一种,检漏示意图如图 6-10 所示。将被检工件放入真空室中,真空室与氦质谱检漏仪相连。将氦检漏仪调至工作状态,然后在被检工件中充入氦气(为提高氦气浓度,可将被检工件抽空后再充氦气),若氦检漏仪输出指示数增大,证明被检工件有泄漏发生,根据氦检漏仪示数确定被检工件的总漏率。采用真空室法时,可以通过增加被检工件中的氦气压力来提高有效最小可检漏率。

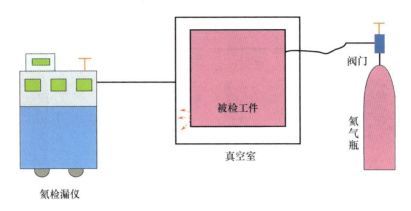

图 6-10　真空室法检漏示意图

5）检漏盒法

检漏盒法是真空检漏法的一种,检漏示意图如图 6-11 所示。检漏时,将制作的检漏盒与氦检漏仪相连,检漏盒扣在被检工件的可疑位置,用密封胶或真空泥密封,启动氦检漏仪,当仪器达到工作压力后,对被检漏盒扣住的表面的反面施加氦气,若氦检漏仪输出指示增大,则检漏盒扣住的部位存在漏孔,漏孔漏率的大小可通过氦检漏仪示数判断。该种检漏方法适用于被检工件本身不能构成密闭容器时的检漏情况,常用于焊缝质量的检查。

6）真空室累积法

真空室累积法是通过阀门将氦检漏仪与被检容器隔开,漏孔泄漏出的氦气储存在被检容器与阀门之间,累积一段时间后,打开累积阀,累积的氦气迅速被抽入氦检漏仪中,真空室的氦分压急剧上升,从而得到较大的输出指示,如图 6-12 所示。

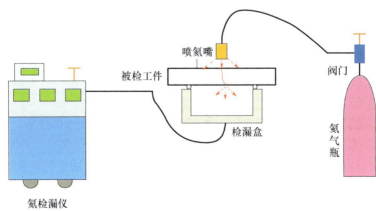

图 6-11　检漏盒法检漏示意图

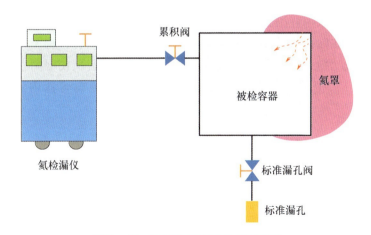

图6-12 真空室累积法检漏示意图

当体积较小的压力容器检漏时,可将该压力容器置于与氦检漏仪相连的真空室内,压力容器内部充入氦气,通过测量真空室内氦气的泄漏量确定被检容器有无泄漏发生。

7) 吸枪累积法

吸枪累积法是用塑料或金属罩等集气容器把被检工件整体或局部包起来,集气容器内为一个大气压的空气,被检工件内充入一定压力的氦气,若被检工件或所罩部位有漏孔存在,氦气便通过漏孔进入集气容器并被收集起来,经过一段时间后,将吸枪插入集气容器内检测泄漏的氦气量,检漏示意图如图6-13所示。

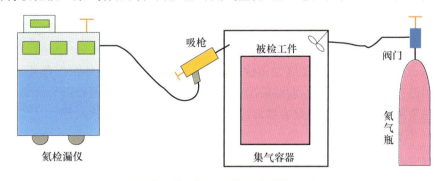

图6-13 吸枪累积法检漏示意图

吸枪累积法检测灵敏度较高,但是只能检测被检工件总体或所罩部位的总漏率,不能对漏孔位置定位。如果被检容器体积较大,检漏时可采取适当措施提高检漏效率,如采用风扇搅拌将集气容器内气体混合均匀。

8) 背压法

小型密闭容器处于密闭状态,对其内腔无法充气也无法抽气,其密封性检测一般采用背压法。采用背压法时,先将被检工件置于高压的氦室中数小时或数天,如果被检工件存在漏孔,氦气便通过漏孔压入被检工件内部;将被检工件取出后用高压氮气或空气吹扫工件表面,或将被检工件加热到一定温度,使吸附在容器表面的气体脱附;最后,把被检工件放入与氦检漏仪相连的检漏容器内进行检漏,如图6-14所示。

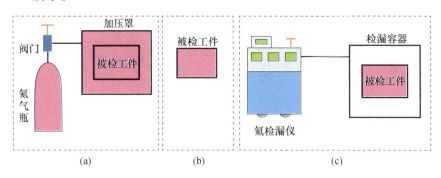

图6-14 背压法检漏示意图
(a)加氦压;(b)净化;(c)检漏。

在检漏过程中氦检漏仪指示出来的漏率为测量漏率,并非漏孔的实际漏率,因为测量漏率与漏孔实际大小和检漏时选取的各种检漏参数有关,测量漏率和实际漏率有一定的对应关系。

5. 渗透和化学示踪物检漏

渗透和化学示踪物检漏原理基本一致,都是将示踪物涂覆在被检工件的一侧表面,毛细作用会使其进入缺陷内部,在被检工件的另一侧表面利用显色剂显示,从而达到检漏的目的。该检测方法操作简单,缺陷定位准确、直观,但是存在灵敏度不高、有毒、有污染和可能腐蚀被检工件等缺点,所以根据具体情况选用。生产中应用渗透和化学示踪物检漏的情况也很多,如航天发动机喷管喉部环焊缝、飞机正油箱检漏、航空航天用薄壁容器焊缝的粗检漏及电子元器件检漏等。

6. 其他检漏方法

除了上述检漏方法以外,还有高频火花检漏法、真空规法、离子泵检漏法、声波检漏法、红外线热成像检漏法等,这些检漏方法在实际生产中应用比例相对较少,往往只适用于特定的产品或者行业中。例如,高频火花检漏常用于对玻璃真空系统做低真空估计($10^{-1} \sim 10^4$ Pa)及检漏;真空规法用于真空系统的调试、运行或在役检漏;离子泵检漏法需在较低的本底压力下检漏,常用于无油真空系统检漏;声波检漏法最小可检漏率相对较小,干扰因素较多,只能对漏孔、漏率做初步测定,可用于大型容器的检漏[6];红外线热成像检漏法一般用于埋在地下的管道检漏,如水管、蒸汽管、石油管道、天然气管道检漏等。

6.2.2 船用钛合金泄漏检测的特点

钛合金材料在轻量化和耐腐蚀性方面优于铁、铜和铝等材料,船舶材料钛合金化是一种发展趋势,目前船体材料和设备采用钛合金材料制作的比例逐渐增大,其中的承压设备或承压结构有一定的密封性要求,泄漏检测贯穿于其整个制造过程中。泄漏检测的主要任务是迅速判断泄漏是否是主要矛盾,如果有泄漏发生,则选择合适的检漏方法找出漏孔的确切位置,因此泄漏检测是船用钛合金产品制造过程中质量保证的重要一环。船用钛合金泄漏检测主要有以下特点。

(1) 船用钛合金产品种类多,泄漏检测方法适用性强。随着船舶行业的发展,船舶应用领域逐渐增多,很多船体材料、结构件和设备都需要承受压力,它们承受的压力大小不等,在设计时的密封性要求也有较大差异,它们在制造和运行中都需要进行密封性检测。泄漏检测的方法有很多种,如气泡检漏、压力变化检漏、卤素检漏、氦质谱检漏、渗透和化学示踪物检漏等,对漏孔的检出能力从大到小都能覆盖,所以,泄漏检测在船用钛合金检漏中有较高的适用性。

(2) 漏率要求覆盖范围大。船舶用途不同,各个部件或设备的承压要求有较大差异,检漏时其漏率要求覆盖范围大。虽然不同的泄漏检测方法在适用范围和检测灵敏度上有一定的局限性,但是对于漏率大于 10^{-13} Pa·m³/s 数量级的漏孔均能选择合适的泄漏检测方法,所以,泄漏检测的这些方法能满足船用钛合金产品的检漏需求。

(3) 产品结构形式复杂,泄漏检测要求高。钛合金材料成本较高,多应用于船舶的重要部位和设备中,这些部位和设备通常形式多样,结构复杂,泄漏检测时形成密封空间难度大,所以对检漏工装形状和加工精度要求高。

(4) 产品工况条件好,便于实施检漏。钛合金产品耐腐蚀性强,表面光洁度高,检漏过程中便于实施密封,检漏时若有泄漏发生,易于识别。检漏完成后,易清理且不对工件表面造成污染和损害。

(5) 使用阶段实施检漏难度大。船舶内部结构紧凑,空间狭小,工件和设备安装后不易拆除,在使用过程中现场实施检漏难度大,这就要求制造过程中有更高的质量保证,所以,在船用钛合金产品制造过程中对泄漏检测往往会提出较高的要求。

6.2.3 泄漏检测方法的选择

泄漏检测方法种类繁多,各自的特点和适用范围也有所不同,检漏时,要综合考虑被检工件结构、材料、承受压力、现有人员、设备、示漏气体,以及所要求的灵敏度等,选择合适的检漏方法。检漏时所选的方法要既能满足检漏要求,又要方便经济,作为理想的检漏方法应满足以下条件。

(1) 检测灵敏度高,一般来说灵敏度高的仪器能够达到较高的检漏精度,选择的检漏方法的检测灵敏度应比技术要求的检测灵敏度高 5~10 倍。

(2) 反应时间短,所选的检漏方法应能满足检漏速度要求。

(3) 选择的检漏方法既能满足对漏孔进行定量和定位的功能要求,又要便于实施。

(4) 稳定性好,在足够长的时间内检漏稳定可靠。

(5) 检漏时不破坏被检工件原来结构,不污染被检工件。

(6) 示漏物质在空气中含量低,无腐蚀作用,对人体无伤害,不堵塞漏孔。

(7) 检漏仪器操作简单。

(8) 检漏范围广,无论漏孔大小都能够进行检测。

(9) 所选的检漏方法成本低,满足经济效益要求。一般来说灵敏度越高,检测设备的费用也越高,因此,并不是检漏灵敏度越高越好,而是在满足检漏灵敏度的前提下,尽量选择成本低的检漏方法。

总之,选用的检漏方法既能满足检漏要求,又要操作安全、方便,节约成本。

船用钛合金产品泄漏检测时要针对材料特点、产品特性和检漏要求选择合适的检测方法,选择检漏方法时,一般要求检测灵敏度高,操作简单,能够对漏孔进行定位和定量,检漏方法稳定可靠。船用钛合金产品泄漏检测采用的检漏方法见表 6-7。

表 6-7 船用钛合金产品采用的检漏方法及特点

方法		灵敏度	应用频率	应用特点
气泡检漏		低	低	适用于板材、焊缝,用于定位
压力变化检漏		较低	较低	适用于小型密闭容器,用于测定总漏率
氦质谱检漏	吸枪法	较高	高	适用于粗检,用于定性、定位
	喷氦法	高	高	适用于容器类产品,用于定性、定位
	氦罩法	高	高	适用于容器类产品,用于测定总漏率
	真空室法	高	较高	适用于漏率要求高的容器类产品,用于测定总漏率
	吸枪累积法	高	高	适用于漏率要求不高的容器类产品,用于测定总漏率
	真空室累积法	高	较高	适用于漏率要求高的容器类产品,用于测定总漏率
	背压法	较高	低	适用于密闭容器,用于测定总漏率
	检漏盒法	中	中	适用于板材、焊缝,用于测定总漏率
渗透和化学示踪物检漏		较低	较高	适用于漏率要求低的产品,用于粗检

6.3 泄漏检测设备与器材

6.3.1 氦质谱检漏设备与器材

1. 氦质谱检漏仪

氦质谱检漏仪简称氦检漏仪,是氦质谱检漏的关键设备,市场上种类很多,但结构基本一致,主要由质谱室、真空系统和电气部分组成。不同氦检漏仪的质谱室结构有所不同,但都是由离子源、分析器和收集器三部分组成的,三者都在质谱室高真空环境中工作。

离子源的作用是使气体电离,形成一束具有一定能量的离子,在加速电场作用下具有一定的初速度,各种气体的离子均受同一电场的加速,当它们的电荷量相等时,它们的能量相等,但由于质荷比不同,其运动速度也不同。

分析器的作用是使不同质荷比的离子按不同轨迹运动,从而将它们彼此分开。离子束射入与它垂直的均匀磁场中,在磁场的作用下,不同质荷比的离子将以不同的半径偏转而将彼此分开,质荷比小的半径小,质荷比大的半径大。在偏转到180°处,分析器出口电极将其他离子挡住,仅仅使示漏气体氦的离子轨道对准出口电极上的缝隙,使氦离子穿过到达收集极,完成"质谱"的目的[7]。

收集极的作用是收集穿过出口电极缝隙的氦离子并通过一个电阻输入到小电流放大器进行放大和测量,从而完成氦质谱检漏。

真空系统为质谱室提供所需要的真空工作条件,一般包括主泵、前级泵、预抽泵、冷阱、检漏阀、真空规等。

电气部分除了包括主机供电部件和主机控制部件外,还包括离子源电源、发射电流稳定电路、报警器、真空测量电路、灯丝保护电路及其他电路等。

氦质谱检漏仪的型号很多,选择氦质谱检漏仪时,一般综合考虑其功能、灵敏度、被检工件情况及检漏仪的价格等。

2. 标准漏孔

标准漏孔是人为制造的一种具有恒定漏率的装置,在规定条件(入口压力为100kPa(±5%),出口压力低于1kPa,温度为23℃±7℃)下对于干燥空气(露点温度低于-25℃)漏率是已知的,检漏时作为测量漏率大小的"尺子"。标准漏孔一般由漏孔元件、漏孔阀、充气阀和连接件构成,如图6-15所示。根据漏气元件的"漏气"机理,标准漏孔可以分为渗透型标准漏孔和通道型标准漏孔,实物图如图6-16所示。

图 6-15 标准漏孔结构图

(a) (b)

图 6-16 标准漏孔实物图

(a)渗透型标准漏孔;(b)通道型标准漏孔。

1)渗透型标准漏孔

渗透型标准漏孔是利用某些物质对某种气体有高的渗透性这一特性制作的,它的漏孔元件由玻璃、塑料、合成橡胶、金属等材料制成,一般只能允许一种或几种气体通过。实际生产中应用最多的是渗氦型标准漏孔,漏孔元件一般采用对氦气有较高渗透能力的石英或玻璃管制成,它有一个封闭的或再充式的气室,只能让氦气通过。

温度对渗透型标准漏孔的渗透速率影响很大,一般渗透漏孔的漏率与温度成指数关系,使用时,必须对温度的影响进行修正,一般采用线性近似修正法[8],即

$$Q = Q_{cal}[1 + \alpha(T - T_{cal})] \tag{6-20}$$

式中:Q 为使用温度 T 时的漏率;Q_{cal} 为校准温度 T_{cal} 时的漏率;α 为线性温度系数(%/K 或%/℃)。

在一定温度下,渗透漏孔的渗透率与浓度差成正比,封闭式气室型漏孔的渗透率不随温度变化,而是压力差随温度变化。渗透型标准漏孔对污染不敏感,长时间内漏率稳定,漏率可以做得很小。渗透型漏孔在保存时要将阀门打开,因为阀门关闭保存时,会发生气体累积,进而达到渗透饱和,要想恢复到以前的稳定漏率可能

需要较长时间。

2）通道型标准漏孔

通道型标准漏孔又称物理标准漏孔,它的漏孔元件是物理节流的漏气通道,如金属毛细管、拉伸的玻璃毛细管、金属压扁管、粉末烧结等。通道型标准漏孔能通过所有气体,所以为了得到所要求气体的漏率,气室中必须使用纯气体。常用的通道型标准漏孔有玻璃毛细管型标准漏孔、压扁金属毛细管型标准漏孔、玻璃－铂丝型标准漏孔、烧结型标准漏孔、孔板型标准漏孔等。

温度对通道型漏孔的影响比对渗透型漏孔的影响小得多,但是仍能引起漏孔元件的尺寸、气室压力和气体黏度的变化,从而影响漏率,所以,仍然建议通过校准试验来确定温度的影响。温度变化引起的漏孔尺寸变化是不可逆的,因此,漏孔需要定期重新校准。

带有气室的通道型漏孔,为避免不需要的气体通过漏孔元件大量"反扩散"到气室中,保存时需将阀门关闭,与渗透型标准漏孔不同,通道型标准漏孔在阀门打开后能很快建立稳态漏率。通道型标准漏孔,特别是节流截面很小的漏孔,暴露在微粒、油、水及其他污染物中会引起堵塞,所以通道型漏孔上通常会安装漏孔阀。

3. 氦气

氦气在氦质谱检漏中作为示漏气体,它是一种无色无味的惰性气体,相对分子质量为4.003,在标准状态下密度为$0.1769kg/m^3$,1L液体气化为标准状态下的气体体积为700L。国家规定的瓶装氦气分为工业用氦、纯氦、高纯氦。

(1) 工业用氦:氦含量≥99%,露点温度≤43℃;

(2) 纯氦:优等品氦含量≥99.995%,一等品氦含量≥99.993%,合格品氦含量≥99.99%;

(3) 高纯氦:优等品氦含量≥99.9996%。一等品氦含量≥99.9993%,合格品氦含量≥99.999%;

作为示漏气体用的氦气的纯度要求不高,一般选用工业用氦即可。

4. 真空泥

真空泥为石油末端产品,是一种黑色泥状均匀物质,在氦检漏系统中用来进行临时性封堵和连接。真空泥暴露在空气中不易干燥,塑性变形能力强,能很好地与固体材料表面黏合而起到密封作用,所以在氦检漏中应用广泛。

5. 工装

氦质谱检漏的检测灵敏度高,它对各个连接部件有较高的精度要求,常用的连接部件有真空阀、卡箍、ISO－KF系列快速接头、充气装置、密封装置等。实际生产中被检工件形状各异,检漏时采用的工装也不同,往往根据被检工件的具体情况进行定制加工。

6.3.2 其他泄漏检测设备与器材

1. 气泡检漏

气泡检漏需要的设备与器材相对较简单,主要包括加压设备、抽真空设备、检漏工艺装备、清洗烘干设备、观察设备和检漏材料等。

一般采用空气压缩机对被检工件充气、加压,安全起见加压设备一般配有安全活门或超压报警器,充气压力一般为压力表最大量程值的 2/3 为最佳。打压时一般采用压缩空气作为气源,没有压缩空气也可采用氮气或氦气。

气泡检漏通常在低真空条件实施,所需要的抽真空设备并不复杂,真空泵可选用一般的旋片真空泵,真空阀门可选低真空隔膜阀,真空度的测量可使用最普通的指针式真空表,管路采用金属软管或真空橡胶软管均可。

被检工件检漏之前应进行清洗烘干,疏通被堵塞的漏孔,必要时烘干加抽真空,疏通漏孔的效果会更好。

常用的试验液体有水、无水乙醇、氟油、气泡液等,使用自来水作为试验液体时,应对水进行处理:①对水进行过滤;②水中加入缓蚀剂,减少水中有害物质对被检工件的腐蚀;③对水使用加湿剂处理,减少表面张力,促进气泡的形成。

2. 压力变化检漏

压力变化检漏仪分为两类,一类称为压力测量检漏仪,它通过测量被检工件在一定时间内的压力变化,再根据被检工件体积换算出总漏率,这种检漏仪分为直压式气密检漏仪和差压式气密检漏仪;另一类称为流量测量检漏仪,它能够不断给被检工件补充气体,使之维持在规定的压力状态下不变,通过测量补充气体的流量可以获得被检工件的总漏率。

直压式气密检漏仪直接测量被检工件内腔的压力变化而得到总漏率,被检工件总漏率 Q 等于单位时间内压力变化值与体积的乘积($Q = pV/t$)。直压式气密检漏仪的结构简单,使用灵活方便,检测低压时精度高,成本低。但随着检测压力的上升和被检工件体积的增大而精度降低,同时外界温度对检测结果的影响也较大,所以它比较适用于允许漏率大、体积小、检测时间短的被检工件。

差压式气密检漏仪通过测量被检工件与参照标准物内腔的压力差而得到总漏率,由于它采用对比压力差的检测方式,因此检测精度与被检工件检测压力无关,与直压式气密检漏仪相比,它能够获得更高的检测精度,同时可以克服环境温度和其他因素的干扰。差压式气密检漏仪的结构与直压式气密检漏仪相比较复杂,操作烦琐一些,价格也相对较贵。随着科技的进步已研制出不需要参照标准物的差压式气密检漏仪,通过计算机的识别功能代替原来的标准参照物,简化操作的同时有良好的检测效果,这种检漏仪适用于漏率要求较低、体积较大的被检工件。

流量测量检漏仪能直接测量补充到被检工件内腔的气体流量,也就是被检工件在单位时间内漏掉的气体量,即被检工件的总漏率。这种方法不需要测量被检工件体积的大小,但是与压力的大小密切相关,当被检工件内腔的压力变化值达到压力传感器能感受到的程度,才能使检漏仪打开充气阀门向被检工件充气,从而测量出流量的大小,因此这种检漏仪的最小可检漏率较大。

3. 卤素检漏

卤素检漏仪可分为"外-内"式和"内-外"式两种,"外-内"式的典型应用为喷枪式检漏,灵敏度可达 $2 \times 10^{-7} Pa \cdot m^3/s$,一般用于大型容器和复杂系统的检漏;"内-外"式的典型应用为吸枪式检漏,灵敏度可达 $3.2 \times 10^{-9} Pa \cdot m^3/s$。两者虽然检测方法不同,但是采用的卤素检漏仪相同,都由传感器、测量线路、气路三部分组成。

卤素检漏仪在使用过程中要进行校准,常用的标准漏孔为毛细管漏孔,也称孔状漏孔,如 GE 公司生产的 Type LS20B 型标准漏孔和国内常用白金丝-玻璃封结型标准漏孔。卤素检漏仪配置的浓度液为 10^{-5} 的 R_{12} 浓度液[9]。

4. 渗透和化学示踪物检漏

渗透和化学示踪物检漏常用检漏设备器材主要有黑光灯、加压箱、喷涂设备、清洗设备、光学观察仪器等。黑光灯通常由高压水银蒸气弧光灯、紫外线滤光片(或称黑光滤光片)和镇流器组成,高压水银蒸气弧光灯是应用最广泛的黑光光源。

渗透剂、清洗剂和显色剂是渗透和化学示踪物的主要材料,渗透剂类型较多,除荧光渗透剂和着色渗透剂之外,还包括煤油、水等其他液体;常见的清洗剂有水、煤油、酒精、丙酮、三氯乙烯等;显像剂分为干粉显像剂、水悬浮型湿显像剂、水溶型湿显像剂和溶剂悬浮型湿显像剂。

6.3.3 检漏系统调试

为保证检漏结果的准确性和可重复性,每种检漏方法使用之前都应对仪器及检漏系统进行校准,氦质谱检漏是实际生产中应用较广泛的一种检漏方法,以氦质谱检漏系统调试为例进行介绍。

1. 灵敏度校准

灵敏度是氦质谱检漏仪最重要的性能指标之一,检测过程中通过校准来监视仪器的工作情况并估算检漏结果。氦质谱检漏的灵敏度一般用最小可检漏率来表示,它是指当仪器处于最佳工作条件下,以 1atm 的纯氦气作为示漏气体进行动态检漏时所能检出的最小的漏孔漏率,用 Q_{min} 表示,它由仪器本身的性能决定。

将一支漏率为 Q_0 的渗氦型标准漏孔与氦检漏仪相接,将检漏仪调至最佳工作状态,关闭标准漏孔,读出仪器输出指示的本底噪声 I_n 及本底 I_0。打开标准漏孔,示数稳定后读出信号值 I,仪器的最小可检漏率 $Q_{\min}$ 可通过下式计算:

$$Q_{\min} = \frac{I_n}{I - I_0} Q_0 \qquad (6-21)$$

本底噪声 I_n 的测试方法是:关闭标准漏孔,3min 后用记录仪记录整机噪声曲线 20min,然后依时间等分为 20 段,求出其近似直线。测定该曲线上相对于近似直线的最大偏差,把 20 个最大偏差的平均值乘 2,作为噪声值 I_n。在测试过程中偶尔出现一次大的脉冲可忽略不计。

实际检漏时采用的检漏系统往往比较复杂,通常采用有效最小可检漏率表示。有效最小可检漏率是指用某种方法检漏时,仪器及选用的检漏系统在具体检漏工作状态下,当纯示漏气体通过被检工件漏孔时,该检漏仪所能检出的最小漏孔漏率,用 Q_{emin} 表示[10]。校准时,将一支漏率为 Q_0 的渗氦型标准漏孔与检漏系统连接,调整检漏系统至最佳工作状态下,关闭标准漏孔,读出检漏仪输出指示的本底噪声 I_n 及本底 I_0。打开标准漏孔,待示数稳定后读出信号值 I,有效最小可检漏率 Q_{emin} 可通过下式计算:

$$Q_{\text{emin}} = \frac{I_n}{I - I_0} Q_0 \qquad (6-22)$$

如果采用通道型标准漏孔校准时,其漏率 Q_0 是在进气端压力为 p 时校准出来的,所以校准时标准漏孔进气端必须施加同样的压力。

2. 反应时间校准

仪器的反应时间也是氦质谱检漏仪的主要性能指标之一,它是指从氦气进入漏孔时起到输出仪表的变动达到其最大值的 63% 时为止所需要的时间,一般要求不大于 3s,它与漏率无关,与质谱室的体积及对氦气的抽速有关。停止喷氦后输出信号降低到最大信号的 37% 时所需要的时间为仪器的清除时间。

在仪器的检漏口处装一支标准漏孔,调整仪器至最佳状态,在未施氦的情况下测出本底值 I_0。再将标准漏孔进气端施以恒定浓度和压力的氦气,记录仪器输出指示的最大值为 $I_{\max}$,那么净反应最大值为 $\Delta I_{\max} = I_{\max} - I_0$。清除标准漏孔进气端的氦气,待仪器输出指示恢复到 I_0 后,重新施以同样浓度和压力的氦气,到仪器输出指示增长到 $63\% \Delta I_{\max}$ 为止所需要的时间即为反应时间。

检漏系统反应时间的校准方法与仪器反应时间的校准方法基本一致,只是校准时检漏系统的工作状态需与实际检漏时保持一致,标准漏孔要接在被检工件上且远离抽气口的位置。

6.4 氦质谱检漏在钛合金产品中的应用

6.4.1 氦质谱检漏的基本程序

1. 检测准备

氦质谱检漏对工件状态、仪器设备、连接部件等都有较高的要求,氦检漏前需充分进行准备工作,条件满足后方可进行氦检漏,准备工作主要包括以下几个方面。

1) 工件状态

检漏前,需按照技术要求对被检工件进行清理,表面应当无油脂、油漆、金属屑以及其他可能妨碍检测的污物,对于流道较小的换热器,清理时应将流道端口进行封堵,以免油脂、金属屑或其他异物进入流道内部,造成堵塞。如果采用液体来清洁工件或在泄漏检测前进行耐压试验,被检换热器在检测前应进行充分干燥。氦检漏应在干燥、易于氦气扩散的环境中实施。

2) 氦检漏仪

氦检漏仪的功能需满足检测要求,适用于各种检漏方法。例如,具备逆流检漏功能,便于使用吸枪法检漏;具备报警功能,当有泄漏发生时能及时报警提醒;检漏灵敏度需满足氦检漏技术要求,国内、外生产的不同类型的氦检漏仪检测灵敏度也不同,标准中要求氦检漏仪的检测灵敏度一般不低于 $1.0\times10^{-10}\mathrm{Pa\cdot m^3/s}$;氦检漏仪需配有辅助泵、次级泵,因为换热器体积大小不一,对大型换热器检漏时无预抽泵,检漏效率会大大降低;选用的氦检漏仪尽可能体积小,便于转运,可以应用于不同的检测场地。

3) 标准漏孔

常用的标准漏孔有渗透型标准漏孔和通道型标准漏孔两种,其中渗透型标准漏孔是经过熔制并已校准的玻璃或石英的渗透型漏孔,只能让氦气通过,它具有 $1.0\times10^{-11}\sim1.0\times10^{-7}\mathrm{Pa\cdot m^3/s}$ 的氦气泄漏率;通道型标准漏孔是经过校准的通道型漏孔,它具有与所要求的检测灵敏度和示踪气体的实际百分比浓度的乘积相等或更小的泄漏率。在实际检漏时,渗透型标准漏孔操作简单,所以选用渗透型标准漏孔的情况居多。使用过程中保持标准漏孔清洁,轻拿轻放,避免有较大的振动,按照标准漏孔相关要求进行使用和存放。

4) 氦气

氦气一般选用纯氦气,氦气纯度不小于99%,露点不大于43℃,如有其他规定,氦气可参照相关标准要求进行选用。氦检漏过程中,注意现场环境通风,加快氦气扩散,降低空气中氦本底浓度。

5) 工装

现场使用的工装包括氦罩、密封件(如法兰、螺栓)、充气工装、接头、密封胶等。氦罩要求能承受一定的压力,具有一定的弹性和韧性,采用氦罩法时有一定的密封效果。密封件应根据被检工件的实际情况制作,要求加工精度高,密封性良好,满足检漏要求。充气工装和接头尽可能采用标准配件制作,可重复使用,节约成本。此外,所有工装应能承受一定的压力,因为多数情况下充压需与实际压力保持一致,工装在满足检漏要求的前提下,尽可能轻量化、小体积化,便于装配和安装。

6) 辅助器材

常用的辅助器材有压力表、真空表、氦浓度仪等,按照相关检测标准要求选用,避免压力陡增、超量程使用。注意对氦浓度仪的保护,防止进气孔堵塞,影响使用。

2. 密封

密封是氦检漏的关键步骤,直接影响检测灵敏度和检测结果的判定。换热器一般采用法兰密封,法兰要求有高的加工精度,满足承压和密封性要求,连接处采用对氦气吸附性差的垫片及密封胶进行密封,必要时可采用高压真空泥辅助密封。对于尺寸较小,或不能使用法兰密封的工件,可制作特定的工装进行密封,也可采用焊接形式,加以 ISO-KF 系列快速接头进行密封,如图 6-17 所示。工件和氦检漏仪之间可采用真空阀进行连接,便于操作,真空阀能承受压力一般不小于 0.5MPa。

图 6-17 密封装置图

连接完成后,启动氦检漏仪,对各个连接部件施加氦气,检测密封性是否满足要求,如图 6-18(a)所示,施加氦气的顺序为自上而下,在能保证检测密封性的同时尽量减少氦气的施加量,避免某些部位密封性不好时吸入换热器内部氦气量过多,影响氦检漏的效果。部分产品氦检漏时,需要对腔体内部充入氦气,为了提高检漏效率,密封性检测时也可采用吸枪法,如图 6-18(b)所示,吸枪法不仅能够准确判断出密封性不良的位置,还能粗略估计漏孔的大小。在检测过程中,如果发现有连接部位密封性不良,应重新进行密封,注意加强氦气的扩散,降低空气中氦气的本底浓度。

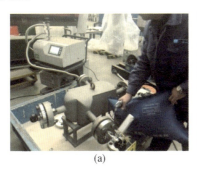 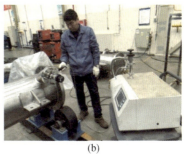

图 6-18 密封性检测图

(a)喷氦法;(b)吸枪法。

3. 校准

氦检漏前需要对整个检漏系统进行校准,它是准确有效实施检漏的重要保证。在校准时,标准漏孔和氦检漏仪同时与被检工件相连,且位于被检工件的两端,连接方式与实际检漏时的连接方式保持一致。对于采用法兰方式连接的被检工件,标准漏孔和氦检漏仪可通过法兰与被检工件进行连接;对于采用工装进行密封的被检工件,标准漏孔和氦检漏仪可通过工装与被检工件连接。图 6-19 所示为船用钛合金产品氦检漏校准时常采用的连接方式。

图 6-19 船用钛合金产品氦检漏校准连接现场图

渗透型标准漏孔操作方便,船用钛合金产品氦检漏校准时采用渗透型标准漏孔的情况居多,一般要求标准漏孔漏率小于 $1.0 \times 10^{-8} Pa \cdot m^3/s$。在校准时,氦检漏仪显示数值应与标准漏孔漏率处在同一个数量级,且略大于标准漏率时,该检漏系统方为有效。

在实际检漏时,吸枪法也是常采用的氦检漏方法,校准时吸枪嘴在标准漏孔上进行扫查,扫查时吸枪嘴与标准漏孔的距离应保持在 3mm 以内[11],扫查速率应不超过能检出标准漏孔为 Q_0 时的速率。扫查过程中氦检漏仪的最大示数为 M,M 值与标准漏孔标准漏率处在同一个数量级,且大于标准漏率时,检漏系统校准完成。吸枪法校准图如图 6-20 所示。因为吸枪法检测灵敏度相对较低,对于小于 $10^{-7}\text{Pa}\cdot\text{m}^3/\text{s}$ 量级的漏孔均不能有效检出,所以校准时选择的标准漏孔漏率一般不小于 $10^{-7}\text{Pa}\cdot\text{m}^3/\text{s}$。

图 6-20 吸枪法校准图

4. 氦质谱检漏

船用钛合金产品形式多样,检漏时针对产品的结构特点和密封性要求选择合适的氦质谱检漏方法,常用的氦质谱检漏方法主要有吸枪法、喷氦法、氦罩法、压力氦罩法、吸枪累积法和真空室累积法。

1) 吸枪法

吸枪法常用于船用钛合金产品粗检或其他检漏方法条件不允许时,它能够检测出发生泄漏的位置,但是不能准确测量漏孔漏率大小,只能用于粗检。吸枪法检漏时,对被检工件充入一定压力的氦气,通常充气压力与工作压力保持一致,保压 30min 后,通过吸枪对被检工件发生泄漏的可疑部位进行扫查,扫查顺序为自上而下。在扫查过程中,对氦检漏仪示数发生变化的位置进行标记,待扫查完成后,对标记位置再次进行扫查,直至确定是否有泄漏发生为止。

在吸枪法检漏时,连接吸枪和氦检漏仪间的连接软管越短越好,同时,对管内的清洁度要求较高;橡胶管对氦具有较强的吸附作用,易使检漏过程中出现较大的本底及噪声,从而给检测的灵敏度带来影响,因此,不宜采用,推荐使用金属或高级塑料材质的软管。检漏场地环境不应有大的空气流动,以免漏孔附近的氦浓度降低过快。为了避免因氦气浓度梯度导致的检测灵敏度损失,在吸枪扫查时,在被检容器表面移动的速度不宜太快,且与被检容器表面的距离不应超过3mm,如果校准时采用更小的距离,则检测扫查时的距离不应超过该距离;可在吸嘴的端口加装一个具有弹性的罩子,使吸枪与被检表面有较好的封闭接触,保证吸嘴处的氦气浓度符合检漏要求。在检漏过程中,及时对检测环境通风,避免通过漏孔泄漏出的氦气过多,导致检测灵敏度下降,影响检测结果的判断,必要时还应采用压缩空气对被检工件表面喷扫,以清除附着在被检工件表面的氦气。

2) 喷氦法

喷氦法最大的优点在于可以准确地找到漏孔位置,其检测灵敏度与喷氦时间有关,喷氦时间越长,有效最小可检漏率越小,检测灵敏度越高,但是检测效率大大降低。尤其是大型容器,检漏过程中氦检漏仪的反应时间较长,为保证能准确测定漏孔漏率的同时,提高检测效率,需对喷氦时间进行确定。我们把从示漏气体施加到漏孔进气端开始,到检漏仪输出指示的净偏转值达到最大漏气信号的63%所经历的时间称为反应时间;把从漏孔进气端停止施加示漏气体开始,到检漏仪输出指示的净偏转下降至最大漏气信号的37%所经历的时间称为清除时间。而反应时间决定了施氦时间,只有施氦时间超过3倍反应时间后检漏才是有效的。

将标准漏孔接在远离氦检漏仪的位置,打开检漏阀,当氦检漏仪真空度达到工作要求时,在标准漏孔未开启的情况下氦检漏仪输出指示值即本底值 I_0,打开标准漏孔,当输出指示稳定后读出指示值 I,那么,标准漏孔的信号值 $\Delta I = I - I_0$。计算出相当于标准漏孔的信号值 ΔI 的63%的仪器输出指示值 I',即

$$I' = 0.63(I - I_0) + I_0 \tag{6-23}$$

关闭标准漏孔,持续对被检换热器抽真空,直至输出指示恢复到本底 I_0 值。打开标准漏孔并同时按下秒表开始计时,当输出指示上升到 I' 值时停止计时,此时秒表记录的时间便为检漏系统的反应时间[12]。

在喷氦法检漏时,将氦检漏仪与被检工件相连,当质谱室达到工作压力后,使仪器处于检漏工作状态,然后用仪器所附的喷枪在被检容器可疑漏气部位喷吹氦气,如果有漏气,氦气通过漏孔进入被检工件内部并迅速进入到氦检漏仪中,由输出仪表指示出来。检漏时喷枪移动速度不能太快,保证喷氦时间大于3倍 I',且喷枪离被检工件表面的距离不能太大(5mm 以内),检测竖焊缝时要从上往下,检测水平焊缝时要由近及远(相对于氦检漏仪位置)。长时间喷氦后环境中的氦气本底浓度会急剧增大,所以在检测一段时间后,要对环境中的氦气进行处理,以免影响后续检测灵敏度。检测过程中氦检漏仪输出指示一旦变大,要立即将喷枪移开,待输出指示下降后重新喷氦气,观察输出指示是否再次变大。检漏过程中发现有漏孔存在时,在漏孔位置进行标记。

采用喷氦法时喷出的氦气会立即向周围环境中扩散,使漏孔处的氦分压力降

低,检漏灵敏度降低,漏率的测量误差较大,因此,喷氦法一般不作为定量检测手段。

3) 氦罩法

氦罩法常用于检测被检工件和外界之间有无泄漏发生,氦罩罩在被检工件可疑部位,对于体积小的器件可用氦罩将它全部包起来,标准漏孔与被检工件相连,且位于距氦检漏仪的远端,启动氦检漏仪,持续对被检工件抽真空,待检漏仪示数稳定后记为本底值 I_0;打开标准漏孔,氦检漏仪的输出指示为 I_1,标准漏孔标准漏率记为 Q_0;氦罩内充入氦气,氦气浓度需大于50%,测量氦气浓度为 γ,必要时可持续对氦罩内充入氦气并保压30min,待氦检漏仪示数稳定后读数记为 I_2,且此时冷侧流道内的真空度需小于20Pa,示数方为有效值。检漏过程中可能出现氦检漏仪示数满足要求,但检口压力远大于20Pa,此时检漏数据为无效值,因为此时换热管内部可能存在水分或空气湿度过大,存在误检的风险,需对换热器进行烘干或选择合适的环境重新进行检漏。检漏完成后,通过下式计算:

$$Q = \frac{(I_2 - I_0) Q_0}{(I_1 - I_0) \gamma} \quad (6-24)$$

式中:Q_0 为标准漏孔标准漏率;I_0 为系统本底值;I_1 为打开标准漏孔时仪器的读数;I_2 为充入氦气后仪器读数;γ 为氦气浓度。

氦罩法的检测灵敏度高,有效最小可检漏率基本等于仪器的最小可检漏率,适用于总检,但是只能测出所罩部位的总漏率,不能确定漏孔的位置。因此,先用此法测定总漏率,若总漏率超出允许范围,再用局部氦罩法或喷氦法找出漏孔的确切位置。

4) 压力氦罩法

压力氦罩法主要是用于两个腔体之间的检漏,检漏时,将氦检漏仪和标准漏孔分别与低压侧相连,且位于被检工件的两端,启动氦检漏仪,示数稳定后记为 I_0;打开标准漏孔,示数稳定后记为 I_1,标准漏孔标准漏率记为 Q_0;关闭标准漏孔,将高压侧抽至一定真空度后,充入氦气,充气压力根据检测要求而定,一般不小于0.3MPa,测量高压侧氦气浓度为 γ,保压30min后,启动氦检漏仪,氦检漏仪测定从高压侧泄漏入低压侧的氦气量,示数稳定后记为 I_2,此时高压侧腔体真空度需小于20Pa,检测数值方为有效值。根据式(6-24)对检测结果进行计算处理。

压力氦罩法测得是两个腔体之间的总漏率,不能确定漏孔的实际位置,常用于换热器壳程与管程之间或流道之间。

5) 吸枪累积法

吸枪累积法用于体积较大的被检工件,因为此类工件腔体积较大,漏率验收要求相对较低,采用吸枪累积法不但能满足检漏要求,还能够提高检测效率。如果被检工件过大,也可分区进行吸枪累积法检漏。检漏时将被检工件整体或局部用集气罩包覆起来,集气罩内为一个大气压的空气,把与氦检漏仪相连的吸枪插入集气罩内,测出集气罩内空气中的本底值 I_0,然后向被检工件内充入一定压力的氦气,测量氦气浓度为 γ,若被检部位有泄漏发生,氦气便通过漏孔进入集气罩内并被收集起来。经过时间 t 后(保压时间根据标准或技术要求而定),集气罩中的氦分压上升到某一值,将吸枪插入后,测得对应的输出值 I_1。然后将已知的纯氦气量 $q(p_0V_0)$ 注入集气罩内,罩中的氦分压将上升到另一值,此时再次将吸枪插入罩内,测得对应的输出指示值 I_2。那么被罩部位的氦漏率可通过下式计算:

$$Q = \frac{p_0 V_0}{(I_2 - I_1)}(I_1 - I_0)\frac{1}{t\gamma} \qquad (6-25)$$

将计算漏率与标准或技术要求进行比较,当计算漏率不满足要求时,对所罩区域进行分区,重新进行吸枪累积法检漏,当把发生泄漏的区域缩小到一定范围时,可采用吸枪法对漏孔进行定位。

6) 真空室累积法

真空室累积法用于检测密封要求较高的被检工件,通过检测累积的氦气量,完成漏率的测定。根据被检工件的大小采取不同的检漏方案,对于体积较小的被检工件,可将其放入真空室内,在被检工件内部充入氦气,真空室与氦检漏仪相连,通过测量真空室内的氦气量来获得被检工件的漏率;对于体积较大的被检工件,可通过工装包覆工件的可疑部位,氦检漏仪与被检工件相连,工装内充入氦气,通过测量泄漏入被检工件内的氦气量获得被检部位的漏率。以体积较大的被检工件为例进行介绍,具体检漏步骤如下。

(1) 测本底变化量。当氦罩内未充氦气时,在累积阀打开的情况下,氦检漏仪的输出指示值 I_0。关闭累积阀,累积时间 t 后,打开累积阀,氦检漏仪输出指示的最大值 I_1。那么,$I_1 - I_0$ 便是本底在累积时间 t 内的变化值。

(2) 测标准漏孔引起的变化值。当氦罩内未充氦气时,打开累积阀和标准漏孔阀,示数稳定后,氦检漏仪输出指示值 I_2。然后关闭累积阀,累积时间 t 后,打开累积阀,氦检漏仪输出指示的最大值 I_3。那么,$I_3 - I_2$ 便是氦漏率为 Q_0 的标准漏孔在累积时间 t 内引起的输出指示变化值。

(3) 测被检容器引起的变化值。关闭标准漏孔阀,打开累积阀,向氦罩内充入所需压力的氦气(或浓度为 γ 的氦混合气),待平衡后,氦检漏仪输出指示值 I_4。然后关闭累积阀,累积时间 t 后,打开累积阀,氦检漏仪输出指示的最大值 I_5。那么,$I_5 - I_4$ 便是被检工件上被检部分的所有漏孔在累积时间 t 内引起的输出指示变化值。那么,被检部位漏孔对氦的漏率 Q 便可以通过下式计算:

$$Q = \frac{Q_0}{(I_3 - I_2) - (I_1 - I_0)}(I_5 - I_4) - (I_1 - I_0) \qquad (6-26)$$

真空室累积检漏法所用累积阀必须能快速开、关,一般采用电磁阀。真空室累积法检测灵敏度很高,但只能用于检测被检部位的总漏率,不能确定漏孔位置。

5. 结果评定

氦检漏方法有很多种,总体来说,这些方法可以归结为三大类:吸枪法、喷氦法和氦罩法,氦检漏标准中通常也只对这三种方法的检漏和验收作具体要求。这三种氦检漏方法的检漏原理和检漏方式不同,检漏灵敏度也有较大差异,在相同检测条件下,吸枪法适用于定性和定位,检测灵敏度最低;喷氦法适用于定性和定位,检测灵敏度次之;氦罩法适用于定量,检测灵敏度最高。

现行检测标准中涉及氦检漏的标准有很多,不同行业针对的产品不同,其验收等级要求也不一样,特种设备行业的氦检漏标准主要有《承压设备无损检测 第8部分:泄漏检测》(NB/T 47013.8—2012);核电行业主要有《三十万千瓦压水堆核电厂蒸汽发生器氦气检漏技术条件》(EJ 388—1989)、《核电厂核岛机械设备无损检测 第8部分:泄漏检测》(NB/T 20003.8—2010);国家推荐标准有《无损检测 氦泄漏检测方法》(GB/T 15823—2009);国外标准有《ASME V 第10章 泄漏检测》。这些标准应用领域、验收要求或检测灵敏度见表6-8。

表6-8 氦检漏相关标准及验收要求

标准	应用领域	吸枪法 /(Pa·m³/s)	喷氦法 /(Pa·m³/s)	氦罩法 /(Pa·m³/s)	备注
ASME V—2019	锅炉及压力容器	1×10^{-5}	1×10^{-6}	1×10^{-7}	验收要求
NB/T 47013.8—2012	承压设备	1×10^{-6}	1×10^{-6}	1×10^{-7}	验收要求
NB/T 20003.8—2010	核岛机械设备	1×10^{-5}	1×10^{-6}	1×10^{-7}	验收要求
GB/T 15823—2009	压力容器	1×10^{-7}	—	1×10^{-7}	检测灵敏度
EJ 388—1989	核电蒸汽发生器	单管:1.33×10^{-8} 总漏率:1.33×10^{-7}			验收要求
JB 8701—1989	制冷用板式换热器	钎焊式:5×10^{-7} 全焊式:内漏1×10^{-6};外漏1×10^{-4} 半焊式:1×10^{-4}			验收要求

从表中可以看出,不同应用领域对各种检漏方法的验收要求不一样,但是每个标准中吸枪法的验收要求最低,喷氦法次之,氦罩法最高,这跟各个检测方法的检测灵敏度基本一致。

实际生产中多数产品验收时根据氦检漏相关标准进行结果评定。例如,采用吸枪法时验收要求一般为1×10^{-5} Pa·m³/s,采用喷氦法时验收要求一般为1×10^{-6} Pa·m³/s,采用氦罩法时验收要求一般为1×10^{-7} Pa·m³/s。部分产品氦检漏结果验收时并未直接规定需采用的标准,而是直接设定验收要求。例如,检测漏率不大于 1×10^{-8} Pa·m³/s 时可验收合格,这类产品往往对密封性要求较高,要求有较低的氦检漏漏率。

6. 记录和报告

检漏过程中,按照检测工艺规程要求记录检测数据或信息,当被检工件需多次进行氦检漏时,每次检漏过程都要形成记录,并按照相关法规、标准或合同要求保存所有记录。

检测完成后检测人员需根据检测记录出具相关报告,报告内容应包括委托单位、检测日期、被检工件详细数据、检测方法、所用氦检漏相关仪器设备、氦气浓度、环境温度和湿度、检测压力和保压时间、检测数据、检测结果、检测人员资质、日期等。

6.4.2 管壳式换热器检漏

钛合金管壳式换热器形式有很多种,如余热排出冷却器、设备冷却水热交换器、排污冷却器、蒸馏水换热器等,它们在进行热交换的同时又承担着压力边界的责任,这类船用换热器恶劣的使用工况(长期高温、高压运行,海水腐蚀环境)条件,以及结构中焊缝密集,分布集中,若加工工艺不当,极易引起因焊缝的开裂而发生的泄漏;因此,对其制造质量,尤其是对结构中焊缝的密封性能和安全可靠性,提出了更高的要求。所以,在生产制造中增加密封性检测是很有必要的。通常换热器密封性检测主要采用水压和气压试验,但这两种方法存在大量弊端,如水压试验检测灵敏度低,不能对微型漏孔泄漏准确识别,试验完成后,残存的试验介质不易清理,污染流道环境;气压试验对漏孔不能准确定位,且现有的技术条件对微型漏孔的泄漏不能有效识别,很难满足换热器密封性的检测要求,所以氦质谱检漏在钛合金换热器的生产过程中的重要性不言而喻。

1. 检测过程

管壳式换热器主要包括管程和壳程两个部分,两者之间通过换热管隔开,边界处采用胀接方式将换热管与管板连接,并通过焊接对胀接区加以密封。管程和壳程之间的密封性好坏决定了该台换热器的换热效果是否良好和运行过程中的安全可靠性,所以,管程和壳程之间的边界处是泄漏检测的重点检测部位。管壳式换热器的氦检漏分为两个步骤:换热管 – 管板检漏和壳程侧 – 管程侧检漏。

1) 换热管 – 管板检漏

换热器的大小和结构不同,其管桥结构和管桥间距也有较大差异,对换热管 – 管板采用的氦检漏方法也不同。实际工程应用中对换热管 – 管板氦检漏主要采用以下 3 种方法。

图 6-21　现场检测图

(1) 对管桥间距小的换热器单管检漏时,无可利用的有效密封平面对焊缝进行密封,可采用锥形工装对管口进行密封,锥形工装与氦检漏仪相连,如图 6-21 所示。

该方法形成的密封腔体内只包含胀接区和换热区,氦检漏过程中只能检测换热区和胀接区与壳程之间是否有泄漏发生,对管口焊缝位置是否发生泄漏不能有效检出,所以需对管口焊缝位置增加吸枪法检漏,如图 6-22 所示。

(2) 对于管桥间距较大的换热器单管检漏时,可以采用密封罩对管口和焊缝进行密封,如图 6-23 所示。采用密封罩检漏时焊缝、胀接区和换热区都包覆在一个腔体中,这些区域如果有泄漏发生都能够有效检出,所以,该方法适用于管桥间距较大的换热管检漏。

图 6-22　吸枪法检漏图

图 6-23　密封罩泄漏检测图

采用密封罩检漏的方法测得的是单管的总漏率,当计算漏率大于要求漏率时,需采用吸枪法辅助对泄漏的位置进行定位。

(3) 对于管口直径较大,换热管数量较多的换热器,检漏时密封困难,且换热器腔体积大,氦检漏的反应时间长,采用上述两种方法检漏,检测效率低,所以,选用吸枪累积法对换热管-管板进行检漏,如图6-24所示。集气罩不但能够对管口进行密封,而且能收集泄漏出的氦气。

图6-24 吸枪累积法检漏图

如果管板面积过大,为了便于查找泄漏位置,也可将管板分区进行吸枪累积法检漏。当测得漏率大于要求漏率时,应对所罩区域进行分区,重新进行吸枪累积法检漏,直至确定发生泄漏的换热管为止,并采用吸枪法对漏孔进行定位。

2)壳程侧-管程侧检漏

对壳程侧-管程侧进行氦检漏测得的漏率为换热器的总漏率,验收要求一般为单管漏率的10倍。壳程侧-管程侧检漏宜放在水压试验前,因为换热管水压试验后不易烘干彻底,检漏时如果残留有水或水蒸气,可能会出现氦检漏仪不能正常启动,或氦检漏仪示数无效的情况。管壳式换热器的大小和结构不同,其所能容纳的气体量、表面积及密封面积就会有较大差异,检漏时所采用的检漏系统也不同。

小型管壳式换热器体积较小,内表面积和所容纳气量较小,采用氦检漏仪就能完成泄漏检测。壳程侧-管程侧采用压力氦罩法进行检漏,氦检漏仪与管程连接,壳程侧充入氦气,标准漏孔与管程相连位于管程的另一端,如图6-25和图6-19(a)所示。

图6-25 小型管壳式换热器检漏图

大型管壳式换热器体积较大,内表面积、密封面积和所容纳的气体量较大,存在的漏孔可能较多,同等条件下壳程侧-管程侧漏率一般也大于小型管壳式换热器。若直接用氦检漏仪进行检漏,工作压力很难满足要求,氦检漏仪无法正常启动,即使氦检漏仪能正常工作,仪器的反应时间较长,检漏效果欠佳。因此,对于大型管壳式换热器往往需要配备专用的检漏系统,检漏系统如图6-26所示。

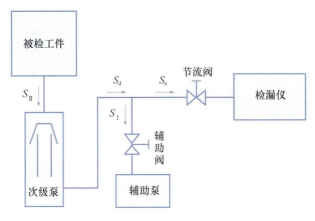

图6-26 检漏系统

S_I—辅助泵支路对空气的抽速;S_{II}—系统对被检工件的空气抽速;
S_d—检漏仪支路对空气的抽速;S_e—检漏仪节流阀处对空气的抽速。

大型管壳式换热器氦检漏之前要有一个预抽的过程,需要将管程从大气压抽至一定真空度,管程中的压力由 P_0 抽至某一压力 P 所需的时间为

$$t = \frac{V}{S}\ln\frac{p_0}{p} = 2.3\frac{V}{S}\lg\frac{p_0}{p} \tag{6-27}$$

式中:V为管程体积;S为系统对管程的抽速;p_0为抽气前管程内的压力;p为管程需要抽至的压力。

在管壳式换热器体积较大时,受器壁放气影响较大,上式是在没有考虑放气和漏气的影响下计算得到的抽气时间。打开氦检漏仪,当质谱室中的压力仍然很高时,检漏系统仍不能正常工作,要减小器壁中的放气,其速度是非常缓慢的,可能使检漏工作延迟很久。反应时间与换热器的体积及真空系统对氦的抽速有关,采用次级泵和辅助泵可以加大抽速,因此,对大型管壳式换热器检漏时,正确选择辅助泵、次级泵及连接管道的通导是非常重要的。采用辅助泵后,辅助泵的分流作用会致使检漏灵敏度降低,因此检漏时要尽量关小辅助阀。当辅助泵开启足够长时间后,可以通过缓慢关小抽速阀和辅助阀的方法来提高检漏灵敏度,此时很小的漏孔也能有效检出。采用次级泵时可以加大抽速,从而大大缩短反应时间,并且对检漏灵敏度无影响,所以,在体积较大的换热器氦检漏中,采用次级泵还是很有必要的。

预抽完成后,通过氦检漏仪对管程侧抽真空,壳程侧充入氦气,采用压力氦罩法对管程侧-壳程侧进行检漏。因为换热器较大,所以反应时间较长,仪器需要较长的时间稳定。

2. 结果评定

不同行业对换热器的密封性要求不同,其验收等级要求也不一样,管壳式换热器的生产工艺和制造技术较成熟,所以检漏工艺和验收标准相对完善。多数情况下管壳式换热器的泄漏检测要求按照某个标准进行检漏和验收,所以氦检漏时采用的方法和验收要求也是一定的,结果评定时针对某种检漏方法进行评定。管壳式换热器氦检漏常用的验收标准主要有《承压设备无损检测 第8部分:泄漏检测》(NB/T 47013.8—2012),核电行业主要有《三十万千瓦压水堆核电厂蒸汽发生器氦气检漏技术条件》(EJ 388—1989)、《ASME V 第10章 泄漏检测》等。

部分管壳式换热器的制造工艺要求相对较严格,氦检漏时分为单管漏率和总漏率两部分,单管漏率一般要求 10^{-8} Pa·m^3/s 数量级,总漏率要求为单管漏率的10倍,为 10^{-7} Pa·m^3/s 数量级。当然,应用领域不同,漏率要求也有较大差异。

6.4.3 印制板式换热器检漏

钛合金印制板式换热器作为一种传热效率高、结构紧凑的新型换热器,在船舶和海洋工程等领域均有广泛的应用前景。钛合金印制板式换热器是微通道换热器,其流体通道是在金属板片上机加工形成的,通道截面以毫米级的半圆形结构为主,不同板片交替排列,经过扩散焊连接形成换热器芯体,芯体再与箱体焊接构成换热器整体,如图6-27所示。由于箱体和芯体制造过程中采用了大量焊接,焊接过程中因焊接参数不当或保护不充分可能会发生变形并形成缺陷,穿透性缺陷会造成产品密封性下降,运行当中引发泄漏,导致产品内部污染,换热效率降低甚至失效。虽然焊接部位通常会进行射线、超声和渗透检测,但这些无损检测方法主要用于宏观缺陷的探测,并不能表征密封性,因此在生产制造环节增加密封性检测是很有必要的。印制板式换热器通常在高温

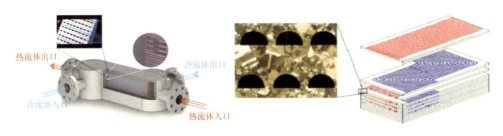

图6-27 印制板式换热器结构示意图

高压条件下工作,为保证换热效率及提高安全系数,设计时对密封性往往提出较高的要求[13]。

水压和气压试验对压力容器的密封性有一定的表征性,但存在微型漏孔检出率较低、不能准确定位的缺点,不能满足印制板式换热器的研制要求。氦检漏示漏气体为氦气,其相对分子质量小,易于穿过微型漏孔,灵敏度高,对微孔缺陷检出率优于水压和气压试验。除此之外,氦气为惰性气体,检测过程中既不污染换热器内部环境,又能在环境中自动扩散,绿色环保,所以氦检漏在印制板式换热器密封性检测中应用前景广阔。

1. 检测过程

为了保证印制板式换热器在运行当中能够承受高压且传热效果良好,箱体一般设计的较厚,而芯体板片很薄,焊接过程中可能诱发板片变形形成缺陷或扩散焊位置产生不连续,所以印制板式换热器流道之间和扩散焊位置是该产品最薄弱的位置,容易发生泄漏,是氦检漏的重点检测部位。

印制板式换热器氦检漏时通常会综合考虑其结构、体积和密封性要求等选择不同的氦检漏方法,常用的氦检漏方法有吸枪法、喷氦法、氦罩法、真空室法、真空室累积法等。吸枪法操作简单,但检测灵敏度相对较低,最小可检漏率为 10^{-7} Pa·m³/s 数量级,不能满足印制板式换热器的密封性检测要求,只能用于粗检;真空室法和真空室累积法检测灵敏度较高,但是真空室的建造维护成本高,从经济效益方面考虑适用性不强。结合印制板式换热器的结构特点及密封性要求,采用氦罩法、压力氦罩法、喷氦法对其各个部位进行检漏。印制板式换热器根据腔体积大小可分为小型印制板式换热器和大型印制板式换热器。

1)小型印制板式换热器

小型印制板式换热器一般为单芯体结构,腔体积较小,仅通过氦检漏仪抽气就能短时间内达到工作压力,无须其他抽气泵进行辅助。小型印制板式换热器表面积较小,可以将扩散焊位置和焊缝同时包覆在氦罩内进行泄漏检测,所以小型印制板式换热器的氦检漏分为 3 个步骤:冷侧与大气之间、热侧与大气之间以及冷热侧之间。经过试验证明,印制板式换热器流道内充入氦气后,短时间内很难将其完全清除,而冷热流道之间的氦质谱检漏需要在热侧充入氦气,检漏完成后,热侧流道内会残存大量氦气,对后续的氦检漏有较大影响,所以冷热流道之间的氦检漏需放在冷侧与大气之间和热侧与大气之间检漏完成后进行。

冷侧与大气之间采用氦罩法进行检漏,氦罩法检测示意图如图 6-28 所示,根据示意图连接印制板式换热器、氦质谱仪及其他辅助装置,氦检漏仪和标准漏孔与冷侧流道相连接,分别位于流道两端,氦罩包覆所有扩散焊区域和焊缝,氦罩内充入氦气。

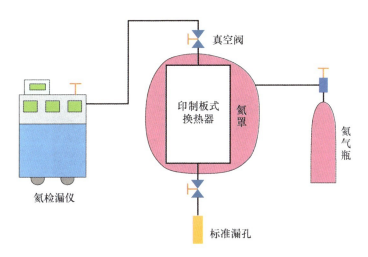

图 6-28 氦罩法检测示意图

根据标准或技术要求对检测结果进行评定,当计算漏率小于要求漏率时,该检测部位满足要求可验收合格;当计算漏率大于要求漏率时,该检测部位验收不合格,要采用喷氦法对发生泄漏位置进行定位,喷氦法检测示意图如图 6-29 所示。

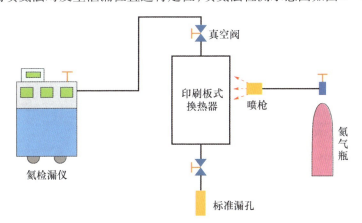

图 6-29 喷氦法检测示意图

去除氦罩后,用压缩空气喷吹印制板式换热器表面,清除表面吸附的氦气,待周围环境中的氦气浓度降至正常水平后进行喷氦法检漏。通过氦气喷枪对扩散焊位置和焊缝进行喷氦,喷氦顺序为自上而下,在满足检测灵敏度情况下尽可能减少喷氦气量。

热侧与大气之间采用氦罩法进行泄漏检测,仪器设备连接方式与检漏方法和冷侧与大气之间泄漏检测基本一致,可参照进行检漏,氦罩法现场检测图如图 6-30 所示。

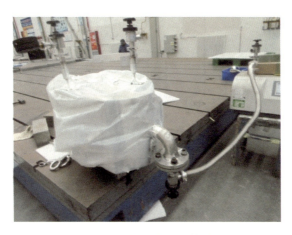

图 6-30　氦罩法现场检测图

冷侧与热侧流道之间采用压力氦罩法，检测示意图如图 6-31 所示，为了与印制板式换热器流道实际运行工况保持一致，采取对热侧流道充氦气，冷侧流道抽真空，根据检测示意图连接仪器设备。

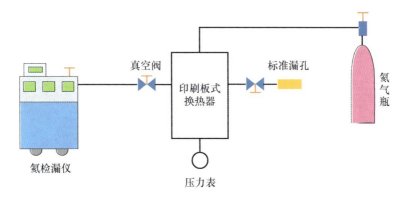

图 6-31　真空氦罩法检测示意图

连接完成后对印制板式换热器实施检测，现场检测图如图 6-32 所示。因为该方法测定的是印制板式换热器的总漏率，如果漏率不能满足技术要求，不能对发生泄漏的位置进行准确定位。

2）大型印制板式换热器

大型印制板式换热器通常由多个芯体拼接而成，腔体积较大，流道通常设计的很小，内表面较大，器壁放气对氦检漏影响较大，检漏时单靠氦检漏仪内的抽气泵很难满足要求，氦检漏仪因达不到工作压力而无法正常工作，并且检漏时间长，因此检漏系统需配备次级泵、辅助泵等，检漏示意图如图 6-33 所示。

图 6-32　现场检测图

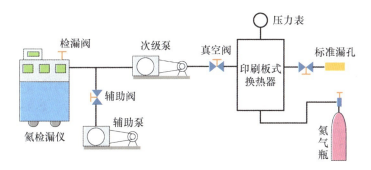

图 6-33　大型印制板式换热器检漏示意图

大型印制板式换热器的氦检漏共包括 4 个步骤:焊缝、冷侧与大气之间、热侧与大气之间和冷热侧之间。大型印制板式换热器氦检漏之前要有一个预抽的过程,把换热器内部的大气压抽至不再上升时为止,压力由 p_0 抽至 p 所需的时间可通过式(6-27)进行计算,预抽的过程可通过次级泵和辅助泵来完成。

印制板式换热器的焊缝位置采用喷氦法进行泄漏检测,喷氦时间应大于 3 倍的反应时间,在检漏过程中,为了保证检漏灵敏度的同时,又能缩短反应时间,采取将次级泵打开,辅助泵关闭,喷氦法现场检测图如图 6-34 所示。

冷侧与大气之间采用氦罩法进行泄漏检测,氦检漏仪、次级泵、辅助泵的连接方式如图 6-33 所示,氦罩包覆扩散焊位置。冷侧与大气之间的氦检漏具体操作方法可参照小型印制板式换热器冷侧与大气之间的氦质谱检漏方法实施,现场检测图如图 6-35 所示。检漏过程中持续对氦罩充入氦气以保证氦气浓度,检漏过程中保持次级泵开启,辅助泵关闭。对检测结果进行计算处理,如果实际漏率大于要求漏率,通过喷氦法对发生泄漏的位置进行定位;如果实际漏率小于漏率指标,则可判定冷侧与大气之间的密封性满足技术要求。

图 6 - 34　喷氦法现场检测图　　　图 6 - 35　氦罩法现场检测图

热侧与大气之间采用氦罩法进行泄漏检测,仪器设备连接方式与检漏方法和冷侧与大气之间泄漏检测基本一致,可参照进行检漏。

冷侧与热侧流道之间采用压力氦罩法进行泄漏检测,仪器设备按照图 6 - 33 进行连接。两个流道在之前的预抽过程中已经获得一定的真空度,所以可以直接进行氦检漏,检漏过程中把次级泵打开,辅助泵关闭,可相应提高检测效率,检测方法可参照小型印制板式换热器冷热侧之间的氦检漏方法进行。热侧流道充入氦气,保压 30min 后可进行检漏,检漏过程如图 6 - 36 所示。该换热器体积较大,放气和渗漏相对于小型换热器较多,所以检漏仪示数可能略大于小型换热器。对检测数据进行计算处理,并进行评定。

图 6 - 36　冷热侧流道之间的氦检漏过程

2. 结果评定

印制板式换热器为新型换热器,目前尚无针对印制板式换热器氦质谱检漏的相关检测标准,所以其氦检漏标准有待研究制定。现行检测标准中与板式换热器氦质谱检漏相关的标准有《制冷用板式换热器》(JB 8701—1998),该标准中针对制冷用板式换热器的所选用的焊接方法进行验收,钎焊和全焊板式换热器应分别进行外漏和内漏试验,半焊板式换热器仅需进行内漏试验,钎焊板式换热器的允许漏率应不大于 $5.0\times10^{-7}\mathrm{Pa\cdot m^3/s}$;全焊板式换热器的允许漏率量内漏试验时应不大于 $1.0\times10^{-6}\mathrm{Pa\cdot m^3/s}$,外漏试验时应不大于 $1.0\times10^{-4}\mathrm{Pa\cdot m^3/s}$;半焊板式换热器的允许泄漏量应不大于 $1.0\times10^{-4}\mathrm{Pa\cdot m^3/s}$。但这种验收方法对于印制板式换热器并不适用。

制冷用板式换热器的验收方法对于印制板式换热器并不适用,所以印制板式换热器验收时通常参考《承压设备无损检测 第8部分:泄漏检测》(NB/T 47013.8—2012)、《三十万千瓦压水堆核电厂蒸汽发生器氦气检漏技术条件》(EJ 388—1989)、《ASME Ⅴ 第10章 泄漏检测》等标准,根据各种氦检漏方法的验收要求和印制板式换热器的体积大小、结构、设计要求等综合评定,制定出印制板式换热器的验收标准及要求。在常温常压下运行的印制板式换热器密封性一般要求约为 $10^{-5}\mathrm{Pa\cdot m^3/s}$ 数量级,高温高压下运行的印制板式换热器密封性一般要求约为 $10^{-8}\mathrm{Pa\cdot m^3/s}$ 数量级。经过实践验证,对于体积较小的印制板式换热器,在各项检漏条件极好的情况下,印制板式换热器的氦检漏漏率可达 $10^{-11}\mathrm{Pa\cdot m^3/s}$。随着氦检漏检测工艺逐渐成熟,检测工装日益完善,它在印制板式换热器的密封性检测中的优势逐渐凸显出来,成为印制板式换热器研制中不可缺少的一道工序。

6.4.4 零部件检漏

1. 高压接头

钛合金高压空气管子接头(简称高压接头)常用于连接高压空气管路、设备、阀件及其他管路附件,高压接头结构图如图6-37所示,通常处在高温、高压、强冲击、强震、海水腐蚀环境中,所以对其密封性要求较高。高压接头处于连接部位,是整个管路系统最容易发生泄漏和出现问题的地方,所以其密封性好坏直接关系着整个管路的运行安全和质量。常规的密封性试验,如水压、气压并不能满足要求,实际质量评定中多采用氦检漏作为辅助验收方法。

螺纹连接部位是高压接头最薄弱的位置,容易出现密封性不良或螺纹损坏等现象,但是由于其腔体积较小,当漏孔漏率很小时,漏孔在氦检漏仪中建立的氦分压很小,仪器不能形成有效的反应,所以采用真空室累积法对其进行检漏。氦检漏时采用的密封工装实物图如图6-38所示。

检测前对高压接头表面及螺纹部分进行清理,清除油脂、碎屑等一切可能堵塞漏孔的物质,根据图 6-39 连接高压接头、工装、氦检漏仪及辅助设备。

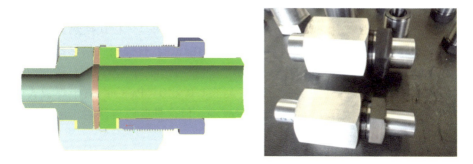

图 6-37　高压接头结构图

图 6-38　工装实物图

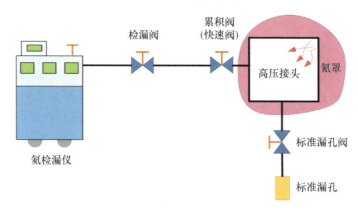

图 6-39　真空室累积法示意图

启动氦检漏仪,通过喷氦法检测工装及各个连接部位密封性是否良好,确认无泄漏发生后用氦罩包覆高压接头,开始检漏,检测过程如图 6-40 所示。

图6-40　高压接头现场检测图

根据检漏结果对高压接头的密封性进行评价,当漏率不满足要求时,通过喷氦法对高压接头的泄漏位置进行定位。高压接头属于精密零部件,密封性较好,经实际检测,漏率可达 $10^{-10}\mathrm{Pa\cdot m^3/s}$ 量级。

2. 阀门

阀门是控制流体介质流量、流向、压力、温度等的关键装置,应用方式不同,其形状也各异,图6-41列举了几种阀门。阀门的密封性好坏决定了其功能的发挥

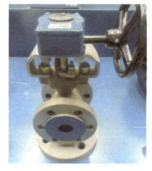

图6-41　阀门实物图

程度,对于密封性要求高的阀门如果发生泄漏可能影响产品的使用,甚至出现安全隐患。氦检漏对微型漏孔有较高的检测灵敏度,检出率高,所以阀门在出厂时需要通过氦质谱检漏来进行密封性检测。

阀门用途不同,其密封性要求也不一样,密封性检测时通常根据阀门的结构和漏率要求选择不同的氦检漏方法,对于密封性要求较高的阀门一般采用喷氦法或氦罩法,对于体积较大密封性要求较低一般采用吸枪法。下面以图 6-41 中的截止阀为例进行介绍。

截止阀的体积相对较小,常用于换热器或小型管道,此类阀门对密封性往往要求较高,所以采用喷氦法、氦罩法、真空累积法进行检测,喷氦法操作简单,可以用于判断是否有泄漏发生,当需要确定截止阀的准确漏率时可采用氦罩法和真空累积法。该类截止阀孔径相对较小,为了保护螺纹不受损害,一般采用锥形工装在截止阀一端获得小的真空室,另外一端进行喷氦检漏,检测过程如图 6-42 所示。

图 6-42　截止阀氦检漏过程图

因为手动密封不稳定因素太多,所以要加快检测速度,喷氦时避免氦气从锥形工装处进入截止阀内,喷枪要插入截止阀另一端口里面施加氦气。截止阀体积较小,反应时间短,如果有大的泄漏发生,氦检漏仪很快能发生响应。如果在截止阀技术要求中要求漏率较小或需要提供准确的漏率,可根据截止阀的情况制作氦检漏工装,采取其他氦检漏方法进行检测。

3. 结构件

精密仪器不但要求零部件有很高的密封性,连接它们的结构件往往也需要有很好的密封效果,它们常作为压力边界,连接部位和焊缝往往是重点检测部位,如管线、密封筒、封头等。这些结构件如果有泄漏发生,也会导致整个系统不能高效运行,甚至产生安全隐患。结构件在生产中采用的无损检测方法以射线检测和超声检测居多,但这些检测方法对微型缺陷缺乏检出能力。生产厂家必要时会采用一些泄漏检测方法进行粗检,如气泡检漏、压力变化检漏、渗透检漏等,这些检漏方法,操作简单,对于大的漏孔均能有效检出,但是对于密封性要求高的产品中的微型漏孔检出能力不足。下面以密封筒为例进行介绍。

密封筒作为密封设备连接的重要部件,它的形式多种多样,如铸造、锻造、焊缝拼接等,为节约成本和保证产品质量,很多厂家会采用焊缝拼接的形式制造,焊接过程中因焊接参数不当或保护不充分可能会发生变形并形成缺陷,特殊的结构件有时还需要用多种金属复合或拼接,焊接过程中更容易形成缺陷,而穿透性缺陷严重影响其作用的发挥。所以,在这些结构件的制造过程中需增加氦检漏工序。

图6-43中的密封筒是由多种金属拼接而成的,异种金属焊接过程很容易形成缺陷,此外,由于密封筒具有多条焊缝,焊接过程中应力较大,易发生形变产生穿透性缺陷,所以焊接完成后需对其进行密封性检测。根据密封筒的形状设计密封工装,如图6-43所示,采用喷氦法对其进行泄漏检测。

将密封筒与氦检漏仪及辅助设备进行连接,并采用喷氦法对工装的密封性进行检测。密封筒采用法兰和螺栓进行密封连接,很容易因受力不均导致密封性不良,可能需要多次对工装进行调试。通过喷氦法对焊缝逐个进行检漏,因为密封筒由多条焊缝构成,相距较近,为避免喷氦时受其他焊缝影响,喷氦过程中喷枪应紧贴焊缝,保证能检出漏孔的同时尽可能减少施加的氦气量。每检测完一条焊缝,要对环境中的氦气进行清理,避免空气中氦气本底浓度过高,影响其他焊缝检测。检测过程如图6-44所示。

密封筒体积较小,如果有泄漏发生,氦检漏仪能够快速响应,对检测过程中氦检漏仪示数发生变化的位置进行标记,待检测完成后对密封筒进行处理并重新检测。

图6-43 密封筒的密封工装

图6-44 密封筒现场检测

6.5 其他泄漏检测方法的应用

泄漏检测的方法有很多种,产品检漏时通常会综合考虑产品结构、密封性要求、环保和质量成本等多种因素的影响,选取合适的检漏方法。随着产品质量要求的提高和环保意识的增强,氦质谱检漏在产品质量控制中应用比例逐渐增大,但是有很多产品对密封性要求并不高,或产品存在结构限制,致使氦质谱检漏适用性不高或不适用,此时,通常要选择其他泄漏检测方法。实际生产中采用其他泄漏检测方法的情况也很多,如电子元器件、管路系统可采用气泡法;密封器件、大型容器等可采用压力变化检漏法;焊缝、薄壁容器等可采用渗透检漏法等。

对于密封性要求不高的大型结构件产品,可采用渗透泄漏检测方法进行检漏,如大型钛合金浮标。大型钛合金浮标是水上的信息采集装置,其密封性要求不高,并且检测时形成密封空间难度较大,所以,采用渗透检漏法对其焊缝进行检漏,图 6-45 为大型钛合金浮标的渗透检漏过程。

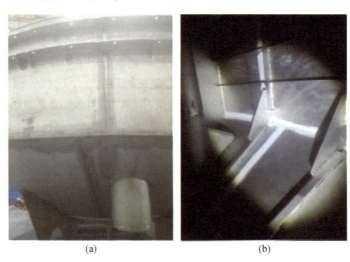

图 6-45　大型钛合金浮标的渗透检漏过程
(a)施加渗透剂;(b)施加显像剂。

浮标焊缝的渗透检漏采用煤油作为渗透剂,为便于检漏及后续工作的开展,在浮标外壁刷涂渗透剂,内壁刷涂显像剂。图 6-45(a)为在外壁焊缝位置施加煤油,图 6-45(b)为在内壁焊缝位置施加显像剂。检漏之前对焊缝表面及周围进行清理,同时观察焊缝的焊接情况,尤其是检查起弧和收弧位置有无明显的焊接外观缺陷。渗透一定时间后,通过照明灯观察待检区域显像剂位置是否有油渍渗出,根据煤油的渗出情况确定浮标焊缝有无泄漏发生。

图 6-46 为压力容器在未全成型前对其容器壁进行渗透泄漏检测过程,检漏时采用溶剂去除型着色剂作为渗透剂,溶剂悬浮型湿显像剂作为显色剂。

检漏前对内外两个表面进行清洗,然后在容器壁内表面施加渗透剂,注意保持渗透面的渗透剂始终为湿润状态。渗透结束后在容器壁的另一面进行观察,若存在较大漏孔时能够直接观察到有渗透剂渗出,对无渗透剂渗出的部位施加显像剂并进行观察。着色渗透检漏使用的显像剂一般为非水湿显像剂,这种渗透剂渗透速度很快,灵敏度较高。一般漏孔越小,被检工件的厚度越厚,需要的渗透时间越长;渗透时间越长,检测灵敏度越高,能够发现的漏孔越小。

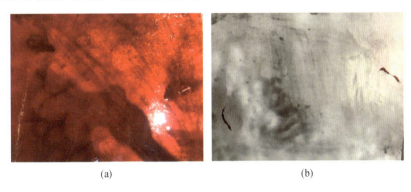

图 6-46　压力容器渗透泄漏检测过程

(a)施加渗透剂;(b)施加显像剂。

参考文献

[1] 吴孝俭,闫荣鑫. 泄漏检测[M]. 北京:机械工业出版社,2005.
[2] 肖祥正. 泄漏检测方法与应用[M]. 北京:机械工业出版社,2009.
[3] 达道安. 真空设计手册[M]. 第3版. 北京:国防工业出版社,2004.
[4] 达道安. 空间真空技术[M]. 北京:中国宇航出版社,1995.
[5] 蒙哥丁. 真空密封与检漏[M]. 李平讴,译. 北京:中国工业出版社,1966.
[6] 王欲知,陈旭. 真空技术[M]. 2版. 北京:北京航空航天大学出版社,2007.
[7] 蒙哥丁. 真空密封与检漏[M]. 李平讴,译. 北京:中国工业出版社,1966.
[8] 胡耀志. 发展中的真空检漏技术[J]. 真空技术,1976(4):28-63.
[9] 姜伟,苗振宇. 核电厂高压加热器检漏技术研究[J]. 真空,2019,56(1):49-51.
[10] 柏佳磊,姜伟,瞿燕明. 核电站化容系统氦检漏技术研究[J]. 无损探伤,2012,36(2):45-47.
[11] 肖祥正,卓勇,曹洁,等. 嗅敏探枪累积检漏方法[J]. 真空与低温,1984(3):63-65.
[12] 陈勇. 大容积试件的真空氦检漏[J]. 无损探伤,2018,42(2):9-11.
[13] 陈永东,于改革,吴晓红. 新型扩散焊紧凑式换热器[J]. 压力容器,2016,33(5):46-55.

第 7 章

船用钛合金无损检测标准

无损检测标准是检测人员针对某一产品实施检测时必须遵守的准则和依据。检测标准明确规定实施检测涉及的人员、材料、设备和工艺等变量的要求,保证检测过程和结果的可靠性,也是产品质量仲裁的依据之一。根据标准的用途,通常将其分为术语标准、设备与器材标准、检测方法标准和验收标准,这些标准共同构成了无损检测标准体系。各种检测方法都需要一个完整的标准体系,以保证实施检测的有效性,检测技术的发展也是其检测标准不断完善的过程。本章重点介绍当前船用钛合金无损检测标准的基本情况。

7.1 船用钛合金无损检测标准概述

在船用钛合金材料和无损检测技术应用之初,我国整体的无损检测标准体系尚不完善,大多数标准都是参考国外标准制定的,各行业普遍缺乏对标准系统性的认识。因此,前期的船用钛合金检测主要依赖于特定产品的技术协议和人员经验,检测过程不够规范,重复性较差。随着船用钛合金产品线的延伸和产品类型的不断丰富,人们对船用钛合金无损检测标准的需求变得更加迫切,开始引入和参考一些国内外相关检测标准用于船用钛合金的无损检测。直到现在,我国船用钛合金无损检测标准仍然是以采用其他行业的标准为主。

船用钛合金无损检测早期采用的标准中既有国内标准,又有美国国家、欧洲标准等国外标准,通常要根据用户要求或检测对象的特点进行选择,但国内外标准中的技术差异不利于检测技术水平的提高。经过几十年的完善,我国的无损检测标准经过多次修订,充分考虑了国家工业水平和质量控制要求,并完善了关于设备与器材方面的相关标准,形成了具有中国特色的无损检测标准体系,部分标准已达到了国际先进水平。在这样的背景下,船用钛合金无损检测也开始以国内标准为主,

第7章 船用钛合金无损检测标准

经过长期的对比和使用,目前采用的相关标准已能满足大多数钛合金产品的检测需求。表7-1所列船用钛合金无损检测常用的标准,涵盖了原材料、焊接件、铸件及装备的检测,为钛合金加工和产品制造提供了系统的标准选择方案。由于承压设备无损检测标准充分考虑了我国工业现状,涵盖的检测方法全面,可操作性强,从 JB/T 4730 到 NB/T 47013,都是船用钛合金无损检测中选择和应用最多的标准。

表7-1 船用钛合金常用无损检测标准

检测方法	标准
射线检测	①《承压设备无损检测 第2部分:射线检测》(NB/T 47013.2) ②《潜水器钛合金对接焊缝 X 射线检测及质量分级》(GB/T 35367) ③《铸件 射线照相检测》(GB/T 5677) ④《焊缝无损检测 射线检测 第1部分:X 和伽马射线的胶片技术》(GB/T 3323.1) ⑤《焊缝无损检测 射线检测验收等级 第1部分:钢、镍、钛及其合金》(GB/T 37910.1) ⑥《钛铸件的参考射线底片》(ASTM 1320)
超声检测	①《承压设备无损检测 第3部分:超声检测》(NB/T 47013.3) ②《钛及钛合金加工产品超声检验方法》(GB/T 5193) ③《无缝和焊接(埋弧焊除外)钢管纵向和/或横向缺欠的全圆周自动超声检测》(GB/T 5777) ④《金属板材超声板波探伤方法》(GB/T 8651) ⑤《钛及钛合金管材超声波探伤方法》(GB/T 12969.1) ⑥《潜水器钛合金对接焊缝超声波检测及质量分级》(GB/T 35361) ⑦《复合钢板超声检测方法》(GB/T 7734)
涡流检测	①《承压设备无损检测 第6部分:涡流检测》(NB/T 47013.6) ②《钛及钛合金管材涡流探伤方法》(GB/T 12969.2) ③《钛及钛合金棒、丝材涡流探伤方法》(GB/T 23601)
渗透检测	①《承压设备无损检测 第5部分:渗透检测》(NB/T 47013.5) ②《焊缝无损检测 焊缝渗透检测 验收等级》(GB/T 26953)
泄漏检测	①《承压设备无损检测 第8部分:泄漏检测》(NB/T 47013.8) ②《氦检漏》(EJ 388)

上述标准以国标和承压设备标准为主,检测对象涵盖锻件、棒材、板材、管材、铸件、焊接接头和装备,构成了船用钛合金无损检测常用标准库。在实际应用中,针对特殊行业的要求或国际通用性的考虑,也会采用一些行业标准或国外标准,如国军标(GJB)、美国机械工程师协会(ASME)标准、美国材料与试验协会(ASTM)标准、国际标准化组织标准(ISO)等。因此,船用钛合金无损检测标准具有覆盖面广、跨行业等特点,常用标准都是在长期应用和对比的基础上优选的结果,具有较强的适应性。同时,也有利于船用钛合金无损检测新技术的推广和应用,能及时跟

踪国内外先进检测标准,并参考使用。

虽然船用钛合金广泛采用各行业标准,具有很强的灵活性,但也造成了标准构成复杂,缺乏体系化的不足。由于大多数标准在编制时针对的是通用的和常见规格的检测对象,故适用范围、技术要求与船用钛合金的贴合性较差,如大多数标准的适用范围已不足以覆盖船用钛合金产品,某些技术指标也不适用于超大规格构件检测。除此之外,新产品、新制造工艺要求开发新的检测工艺并制定质量分级方法,在这个过程中,新技术的应用频率要高于常规检测方法,急需在引进、消化新技术标准的前提下制定专用的检测标准。

为更好地发挥无损检测技术优势,形成与船用钛合金先进制造技术相适应的质量控制技术体系,创造生产价值,在未来发展阶段,船用钛合金无损检测标准的发展有几个关键目标:首先,要根据当前的船用钛合金产品线,制定专用的检测标准以满足大规格范围产品的检测需求,如超大厚度钛合金焊接超声检测标准、大口径无缝钛合金管材超声检测标准。其次,要加强标准转化,将部分企业标准上升为行业标准或国家标准,对通用性和代表性较强的标准,要结合产品推广升级,扩大船用钛合金无损检测标准的覆盖范围。最后,针对新技术的应用需求,以及船用钛合金结构的特点,联合设计单位、使用单位制定典型构件检测的专用标准,最终升级成通用型船用钛合金检测标准。

7.2 船用钛合金原材料无损检测标准

7.2.1 常用标准的应用情况

钛合金原材料的无损检测主要采用超声、涡流和渗透3种检测方法,超声和渗透的应用范围较广,而涡流主要用于管材检测。图7-1为船用钛合金原材料检测标准应用关系图,对于常见规格的产品,可直接根据该图选择相应的标准。常用的检测标准具体信息如下:

(1)《钛及钛合金加工产品超声检验方法》(GB/T 5193);

(2)《钛及钛合金管材超声波探伤方法》(GB/T 12969.1);

(3)《钛及钛合金管材涡流探伤方法》(GB/T 12969.2);

(4)《无缝和焊接(埋弧焊除外)钢管纵向和/或横向缺欠的全圆周自动超声检测》(GB/T 5777);

(5)《金属板材超声板波探伤方法》(GB/T 8651);

(6)《钛及钛合金棒、丝材涡流探伤方法》(GB/T 23601);

(7)《复合钢板超声检测方法》(GB/T 7734);

(8)《承压设备无损检测　第3部分:超声检测》(NB/T 47013.3);
(9)《承压设备无损检测　第5部分:渗透检测》(NB/T 47013.5);
(10)《承压设备无损检测　第6部分:涡流检测》(NB/T 47013.6)。

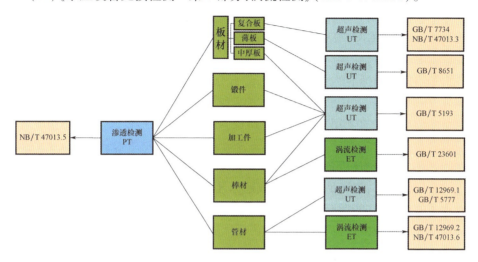

图7-1　钛合金原材料检测标准应用关系图

GB/T 5193和GB/T 12969是为数不多的专门针对钛合金原材料检测制定的国家标准,应用范围广,应优先选用。

GB/T 5193最早发布于1985年,制定标准时参考了美国宇航材料标准(AMS)、美国军用标准(MIL)等大量国外钛合金检测的相关标准,适用于钛合金板材、锻件、棒材及加工件的检测。GB/T 5193分别于2007年和2020年修订。2020版的标准扩大了适用范围,能满足绝大多数船用钛合金原材料和加工产品的检测需求,应用非常广泛。

GB/T 12969最早发布于1991年,分为超声和涡流两部分,适用于冷凝器和热交换器用钛合金管材,最新版修订于2007年。该标准只适用于小规格薄壁管材,是换热器制造过程中换热管检测的首选标准,但并不能用于大规格管材的检测。目前,尚无针对大规格钛合金管材的超声检测标准,因此,有时会参考采用GB/T 5777。

GB/T 8651是基于板波法检测的板材超声检测标准,是对常规检测方法和标准的补充,最早发布于1988年,最新版修订于2015年。板材最常采用的检测方法为纵波直射法,即使在采用双晶探头或水浸聚焦的条件下一般也只能检测厚度6mm以上的板材,这也是多数检测标准的厚度下限。若要检测厚度更小的板材,就需要采用更高的检测频率,甚至要采用高频超声,大多数检测设备并不具备这样的检测能力。因此,利用超声板波检测厚度较小的板材就成了可操作性更强的方案。该标准并不是专门针对钛合金的检测标准,适用于各种常见类型的金属材料,也包括钛合金。GB/T 8651 应用频次较高,用于曲面成形的钛合金薄板加工前通常都要进行超声板波检测。

钛合金复合板的超声检测主要用于检测结合面状态,并不能按照普通板材的检测标准,通常采用 NB/T 47013.3 或 GB/T 7734。直径较小的棒材或丝材可进行涡流检测,可采用 GB/T 23601,但船用钛合金棒材大多进行超声检测和渗透检测,很少进行涡流检测。

由于渗透检测标准的通用性较强,除部分材质对渗透材料中特定元素含量的限制外,在检测工艺上几乎不存在太大的差别,大多数标准都能满足需求。钛合金原材料渗透检测一直采用承压设备无损检测标准,适应性好,故 NB/T 47013.5 仍然是钛合金渗透检测的最常用标准。钛合金管材的涡流检测大多数情况下会采用 GB/T 12969.2,但承压设备行业的相关产品会采用 NB/T 47013.6。

除常用标准外,为满足特定行业或超标规格产品的检测需求,也会参考采用国内外相关的标准,这些标准的技术要求和质量分级略有差别,且多数标准针对的检测对象主要是钢制构件。本节主要对比超声检测和涡流检测相关的标准。

7.2.2 棒材、锻件超声检测标准

在国内外标准中,专门用于钛合金棒材、锻件超声检测的标准数量占比不高。由于钛合金在航空、航天领域应用较早,材料应用比例也较高,因此,标准体系的建设也最为完善。本部分选择美国宇航材料标准(AMS)、美国军用标准(MIL)、国标和国军标中的能够用于钛合金检测的相关标准进行对比[1],具体标准如下:

(1)《钛及钛合金棒、坯超声检测》(AMS 2631D);
(2)《锻造金属及加工件超声检测》(MIL – STD – 2154);
(3)《钛及钛合金加工产品超声波检验方法》(GB/T 5193);
(4)《变形金属超声检验方法》(GJB 1580A)。

AMS 2361 制定于 20 世纪 70 年代,是世界范围内较早的钛合金专用无损检测标准之一,随后又经过多次修订,该标准详细规定了超声检测的技术要求和质量分级。

MIL – STD – 2154 并不是专门针对钛合金检测的标准,适用于多种材料,包括钛合金,明确了超声检测的技术要求与质量分级。随后颁布的《锻造金属超声波检验程序》(AMS – STD – 2154)标准就是在 MIL – STD – 2154 标准的基础上制定的,仅在格式上进行了修改,基本内容一致,本部分选择 MIL – STD – 2154 为阐述对象。

GB/T 5193 为国内发布较早的有关钛合金原材料超声检测的标准,于 1985 年首次发布,最新版本为 2020 版。该标准在制定过程中借鉴了国外同类标准的技术要求,适用于棒材、锻件和板材的检测,应用非常普遍。

第7章 船用钛合金无损检测标准

GJB 1580A 为我国军用标准,于1993年首次发布,该版本与《无损检测质量控制规范 超声纵波和横波检验》(GJB 593.1—1988)配合使用,2004版替代了上述两个标准。该标准规定了变形金属的超声检测方法,同样适用于多种金属材料。

上述4项标准在整体检测方法的要求上基本相同,但在质量分级和技术指标的规定上又略有区别。

1. 适用范围对比

表7-2列出了各个标准的适用范围。

在适用材料上,各个标准均适用于钛合金材料。在被检工件类型上,各个标准基本是相同的,均可用于钛合金板材、锻件、棒材和加工件的检测,主要是指锻造、挤压或轧制而成的工件,不适用于铸造工件。在规格范围上,出于检测盲区的考虑,AMS 2631D、MIL-STD-2154 和 GB/T 5193 均设置了被检工件截面厚度的下限,下限值与同类标准相近。虽然 GJB 1580A 未设置厚度上下限,适用范围最大,但被检工件厚度较小时,要采用横波斜射法检测。因此,为满足钛合金薄板的检测需求,有时就需要采用 GB/T 8651。GB/T 5193—2007 的截面厚度上限为230mm,最新修订的 GB/T 5193—2020 将厚度上限提高到500mm,以更好地适应更大规格产品的检测需求。

表7-2 标准适用范围对比

标准代号	适用材料	被检工件类型	规格范围
AMS 2631D	钛及钛合金	锻件、其他制件	截面厚度不小于12.7mm
MIL-STD-2154	铝、镁、钛、钢	锻造金属及制品:锻坯、锻件、轧制坯料或板材、挤压或轧制棒材、挤压或轧制型材及其制件	截面厚度不小于6.4mm
GB/T 5193	钛及钛合金	加工产品:锻件、板材、棒材及制件	截面厚度为6~500mm
GJB 1580A	铝、镁、钛、钢	变形金属及制件:锻坯、锻件、轧制件、板材、挤压或轧制棒材、型材及其加工件	未设置厚度上下限

各个标准均适用于钛合金制件的检测,所述的制件主要是指锻件、轧制件、棒材等通过二次加工制成的零部件。实际检测时,要结合零部件的结构形式选择合适的扫查面,结构过于复杂时还要制作1:1的专用试块,甚至要采用纵波与横波结合的方式检测。因此,对于批量化制件或结构过于复杂的制件,在条件允许的情况下,应在二次加工前对坯料实施检测,提高可实施性和可靠性。

2. 技术要求对比

表7-3列出了各个标准的关键技术要求。

表 7-3 标准关键技术对比

标准代号	AMS 2631D	MIL-STD-2154	GB/T 5193	GJB 1580A
检测方法	接触法和液浸法	接触法和液浸法	接触法和液浸法	接触法和液浸法
波型选择	纵波、横波	纵波、横波	纵波	纵波、横波
检测频率	2.25~10MHz	2.25~10MHz	2~15MHz	2.25~10MHz
探头直径	9.5~25.4mm	液浸法:9.5~19.1mm；接触法:6.4~25.4mm	6~32mm	6~25mm
入射面分辨力	未明确	有明确要求	未明确	有明确要求
底面分辨力	未明确	有明确要求	未明确	未明确
试块材质	与被检工件声学性能相同或相近	TC4,退火	与被检工件声学性能相同或相近	TC4,退火
试块材质均匀性	未明确	有要求	未明确	有明确要求
参考反射体	平底孔、横孔、各种类型的槽	平底孔、横孔	平底孔	平底孔、横孔、U形槽

在检测方法上,各个标准均包含接触法和液浸法,但均未明确规定接触法和液浸法的适用范围。对于未明确规定的工件,实际检测时根据工件规格、设备条件选择,能保持检测工艺的灵活性。

在波型的选择上,AMS 2631D、MIL-STD-2154、GJB 1580A 均明确描述了纵波和横波的检测要求;GB/T 5193 主要规定纵波检测方法,只有在供需双方协商同意的条件下,才允许采用其他波型,但未具体描述相关的技术要求。横波斜射法检测可作为补充检测手段,对于特定类型的缺陷,如棒材表面裂纹、加工件结构过渡部位裂纹等,有较高的检出率。

在检测频率上,各个标准的要求基本相同。检测频率对声束指向性、小缺陷检出能力、近场区长度等有直接影响,应根据具体的检测条件选择。在检测声学性能较差或厚度较大的工件时,有时可能需要采用更低的频率,但一定要保证检测系统的性能满足标准要求,且需征求客户同意。

在探头晶片尺寸上,各个标准均有明确的规定。值得注意的是,在采用横波探头或矩形晶片探头时,尺寸的要求要按面积折算,各个标准的规定略有差异,具体使用时要执行相关的要求。

在分辨力上,MIL-STD-2154 对入射面和底面均有明确的规定,GJB 1580A

也详细规定了被检工件不同厚度下的入射面分辨力要求,其他标准未作具体规定。明确入射面和底面的分辨力要求主要是基于检测盲区的考虑。在检测厚度较大的工件时,常采用低频率、大晶片探头,接触面的检测盲区很大,需要采取双面扫查或分区扫查的方案解决这一问题。

在试块的材质上,MIL‐STD‐2154 和 GJB 1580A 均推荐采用 TC4 材质,退火状态,AMS 2631D 和 GB/T 5193 则是要求试块与被检工件的声学性能相同或相近。AMS 2631D 要求试块与被检工件的声学性能差异最大不能超过 75%,当声学性能差异不大于 25% 时,不需要补偿,但当声学性能差异大于 25% 且小于 75% 时,应补偿修正灵敏度。MIL‐STD‐2154 未明确试块与被检工件声学性能的量化指标,但用于制作试块的坯料要采用水浸法检测,质量级别要求达到最高等级(AA 级),直接由被检工件取料制作时质量等级要求要比被检工件高一级。GB/T 5193 要求试块与被检工件的声传输特性差应在 12dB 以内,检测时还要补偿校正,若超出该范围,就要更换对比试块。GJB 1580A 要求采用与被检工件厚度相等的试块测试声波传输特性差异,若传输修正值在 ±2dB 以内,在得到需求方同意的条件下,可不进行修正,若传输修正值超过 ±6dB,则对比试块不应采用。

在试块材质均匀性上,各个标准的要求不同,AMS 2631D 和 GB/T 5193 无明确要求,MIL‐STD‐2154 有相关的要求,GJB 1580A 的规定最严。MIL‐STD‐2154 规定,在液浸纵波直射检测时,试块任何区域的底面反射波幅值变化范围不能大于 35%。GJB 1580A 有同样的规定,要求不应有任何高于噪声信号幅度的回波显示,且任何部位由材料引起的底面反射幅度变化不应大于 3dB。除此之外,GJB 1580A 对每套试块(不同厚度、不少于 12 块)材料的透声一致性也有要求,要求在相同反射波高度的条件下采用液浸法测量一次底波信号达到该高度所需的增益量,将结果绘制成分贝值与材料厚度的关系图,并画出最佳拟合线。如图 7‐2 所示,要求试块测试结果均分布于拟合线 ±1dB 范围内。制作完成的试块,同样要求测试不同深度的参考反射体数据,并绘制最佳拟合线,任一测试点偏差不能超过 ±1dB。

在试块的参考反射体上,各个标准均以平底孔为主,为适应横波检测或特定结构的检测,部分标准还允许采用其他类型的参考反射体。除 GB/T 5193 外,其他标准都给出了横孔试块的要求,主要用于横波斜探头的调试与检测。同时,AMS 2631 还允许采用 U 形、V 形、方形槽和窄缝,GJB 1580A 允许采用 U 形槽,槽形反射体主要用于薄壁筒形结构的检测。

综合对比各个标准的关键技术要求,在重要参数上基本处于同一水平,但在细节要求上并不完全相同。其中,GJB 1580A 的要求最为全面,如对试块声学性能的均匀性有明确的规定,但在船用钛合金实际检测中可能存在一定的困难,主要是因为船用钛合金规格尺寸较大,微观组织的均匀性调控难度较大,声学性能很可能也不太均匀。因此,在船用钛合金中,尤其在检测大规格构件时,较少采用该标准。

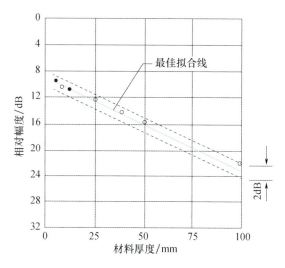

图 7-2 一套试块用料的声衰减特性

3. 质量分级对比

表 7-4 所列为 AMS 2361D 规定的质量分级,分为 4 个质量等级,并根据产品的制造工艺将其分为 1 级、2 级两类,具体参考 AMS 2380。根据等级要求选择相应直径的平底孔试块制作 DAC 曲线评定检测结果,超过拒收水平 75% 的显示都要进行评定,且任何波幅超过 DAC 曲线的不连续显示均判断为不合格。同时,对底波损失和噪声信号也有明确的要求,当与相同或相似无缺陷产品相比,底波损失大于50%,且上、下表面声程范围内的噪声信号两倍于正常值时,判定为不合格。检测过程中,本底噪声应不超过与被检产品相同合金的对比试块中参考平底孔反射高度的 50%,该指标也可由采购方指定(更高或更低)。

表 7-4 AMS 2361D 质量分级

质量等级	单个不连续孔直径(1 级)/mm	单个不连续孔直径(2 级)/mm
AA	0.8	0.8
A1	1.2	1.2
A	2.0	1.6
B	3.2	2.4

表 7-5 所列为 MIL-STD-2154 规定的质量分级,分为 5 个质量等级,且增加

了多个不连续和长条形不连续的评级规定。对于多个不连续显示，界定的标准为不连续的中心间距是否小于25.4mm，小于时就判定为多个不连续，并依据相应等级对应的平底孔或当量切槽评定。对于长条形不连续，对其指示长度和信号响应都有严格的规定，如 AA 级中，不连续长度大于12.7mm 且响应信号大于同深度直径0.8mm 平底孔响应信号时，即为不合格。直射波检测时，对于底波损失的要求与 AMS 2361 标准相同，底波损失 50% 的同时噪声信号增大 1 倍是不可接受的。AAA 级时噪声的要求较高，其他级别要求噪声低于报警水平。

表 7-5 MIL-STD-2154 质量分级

质量等级	单个不连续孔直径/mm	多个不连续孔直径/mm	长条形不连续的长度-响应的孔直径/mm	底波损失/%	噪声
AAA	0.4 或 0.3	0.12	3.2-0.12	50	1.2 的 10%
AA	1.2	0.8	12.7-0.8	50	报警水平
A	2.0	1.2	25.4-1.2	50	报警水平
B	3.2	2.0	25.4-2.0	50	报警水平
C	3.2	不适用	不适用	50	报警水平

表 7-6 所列为 GB/T 5193 规定的质量分级，分为 4 个质量等级，整体的评级要求与 AMS 2361 接近，主要以不连续点的反射信号幅值评定。底波损失的要求也完全相同。要求噪声信号不能超过对比试块中参考平底孔反射回波高度的 50%，这一指标较为严格。

表 7-6 GB/T 5193 质量分级

质量等级	单个不连续性孔直径/mm
AA	0.8
A1	1.2
A	2.0
B	3.2

表 7-7 所列为 GJB 1580A 规定的质量分级，分为 5 个质量等级，本标准的评级要求与 MIL-STD-2154 大致相同，同样规定了多个不连续、长条形不连续的评定要求。多个不连续和长条形不连续的评定要求中，在 AAA 级中进行了优化，适当放宽了要求，更便于操作。除此之外，对于底波反射损失的和噪声的要求未给出明确的规定，由供需双方商定。

表 7 – 7　GJB 1580A 质量分级

质量等级	单个不连续性指示 当量平底孔直径 /mm	多个不连续性指示 当量平底孔直径 /mm	间距 /mm	长条形不连续性指示 当量平底孔直径 /mm	长度 /mm	底波反射损失 /%	噪声
AAA	0.8	0.4	25	0.4	3	由供需双方商定	
AA	1.2	0.8	25	0.8	13		
A	2.0	1.2	25	1.2	25		
B	3.2	2.0	25	2.0	25		
C	3.2	不要求		不要求			

综合对比各个标准的质量分级要求,AMS 2361 和 GB/T 5193 的要求基本一致,主要针对单个不连续指示进行评级,而 MIL – STD – 2154 和 GJB 1580A 则增加了多个不连续和长条形不连续的评级内容。从技术层面考虑,增加多个不连续和长条形不连续的评级要求,能更全面反映被检工件质量,但这类缺陷的出现概率较低,大多数情况下都是单个不连续缺陷。虽然 AMS 2361 和 GB/T 5193 未规定这方面的要求,但在检测过程中若出现多个或有一定长度、面积的不连续时,检测人员应根据经验做降级或其他处理。

7.2.3　管材超声检测标准

目前,可参考或直接用于船用钛合金管材超声检测的标准如下:
(1)《金属管材超声检验标准操作方法》(ASTM E213);
(2)《薄壁金属管材超声波检验》(AMS 2634);
(3)《钛管　无损检测　第 2 部分:纵向缺欠超声波检测》(ISO 25902 – 2);
(4)《钛及钛合金管材超声波探伤方法》(GB/T 12969.1);
(5)《无缝和焊接(埋弧焊除外)钢管纵向和/或横向缺欠的全圆周自动超声检测》(GB/T 5777)。

表 7 – 8 所列为各个标准的关键技术对比。

其中,ASTM E213 最新版修订于 2020 年,在 ASME 第Ⅴ卷(SE – 213)中直接采用,适用于各种材质的金属管材的检测,但无质量评级的规定。

AMS 2634 发布于 20 世纪 90 年代,适用于钛、钢管材,对管材规格有严格的限制。

ISO 25902 发布于 2009 年,是专门用于钛管无损检测的国际标准,共分为两部分,第 1 部分为涡流检测,第 2 部分为超声检测。

GB/T 12969.1 最新版修订于 2007 年,是专门用于钛合金管材检测的超声检测标准,但只适用于冷凝器和热交换器用小口径薄壁管材。

表7-8 管材超声检测标准对比

标准代号	ASTM E213	AMS 2634	ISO 25902-2	GB/T 12969.1	GB/T 5777
适用材质	未明确,金属管材	钛、钛合金、钢	钛及钛合金	钛及钛合金	钢
适用范围	外径≥12.7mm	外径>4.8mm,且外径与壁厚的比值不小于8,壁厚变化不超过10%	外径10~150mm,壁厚0.3~10m,壁厚与外径之比≤0.2	外径6~80mm,壁厚0.5~4.5mm,壁厚与外径之比≤0.2	外径≥6mm 且壁厚与外径之比≤0.2,壁厚与外径之比>0.2时,按附录执行
检测方法	水浸法、接触法、电磁超声法	水浸法	水浸法	水浸法	水浸法、接触法扫查
检测频率	未明确	≥5MHz	4~10MHz	5~15MHz	1~15MHz
扫查方向	周向为主,必要时增加轴向扫查	周向和轴向均要进行扫查	仅做周向扫查	周向为主,必要时增加轴向扫查	周向为主,必要时增加轴向扫查
样管要求	有适当长度,从与被检材料标称直径、壁厚、材料、表面粗糙度和声学特性相同的长管取样制作				
参考反射体	V形、矩形或U形	矩形	矩形	U形、矩形或V形,U形为仲裁试验缺陷	V形或矩形
质量分级	未明确,由供需双方规定参考反射体的尺寸	分为AA、A1、A、B、C共5个级别	分为8种尺寸的反射体,并根据管材用途,加工和成形等特点分为5个级别	未细分级别:参考反射体深度为管材名义壁厚的12.5%或0.1mm,选择其中较大者,长度为25mm±2mm	分为U1、U2、U3、U4共4个级别,经双方协商,也可采用U2.5级,参考反射体的要求详见表7-10

GB/T 5777 最早发布于 1986 年,经过多次修订,最新版为 2019 版,最新版修改采用 ISO 10893 – 10:2011 标准,根据我国的行业现状进行了适应性修改。虽然该标准是钢管检测的标准,但由于内容全面,通常作为大口径钛合金管材检测的参考标准。

GB/T 12969.1 和 ISO 25902 – 2 仅适用于小口径管材的检测,而 ASTM E213、AMS 2634 和 GB/T 5777 的适用范围较大,基本上能满足各类规格管材的检测需求。而且,ASTM E213 同时支持水浸法、接触法和电磁超声检测,GB/T 5777 最新版删除了电磁超声检测方法,增加了兰姆波和相控阵超声检测方法。综合对比各个标准的技术要求,虽然关键指标略有差异,但整体接近,如扫查检测时均以周向扫查为主,样管均要求与被检工件有相同的特性等。

在质量分级上,ASTM E213 未明确,仅规定了管材超声检测的操作方法,要求供需双方规定验收标准。AMS 2634 的验收分为 AA、A1、A、B、C 共 5 级,详见表 7 – 9,参考反射体的深度小,长度短,质量要求较为严格。ISO 25902 – 2 标准规定了 N – 0.08、N – 0.10 等 8 个规格尺寸的参考反射体,并依据管材的类型、用途和壁厚分为 UA、UB、UC、UD 和 UE 共 5 个等级,每个等级对应有参考反射体的规格。GB/T 12969.1 未细分质量等级,大规格管材参考该标准时质量分级缺乏灵活性,质量要求相对较低。GB/T 5777 的质量分级与 ISO 10893 – 10:2011 保持一致,同时提供了 U2.5 级的选择,更符合国内习惯,见表 7 – 10。其中的 U2.5 级是不同于 ISO 10893 标准而新增的级别,与 GB/T 5777—2008 版中的 L2.5 级对应,该级别在国内应用较为普遍。GB/T 5777—2019 结合了管材的加工方式和用途对刻槽的最小、最大深度进行了限制,并给出了不同质量级别对应的适用范围,可作为参考。

表 7 – 9 AMS 2634 人工缺陷尺寸

质量等级	壁厚/mm	深度/mm	长度/mm	最大宽度/mm
AA	<1.14	0.05	1.52	0.10
	1.14 ~ 1.52	0.05	3.18	
	1.52 ~ 2.03	0.08	3.18	
	2.03 ~ 2.54	0.10	3.18	
A1	任意	0.05 或 5% 壁厚,取较大者	3.18	
A	<1.14	0.08	1.52	
	1.14 ~ 1.52	0.08	3.18	
	>1.52	0.10 或 5% 壁厚,取较大者	3.18	
B	<1.14	0.10 或 5% 壁厚,取较大者	1.52	
	1.14 ~ 1.52	0.10 或 5% 壁厚,取较大者	3.18	
	>1.52	0.13 或 5% 壁厚,取较大者	3.18	
C	任意	0.13 或 5% 壁厚,取较大者	6.35	

表 7 – 10　GB/T 5777 人工缺陷尺寸

验收等级①	刻槽深度与公称壁厚之比/%	刻槽宽度	刻槽长度
U1	3	宽度应不大于1.0mm,且不超过深度的2倍	对比刻槽的长度应大于单个换能器或单个虚拟换能器的宽度,并作如下限制:(1)对冷拔、冷轧或机加工钢管,最大25mm;(2)其他情况,最大50mm
U2	5		
U3	10		
U4	12.5		

① 经供需双方协商同意,可以采用验收等级2.5,此时刻槽深度与公称壁厚之比8%。

根据对比,AMS 2634 和 GB/T 5777 的适用规格范围最大,技术要求全面,质量分级也比较系统。因此,针对 GB/T 12969.1 适用范围较小的不足,在检测大规格钛合金管材时可参考使用上述标准,AMS 2634 更多的应用于航空、航天领域,故大规格船用钛合金管材更多的参考使用 GB/T 5777。

7.2.4　管材涡流检测标准

目前,与船用钛合金管材涡流检测相关的标准如下:

(1)《钛、奥氏体不锈钢及类似合金的无缝和焊接管制品电磁涡流检验实施方法》(ASTM E426);

(2)《非铁磁性热交换管在役电磁涡流检验实施方法》(ASTM E690);

(3)《钛管　无损检测　第1部分:涡流检验》(ISO 25902 – 1);

(4)《美国海军舰船用热交换管涡流检测》(MIL – STD – 2032(SH));

(5)《钛及钛合金管材涡流探伤方法》(GB/T 12969.2);

(6)《涡流检验方法》(GJB 2908);

(7)《承压设备无损检测　第6部分:涡流检测》(NB/T 47013.6)。

其中,ASTM E426 和 ASTM E690 约 5 年更新 1 次,是涡流检测方法标准,详细规定了实施涡流检测的设备、标样管、程序等要求,但要求由供需双方或使用方提供验收要求。

ISO 25902 – 1 发布于 2009 年,是钛管专用的涡流检测国际标准,适用于多种规格在制、在用管材的检测,可与 ISO 25902 – 2 配套使用。

MIL – STD – 2032(SH)发布时间较早(1990 年),是美国海军舰船用热交换器管涡流检测标准,内容丰富,对国内类似产品的检测有重要参考意义。

GB/T 12969.2 最新版发布于 2007 年,是专门用于冷凝器和热交换器用钛及钛合金管材涡流检测的标准,可与 GB/T 12969.1 配套使用。

GJB 2908 发布于 1997 年,该标准较为特殊,覆盖范围较广,适用于多种金属材料的零部件、管材、棒材等产品的涡流检测。

NB/T 47013.6 发布于 2015 年,是 JB/T 4730—2005 的替代版。该标准包含了非铁磁性管材的涡流检测方法和质量分级,分为两个部分,一部分为在制或在用管材的检测,另一部分为已安装完成的在制或在役换热管的检测。

表 7-11 所列为各个标准的关键参数对比,均适用于钛及钛合金管材的检测,适用对象和规格范围上并不相同,且都支持穿过式探头,部分标准还支持其他类型的探头。除此之外,涡流检测的标样管人工缺陷大多包括通孔形和槽形两种类型,在役检测时有定量需求,通常还需要采用不同深度的平底孔。总体而言,上述标准均对人员、设备、标样管、灵敏度设置等方面有详细的规定,整体技术水平接近,但由于应用对象不同,技术细节略有差异。

表 7-11 涡流检测标准关键参数对比

标准代号	适用材质	适用对象类型	适用规格	探头类型
ASTM E426	钛、奥氏体不锈钢等非铁磁性金属	有缝、无缝管	外径:3.2~127mm 壁厚:0.13~6.4mm	穿过式、点式
ASTM E690	非铁磁性金属	在役换热管	未明确	穿过式
ISO 25902-1	钛及钛合金	有缝、无缝管	外径:10~150mm 壁厚:0.3~10mm	未明确
MIL-STD-2032	非铁磁性金属	在制或在役热交换器换热管	未明确	穿过式
GB/T 12969.2	钛及钛合金	有缝、无缝管	外径:4~65mm 壁厚:0.5~4.5mm	穿过式、点式
GJB 2908	金属材料	零部件及管、棒、线材等	未明确	点式、穿过式、扇形
NB/T 47013.6	金属材料	在制、在用和在役管材	一般管材,外径:4~65mm,壁厚:0.5~4.5mm;在用或在役管材,外径:10~200mm,壁厚:0.75~8.0mm	穿过式

在人工缺陷的要求上,ISO 25902-1 和 GB/T 12969.2 均允许采用通孔和槽形

人工缺陷。MIL-STD-2032 规定了 4 种形式的标准试样,包括通孔、平底孔、平底槽等,可用于仪器校准和定量评价,同时还规定了变截面管材的试样要求,如图 7-3 所示,对国内异形换热管的检测有重要参考意义。GJB 2908 针对管材检测的人工缺陷要求与 NB/T 47013.6 较为接近,分为槽形、通孔形和平底孔形,平底孔形缺陷可用于在役检测的壁厚减薄定量评价。在一般管材的检测中,GB/T 12969.2 与 NB/T 47013.6 规定的通孔尺寸一致,质量要求相同,而 GJB 2908 中只规定了钢、铜、铝管的通孔直径要求,钛管可参考采用。本部分重点介绍 ISO 25902-1 规定的人工缺陷尺寸要求。

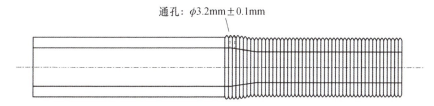

图 7-3 过渡区域灵敏度标准试样

表 7-12 和表 7-13 所列为 ISO 25902-1 规定的钛合金管材涡流检测标样人工缺陷尺寸要求。标准以管材外径 38.1mm 为界限,给出了不同用途、类别、制造方法的管材在不同壁厚条件下的人工缺陷尺寸要求,矩形槽的宽度不大于 1.0mm,长度应为 10~25mm。这种人工缺陷尺寸设置方法不同于其他标准(其他标准通常只以管材外径范围为依据设置人工缺陷尺寸),两种方式各有优劣,特定用途的管材可使用该标准。

表 7-12 ISO 25902-1 人工缺陷要求(外径不大于 38.1mm)

分类	适用范围				人工缺陷尺寸	
	应用	类别	制造方法	壁厚 t/mm	矩形槽深度	通孔直径/mm
EA	用于热交换器	焊管	焊接或冷拔	$0.3 \leq t < 0.8$	10%t	0.8
				$0.8 \leq t < 3$	12.5%t	
EB		无缝管	冷拔	$1 \leq t < 1.3$	20%t	1.0
				$1.3 \leq t < 5$	15%t	
EC	用于管道	焊管	焊接或冷拔	$1 \leq t \leq 10$	20%t	1.2
ED		无缝管	冷拔	$1 \leq t \leq 10$	25%t	1.4
EE	用于热交换器和管道	无缝管	热挤压	$3 \leq t \leq 10$	30%t	1.6
			冷轧	$1 \leq t < 1.3$	40%t	
				$1.3 \leq t \leq 10$	30%t	

表 7-13 ISO 25902-1 人工缺陷要求（外径大于 38.1mm）

分类	适用范围				人工缺陷尺寸	
	应用	类别	制造方法	壁厚 t/mm	矩形槽深度	通孔直径/mm
EF	用于热交换器	焊管	焊接或冷拔	$0.3 \leq t < 1.3$	$20\%t$	1.0
				$1.3 \leq t < 3$	$15\%t$	
EG		无缝管	冷拔	$1 \leq t \leq 5$	$20\%t$	1.2
EH	用于管道	焊管	焊接或冷拔	$1 \leq t \leq 10$	$25\%t$	1.4
			冷拔	$1 \leq t \leq 10$	$30\%t$	1.6
EI	用于热交换器和管道	无缝管	热挤压	$3 \leq t \leq 10$	$40\%t$	3.2
EJ			冷轧	$1 \leq t \leq 10$		

7.3 船用钛合金焊接接头无损检测标准

7.3.1 射线检测标准

钛合金焊接接头射线检测的灵敏度高，尤其在检测薄板焊接接头时，对微小气孔具有较高的检出率，检测效果优于超声检测。国内船用钛合金产品焊接接头的射线检测主要采用 NB/T 47013.2 标准，国际性的产品大多采用 ASME 标准。目前，船用钛合金焊接接头可采用的射线检测标准如下：

(1)《AMSE V 第2章 射线照相检验》；

(2)《焊接无损检测—熔化焊接射线照相检测》(EN 1435)；

(3)《焊缝无损检测 射线检测 第1部分:X 和伽马射线的胶片技术》(GB/T 3323.1)；

(4)《焊缝无损检测 射线检测验收等级 第1部分:钢、镍、钛及其合金》(GB/T 37910.1)；

(5)《潜水器钛合金对接焊缝 X 射线检测及质量分级》(GB/T 35367)；

(6)《承压设备无损检测 第2部分:射线检测》(NB/T 47013.2)。

其中，ASME V 汇总了各种检测方法的技术要求，分 A、B 两部分，A 分卷(包括第2章射线照相检验)为强制性要求，B 分卷(包含第22章射线照相检验标准)为非强制性指南，标准定期更新[2-3]。ASME V 第22章直接引用了 ASTM E94、E747 等大量射线检测标准，有一定的互通性，因此，本部分不再单独介绍 ASTM 的射线检测标准。ASME 标准主要用于国际性产品，国内使用的产品应用较少。

EN 1435 最新版发布于2002年，是欧洲标准化委员会制定的焊接射线检测标准,详细规定了焊接接头射线检测的技术等级、射线源、像质计、胶片、透照方法等要求,但未给出质量分级的规定。

早期的 GB/T 3323(2005 版)修改采用欧洲标准化委员会制定的 EN 1435,并在附录中补充增加了质量分级的内容。2019 年修订的 GB/T 3323 分为两个部分,GB/T 3323.1 用于胶片射线照相检测;GB/T 3323.2 用于数字射线检测;修改采用 ISO 17636。同时,GB/T 3323 最新版也删除了质量分级的内容,可与同年发布的《焊缝无损检测 射线检测验收等级 第1部分:钢、镍、钛及其合金》(GB/T 37910.1)配合使用,GB/T 37910.1 修改采用 ISO 10675 – 1。由于我国很多射线检测标准都直接或间接参考了 EN 1435,与其技术水平相当,且该标准不包括质量分级,故在船用钛合金中的使用率较低。不过,GB/T 3323.1 覆盖范围较全,通常作为补充标准使用。

GB/T 35367 发布于 2017 年,是在我国载人潜水器项目研制的基础上,根据钛合金耐压壳体的工作环境、焊接特点和质量要求制定的专用射线检测标准。本标准与中国船级社制定的《潜水系统与潜水器建造与入级规范》相适应,相比同类标准,适用的规格范围有所提高,对设备、工艺参数、缺陷评定的限制更加严格。

NB/T 47013.2—2015 是承压设备无损检测标准,在国内的影响力较大,也是钛合金焊接接头使用率最高的射线检测标准。本标准内容丰富,适用于多种结构形式的焊接接头的检测,但也存在适用厚度范围小、未结合钛合金特点进行深入优化等不足。

1. 关键技术的对比

国内的相关标准已逐渐与国际接轨,最新颁布的标准已达到国际先进水平,虽然上述标准各具特色,但由于各国工业水平的差异,在关键技术上又略有不同。表 7 – 14 所列为各个标准的关键技术的对比。

在适用材质上,除 GB/T 35367 为钛合金专用标准外,其他标准均为通用标准,适用于钢、铜、镍、铝、钛等多种金属材料。

在接头形式上,由于 GB/T 35367 只针对钛合金壳体,故主要用于对接接头,其他标准适用于多种接头形式,包括平面和曲面对接接头、插入式和安放式管座角接头。除此之外,EN 1435 和 GB/T 3323.1 还规定了 T 形接头、不等厚对接接头的检测方法,NB/T 47013.2 还规定了管子 – 管板角焊缝的检测要求。

在适用厚度上,NB/T 47013.2 在像质计灵敏度方面的规定范围很大,但针对钛合金焊接接头评级的最大厚度为 50mm;GB/T 35367 根据钛合金潜水器的需求,将厚度范围扩大 5～110mm;其他标准未明确限定厚度范围,适用于各种规格。

在技术等级上,ASME Ⅴ未分级;EN 1435 和 GB/T 3323.1 分为 A 级和 B 级,A

表 7-14 焊接接头射线检测标准关键技术对比

标准代号	ASME V	EN 1435	GB/T 3323.1	NB/T 47013.2	GB/T 35367
适用材质	未明确	钢、镍、铜、铝、钛等多种金属材料	钢、镍、铜、铝、钛等多种金属材料	未明确	钛及钛合金
接头形式	未明确	对接、角接等多种接头形式	对接、角接等多种接头形式	未明确	对接接头
适用厚度	未明确	未明确	未明确	2~50mm	5~110mm
技术等级	未分级	A级:基本技术 B级:优化技术	A级:基本技术 B级:优化技术	A级:低灵敏度 AB级:中灵敏度 B级:高灵敏度	未分级
射线源	X射线机、加速器、γ源	X射线机、加速器、γ源	X射线机、加速器、γ源	X射线机、加速器、γ源	X射线机
像质计	线型、孔型	线型、孔型	线型、孔型	线型、孔型	线型
透照厚度比K值	未明确	纵、环向接头 A级:$K \leq 1.2$ B级:$K \leq 1.1$	纵、环向接头 A级:$K \leq 1.2$ B级:$K \leq 1.1$	纵向接头 A、AB级:$K \leq 1.03$ B级:$K \leq 1.01$ 环向接头 A、AB级:$K \leq 1.1$ B级:$K \leq 1.06$	$K \leq 1.03$
能量限制	有要求	有明确要求	有明确要求	有明确要求	有明确要求
射源-工件距离	未明确	A级:$\geq 7.5db^{2/3}$ B级:$\geq 15db^{2/3}$	A级:$\geq 7.5db^{2/3}$ B级:$\geq 15db^{2/3}$	A级:$\geq 7.5db^{2/3}$ AB级:$\geq 10db^{2/3}$ B级:$\geq 15db^{2/3}$	有要求
胶片系统	未明确	有明确要求	有明确要求	有明确要求	有明确要求
透照方式	均包括多种透照方式,有针对小径管的透照规定	均包括多种透照方式,有针对小径管的透照规定	均包括多种透照方式,有针对小径管的透照规定	均包括多种透照方式,有针对小径管的透照规定	单壁透照为主
底片黑度	1.8~4.0	A级:≥ 2.0 B级:≥ 2.3	A级:≥ 2.0 B级:≥ 2.3	A级:1.5~4.5 AB级:2.0~4.5 B级:2.3~4.5	1.8~4.0

注:d 为射线源有效焦点尺寸;b 为工件表面至胶片距离。

级为基本技术,B级为优化技术,两个标准的技术等级相对应;NB/T 47013.2 分为 A级、AB级和B级,AB级适用于大多数承压设备,B级适用于重要设备; GB/T 35367未分级,实际的技术级别介于 NB/T 47013.2 的 AB 级和 B 级之间。

在射线源上,GB/T 35367只允许采用X射线机,在其适用厚度范围内,X射线机的穿透力可满足需求,能保证较高的检测灵敏度。其他标准的适用检件种类、规格较多,因此,还允许采用加速器和伽马源。

在像质计上,GB/T 35367采用线型像质计,其他标准同时还允许采用孔型像质计,各个标准都给出了透照厚度与像质指数的要求。图7-4为不同透照厚度下各标准规定的线型像质计丝径对比,直径越小,检测灵敏度越高,EN 1435、GB/T 3323.1 和 NB/T 47013.2 均选择最高级别(B级)对比。对比结果表明:ASME V要求的像质计灵敏度最低;EN 1435、GB/T 3323.1 和 NB/T 47013.2 同源,B级检测技术对像质计灵敏度的要求基本一致;GB/T 35367的像质计灵敏度高于ASME V,但略低于其他几个标准的B级要求,相当于 NB/T 47013.2 的 AB 级。

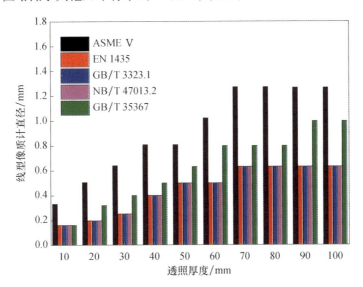

图7-4 不同透照厚度下各标准规定的线型像质计丝径对比

在透照厚度比 K 值上,ASME V未做规定,只需要底片黑度满足要求即可;EN 1435和GB/T 3323.1有相同的规定,NB/T 47013.2的规定最为严格,GB/T 35367未直接规定该值,但通过规定一次透照长度的方式间接限制,与 NB/T 47013.2 的AB级要求相当。理论上,透照厚底比是影响横向裂纹检出率的重要因素,而ASME V未明确该关键参数的要求,实际应用时应在工艺文件中加以限定。

在射线能量限制上,ASME V同样未作具体要求,其他标准都以图表的形式给出了透照厚度与 X 射线允许电压上限的关系,且各标准的要求基本接近。通过控制射线能量上限能进一步保证检测灵敏度,提高小缺陷的检出率。

在射源-工件距离上,AMSE Ⅴ 通过几何不清晰度的要求进行限制,GB/T 35367 仍以限制射源-工件表面距离与一次透照长度的方式限制,其他标准给出了计算公式和诺模图。相对而言,AMSE Ⅴ 的限制较为宽松。

在胶片系统上,ASME Ⅴ 未对增感屏、胶片级别明确限定;其他标准均对胶片系统进行了严格的要求,如 NB/T 47013.2 明确了不同射线能量下的增感屏材质和厚度,采用 A 级和 AB 级技术时,要采用 C5 类以上胶片;采用 B 级技术时,要采用 C4 类以上胶片。

在底片黑度上,各个标准的要求基本接近,均处于 1.8~4.5 的范围内。理论上底片黑度越大,缺陷对比度越高,故 EN 1435 未设置黑度上限,但要保证观片灯有足够的亮度,考虑到观片灯的亮度水平,大多数标准均设有黑度上限。

综合对比各个标准的关键技术要求,国内的射线检测标准与欧标同源,关键指标的描述和参数要求相同或相近。ASME 标准的规定较为宽泛,透照厚度比、射线能量、胶片等级等关键指标均未明确要求,并不利于检测过程的控制。因此,船用钛合金焊接接头的射线检测大多采用 NB/T 47013.2,当采用 ASME 标准时,编制工艺文件也要参考其他标准的相关技术要求。

2. 质量分级的对比

由于 EN 1435 和 GB/T 3323.1 中不包括质量分级的内容,且 GB/T 35367 为钛合金潜水器专用标准,故本部分主要介绍 ASME Ⅷ、GB/T 37910.1 和 NB/T 47013.2 三个通用型标准中关于钛合金焊接接头的射线检测评级要求。

射线检测的结果评定都是建立在缺陷定性的基础上,对于双面熔化焊对接接头,裂纹、未熔合和未焊透通常都是不允许的缺陷。ASME Ⅷ 标准只设置了一个通过级,缺陷分为面状、条形和圆形 3 种。GB/T 37910.1 将缺陷分为裂纹、均布气孔、局部密集气孔、链状气孔、金属夹杂等 12 种(缺陷定义参考了 GB/T 6417.1),设置了 3 个验收等级,且验收等级与 GB/T 3323.1 中的检测技术级别有对应关系。NB/T 47013.2 将缺陷分为裂纹、未熔合、未焊透、圆形缺陷和条形缺陷 5 种,设置了 4 个质量级别。

钛合金焊接接头中条形缺陷的出现概率较小,主要以圆形缺陷为主,本部分主要介绍各个标准对圆形缺陷的评级规定。ASME Ⅷ 和 GB/T 37910.1 的评级方法较为接近,直接以缺陷尺寸、间距和密集程度等作为评级指标,而 NB/T 47013.2 则根据缺陷尺寸折算成点数在评定区内评判。表 7-15 和表 7-16 所列为各个标准关于圆形缺陷评定的部分规定,ASME Ⅷ 和 GB/T 37910.1 的规定内容较多,此处仅摘录相关内容,具体内容可参照标准原文。

第 7 章 船用钛合金无损检测标准

表 7-15 ASME Ⅷ 与 GBT 37901.1 关于圆形缺陷的部分规定

标准代号	质量级别	圆形缺陷评级要求
ASME Ⅷ	—	①单个缺陷最大允许尺寸 $1/4t$ 或 4mm(较小者);在相距 25mm 内无其他显示时,可增加到 $1/3t$ 或 6mm(较小者);$t>50$mm 时,最大允许尺寸增加到 10mm。 ②$t≤3$mm 时,在 150mm 长度范围内,圆形缺陷数量不应超过 12 个,且允许长度范围缩小条件下数量成比例减小。 ③对于线状排列的圆形缺陷,在 $12t$ 长度范围内,缺陷直径总和应小于 t,且对各组显示的长度和各组间距有明确的要求。 ④对密集型圆形缺陷,以图示的方式规定了最大允许的程度,详见标准
GB/T 37910.1	1 级	①均布气孔,球形气孔,单层:在 100mm 长度焊缝范围内,缺陷投影面积占比 $≤1\%$,且缺陷直径 $≤0.2s$(最大 3mm)。 ②均布气孔,球形气孔,多层:在 100mm 长度焊缝范围内,缺陷投影面积占比 $≤2\%$,且缺陷直径 $≤0.2s$(最大 3mm)。 ③链状气孔,在 100mm 焊缝长度范围内,显示长度 $≤s$(最大 25mm),且缺陷直径 $≤0.2s$(最大 2mm) ④夹钨,缺陷显示长度 $≤0.2s$(最大 2mm)。 ⑤其他缺陷也有明确规定,详见标准
	2 级	①均布气孔,球形气孔,单层:在 100mm 长度焊缝范围内,缺陷投影面积占比 $≤1.5\%$,且缺陷直径 $≤0.3s$(最大 4mm)。 ②均布气孔,球形气孔,多层:在 100mm 长度焊缝范围内,缺陷投影面积占比 $≤3\%$,且缺陷直径 $≤0.3s$(最大 4mm)。 ③链状气孔,在 100mm 焊缝长度范围内,显示长度 $≤s$(最大 50mm),且缺陷直径 $≤0.3s$(最大 3mm)。 ④夹钨,缺陷显示长度 $≤0.3s$(最大 3mm)。 ⑤其他缺陷也有明确规定,详见标准
	3 级	①均布气孔,球形气孔,单层:在 100mm 长度焊缝范围内,缺陷投影面积占比 $≤2.5\%$,且缺陷直径 $≤0.4s$(最大 5mm)。 ②均布气孔,球形气孔,多层:在 100mm 长度焊缝范围内,缺陷投影面积占比 53%,且缺陷直径 $≤0.4s$(最大 5mm)。 ③链状气孔,在 100mm 焊缝长度范围内,显示长度 $≤s$(最大 75mm),且缺陷直径 $≤0.4s$(最大 4mm)。 ④夹钨,缺陷显示长度 $≤0.4s$(最大 4mm)。 ⑤其他缺陷也有明确规定,详见标准

注:t 为母材厚度;s 为对接焊缝公称厚度。

表 7-16 NB/T 47013.2 规定的钛合金焊接接头圆形缺陷允许点数

评定区	10mm×10mm			10mm×20mm		
母材公称厚度 T/mm	≤3	>3~5	>5~10	>10~20	>20~30	>30~50
Ⅰ级	1	2	3	4	5	6
Ⅱ级	2	4	6	8	10	12
Ⅲ级	4	8	12	16	20	24
Ⅳ级	缺陷点数大于Ⅲ级或缺陷长径大于 $T/2$					

注：缺陷长径 d≤1mm 时，折算 1 点；1mm<d≤2mm 时，折算 2 点；2mm<d≤4mm 时，折算 4 点；4mm<d≤8mm 时，折算 8 点；d>8mm 时，折算 16 点。

对于圆形缺陷的评判，3 个标准各有特色。在缺陷评定要求方面，GB/T 37910.1 标准的规定最全面，对缺陷性质的划分种类最多，ASME 标准同样对圆形缺陷设置了多种形式的评定要求。相比 NB/T 47013.2 采用的折算点数的评级方式，前两者的规定更加详细，但实际的操作难度也较大，如对于尺寸较小的缺陷，测量的误差就较大，判定困难，折算点数的操作性更强。在单个缺陷的允许尺寸要求方面，厚度较大时，ASME Ⅴ 的要求较松，如厚度大于 50mm 时，单个圆形缺陷直径的允许上限提高到 10mm，而 GB/T 37910.1 和 NB/T 47013.2 的限制更加严格。在密集型圆形缺陷要求方面，NB/T 47013.2 仍以点数的形式限制，并规定了不计点数的圆形缺陷允许数量，ASME Ⅴ 和 GB/T 37910.1 则以量化和图示的形式给出了具体规定，在钛合金焊接接头中气孔较多时可参考使用。图 7-5 为 GB/T 37910.1 给出的不同的缺陷投影面积占比的示意图，用于辅助检测人员判定。

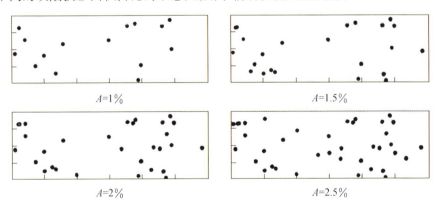

图 7-5 缺陷投影面积占比示意图

7.3.2 超声检测标准

超声检测在检测大厚度钛合金焊接接头时具有很高的检测灵敏度，并能较为准确的定位缺陷深度,因此,应用非常广泛。但与铁素体钢相比,钛合金超声检测时要特别考虑散射杂波干扰,检测工艺参数需要优化,甚至会采用特殊的检测工艺。不过国内外焊接接头的超声检测标准几乎全都是针对铁素体钢材料,钛合金焊接接头超声检测专用标准很少;目前,船用钛合金焊接接头可采用的超声检测标准如下。

(1)《AMSE V 第4章 焊缝超声波检验方法》;

(2)《焊缝接触式超声检测规程》(ASTM E164);

(3)《焊缝无损检测 超声检测 技术、检测等级和评定》(GB/T 11345);

(4)《焊缝无损检测 超声检测 验收等级》(GB/T 29712);

(5)《潜水器钛合金对接焊缝超声波检测及质量分级》(GB/T 35361);

(6)《承压设备无损检测 第3部分:超声检测》(NB/T 47013.3)。

其中,ASME V 的第4章规定了焊接接头的超声检测方法,验收标准则分布在产品设计和制造相关标准中。本标准不仅包含了常规超声检测,同时在强制性附录中对 TOFD、相控阵超声等新技术也有具体的规定。ASME V 的第4章中未明确被检工件材料和规格的要求,适用范围相对较为宽泛。

ASTM E164 规定了焊接接头的接触式脉冲反射法超声检测方法,并不包含质量评级的内容,适用于锻造钢和铝合金材质,在超声波穿透能力满足要求时也可用于其他金属材料,并明确了厚度适用范围(6.4~203mm)。标准针对环焊缝、纵焊缝、T 形、L 形等不同类型的焊缝以图示的形式给出了不同的扫查技术。

GB/T 11345 和 GB/T 27912 的最新版为 2013 版,分别修改采用 EN ISO 17640:2010、EN ISO 11666:2010,技术要求基本一致。GB/T 11345 规定了焊缝超声检测的技术、检测等级和评定,GB/T 27912 规定了验收等级,两个标准配套使用。GB/T 11345 主要应用于母材和焊缝均为铁素体类钢的全熔透焊缝,且母材厚度不小于 8mm,考虑到国际标准的影响力,船用钛合金有时也会参考该标准[4-5]。

GB/T 35361 是与 GB/T 35367 配套编制的钛合金潜水器专用检测标准,主要用于对接焊缝的检测,检测厚度范围为 10~110mm。

NB/T 47013.3 中以附录的形式给出了钛合金焊接接头的检测方法和质量分级,适用厚度范围为 8~80mm,但不适用于外径小于 159mm 的环向对接接头,也不适用于外径小于等于 250mm 且内外径之比小于 70% 的纵向接头。本标准在船用钛合金焊接超声检测中的应用比例最高,但由于并非是钛合金专用标准,应用中存在适用范围小、工艺参数适应性差等不足。

1. 关键技术的对比

表 7 – 17 所列为各个标准关键技术的对比。

表7-17 关键技术的对比

标准代号	ASME V	ASTM E164	GB/T 11345	GB/T 35361	NB/T 47013.3
检测方法	斜射、直射	斜射、直射	斜射、直射	斜射	斜射、直射
技术等级	未明确	未明确	A、B、C、D 四级	未明确	A、B、C 三级
检测频率	1.0~5.0MHz	1.0~5.0MHz	2.0~5.0MHz	1.25~5.0MHz	2.0~5.0MHz
折射角度	未明确	45°~70°	35°~70°	45°、60°、70°	45°~72°
晶片尺寸	未明确	直径6.4~28.6mm 的圆形或边长6.4~25.4mm 的长方形	晶片直径6~24mm 或等效面积的矩形晶片	晶片面积120~500 mm^2，与检测厚度有关	未明确
扫查方式	垂直扫查、斜角扫查、平行扫查	多种扫查方式和串列扫查	多种扫查方式和串列扫查	多种扫查方式	多种扫查方式

在检测方法上,各个标准都是以斜射法为主,但在检测 T 形接头、管座角接头等特殊结构形式时也会采用直射波法。GB/T 35361 只适用于对接接头,故并未规定直射波检测的相关要求。斜射波法主要是指横波斜射法,但在检测粗晶材料时也会采用纵波斜射法。对钛合金焊接接头,尚未见有直接的规定采用纵波斜射法检测,但在超大厚度焊接接头中可作为特殊的检测工艺使用,能提高信噪比。

在技术等级上,ASME V 和 ASTM E164 并未规定具体的技术等级,GB/T 11345 和 NB/T 47013.3 则规定了技术等级,可根据被检工件的结构特性、用途和质量要求选择合适的技术等级,更能体现经济性。GB/T 35361 也未规定技术等级,主要是考虑标准的专用性,实际采用的技术级别接近 NB/T 47013.3 的 C 级。

在检测频率上,各个标准规定的频率范围基本接近。GB/T 11345 的频率下限为 2MHz,但标准中同时指出,被检材料衰减系数较高时,可采用 1MHz 左右的检测频率。对于钛合金焊接接头,适当降低检测频率能提高信噪比,但检测频率应符合标准规定。

在折射角度上,ASME V 虽未明确规定,但结合标准对校准、扫查等方面的要求,其最常用的折射角度为 45°、60° 和 70°。其他标准的要求也大致相同,根据探头的制作和使用习惯,各个标准基本上都是以 45°、60° 和 70° 角度为主。ASTM E164、GB/T 35361 和 NB/T 47013.3 还同时给出了不同检测厚度下推荐的折射角度,可参考选择。

在晶片尺寸上,ASME V 和 NB/T 47013.3 未明确规定,其他标准均给出了晶片尺寸的要求。晶片尺寸越大,激发的声波能量越大,在检测大厚度焊缝时能保持足够的能量,避免声波衰减造成的灵敏度降低,但晶片尺寸过大时,近场区影响较大,且不利于耦合,故部分标准对晶片尺寸进行了限制。大厚度钛合金焊接接头有时会采用大晶片探头,但在检测曲面结构时,要修磨楔块实现良好的耦合。

在扫查方式上,各个标准均要求保证声波对被检体积的完整覆盖,但采用的扫查方式又略有不同。ASME V 对扫查的描述并不具体,只介绍了垂直于焊缝扫查、斜向扫查和平行扫查几种方式。ASTM E164 以图示的形式给出了不同结构形式焊接接头的检测面和扫查要求。GB/T 11345 和 NB/T 47013 对扫查面和扫查方式有明确的规定,扫查方式非常全面,包括锯齿形、左右、前后、转角、环绕、平行、斜平行等各种扫查方式。GB/T 35361 的要求也大致相同。除此之外,ASTM E164 和 GB/T 11345 同时还包括串列扫查,可用于检测竖直状取向的缺陷,并能测量缺陷自身高度。

综上所述,目前,国内外超声检测标准基本处于同一个技术水平。在技术风格上,国内标准与欧标和国际标准更为接近,而 ASME V 规定的超声检测方法与射线检测相似,同样保持了指标宽泛、规定灵活的特色。考虑到超声检测可靠性受扫查方式、操作人员经验影响较大,国内标准则对重要条款进行了细化和约束。

2. 对比试块的对比

在对比试块上,各个标准的要求各不相同,但参考反射体都以横孔为主。ASME V 的对比试块分为基本型(平面)试块和管型试块,试块除加工有长横孔外,还在上下表面设有开口槽。ASTM E164 在强制性附录中给出了多种类型的试块,除采用横孔外,也可采用平底孔和刻槽作为参考反射体。GB/T 11345 以长横孔试块为主,但在检测薄板焊缝时,会采用矩形槽试块,串列扫查时,则会采用平底孔试块。GB/T 35361 和 NB/T 47013.3 主要采用长横孔试块。

图 7-6(a)为 ASME V 规定的基本型试块形式,图 7-6(b)为 NB/T 47013.3 规定的钛合金对比试块(1 号对比试块),两者的结构形式差别较大。ASME V 要求横孔深度要达到 38mm 以上,分布在试块的两端面,横孔垂直投影时不重叠,试块尺寸较大[6]。NB/T 47013.3 试块的宽度为 40mm,直接采用横通孔,横孔均匀分

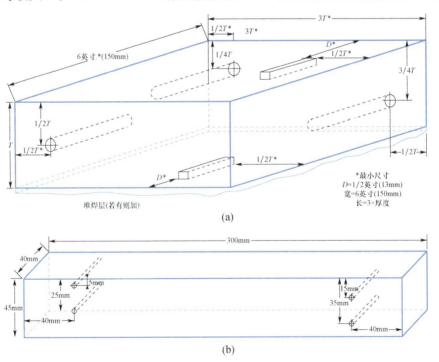

图 7-6 对比试块形式

(a) ASME V 规定的试块形式;(b) NB/T 47013.3 规定的试块形式。

布在固定位置。表 7-18 所列为两个标准对试块参数的规定。在试块厚度上，ASME V 允许试块厚度小于被检工件厚度，但 NB/T 47013.3 要求试块厚度必须大于被检工件厚度。在横孔位置上，ASME V 只要求加工 3 个横孔和 2 个表面刻槽，NB/T 47013.3 设置有 4 个横孔，且可利用正反面获得 8 个不同深度的横孔反射信号，制作距离-波幅曲线的点数更多。在横孔直径上，ASME V 随厚度的增大而增大，NB/T 47013.3 统一规定为 2mm。相对而言，ASME V 规定的对比试块具有较大的灵活性，NB/T 47013.3 则更加严格。

表 7-18 试块参数的要求

标准代号	焊缝厚度 t /mm	试块厚度 T /mm	横孔位置 /mm	横孔直径 /mm	槽尺寸 /mm
ASME V	≤25	19 或 t	$T/4$、$T/2$、$3T/4$	2.5	槽深 = (1.6% ~ 2.2%)T；槽宽≤6 最大；槽长≥25 最小
	>25 ~ 50	38 或 t		3	
	>50 ~ 100	75 或 t		5	
	>100	$t \pm 25$		见注①	
NB/T 47013.3	≥8 ~ 40	45	5、15、25、35	2	—
	>40 ~ 80	90	10、30、50、70	2	

① 焊缝厚度 100mm 以上，厚度每增加 38mm，孔径增加 1.5mm。

除横孔直径之外，对比试块的声学性能也对检测灵敏度有重要影响。目前，各标准对试块材质的限制基本上是要求采用同材质，声学性能相同或相近，GB/T 11345 以附录的形式给出了对比试块与工件的超声传输修正方法，有很重要的参考意义。对于低超声衰减材料，对比试块材质与被检工件的声学性能差异很小，对检测灵敏度的影响可以不计，但根据实际应用经验，钛合金材料的声学性能差异对检测灵敏度的影响不容忽视。在 7.2.2 节中，部分标准对原材料超声检测试块的声学性能有严格的限制，实际上，横波检测受材料声学性能的影响更大，故未来钛合金焊接接头专用标准制定时，要更加严格的限制对比试块的材质。

3. 质量分级的对比

由于 ASTM E164 和 GB/T 11345 中不包括质量分级的内容，且 GB/T 35367 为钛合金潜水器专用标准，故本部分主要介绍 ASME V、GB/T 29712 和 NB/T 47013.32 三个通用型标准中关于钛合金焊接接头的超声检测评级要求。GB/T 29712 规定了横孔、平底孔、矩形槽等多种参考反射体的验收要求，为保持一致性，本部分只对比横孔的验收要求。

超声检测的质量评级建立在距离-波幅曲线的基础上,主要是依据缺陷反射波的幅值和指示长度进行评级。虽然超声检测对缺陷的定性较为困难,但各标准均明确规定,凡定性为面状缺陷(裂纹、未熔合、未焊透)时,判定为不合格。ASME V 未细分质量级别,直接给出了合格验收要求。GB/T 29712 将验收等级分为 2 级和 3 级,2 级最高。NB/T 47013.3 将质量等级分为 Ⅰ、Ⅱ、Ⅲ 级,Ⅰ 级最高。

图 7-7 所示为超声检测常用的距离-波幅曲线组成,在各个标准中的规定各不相同,ASME V 和 NB/T 47013.3 的规定较为相似,具体要求如下。

(1) 在 ASME V 中,曲线 3 为基准线(定量线),曲线 2 为记录线,曲线 1 为评定线,各曲线的高度与厚度无关,但基准线的参考横孔直径随厚度变化。

(2) 在 NB/T 47013.3 中,曲线 3 为判废线,曲线 2 为定量线,曲线 1 为评定线,各曲线的高度与厚度无关,且参考横孔直径固定为 2mm。同时,将曲线 1 和曲线 2 之间区域定义为 Ⅰ 区,将曲线 2 与曲线 3 之间定义为 Ⅱ 区,将曲线 3 以上区域定义为 Ⅲ 区。

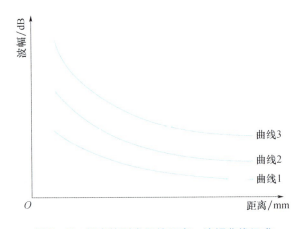

图 7-7　超声检测常用的距离-波幅曲线组成

表 7-19 所列为 ASME V 和 NB/T 47013.3 标准的质量分级规定,为便于对比,NB/T 47013.3 标准仅列出了 Ⅰ 级评定的要求。相对而言,NB/T 47013.3 的灵敏度曲线要严于 ASME V,前者的 3 条曲线均低于后者。在质量评定方面,NB/T 47013.3 也较为严格,不允许存在波幅超过判废线的缺陷,并对反射波幅位于 Ⅰ 区和 Ⅱ 区时的缺陷指示长度进行了严格的限制。ASME V 的规定则较为宽泛,当缺陷高于基准线时,有明确的指示长度规定,对其他非危害性缺陷仅要求记录。

表 7-19 ASME V 和 NB/T 47013.3 规定质量评定

标准代号	焊缝厚度 t /mm	曲线高低/dB			质量评定要求
		曲线 1	曲线 2	曲线 3	
ASME V	≤25	ϕ2.5mm × 38mm	ϕ2.5mm × 38mm - 6	ϕ2.5mm × 38mm - 14	1. 定性为面状缺陷时,判定为不合格; 2. 缺陷信号高于曲线 1(基准线)时,允许的缺陷最大指示长度 l:t<19mm 时,l 为 6mm;t≥19～57mm 时,l 为 (1/3)t;t>57mm 时,l 为 19mm
	>25～50	ϕ3mm × 38mm	ϕ3mm × 38mm - 6	ϕ3mm × 38mm - 14	
	>50～100	ϕ5mm × 38mm	ϕ5mm × 38mm - 6	ϕ5mm × 38mm - 14	
NB/T 47013.3	8～40	ϕ2mm × 40mm - 4	ϕ2mm × 40mm - 12	ϕ2mm × 40mm - 18	反射波幅位于Ⅰ区时,缺陷指示长度 l≤20mm;反射波幅位于Ⅱ区时,缺陷指示长度 l≤10mm
	>40～80				反射波幅位于Ⅰ区时,缺陷指示长度 l≤40mm;反射波幅位于Ⅱ区时,缺陷指示长度 l≤t/4,最大不超过 20mm

GB/T 29712 采用直径 3mm 的长横孔制作距离-波幅曲线,提供了参考等级、评定等级、记录等级和验收等级 4 个参考灵敏度。该标准将焊缝超声检测的结果评定分为显示评定和验收评定。对于相关显示超过评定等级的缺陷,记录最大回波幅值,测量显示长度,并对照表 7-20 的要求验收,未超过验收等级的显示评定为可验收。表 7-20 仅列出了基于长横孔作为基准反射体的验收等级要求,实际上,该标准还规定了平底孔、矩形槽、串列技术的验收要求,在此不再重点描述,详见标准原文。

表 7-20 GB/T 29712 规定的验收要求

评定等级		验收等级 2		验收等级 3	
验收等级 2	验收等级 3	8mm≤t<15mm	15mm≤t<100mm	8mm≤t<15mm	15mm≤t<100mm
H_0 - 14dB	H_0 - 10dB	l≤t 时:H_0 - 4dB l>t 时:H_0 - 10dB	l≤0.5t 时:H_0 0.5t<l≤t 时:H_0 - 6dB L>t 时:H_0 - 10dB	l≤t 时:H_0 l>t 时:H_0 - 2dB	l≤0.5t 时:H_0 + 4dB 0.5t<l≤t 时:H_0 - 2dB L>t 时:H_0 - 6dB

注:t 为板厚;l 为缺陷指示长度;H_0 为参考等级。

综合对比 3 个标准的质量分级，NB/T 47013.3 的规定最严、GB/T 29712 次之、ASME Ⅴ 则最宽松，这也是船用钛合金焊接超声检测多采用 NB/T 47013.3 标准的原因之一。由于钛合金焊接接头中常见的超声检测缺陷多为点状，此时，幅值就成为评判的关键依据，显然 ASME 标准对于幅值的规定过于宽泛，在适应性上就不如其他 2 个标准。

根据国内、外超声检测标准习惯，当焊接厚度增大时，灵敏度曲线也会适当调整，但由于 NB/T 47013.3 的最大适用厚度为 80mm，故未根据厚度变化对灵敏度曲线进行细化。实际检测超大厚度钛合金焊接接头时，受信噪比影响，达到该标准规定的灵敏度非常困难，因此，就需要参考其他标准。在未来制定船用钛合金焊接接头超声检测标准时，将充分考虑钛合金声学特性、厚度范围和损伤容限，分区设置合理的灵敏度曲线。

7.4　船用钛合金铸件射线检测标准

船用钛合金铸件规格尺寸较大、结构不规则，射线检测是最常用的检测方法，对气孔、疏松、夹杂等缺陷有很高的检出率。与焊接接头相比，铸件的缺陷性质、缺陷分布规律和质量要求有很大不同，故需要采用专用的检测标准。目前，船用钛合金铸件射线检测标准体系还不完善，实际检测过程中采用的标准取决于铸件的用途、客户的要求等多方面因素。船钛合金铸件射线检测可使用的标准如下。

(1)《金属铸件射线检验方法》(ASTM E1030)；
(2)《钛铸件参考射线底片》(ASTM E1320)；
(3)《厚度不大于 2 英寸的铸钢件参考射线底片》(ASTM E446)；
(4)《铸造　射线检验　第 1 部分:胶片技术》(EN 12681-1)；
(5)《铸造　射线检验　第 2 部分:数字探测技术》(EN 12681-2)；
(6)《铸钢件射线照相及底片等级分类方法》(GB/T 5677—1985)；
(7)《铸件　射线照相检测》(GB/T 5677—2018)。

其中，ASTM 标准体系对铸件射线检测的规定最为系统。ASTM E1320 为铸件检测方法标准，适用于各种金属材料，它详细规定了射线源、灵敏度、几何不清晰度、透照方法等关键工艺参数的要求。同时，ASME Ⅴ 采用标准底片法评级，发布有铝、镁、锡青铜、钢、钛等多种金属的参考底片。ASTM E1320 为钛铸件参考射线底片，ASTM E446 为钢铸件参考射线底片。由于部分钛合金铸件用于取代钢铸件，相关的技术要求尚未完全转换，故在评级时会参考使用 ASTM E446[7]。

EN 12681 最早发布于 2003 年,只适用于胶片法射线检测。2017 年发布的最新版,将标准分为 2 个部分,第 1 部分为胶片技术,第 2 部分为数字探测技术。该标准详细规定了铸件射线检测的技术要求和质量分级。

GB/T 5677 为国内应用较为广泛的铸件射线检测标准,最早发布于 1985 年,只适用于钢铸件,但内容全面,给出了质量分级的具体规定,故钛合金铸件常参考使用。在 2007 年和 2018 年分别对标准进行了修订,2007 版等同采用 ISO 4993:1987,2018 版修改采用 ISO 4993:2015。在 2018 标准中,将适用范围由钢铸件扩展到适用于钢、铜、镍、铝、钛等多种金属,但删除了质量分级的内容。由于最新标准中删去了质量分级的内容,因此目前很多船用钛合金铸件仍然采用 1985 版标准。

7.4.1 关键技术的对比

表 7-21 列出了各个铸件射线检测标准的关键技术要求。

在适用材质上,各个标准均不是钛合金铸件专用标准。GB/T 5677—1985 只适用于钢铸件,其规定的技术要求应结合钛合金特性进行优化,其他标准均适用于多种金属材料,可直接用于钛合金铸件检测。

在技术等级上,ASTM E1030 仍然保持美国标准风格,未分技术级别。其他标准均分为 A 级和 B 级,A 级为基本技术,B 级为优化技术;通常以 A 级技术为主,在 A 级技术不能满足需求时,才选择 B 级技术。

在射线源上,各个标准均允许采用 X 射线和 γ 射线。X 射线源包括 X 射线机和加速器。常用的 γ 射线源包括 Se75、Ir192 和 Co60,主要用于中等厚度以上铸件的检测,但在 GB/T 5677—2018 中还增加了能量更低的 Tm170 和 Yb169 射线源,可用于薄壁铸件的检测。

在射线能量限制上,ASTM E1030 未给出明确的要求,其他标准都给出了严格的限定。对于 X 射线检测,与焊接接头检测类似,各标准均给出了不同透照厚度下的允许的 X 射线机管电压上限。对于 γ 射线检测和高能 X 射线检测,各标准也给出了不同 γ 源和高能 X 射线的适用范围。

在透照厚度比 K 值上,GB/T 5677—2018 的限制最为严格,K 值的要求基本与焊接接头的要求一致。EN 12681 规定射线最大入射角不能超过 30°,且底片的黑度要满足要求。ASTM E1030 和 GB/T 5677—1985 未给出明确的要求,默认为一次透照范围内底片黑度是否满足要求作为透照范围的限制条件。

在射源-工件距离上,ASTM E1030 以几何不清晰度的形式进行限制,其他标准以公式或图表的形式进行限制。限制射源-工件距离,最主要的目的也是限制几何不清晰度,因此,在这一指标上各标准的要求是接近的,具体的限制值也与焊接接头基本相同。

表 7-21 铸件射线检测关键技术对比

标准代号	ASTM E1030	EN 12681-1	GB/T 5677—1985	GB/T 5677—2018
适用材质	金属材料	钢、铸铁、铝、钛、铜、镁、镍、锌、钛及其合金	钢	钢、铜、镍、铝、钛及其合金
技术等级	未分级	A级:基本技术 B级:优化技术	A级:普通灵敏度 B级:高灵敏度	A级:基本技术 B级:优化技术
射线源	X射线、γ射线	X射线、γ射线	X射线、γ射线	X射线、γ射线
能量限制	未明确	有明确要求	有明确要求	有明确要求
透照厚度比 K 值	未明确	黑度满足要求,且最大入射角不得超过30°	未明确	平面铸件,$K \leq 1.03$;曲面铸件,B级时,$K \leq 1.1$,A级时,$K \leq 1.2$;
射源-工件距离	满足几何不清晰度要求	A级:$\geq 7.5db^{2/3}$ B级:$\geq 15db^{2/3}$	根据查图法或图解法确定	A级:$\geq 7.5db^{2/3}$ B级:$\geq 15db^{2/3}$
胶片系统	由供需双方确定	有明确要求	有明确要求	有明确要求
透照技术		单壁、双壁等多种透照方式		
黑度范围	1.5~4.0	A级:≥ 2.0 B级:≥ 2.3	A级:1.0~3.5 B级:1.5~3.5	A级:1.5~4.5 B级:2.0~4.5

注:d 为射线源有效焦点尺寸;b 为工件表面至胶片距离。

在胶片系统上,除 ASTM E1030 外,其他标准都有详细要求。ASTM E1030 将胶片的选择权下放给供、需双方,由双方协商确定。在其他标准中,根据胶片系统的分类,明确规定了不同技术等级、不同射线源条件下的胶片系统的要求,对保证图像质量有重要意义。

在透照技术上,各标准均允许采用单壁、双壁等多种透照方式,且在 EN 12681-1 和 GB/T 5677—2018 中均以图示的形式给出了多种结构形式的铸件的透照示意图。由于部分铸件的结构形式较为复杂,为增大厚度宽容度,各标准均允许采用双胶片透照技术。

在黑度范围上,各标准均有严格的限制。其中,EN 12681-1 的黑度下限要求最高,未设置上限,但观片灯的亮度必须满足有关标准的要求。GB/T 5677—1985 的 A 级检测技术,黑度下限仅为 1.0,显然已不适应当前的工业水平,而 ASTM E1030 和 GB/T 5677—2018 规定的 1.5 的下限比较符合当前的技术条件。

综合对比各个铸件射线检测标准的关键技术要求,各个标准的技术要求基本与焊接接头的要求相近,但又结合铸件的特点对关键参数进行了优化。在总体技术要求上,EN 12681-1 与 GB/T 5677—2018 较为接近,部分指标略有差异,但都能满足钛合金铸件射线检测需求,是目前船用钛合金铸件检测应用最多的标准。

EN 12681-2 为铸件数字射线检测标准,可采用 CR 或 DR 技术,提高检测效率。相对而言,CR 的应用要更加灵活,IP 板可在一定范围内弯折,在检测较复杂的结构时,能紧贴工件减小几何不清晰度,而 DR 成像板不能弯折,在一定程度上限制了其应用范围。

7.4.2 质量分级的对比

铸件射线检测的质量分级有定量法和图谱法两种。定量法与焊接接头的评定相似,直接测量缺陷的尺寸、数量并结合性质评定,GB/T 5677—1985 采用的就是这种方法。图谱法则对照标准图谱评定,标准图谱通常根据缺陷性质设置有不同的级别,如 ASTM E1320 为钛铸件标准底片,按照缺陷性质将不同类型的缺陷分为 8 个级别。

GB/T 5677—2018 已删去了 1985 版中关于缺陷评级的规定,具体的评级要求由供、需双方协定,很多产品仍会采用 1985 版的评级方法。EN 12681-1 则在引用 ASTM E1320 的基础上制定了验收等级。表 7-22 列出了各个标准验收级别的规定。

表 7-22 铸件射线检测质量分级对比

标准代号		缺陷评定的基本要求
GB/T 5677—1985	适用厚度	5~300mm
	缺陷定性	分为气孔、夹砂和夹渣、缩孔和缩松、内冷铁未熔合和泥芯撑未熔合、热裂纹和冷裂纹等五类
	质量分级	分为 1、2、3、4、5、6 共 6 个级别,1 级最高,6 级最差
	评级方法	根据缺陷性质和影像尺寸对前三类缺陷分别评级,内冷铁未熔合和泥芯撑未融合、热裂纹和冷裂纹为不允许缺陷,出现这两类缺陷时直接评定为 6 级
ASTM E1320	适用厚度	分为 2 卷,第 1 卷适用于 0~25.4mm,第 2 卷适用于 25.4~50.8mm
	缺陷定性	分为气孔、密集气孔、分散气孔、缩孔、分散缩孔、中心缩孔、低密度夹杂、高密度夹杂
	质量分级	分为 8 个级别,1 级最高,8 级最差
	评级方法	以图谱的形式给出了各种性质缺陷的参考底片,对照评级
EN 12681-1	适用厚度	0~25.4mm
	缺陷定性	按 ASTM E1320 的规定
	质量分级	分为 4 个级别,1 级最高,4 级最差
	评级方法	在 ASTM E1320 图谱分级的基础上,划定了本标准各级别允许的缺陷图谱级别

定量法和图谱法各有优劣。定量法要求更加准确的测量缺陷尺寸,但当铸件中的缺陷数量较多且分布较为分散时,实际操作过程中就较为复杂。图谱法直接对比评定,操作较为便捷,但易受评定人员的经验影响,定量的主观性较大。目前,在船用钛合金铸件中,两种评定方法均在采用,但国内、外标准的发展趋势以图谱法为主。下面分别介绍这几个常用标准的评定要求,可供参考。

1. GB/T 5677—1985 评级要求

GB/T 5677—1985 规定的评级方法与焊接接头的评定类似,根据厚度设置有大小不同的评定区。在缺陷评定时,将评定区选择在缺陷显示严重的部位,评片人员要对缺陷定性,并测量尺寸,分级。

对于气孔和夹砂、夹渣类缺陷,根据缺陷影像尺寸折算成点数划分等级,并规定了不计点数缺陷的最大尺寸和 1 级质量要求下缺陷的最大允许尺寸。

对于缩孔类缺陷,将其分为条状缩孔、树枝状缩孔和大面积缩松。条状缩孔以影像长度来评判,树枝状缩孔和大面积缩松以影像面积来评判,同时给出了单个、多个缩孔类缺陷的长度和面积的计算方法。

对于内冷铁未熔合和泥芯撑未熔合、热裂纹和冷裂纹,直接定性为危害性缺陷,判定为 6 级。对于这类缺陷,评片人员要有足够的经验准确识别。

当评定区内,同时存在两类以上缺陷时,要综合评级,即按缺陷种类分别进行等级评定,以最低等级定为综合评定等级。标准对综合评级设置了具体要求,如同时存在两类以上相同等级缺陷时,是否进行降级处理有明确规定。

2. ASTM E1320 评级要求

ASTM E1320 提供的标准参考底片是国内、外认可度最高的铸件射线检测缺陷参考底片。标准分为两卷,第 1 卷适用于厚度 0~25.4mm 铸件的评判,第 2 卷适用于 25.4~50.8mm 铸件的评判。用于制作标准底片的试件是采用不同的铸造工艺特别制作的,且都未采用热等静压技术。表 7-23 所列为 ASTM E1320 标准缺陷图谱信息,不同性质的缺陷制作有多组试样,适用于不同厚度铸件的评定。

表 7-23 ASTM E1320 标准缺陷图谱信息

分卷	不连续	铸造工艺	材质	试样厚度/mm	适用厚度/mm
第1卷	气孔	离心石墨铸造	TC4	—	0~25.4
	密集气孔	离心精铸		6.4	0~9.5
	密集气孔	离心精铸		12.7	9.5~15.9
	密集气孔	离心精铸		19.1	15.9~25.4
	分散气孔	熔模铸造		6.4	0~15.9
	分散气孔	熔模铸造		12.7	9.5~15.9
	分散气孔	熔模铸造		19.1	15.9~25.4
	缩孔	离心石墨铸造		12.7	6.4~15.9
	缩孔	离心石墨铸造		19.1	15.9~25.4
	分散缩孔	熔模铸造		6.4	0~9.5
	分散缩孔	熔模铸造		12.7	9.5~15.9
	分散缩孔	熔模铸造		19.1	15.9~25.4
	中心缩孔	离心石墨铸造		6.4	0~9.5
	中心缩孔	离心石墨铸造		12.7	9.5~15.9
	中心缩孔	离心石墨铸造		19.1	15.9~25.4
	低密度夹杂	不限		—	0~25.4
	高密度夹杂	不限		—	0~25.4
第2卷	气孔	离心石墨铸造		31.8	25.4~50.8
	密集气孔	离心石墨铸造		31.8~44.5	25.4~50.8
	分散气孔	离心石墨铸造		31.8	25.4~38.1
	分散气孔	离心石墨铸造		44.5	38.1~50.8
	缩孔	离心石墨铸造		31.8	25.4~38.1
	缩孔	离心石墨铸造		44.5	38.1~50.8
	中心缩孔	离心石墨铸造		31.8	25.4~38.1
	中心缩孔	离心石墨铸造		44.5	38.1~50.8

采用 ASTM E1320 时，需要根据产品的要求设置各种性质缺陷的验收级别，必要时，还要根据工件的结构特点，按部位设定验收等级。在评定缺陷时，评定区的尺寸应与标准底片的尺寸一致。当评定区存在多种性质的缺陷时，应特别考虑，并规定综合评级方法。

3. EN 12681-1 评级要求

EN 12681-1 规定的评级方法建立在 ASTM E1320 标准底片的基础上，主要采用第 1 卷的内容，适用于厚度 25.4mm 以下铸件的评定，对于厚度 25.4~50.8mm 的铸件，经供、需双方协商同意，可采用第 2 卷的内容。表 7-24 所列为 EN 12681-1 规定的钛合金铸件质量分级要求，给出了不同质量级别下允许的不同性质的缺陷对应的标准参考底片的缺陷级别。

表 7-24 EN 12681-1 规定的钛合金铸件质量分级要求

不连续类型	对照 ASTM E1320[①]	试样厚度 /mm	适用厚度 /mm	质量分级 1	2	3	4
				允许的标准参考底片级别[①]			
气孔	5.1.1.1	—	0~25.4	n.p.[②]	4[③]	6[④]	7[⑤]
密集气孔	5.1.1.2	6.4	0~9.5	n.p.[②]	5	6	7
		12.7	9.5~15.9	n.p.[②]	3	4	5
		19.1	15.9~25.4	n.p.[②]	3	4	6
分散气孔	5.1.1.3	6.4	0~15.9	n.p.[②]	3	4	5
		12.7	9.5~15.9	n.p.[②]	2	3	4
		19.1	15.9~25.4	n.p.[②]	2	3	5
缩孔	5.1.2.1	6.4	0~9.5	n.p.[②]	3	5	6
		12.7	9.5~15.9	n.p.[②]	3	4	5
		19.1	15.9~25.4	n.p.[②]	2	3	4
中心缩孔	5.1.2.2	6.4	0~9.5	n.p.[②]	2	3	4
		12.7	9.5~15.9	n.p.[②]	2	3	4
		19.1	15.9~25.4	n.p.[②]	3	4	5
缩孔	5.1.2.3	12.7	6.4~15.9	n.p.[②]	1	2	3
		19.1	15.9~25.4	n.p.[②]	1	3	4
低密度夹杂	5.1.3	—	0~9.5	2[③]	4[④]	5[④]	6[⑤]
			9.5~15.9	3[③]	4[④]	5[④]	6[⑤]
			15.9~25.4	4[③]	5[④]	6[④]	7[⑤]

续表

不连续		试样厚度 /mm	适用厚度 /mm	质量分级			
类型	对照 ASTM E1320[①]			1	2	3	4
				允许的标准参考底片级别[①]			
高密度夹杂	5.1.4	—	0~9.5	2[③]	3[④]	5[④]	6[⑤]
			9.5~15.9	3[③]	4[④]	6[④]	7[⑤]
			15.9~25.4	4[③]	5[④]	7[④]	7[⑤]

注：① 详见 ASTM E1320,第 1 卷。
② 表示不允许。
③ 每个评定区域最多允许 2 个单独的参考射线底片规定的不连续。
④ 每个评定区域最多允许 3 个单独的参考射线底片规定的不连续。
⑤ 每个评定区域最多允许 5 个单独的参考射线底片规定的不连续。

7.5 小 结

总而言之,目前船用钛合金无损检测的标准体系尚不完善,虽然广泛采用同类标准在检测方法和检测工艺的选择上具有一定的灵活性,但由于缺乏专用标准,特殊产品的检测受到限制。例如,对于大厚度钛合金焊接接头、电子束焊接接头,同类超声检测标准的工艺参数要求适用性差,射线检测标准的评级未能兼顾到电子束焊接接头缺陷的特殊性。为适应船用钛合金技术的发展,满足特殊钛合金产品的检测需求,需结合船用钛合金结构特点,特种焊接方法下的缺陷特征等,制定船用钛合金无损检测专用标准。

与此同时,以相控阵超声、数字射线为代表的新技术在船用钛合金产品中已开始广泛应用,为扫除新技术应用的障碍,相关的标准也不可或缺。此外,特殊制件也需要研究新的检测方法和标准规范,如 3D 打印制件将进入工程化应用阶段,相应的检测标准必不可少。因此,在未来将充分结合当前工程需求,融合新检测技术、钛合金先进制造工艺,制定相适应的船用钛合金无损检测标准,不断完善我国的船用钛合金无损检测标准体系。

参考文献

[1] 史亦伟. 国内外钛合金棒材超声波检验标准分析[J]. 材料工程,2002(6):46-50.
[2] 李衍. 国外无损检测标准现状一览[J]. 无损检测,2007,31(2):31-36.
[3] 李衍. 焊缝射线检测最新欧洲标准与中国标准的比照和评述[J]. 无损检测,2003,25(9):

480-487.
[4] 王滨. 国内外焊缝超声检测标准发展历程及最新进展[J]. 无损检测,2015,37(6):1-4.
[5] 阎长周,郑宁,陶元宏. 中国与欧盟承压设备焊缝超声检测标准对比[J]. 压力容器,2014,31(2):52-58.
[6] 李衍. ASME 焊缝超声检测标准及与中国标准的比较[J]. 无损探伤,2009,33(5):25-29.
[7] 万升云,章文显,刘仕远,等. 国内外铸件无损检验标准对比分析[J]. 铸造技术,2011,32(10):1480-1482.

第 8 章

展望

《无损检测发展路线图》一书全面梳理了我国无损检测技术现状,以各专业应用需求为主线,明确了我国无损检测"十三五"发展目标、2025中长期发展目标及发展路线,为特种设备、核电、船舶、航空等行业的发展指明了方向[1]。对于船用钛合金无损检测技术,发展方向既要与路线图相契合,又要结合船舶行业的特点二次创新,在常见钛合金材料和构件的检测已较为成熟的基础上,解决新产品、新制造工艺的检测需求是当前的首要任务。例如,厚度几毫米到数百毫米的大范围规格产品检测、增材制造制件检测、在役装备检测与监测等,带来了新的挑战。为适应船用钛合金的发展,满足其检测需求,无损检测新技术的应用比例不断提升,并呈现出多参数化、专业化和智能化的特征。

1. 大量采用新技术提高检测能力

以相控阵超声、数字射线和阵列涡流为代表的新技术将发挥出更大的技术优势。相比传统检测方法,新技术的检测能力大幅提升,能用于解决特殊构件的检测难题,且实现了数字化与可视化,有利于检测数据的记录和结果评定[2]。

相控阵超声的声束聚焦和结构仿真成像功能是常规超声不可比拟的优势,在结构较为复杂的构件检测中,能够准确地区分缺陷信号和结构信号,是特殊结构型材和焊接接头检测的重要解决方案。同时,由于相控阵超声采用的是阵列式换能器,可采用多种算法聚焦成像,不仅能提高检测效率,缺陷的表征能力也得到大幅提高。以 CR、DR 为代表的数字射线已开始广泛应用,在一定程度上实现了绿色检测和自动化检测,是实现 NDE 4.0 的重要推动力。此外,工业 CT 也开始发挥越来越重要的作用,精确的缺陷重构信息对先进制造工艺开发提供了重要的数据支撑。阵列涡流采用高度集成的阵列式探头,不仅能实现大范围覆盖扫查和 C 扫描成像,而且能根据工件结构设计探头,满足异形结构的检测需求,在钛合金换热器结构检测中有很大的应用空间。

目前,新技术在船用钛合金中的应用比例不断提高,解决了部分检测难题,推动了无损检测技术的发展,但由于标准尚不完善,在一定程度上阻碍了其大范围的应用。随着国家、行业标准的制定,新技术的应用将迎来快速发展阶段。

2. 基于多参数化检测进行准确评价

多参数化检测是由无损检测过渡到无损评价的必然要求,通过多参数信息能获得更加准确的评价结果。多参数化包括三层含义:其一,对于宏观缺陷,多参数化主要指获取更多的缺陷几何尺寸信息,从而更加准确地评定缺陷,这往往要借助特殊的检测工艺或更多的检测方法;其二,对于特殊的检测需求,如钛合金组织性能评价、增材制造孔隙率评价等采用超声检测时,就不能局限于幅度、衰减等参数,要同时研究声速、散射信号、非线性系数等参数的变化,通过多参数的综合评价满足检测需求。其三,多参数评价并不局限于单一的检测方法,对于在制或在役的重要结构,通常要采用多种检测方法,结合风险分析模型评估被检构件的整体状况,这里的多参数更多指的是通过多种检测方法获取的多特征量。

在船用钛合金检测中,多参数检测能提供更加丰富的结果信息,相比常用的质量分级方法,对于先进制造工艺的优化有积极的反馈性指导意义。目前,常在超声检测中利用反射、散射信号获取更多的缺陷信息,如根据缺陷特征利用衍射波能获得比当量法更为准确的定量结果,利用相控阵超声的全聚焦成像能辅助定性,对焊接接头的质量控制有重要意义。与此同时,针对钛合金材料性能、微小缺陷检测也在开展超声多参数检测与评价方面的研究。

3. 检测工艺的制定和设备的应用更加专业化

随着检测技术的升级,检测手段不断丰富,检测人员不仅要充分掌握常规检测方法,也要熟悉新技术的特点,以适应不同类型工件的检测需求。由于工件制造方法和结构形式的多样化,检测的难度不断提高,直接根据模拟试样制定检测工艺在可靠性和经济性上已很难跟上现代工业生产节奏。因此,需要借助计算机模拟技术,专用的模拟软件中内置有多种算法模型,能结合检测对象设置不同的检测条件,模拟检测效果。如针对特殊结构形式的焊接结构,结合焊接缺陷的分布特征,模拟不同超声探头参数、入射角度下的缺陷响应,从而实现检测工艺的最优化。计算机模拟技术的应用能高效地制定最优化检测工艺,降低大量试块的制造成本,目前已开始应用在超声、涡流和射线检测中。

在检测设备方面,针对特定类型工件的专用检测设备越来越多,或需要根据被检对象的特点研制专用的扫查器或探头,设备由通用型变得更加专业化。如采用相控阵超声检测时,往往会根据工件的结构特点,设计专用的自动扫查器,提高检测过程的稳定性和可靠性;在涡流检测时,根据计算机模拟的结果,制作专用的探头,解决非典型结构的检测难题。

4. 检测结果的处理更加智能化

利用不同的算法实现检测结果的智能化识别一直是国内外研究的热门方向。目前已有相关的商用检测系统,如针对批量化工件,在数字射线检测的基础上,基于图像识别技术,能自动评判检测结果,并对工件分类,识别准确率达90%以上。通过设计专家系统,将其应用于无损检测工艺制定和结果评判中,不仅能减轻检测人员的负担,也是企业推进智能制造升级的重要环节。

在多参数检测、云检测、动态检测技术的背景下,无损检测智能化的应用场景将更加丰富,如通过人工智能算法处理多参数检测数据,能获得更加准确的评价结果;将人工智能技术用于关键构件的状况监测能达到损伤及时预警的目的,降低失效风险。

参考文献

[1] 中国机械工程学会无损检测分会. 无损检测发展路线图[M]. 北京:中国科学技术出版社,2020.

[2] 耿荣生,景鹏. 绿色无损检测——NDT 技术的未来发展之路[J]. 无损检测,2011,33(9):1-6.